图书在版编目（CIP）数据

美国内战史：1861—1865 /(美)詹姆斯·福特·罗德斯著；焦晓霞译. -- 北京：华文出版社，2019.5（2022.5重印）

（华文全球史）

ISBN 978-7-5075-5096-2

Ⅰ.①美… Ⅱ.①詹… ②焦… Ⅲ.①美国南北战争－史料 Ⅳ.①K712.43

中国版本图书馆CIP数据核字(2019)第055757号

美国内战史：1861—1865

作　　者：	[美] 詹姆斯·福特·罗德斯
译　　者：	焦晓霞
选题策划：	华盛章也
插图供应：	029—85504182
责任编辑：	佟玉梅
出版发行：	华文出版社
社　　址：	北京市西城区广外大街305号8区2号楼
邮政编码：	100055
网　　址：	http://www.hwcbs.cn
电　　话：	总编室010—58336239 发行部010—58336212
经　　销：	新华书店
印　　刷：	北京博海升彩色印刷有限公司
开　　本：	710×1000　1/16
印　　张：	35.25
字　　数：	568千字
版　　次：	2019年5月第1版
印　　次：	2022年5月第2次印刷
标准书号：	ISBN 978-7-5075-5096-2
定　　价：	125.00元

版权所有　侵权必究

出版前言

随着中国开放的大门越开越大，关注世界各国尤其是西方国家文明的源流、发展和未来已经成为当下世界史研究的一个热点。为了成系统地推出一套强调"史源性"且在现有世界史出版物中具有拾遗补阙价值的作品，我们经过认真论证，推出了"华文全球史"系列，首次出版约为一百个品种。

"华文全球史"系列从书目选择到译者的确定，从书稿中图片的采用到人名地名的规范，都有比较严格的遴选规定、编审要求和成稿检查，目的就是要奉献给读者一套具有学术性、权威性和高质量的世界史系列图书。

书目的选择。本系列图书重视世界史学科建设，视角宽阔，层级明晰，数量均衡，有所突出。计划出版的华文全球史中，既有通史，也有专题史，还有回忆录，基本上是世界历史著作中的上乘之作，同时也是填补国内同类作品出版的空白。

人名地名规范。本系列图书中人名地名，翻译规范，重视专业性。同时，在人名翻译方面，我们坚持"姓名皆全"的原则，加大考据力度，从而实现了有姓必有名，有名必有姓，方便了读者的使用。另外，在注释方面，书中既有原书注，即完整地保留了原著中的注释；也有译者注，又体现了译者的研究性成果。

书中的插图。本系列图书的一个重要特点是书中都有功能性插图，这些插图全方位、多层次、宽视角反映当时重大历史事件，或与事件的场景密切相关，涉及政治、军事、经济、社会、外交、人物、地理、民俗、生活等方面的绘画作品与摄影作品。功能性插图与文字结合，赋予文字视觉的艺术，增加了文字的内涵。

译者的确定。本系列图书的翻译主要凭借的是一个以大学教师为主的翻译团队，团队中不乏知名教授和相关领域的资深人士。他们治学严谨，译笔优美，为确保质量奉献良多。

"华文全球史"系列作为一套具有较高学术价值的优秀的世界历史丛书，对增加读者的知识、开阔读者的视野具有积极的意义。同时要看到，一方面很多西方历史学家的观点符合事实，另一方面不少西方历史学家的观点是错误的，对于这些，我们希望读者不要不加分析地全盘接受或全盘否定，而是要批判地吸收外国文化中有益的东西。

华文出版社
2019 年 8 月

序 言

> "我写的主题是历史……"
>
> ——詹姆斯·福特·罗德斯

"历史旨在发现真相,尽可能清楚地记录真相。"詹姆斯·福特·罗德斯认为,自己和历史学家应遵循的标准和原则是历史本身。

詹姆斯·福特·罗德斯自学成才,不仅严于律己,为人正直,还慎独好思,是敏而好学、兢兢业业的历史研究者中的杰出代表。1848年,詹姆斯·福特·罗德斯出生在美国俄亥俄州。由于生逢艰难时世,童年生活给他留下了深刻印象。1865年,美国内战结束,恰逢詹姆斯·福特·罗德斯高中毕业。后来,在大学学习两年后,他决定出国旅行。旅行期间,他阅读了大量历史、文学、新闻、形而上学等方面的著作,养成了字斟句酌、博览群书的习惯,并且受用终生。

在欧洲旅行时,詹姆斯·福特·罗德斯研习了冶金学。回国后,他开始帮助父亲丹尼尔·P.罗德斯打理煤矿和铁矿的开采生意。由于经营得当,公司的生意越来越好。但对詹姆斯·福特·罗德斯来说,这只不过是实现他写作目标的一种途径。他常谈起1877年的一个夜晚,说:"……当我读理查德·希尔德雷斯的《美国史》时,我会放下书,问自己为什么不写一写美国的历史。"1885年,三十七岁的詹姆斯·福特·罗德斯已实现经济独立,因此,退出了商界。然而,年轻时的游历、从商经历及战后重建时期的动荡和压力一直伴随着他,潜移默化地影响了他的未来。

1885年后的三年时光,詹姆斯·福特·罗德斯潜心研读修昔底德、塔西佗、希罗多德、爱德华·吉本、托马斯·卡莱尔、托马斯·巴宾顿·麦考利等历史学家的著作,仔细聆听他们讲述曾经发生的一切,就像接受大学专业知识的熏陶一样。现在,詹姆斯·福特·罗德斯试图跻身于这些杰出的历史学家之列。

1891年,詹姆斯·福特·罗德斯的《1850年妥协案以来的美国史》前两卷被同意出版,并且于1893年正式出版。此时,詹姆斯·福特·罗德斯已经搬到马萨诸塞州的剑桥。在剑桥,虽然他没有进入文学界的资历,但他的作品反响热烈。因此,他不但进入了文学界,还登上了哈佛文人榜。随后,他撰写了五卷书,记录了1877年以前美国国内的分分合合。然而,让他声名鹊起的著作是记录美国内战历史的前五卷著作。后来,实业出身、没有学术基础的詹姆斯·福特·罗德斯成了美国历史学界的领军人物。1898年,他当选美国历史协会主席。

"一个历史学家如果想成名,就必须在其作品中有所创新。"詹姆斯·福特·罗德斯做到了这一点。当时,他的作品确实有独创之处,也由此赢得了声誉。与詹姆斯·福特·罗德斯同时代的人深受内战的影响,虽然他们摆脱了战乱纷争,但战争的阴影伴随了他们一生。詹姆斯·福特·罗德斯明理善辩,能够中立地看待战后和平与战争阴影的冲突,客观阐述那段动荡不安的历史。他收集了书籍、回忆录、报纸、手稿、采访稿等大量文献资料,通过敏锐的辨别力筛选、提炼出了有价值的信息。因此,他对美国内战的理解非常独到、准确,首次将美国内战全面公正地呈现在了世人面前。他客观评价了美国内战,认为北方没有暴力血腥的极端分子,南方也没有顽固不化的激进分子。

詹姆斯·福特·罗德斯遵循的原则是:历史学家"应该言必有据"。写作前,他会先找到证据,阐述他人的观点,然后精准地总结自己的观点。当然,他的观点有时会掺杂一些偏见,毕竟人无完人。但这些掺杂偏见的观点并非意气用事或受人蛊惑,而是有理有据,经过深思熟虑得出的。詹姆斯·福特·罗德斯明确指出,奴隶制是导致南北分裂和战争的主要原因,但南方并不需要为奴隶制负全责。他反对战争源于少数人的阴谋的说法,是第一个体恤和理解战败的南方的北方作家,认为这场战争的起因并不是非南即北。

虽然詹姆斯·福特·罗德斯用了大量篇幅叙述北方联邦,但并不意味着他对南方邦联的评述不够客观。他熟悉美国北方,尤其是东北区域的社会结构,并且善于分析政治形势,洞悉军事动向和社会局势,能够合理完整地叙述历史。

研究美国内战的学者都不会忽略詹姆斯·福特·罗德斯的著作。学习历史

詹姆斯·福特·罗德斯
（1848—1927）

编纂学的学生也会从他的著作及发表的文章中学习历史研究的方法。詹姆斯·福特·罗德斯认为,历史学家不仅要刻苦勤奋、力求准确、热爱真理、不偏不倚,还要熟读史料、精心筛选,做到叙事言简意赅,层层推进。他还认为学生应目标明确,据理力争。詹姆斯·福特·罗德斯的记者经历也许对他撰写历史类文章帮助很大。总之,他的历史著作行文简洁、通俗易懂。此外,他认为叙事必须始终围绕历史主线,不能随意插入奇闻逸事或某个自圆其说的故事。

19世纪末20世纪初,詹姆斯·福特·罗德斯的著作已成为历史界的一个标杆。他为历史题材的写作开辟了一条新道路,朴实无华的文风值得后人学习。他的行文风格毫不浮夸,言辞恳切坦率,很少用华丽的辞藻掩饰知识或能力方面的不足。迄今为止,他的影响力一直只增不减。当代一些研究美国内战的著名历史学家继承了詹姆斯·福特·罗德斯的衣钵,并且对历史的研究和挖掘已扩展到整个美国史。詹姆斯·福特·罗德斯深入挖掘历史,精心筛选整理,审慎分析判断,将美国内战史呈现在世人面前。他以自己的方式叙述历史,启发读者思考探索。更重要的是,詹姆斯·福特·罗德斯让阅读历史变成一件令人愉悦的趣事,而不是一件令人乏味的琐事。

然而,一些人认为,詹姆斯·福特·罗德斯描述第一次世界大战战后重建和西奥多·罗斯福总统执政时期的两卷史书,没有之前的书那么有影响力,甚至存在一些不客观的论述。这也许是由于詹姆斯·福特·罗德斯所处的时代和经历的事,使他无法像一个冷静的旁观者那样看待历史。此外,他的九卷史书和两卷讲稿得到了读者的高度赞扬。

第一次世界大战爆发后,詹姆斯·福特·罗德斯有幸看到了很多关于美国内战的第一手印刷资料。他曾说,官方的航海记录、海军日记、怀旧物件、书信,以及关于美国内战军事情况的回忆录、自传、研究等文献资料,帮助他更加深入地了解了美国内战。他认为是时候汇总这些资料,为读者写一部编年史,让读者可以简洁明了地了解历史。

因此,1913年,在出版商的建议下,詹姆斯·福特·罗德斯不仅开始重写早期作品,还在此基础上,以简明清晰的框架再现了美国内战史。《美国内战史:1861—1865》这部历史著作成了他的最佳独著。1917年,《美国内战史:1861—1865》首次出版。在此书中,詹姆斯·福特·罗德斯并没有谈及战前复杂混乱的局势，而是直接叙述国家分裂和政局动荡造成的后果。他的叙述清晰明了，总结精炼简洁。詹姆斯·福特·罗德斯从战役和战斗的角度全面阐述军事事件，虽然没有一一描述细节，但在叙述中不时散发着战争的血腥气。他认为美国内战事关联邦政府的存亡，因为其不仅影响了其他国家，还受到了其他国家的影响。其间，南北方人民深受其害。

读完《美国内战史：1861—1865》这部新版的历史著作，读者会深刻感受到詹姆斯·福特·罗德斯的杰出之处。《美国内战史：1861—1865》以第一版为基础，保留了之前的准确性和严谨性，运用新的方法重新修订，并且得到了学术界的认可，是激发学生学习美国内战历史的优秀基础读物。1917 年，詹姆斯·福特·罗德斯因《美国内战史：1861—1865》荣获普利策历史奖。在美国权威期刊《美国历史评论》上，著名军事专家威廉·罗斯科·利弗莫尔写道："《美国内战史：1861—1865》这本书极具魅力，为读者提供了了解美国内战的清晰框架。此外，对美国内战非常感兴趣的人可以在这本书中找到关于美国内战的详细叙述和评论出处。这本书绝对不负盛名。"《纽约时报》也提到："詹姆斯·福特·罗德斯的总结能力非常强，并且没有脱离本心、生命及事件的本质。他的知识储备扎实，大胆揭露了当时的社会生活，为叙事注入了活力，重塑了美国内战时期的历史。"

詹姆斯·福特·罗德斯一直秉持公正的态度，从本质上理解南方。他用了大量篇幅叙述北方历史，尤其是政治部分，对南方邦联政府和海军事务只做了简单介绍。尽管如此，《美国内战史：1861—1865》的整体描述比例依然非常恰当，无论读者持何种政治观点，都会为美国的内战史没有被歪曲而感到自豪。对詹姆斯·福特·罗德斯来说，虽然亚伯拉罕·林肯是美国历史上的杰出人物，但罗伯特·E. 李和托马斯·J. 杰克逊也是他作品中的英雄。

人们可以通过阅读各种书籍、翻阅各类手稿，或亲临战场旧址追溯美国内战，也可以专攻特定的课题。但任何一个"专业的"历史研究者或"业余的"历史爱好者，都需要读一些基础性书籍。这些书籍会让读者再次完整回顾和仔细思量美国内战史。所有学生都应以詹姆斯·福特·罗德斯为镜，激励自己保持不偏不倚的态度。

詹姆斯·福特·罗德斯为人谦逊。他的研究历经数年，并且他常与当时的其他历史学家交流沟通。他蓄着胡子，身材魁梧，思维开阔，待人和蔼可亲，对事一丝不苟。很多政界领袖和学术泰斗是他的朋友。詹姆斯·福特·罗德斯还屡获嘉奖，影响深远。即使在处处谄媚奉承的年代，他也坚持自己的政治立场，始终在思想言论方面保持独立。詹姆斯·福特·罗德斯属于那个时代，属于那个战火四起、满目疮痍，最终迎来了新生的时代。他目睹了新生国家的砥砺前行，并且通过自己的灵魂和思想撰写历史。他曾写道："一位历史学家应时刻铭记要为读者负责。"詹姆斯·福特·罗德斯做到了这一点。

埃弗里特·比奇·朗
伊利诺伊州奥克帕克
1960 年 12 月

前　言

《美国内战史：1861—1865》非改编自我关于美国内战的三卷书，而是一个新的研究课题。我的书只是众多权威参考书中的一本。每当遣词造句成篇时，我都会以自己关于美国内战的三卷书作为参考，因为研读过一手权威资料后，我发现自己第一次作品中的结论是最准确的。自 1895 年、1899 年和 1904 年分别出版这三卷书以后，我又读到了许多新的原始资料，了解了关于美国内战时期的一些有价值的论述。我非常有幸读到了《联邦和同盟海军的官方记录》《海军部部长吉迪恩·韦尔斯的日记》《约翰·罗林斯传》[①]，以及海约翰的《书信和日记》、海伦·尼古拉的《林肯的个人特质》《乔治·米德将军传》、威廉·罗斯科·利弗莫尔的《内战故事》、小约翰·比奇洛的《钱斯勒斯维尔战役》、W.R. 赛耶的《海约翰传》《卡尔·舒尔茨回忆录》等。我很感谢我的儿子丹尼尔·P. 罗德斯为我编辑《美国内战史：1861—1865》，同时感谢 D.M. 马特森在历史研究和审读手稿方面给我提供的帮助，感谢我的秘书怀曼女士，感谢波士顿图书馆管理员查尔斯·K. 博尔顿及助理怀尔德曼女士、卡塔纳克女士。

1917 年
写于波士顿

[①] 在《约翰·罗林斯传》出版前，詹姆斯·H. 威尔逊允许我阅读手稿。——原注

编者注释说明

詹姆斯·福特·罗德斯是一位细心、严谨的历史学家。对编辑来说，发现几乎没有必要进行修正是一件愉快的事。每个作家都会不小心出错，但詹姆斯·福特·罗德斯极少出错。我的职责是纠正他的极少数问题，更重要的是在相应的地方添加新的解释性脚注。当然，詹姆斯·福特·罗德斯的观点完全是他自己的，书中未做任何改动。个别例子中，我与他观点不同的地方已经做了说明，即脚注中有"编者注"的地方。与以前一样，作者或编辑会感谢他人的慷慨帮助。我要感谢加利福尼亚州圣马力诺亨廷顿图书馆的艾伦·内文斯博士及芝加哥的拉尔夫·纽曼和富兰克林·J.迈因，还要感谢芝加哥纽贝里图书馆和芝加哥公共图书馆。我的妻子芭芭拉·朗精心绘制了由出版商提供的卷首地图。在准备序言时，我拜读了詹姆斯·福特·罗德斯的著作、讲稿和论文，研究了关于他作品的学术评论。能有机会参与这部著作首发四十四年后的再次出版工作，我由衷地感激。本着谦逊的态度，我完成了詹姆斯·福特·罗德斯作品的编辑工作，深入了解了美国历史学家做出的贡献。通过他们，我更加了解美国的历史。

埃弗里特·比奇·朗

目 录

第 1 章 帷幕拉开：布尔河战役 …………………………………………… 001

    第 1 节 奴隶制瓦解 ………………………………………………… 001

    第 2 节 南卡罗来纳州的理论 ……………………………………… 001

    第 3 节 《克里滕登妥协法案》…………………………………… 005

    第 4 节 南方邦联 …………………………………………………… 009

    第 5 节 亚伯拉罕·林肯的就职演说 ……………………………… 010

    第 6 节 罗伯特·安德森少校与萨姆特堡 ………………………… 010

    第 7 节 威廉·H. 苏厄德的外交政策 …………………………… 013

    第 8 节 罗伯特·安德森少校的补给 ……………………………… 014

    第 9 节 南方邦联军轰炸萨姆特堡 ………………………………… 016

    第 10 节 北方起兵 ………………………………………………… 023

    第 11 节 巴尔的摩暴乱 …………………………………………… 025

    第 12 节 封 锁 …………………………………………………… 026

    第 13 节 华盛顿岌岌可危 ………………………………………… 027

    第 14 节 边境州 …………………………………………………… 033

    第 15 节 内战爆发 ………………………………………………… 036

第 16 节　南方与北方毫无准备 …………………………………… 039

第 17 节　杰斐逊·戴维斯 ………………………………………… 046

第 18 节　亚伯拉罕·林肯 ………………………………………… 047

第 19 节　北方联邦军准备进军里士满 …………………………… 048

第 20 节　布尔河战役 ……………………………………………… 052

第 21 节　亚伯拉罕·林肯鼓舞士气 ……………………………… 057

第 2 章　外部环境：英国与美国的冲突 …………………………… 061

第 1 节　国　会 …………………………………………………… 061

第 2 节　战事起因——奴隶制 …………………………………… 062

第 3 节　约翰·C. 弗里蒙特 ……………………………………… 064

第 4 节　乔治·B. 麦克莱伦 ……………………………………… 074

第 5 节　英国的态度 ……………………………………………… 084

第 6 节　詹姆斯·默里·梅森和约翰·斯莱德尔 ……………… 092

第 7 节　维多利亚女王的指令 …………………………………… 099

第 8 节　亚伯拉罕·林肯和威廉·H. 苏厄德的处理方式 ……… 107

第 9 节　威廉·H. 苏厄德释放詹姆斯·默里·梅森和约翰·斯莱德尔 … 109

第 3 章　战争前期：势均力敌的较量 ……………………………… 111

第 1 节　西蒙·卡梅伦 …………………………………………… 111

第 2 节　埃德温·斯坦顿 ………………………………………… 112

第 3 节　多纳尔森堡战役 ………………………………………… 115

第 4 节　多纳尔森堡的南方邦联军投降 ………………………… 124

第 5 节　尤利西斯·S. 格兰特与多纳尔森堡战役 ……………… 126

目录

第 6 节 乔治·B.麦克莱伦的短暂任职 …………………………… 128

第 7 节 尤利西斯·S.格兰特和亨利·哈勒克 …………………… 129

第 8 节 尤利西斯·S.格兰特和威廉·特库姆塞·谢尔曼 ………… 131

第 9 节 夏洛战役 …………………………………………………… 134

第 10 节 亚伯拉罕·林肯和尤利西斯·S.格兰特 ………………… 144

第 11 节 北方联邦海军的封锁 …………………………………… 148

第 12 节 "梅里马克"号 ………………………………………… 148

第 13 节 "监视"号 ……………………………………………… 155

第 14 节 戴维·法拉格特和古斯塔夫斯·福克斯 ………………… 160

第 15 节 新奥尔良战役 …………………………………………… 164

第 16 节 乔治·B.麦克莱伦进军弗吉尼亚半岛 …………………… 169

第 17 节 托马斯·J.杰克逊 ………………………………………… 172

第 18 节 费尔奥克斯战役 ………………………………………… 177

第 19 节 罗伯特·E.李 …………………………………………… 182

第 20 节 盖恩斯磨坊战役 ………………………………………… 183

第 21 节 乔治·B.麦克莱伦丧失斗志 ……………………………… 189

第 22 节 罗伯特·E.李和乔治·B.麦克莱伦 ……………………… 190

第 23 节 罗伯特·E.李和托马斯·J.杰克逊 ……………………… 191

第 24 节 七日战役 ………………………………………………… 193

第 4 章 《解放黑人奴隶宣言》 …………………………………… 199

第 1 节 法定货币法案 …………………………………………… 199

第 2 节 亚伯拉罕·林肯对奴隶制的态度 ………………………… 202

第 3 节 《解放黑人奴隶宣言》草案 ······ 205

第 4 节 亚伯拉罕·林肯和霍勒斯·格里利 ······ 206

第 5 节 "三十多万"人入伍 ······ 208

第 6 节 约翰·波普和亨利·哈勒克 ······ 208

第 7 节 约翰·波普战败 ······ 213

第 8 节 乔治·B. 麦克莱伦重获指挥权 ······ 216

第 9 节 罗伯特·E. 李进军马里兰州 ······ 218

第 10 节 安蒂特姆战役 ······ 223

第 11 节 《解放黑人奴隶宣言》发表 ······ 226

第 5 章 危机：北方联邦军接连失利 ······ 233

第 1 节 1862 年秋季选举 ······ 233

第 2 节 辛辛那提的恐慌 ······ 234

第 3 节 乔治·P. 比尔和奥利弗·P. 莫顿 ······ 235

第 4 节 乔治·B. 麦克莱伦被罢免 ······ 238

第 5 节 安布罗斯·伯恩赛德 ······ 241

第 6 节 弗雷德里克斯堡战役 ······ 242

第 7 节 内阁危机 ······ 248

第 8 节 亚伯拉罕·林肯的政治智慧 ······ 251

第 9 节 亚伯拉罕·林肯和萨蒙·P. 蔡斯 ······ 253

第 10 节 亚伯拉罕·林肯和威廉·H. 苏厄德 ······ 254

第 11 节 默夫里斯伯勒战役 ······ 258

第 12 节 国会的作为 ······ 263

目录

  第13节 人民的态度 ………………………………………………… 265

  第14节 约瑟夫·胡克 …………………………………………………… 266

  第15节 钱斯勒斯维尔战役 ……………………………………………… 270

  第16节 钱斯勒斯维尔战役的影响 ……………………………………… 282

第6章 走出困境：乔治·米勒和尤利西斯·S.格兰特的胜利 ……………… 285

  第1节 罗伯特·E.李进军宾夕法尼亚州 ……………………………… 285

  第2节 乔治·米德接任约瑟夫·胡克 ………………………………… 290

  第3节 葛底斯堡战役 …………………………………………………… 292

  第4节 乔治·皮克特的进攻 …………………………………………… 301

  第5节 罗伯特·E.李与乔治·米德 …………………………………… 307

  第6节 亚伯拉罕·林肯与乔治·米德 ………………………………… 308

  第7节 尤利西斯·S.格兰特远征维克斯堡 …………………………… 310

  第8节 维克斯堡战役 …………………………………………………… 313

  第9节 尤利西斯·S.格兰特戒酒 ……………………………………… 320

  第10节 维克斯堡驻军投降 ……………………………………………… 322

第7章 英国的态度：保持中立 ……………………………………………… 325

  第1节 英国的民意 ……………………………………………………… 325

  第2节 "亚拉巴马"号 ………………………………………………… 327

  第3节 英国提议调解 …………………………………………………… 333

  第4节 威廉·尤尔特·格拉德斯通 …………………………………… 333

  第5节 查尔斯·弗朗西斯·亚当斯 …………………………………… 334

第 6 节 约翰·拉塞尔伯爵 ··· 335

第 7 节 拿破仑三世 ··· 338

第 8 节 反奴隶制情绪高涨 ··· 338

第 9 节 《泰晤士报》和《星期六评论》 ····························· 341

第 10 节 托马斯·卡莱尔和查尔斯·狄更斯 ·························· 342

第 11 节 蒸汽铁甲舰 ·· 345

第 12 节 英国和法兰西帝国 ·· 351

第 8 章 胜利的曙光：奇克莫加战役和查塔努加战役 ········· 353

第 1 节 纽约征兵暴乱 ··· 353

第 2 节 葛底斯堡战役后的乔治·米德 ······························· 358

第 3 节 威廉·罗斯克兰斯 ··· 359

第 4 节 奇克莫加战役 ··· 360

第 5 节 尤利西斯·S.格兰特指挥作战 ······························· 366

第 6 节 乔治·亨利·托马斯和尤利西斯·S.格兰特 ··················· 366

第 7 节 查塔努加战役 ··· 368

第 8 节 征 兵 ·· 372

第 9 章 北方联邦军的反攻：尤利西斯·S.格兰特担任总指挥 ······· 375

第 1 节 尤利西斯·S.格兰特 ······································· 375

第 2 节 尤利西斯·S.格兰特进军怀尔德尼斯荒原 ···················· 378

第 3 节 冷港战役 ··· 386

第 4 节 查塔努加-亚特兰大战役 ···································· 391

第 5 节 威廉·特库姆塞·谢尔曼和乔治·亨利·托马斯 ············· 394

第 6 节　亚伯拉罕·林肯和萨蒙·P. 蔡斯 …………………………… 395

第 7 节　尤利西斯·S. 格兰特进军里士满 …………………………… 398

第 8 节　亚伯拉罕·林肯再次得到总统提名 ………………………… 400

第 10 章　失望背后的胜利曙光：莫比尔湾战役 …………………… 401

第 1 节　亚伯拉罕·林肯和尤利西斯·S. 格兰特 …………………… 402

第 2 节　华盛顿岌岌可危 ……………………………………………… 404

第 3 节　北方人民对尤利西斯·S. 格兰特感到失望 ………………… 407

第 4 节　兵力问题 ……………………………………………………… 409

第 5 节　约瑟夫·E. 约翰斯顿和约翰·贝尔·胡德 ………………… 409

第 6 节　人们渴望和平 ………………………………………………… 411

第 7 节　人们对亚伯拉罕·林肯的不满 ……………………………… 411

第 8 节　莫比尔湾战役 ………………………………………………… 417

第 9 节　威廉·特库姆塞·谢尔曼攻占亚特兰大 …………………… 420

第 10 节　菲利普·谢里登 ……………………………………………… 421

第 11 节　亚伯拉罕·林肯再次当选总统 ……………………………… 426

第 11 章　战场后方的北方人民 ……………………………………… 427

第 1 节　北方的生活 …………………………………………………… 427

第 2 节　物资匮乏 ……………………………………………………… 427

第 3 节　邮资货币 ……………………………………………………… 428

第 4 节　辅　币 ………………………………………………………… 430

第 5 节　北方人的沮丧和绝望 ………………………………………… 430

第 6 节　商业活动 ……………………………………………………… 431

第 7 节　肆意逮捕的政策 ··· 433

第 8 节　"铜头蛇" ··· 435

第 9 节　霍拉肖·西摩和克莱门特·瓦兰迪加姆 ······················ 435

第 10 节　民主党人 ··· 436

第 11 节　亚伯拉罕·林肯对肆意逮捕的态度 ························ 437

第 12 节　卫生义卖会 ··· 442

第 13 节　北方与南方通商 ······································· 443

第 14 节　联邦政府财务状况堪忧 ································· 444

第 15 节　北方的州长 ··· 446

第 16 节　埃德温·斯坦顿和亚伯拉罕·林肯 ························ 447

第 12 章　南方邦联的处境：物资极度短缺 ························ 449

第 1 节　南方的不安 ·· 449

第 2 节　茶叶和咖啡的匮乏 ······································ 450

第 3 节　盐荒和纸张的匮乏 ······································ 451

第 4 节　面包和肉匮乏 ·· 452

第 5 节　交通困难 ·· 453

第 6 节　铁资源匮乏 ·· 455

第 7 节　战时军需品 ·· 456

第 8 节　走私船偷过封锁线 ······································ 457

第 9 节　黑人奴隶 ·· 459

第 10 节　南方征兵 ··· 460

第 11 节　法定货币的狂欢 ······································· 462

目 录

第 12 节　南方物价飞涨 ………………………………………………… 463

第 13 节　强制征税势在必行 …………………………………………… 464

第 14 节　南方女性 ……………………………………………………… 465

第 15 节　焦虑与物资匮乏 ……………………………………………… 466

第 16 节　充满宗教色彩的南方 ………………………………………… 467

第 17 节　南北对比 ……………………………………………………… 467

第 18 节　北方：独裁 …………………………………………………… 469

第 19 节　社会化国家的南方邦联 ……………………………………… 469

第 20 节　杰斐逊·戴维斯与亚伯拉罕·林肯 ………………………… 470

第 13 章　战争尾声：威廉·特库姆塞·谢尔曼的战略布局 ………… 471

第 1 节　威廉·特库姆塞·谢尔曼和乔治·亨利·托马斯 …………… 471

第 2 节　威廉·特库姆塞·谢尔曼向海边进军 ………………………… 473

第 3 节　就地觅食 ………………………………………………………… 476

第 4 节　北方联邦军对佐治亚州的破坏 ………………………………… 478

第 5 节　黑 人 …………………………………………………………… 481

第 6 节　北方联邦军攻占萨凡纳 ………………………………………… 482

第 7 节　尤利西斯·S.格兰特和乔治·亨利·托马斯 ………………… 484

第 8 节　纳什维尔战役 …………………………………………………… 485

第 9 节　第十三条修正案 ………………………………………………… 490

第 10 节　南方邦联的困境 ……………………………………………… 490

第 11 节　罗伯特·E.李和杰斐逊·戴维斯 …………………………… 492

第 12 节　汉普顿锚地会议 ……………………………………………… 492

第 13 节　宽宏大量的亚伯拉罕·林肯 ··· 495

第 14 章　南方投降及亚伯拉罕·林肯遇刺 ······································ 497

第 1 节　威廉·特库姆塞·谢尔曼行军北上 ······································ 497

第 2 节　南卡罗来纳州 ··· 498

第 3 节　威廉·特库姆塞·谢尔曼的军队 ·· 501

第 4 节　尤利西斯·S.格兰特和威廉·特库姆塞·谢尔曼 ····················· 502

第 5 节　尤利西斯·S.格兰特和罗伯特·E.李 ·································· 505

第 6 节　南方邦联军撤离里士满 ·· 510

第 7 节　罗伯特·E.李投降 ·· 514

第 8 节　亚伯拉罕·林肯遇刺 ··· 518

译名对照表 ··· 523

第 1 章 帷幕拉开：布尔河战役

第 1 节 奴隶制瓦解

1860 年，亚伯拉罕·林肯当选为美国总统①，宣布反对奴隶制扩张到其他地区。这促使奴隶制开始瓦解。其他地区指隶属美国的领土，但由于人口稀少和其他原因，一直没有建州。这些地区的管辖权仍在美国国会和总统手中。共和党人反对亚伯拉罕·林肯干涉蓄奴州的政务，并且坚决要求在密苏里河以西的大片无政府领土上获得自由。我在《美国史：1850 年妥协案至 1877 年战后重建》中详细论述了亚伯拉罕·林肯当选总统的影响②，在牛津大学出版的《在牛津大学发表的关于美国内战的讲稿》③第一篇中也有简要论述。亚伯拉罕·林肯只获得了部分地区的支持。在南方的十一个州中，有十个州拒绝为亚伯拉罕·林肯投票。后来，这十一个州脱离了北方联邦，组建了南方邦联④。

第 2 节 南卡罗来纳州的理论

南卡罗来纳州的查尔斯顿非常支持奴隶制，希望能尽快独立。虽然查尔斯

---

① 詹姆斯·福特·罗德斯：《美国史》，1860 年，第 2 卷，第 308 页。詹姆斯·福特·罗德斯：《在牛津大学发表的关于美国内战的讲稿》，1913 年，第 46 页。——原注
② 詹姆斯·福特·罗德斯：《美国史》，第 1 卷、第 2 卷。——原注
③ 詹姆斯·福特·罗德斯：《在牛津大学发表的关于美国内战的讲稿》中的《论美国内战》，1913 年。——原注
④ 亚伯拉罕·林肯在弗吉尼亚州获得了一千九百二十九张选票，但在其他南方州的选举中，他的名字并没有出现。南方民主党候选人约翰·布雷肯里奇也没有获得北方三个州的选票。其他候选人有北方民主党人斯蒂芬·道格拉斯和立宪联邦党的约翰·贝尔。参见爱德华·斯坦伍德：《总统史》，第 1 卷，第 297 页。——编者注

亚伯拉罕·林肯（1809—1865）

查尔斯顿

顿地方政府和北方城市一样,为亚伯拉罕·林肯的当选欢呼雀跃,但查尔斯顿的人为南方邦联的成立呐喊助威①。查尔斯顿的人得到了南卡罗来纳州其他地区民众的广泛支持。在亚伯拉罕·林肯当选后,他们看到自己珍视的奴隶制遭到攻击,因此,不想再支持一个视自己为邪恶势力的政府。他们将奴隶视为私人财产,认为自己有权将奴隶带到共有领地,就像北方人使用私有的马和骡子一样。亚伯拉罕·林肯如果当选总统,那么就一定会取缔他们的特权。换句话说,亚伯拉罕·林肯会剥夺他们将黑人奴隶占为己有的权利。在演讲中,亚伯拉罕·林肯强调了奴隶制的弊端,坚信奴隶制是错误的,并且宣称会在自己的权力范围内与奴隶制抗争到底,阻止奴隶制扩张。查尔斯顿的人问道:自由人能否在不遭到他人质疑的情况下,表达自己的不满?他们是否已经失去 1776 年以来的独立和自由精神的庇护?难道在受到侵略前他们不应该果断出击吗?每个人都在谈论"革命"二字。这次危机就像修昔底德描述的那样:"当词义不再指对应的事物时……匹夫之勇被视为忠心之举,缓兵之计被视为懦夫之辩,适可而止被视为胆怯畏缩……破死

手戴沉重铁镣的奴隶

① 詹姆斯·福特·罗德斯:《美国史》,第 3 卷,第 115 页。——原注

忘生才是真正高贵的品质。"南卡罗来纳州人民热情高涨，异口同声地要求脱离联邦。当地政府迅速做出了回应。南卡罗来纳州按例召开了大会，并且通过了脱离联邦的法案，即《南卡罗来纳州独立宣言》①。

南卡罗来纳州和其他棉花种植州的人们认为，《南卡罗来纳州独立宣言》通过的基础是《宪法》赋予各州的保留权利。查尔斯顿的人奏起了军乐，点燃了篝火，鸣枪，放焰火，装彩灯，欢呼呐喊，庆贺《南卡罗来纳州独立宣言》的通过。对他们来说，《南卡罗来纳州独立宣言》标志着革命的开始，与1776年通过的《独立宣言》一样值得纪念②。

与此同时，美国参议院组建了一个十三人委员会，商议在1776年《独立宣言》的精神下做出让步。托马斯·杰斐逊曾说，1820年，联邦的丧钟已经敲响，奴隶制"就像午夜响起的火警铃声，让我感到恐惧"。幸运的是，《密苏里妥协法案》拯救了联邦③。1850年，南方与北方再次因奴隶制陷入僵局。南方人制造了多起危机，导致联邦分裂。最后，亨利·克莱提出了妥协法案④。

第3节 《克里滕登妥协法案》

1860年，北方各州和忠于联邦的边境州极力维护联邦，坚信国会可以像从前那样，以某种方式平息争端。参议院的十三人委员会希望留住六个⑤棉花种植州⑥，于是立即采取了唯一的办法，即通过《克里滕登妥协法案》。这部法案的撰写者是肯塔基州的参议员约翰·J.克里滕登，法案以他的名字命名。该法案中

---

① 1860年12月20日，《南卡罗来纳州独立宣言》获得通过。——原注
② 詹姆斯·福特·罗德斯：《美国史》，第3卷，第112页到第114页、第192页到第206页。詹姆斯·福特·罗德斯：《在牛津大学发表的关于美国内战的讲稿》，第65页等。——原注
③ 1820年的《密苏里妥协案》在州数上维持了蓄奴州和自由州的平衡，规定缅因州为自由州，密苏里州为蓄奴州；北纬36°30'以北的路易斯安那州购置地境内没有奴隶制，以南地区的奴隶制合法。——编者注
④ 亨利·克莱妥协法案指《1850年妥协法案》。1850年，国会通过一系列法案，承认加利福尼亚州为自由州，并且没有限制新墨西哥州和犹他州境内的奴隶制，但规定了"人民主权"，即人民能够自己决定自己州的性质。哥伦比亚特区制定了更严格的逃奴法案，并且禁止奴隶贸易。——编者注
⑤ 不包括南卡罗来纳州。——译者注
⑥ 被列为棉花种植州的有南卡罗来纳州、佐治亚州、佛罗里达州、亚拉巴马州、密西西比州、路易斯安那州和得克萨斯州。——原注

托马斯·杰斐逊(1743—1826)

亨利·克莱（1777—1852）

关于奴隶制边界的条款涉及统一与分裂问题。约翰·J.克里滕登提议修正《宪法》，将《密苏里妥协法案》中提到的北纬36°30′作为蓄奴州和自由州的分界线，规定北纬36°30′以北地区禁止奴隶制，以南地区保留奴隶制。据说，在参议院的十三人委员会中，来自北方民主党和边境州的六位议员非常支持分界线条款。来自棉花种植州的两位议员没有弄清楚明白的是，在《密苏里妥协法案》拟定的分界线以南的地区，奴隶制受到了保护。这两位议员如果清楚了这一点，那么也许会接受分界线条款。其他五位共和党议员反对分界线条款。一般情况下，具有约束力的条款必须获得五位共和党议员中多数人的支持。因此，《克里滕登妥协法案》中的分界线条款被否决了。威廉·H.苏厄德[①]是十三位参议员中的一员，也是国会中共和党人的领袖，有望成为林肯内阁的领导人。威廉·H.苏厄德如果能得到亚伯拉罕·林肯的支持，那么一定会赞成分界线条款。然而，亚伯拉罕·林肯虽然愿意在其他争议问题中妥协，但在领土划分问题上态度一直很强硬。当然，亚伯拉罕·林肯更关心的是将来的领土划分问题。1860年，美国的部分领土被分割了出去。正如丹尼尔·韦伯斯特描述的那样，被分割出去的领土自愿为"自然法则"和"上帝意志""献身"。亚伯拉罕·林肯愿意提供一个机会，让奴隶

约翰·J.克里滕登
（1787—1863）

威廉·H.苏厄德
（1801—1872）

① 詹姆斯·福特·罗德斯：《美国史》，第1卷、第2卷。——原注

主在密苏里妥协线以南的新墨西哥建立一个政治意义上的蓄奴州①。但他担心的是，如果将一条纬线定为蓄奴州和自由州的分界线，那么"南方可能会阻挠议案通过，纷纷成立蓄奴州，脱离联邦政府的控制"。他还写道："我们将不得不把古巴作为棉花种植州留在联邦的条件，才能结束这件事。"于是，亚伯拉罕·林肯借助总统选举的间接影响力，命共和党议员否决《克里滕登妥协法案》。因此，共和党议员不得不声明自己不支持修正《宪法》的提议。后来，约翰·J.克里滕登提议让人民为《克里滕登妥协法案》投票。维护联邦的呼声很高。如果由人民投票，那么大多数人可能会支持《克里滕登妥协法案》。虽然只是一次民意投票，但国会无法掌控投票结果。约翰·J.克里滕登决心凭借人民的呼声赌一把，但由于共和党议员无声的反对，他的计划戛然而止，想要留住六个棉花种植州的希望也破灭了②。

第4节 南方邦联

1861年1月9日至1861年2月1日，密西西比州、佛罗里达州、亚拉巴马州、佐治亚州、路易斯安那州和得克萨斯州召开了大会，并且通过了分裂法案。1861年2月月初，南方邦联成立。来自六个棉花种植州的代表齐聚蒙哥马利③，按照既定程序建立了一个政府。该政府的宗旨是"……坚信黑人生而为奴"。会议选举了杰斐逊·戴维斯为总统④，并且仿照美国《宪法》制定了邦联《宪法》。但不同的是，邦联《宪法》明确承认奴隶制和国家分裂⑤。

---

① 建立真正的蓄奴州是不可能的。新墨西哥州花了七年时间，才有了二十二名奴隶。詹姆斯·福特·罗德斯：《美国史》，第3卷，第176页、第268页注释、第313页。——原注
② 詹姆斯·福特·罗德斯：《美国史》，第3卷，第150页到179页、第253页到265页。詹姆斯·福特·罗德斯：《在牛津大学发表的关于美国内战的讲稿》，第68页等。——原注
约翰·J.克里滕登的提议是解决分裂问题的一次重要尝试，还有其他尝试，如弗吉尼亚州支持的1861年的《和平公约》。——编者注
③ 一开始，得克萨斯州并没有派代表出席会议。詹姆斯·福特·罗德斯：《美国史》，第3卷，第291页注释四。——原注
④ 詹姆斯·福特·罗德斯：《美国史》，第1卷，第389页。——原注
⑤ 1861年3月16日，南方邦联临时会议的第一次会议落幕。詹姆斯·福特·罗德斯：《美国史》，第3卷，第291页到第296页、第320页到第325页。詹姆斯·福特·罗德斯：《在牛津大学发表的关于美国内战的讲稿》，第77页等。——原注

第 5 节 亚伯拉罕·林肯的就职演说

1861年3月4日,亚伯拉罕·林肯就任美国总统。当时,政治形势十分严峻。亚伯拉罕·林肯虽然获得了三十三个州组成的联邦支持,但上任之初就失去了七个州的支持。亚伯拉罕·林肯认为:"在未经其他州同意的情况下,任何州都无权脱离联邦。此外,总统有责任……让国家正常运转。"① 因此,他必须针对南方邦联的各州制定相关政策。为了留住马里兰州、弗吉尼亚州、肯塔基州、密苏里州,以及与它们关系密切的北卡罗来纳州、田纳西州和阿肯色州②,亚伯拉罕·林肯必须制定一套复杂的政策。上述七个州热爱北方联邦,也垂涎南方奴隶制带来的利益。因此,亚伯拉罕·林肯面对的第一个问题是,将这些州对蓄奴州的同情转变为对北方联邦的热爱。

人们很难看出亚伯拉罕·林肯是如何改进他在就职演说中提到的政策。亚伯拉罕·林肯说:"我认为各州的联盟是永久的……我们紧紧相依……我将用大家赋予我的权力管理、维护、坚守属于政府的财产和土地。"身为总统,虽然难免会说一些豪言壮语,但这些话比安抚性言辞更能打动人心。在就职演说结束时,亚伯拉罕·林肯激动地呼吁"不知足的国人"不要发动内战,但于事无补。

第 6 节 罗伯特·安德森少校与萨姆特堡

在国家分裂的战火中,棉花种植州将境内属于联邦政府的要塞、军火库、海关大楼和其他财产占为己有,并且适时上交给了南方邦联。因此,截至1861年3月4日,亚伯拉罕·林肯能够控制的南方要塞只有四个。其中,查尔斯顿的要塞萨姆特堡是最重要的要塞之一③。内战爆发后,北方一直密切关注着南卡罗来纳州的动向。多年来,南卡罗来纳州一直抗拒联邦的束缚。查尔斯顿见证了民

---

① 约翰·尼古拉、海约翰:《林肯全集》,第 1 卷,第 660 页。——原注
② 除了这些州和已经脱离联邦的州,特拉华州也是一个蓄奴州,但其举动与马里兰州息息相关,从未脱离联邦。1861年,三十四个州中,蓄奴州共有十五个。——编者注
③ 詹姆斯·福特·罗德斯:《美国史》,第 3 卷,第 280 页、第 285 页注释、第 321 页。——原注

萨姆特堡

美国内战史：1861—1865

罗伯特·安德森
（1805—1871）

主党全国代表大会的瓦解①，以及民主党的分裂和1860年的共和党执政。随后，美国分裂，南方邦联成立。1860年12月，由于一起特殊事件，萨姆特堡引起了北方的关注。罗伯特·安德森少校率一小支部队占领了莫尔特里堡。但他知道一旦查尔斯顿的人发动进攻，自己根本守不住莫尔特里堡。因此，1860年12月26日晚，罗伯特·安德森少校率军秘密撤到了一个更坚固的据点——萨姆特堡。1860年12月27日清晨，查尔斯顿的人知道这件事后非常愤怒，但北方人为此欢呼雀跃，甚至将罗伯特·安德森少校视为英雄②。亚伯拉罕·林肯认识到了萨姆特堡的重要性，打算竭尽全力保护边境州及北卡罗来纳州、田纳西州和阿肯色州，不再做任何妥协。弗吉尼亚州正在召开大会，而北卡罗来纳州、田纳西州和阿肯色州静观其变，战事一触即发。与此同时，最大的困难逐渐显现。亚伯拉罕·林肯必须守住萨姆特堡。但对弗吉尼亚人来说，坚守萨姆特堡夹杂着胁迫之意。在这种情况下，胁迫意味着迫使一个脱离联邦的州重归联邦。然而，一旦北方联邦军再有任何胁迫举动，弗吉尼亚州就会立即加入南方邦联。现在，南方邦联将北方联邦视为抢占南方要塞的"外国"对手。北方联邦将美国国旗插在了南方的要塞上。对南方邦联来说，这是一种侮辱。

---

① 詹姆斯·福特·罗德斯：《美国史》，第2卷，第450页。——原注
② 詹姆斯·福特·罗德斯：《美国史》，第3卷，第216页。——原注
　一个世纪以来，南方邦联代表和北方联邦代表的谈判内容都是历史研究和思考的主题之一。近期研究表明，亚伯拉罕·林肯至少知道威廉·H.苏厄德与南方邦联的代表见过面。在威廉·H.苏厄德从萨姆特堡撤军的承诺落空后，南方邦联领袖有理由相信自己上当了。——编者注

第 7 节 威廉·H. 苏厄德的外交政策

为保护萨姆特堡,南方邦联试图与华盛顿的联邦政府进行间接谈判。亚伯拉罕·林肯最信赖的顾问——国务卿威廉·H. 苏厄德向南方邦联做了保证,使南方人备受鼓舞。威廉·H. 苏厄德向南方邦联承诺,北方联邦军将撤出萨姆特堡。亚伯拉罕·林肯如果知道了威廉·H. 苏厄德的承诺,一定会惴惴不安,中止谈判,避免让南方委员上当受骗。1861年4月1日,一份题为《浅思总统之忧》的文件使亚伯拉罕·林肯倍感忧虑。这份文件是威廉·H. 苏厄德私下递交的,也是一份亟待实施的政策提要。文件内容包括:北方联邦军从萨姆特堡撤军、南方邦联军增援其他军事要塞,还谈到要求西班牙王国和法兰西帝国立即说明其对奴隶制的态度,如果态度不能令人满意,就要求亚伯拉罕·林肯召开国会特别会议,宣布对这两个国家发动战争,同时要求英国和俄罗斯帝国表明态度。威廉·H. 苏厄德曾与约翰·阿奇博尔德·坎贝尔法官进行谈判。约翰·阿奇博尔德·坎贝尔法官是威廉·H. 苏厄德和南方委员的调解员,受杰斐逊·戴维斯的委托来到华盛顿。谈判期间,威廉·H. 苏厄德对自己的治国理念盲目自信,并且向亚伯拉罕·林肯不断施压,指出相关政策应该由内阁成员执行,而这个成员就是指他

约翰·阿奇博尔德·坎贝尔
(1811—1889)

杰斐逊·戴维斯
(1808—1889)

自己。威廉·H.苏厄德提出的外交政策不仅没有考虑后果，还毫无根据。因为美国与西班牙王国、法兰西帝国、英国及俄罗斯帝国相处融洽。1861年3月以前，威廉·H.苏厄德说："世界上的每个国家都是可敬的利益伙伴。"① 他认为，如果美国挑起一场外战，那么棉花种植州与北方就会像兄弟一样团结在同一面国旗下，同仇敌忾。当然，亚伯拉罕·林肯认为威廉·H.苏厄德的外交政策荒谬、愚蠢。经过深思熟虑后，亚伯拉罕·林肯并未在《浅思总统之忧》的回复中提到威廉·H.苏厄德的外交政策，并且密存了相关文件②。亚伯拉罕·林肯既没有要求威廉·H.苏厄德辞职，也没有讽刺或责备他。

此外，亚伯拉罕·林肯遇到了另一件棘手的事，即白宫权力的争夺。威廉·H.苏厄德写道："白宫的每一个角落里都有觊觎白宫大权的人。"亚伯拉罕·林肯说："我看似坐在宫殿里，实际上是为争执不休的'房客'指派房间。然而，宫殿正熊熊燃烧，可能会瞬间化为灰烬。"③ 本来，亚伯拉罕·林肯应专心考虑如何应对试图脱离联邦的州，但现在他的政策连连受阻。此外，支持他的人不断为自己谋取私利，并且内阁负责人提出的建议也不合理。

第8节 罗伯特·安德森少校的补给

当前的主要问题是如何解决萨姆特堡问题。罗伯特·安德森少校认为，只要得到两万人的增援，就可以守住萨姆特堡。1861年3月5日，亚伯拉罕·林肯得知了罗伯特·安德森少校的想法④。罗伯特·安德森少校的军队必须渡海抵达萨姆特堡附近，然后一路奋战到萨姆特堡。与此同时，南卡罗来纳人在查尔斯顿港建了炮台，并且加固了萨姆特堡对面的几个堡垒。罗伯特·安德森少校的军粮只能撑到1861年4月中旬。军队主将温菲尔德·斯科特将军建议从萨姆特

---

① 弗雷德里克·班克罗夫特：《威廉·H.苏厄德传》，第2卷，第134页、第136页、第157页。——原注
② 1888年2月，在《世纪杂志史》中，约翰·尼古拉和海约翰首次公开了这份文件。——原注
亚伯拉罕·林肯是否回复了威廉·H.苏厄德并不确定，可能写了回复，然后私下与威廉·H.苏厄德谈了话。《林肯选集》，第4卷，第316页到第318页。——编者注
③ 詹姆斯·福特·罗德斯：《美国史》，第3卷，第326页到第327页。——原注
④ 约翰·尼古拉、海约翰：《林肯传》，第4卷，第66页。正规兵全部兵力是一万七千人。——原注

第1章 帷幕拉开：布尔河战役

堡撤军，然后向南方进军。军中其他将领也赞成这一合理建议。温菲尔德·斯科特将军说："任性的'姐妹'，安静地离开吧！"① 在1861年3月15日的内阁会议上，亚伯拉罕·林肯询问自己的顾问，能否为萨姆特堡提供补给？威廉·H.苏厄德回答道，不能。四人附议，而其他两人认为可以一试②。亚伯拉罕·林肯也想过撤离萨姆特堡③。他注视着弗吉尼亚州，希望大会延期，或不采取任何行动。因为只要弗吉尼亚州如期举行大会，就会导致国家分裂。亚伯拉罕·林肯也许答应了一位弗吉尼亚代表，承诺如果弗吉尼亚州的大会无限期休会，那么他就召回罗伯特·安德森少校。然而，相关记载相互矛盾，无法证实这一点。但如果

温菲尔德·斯科特
（1786—1866）

---

① 詹姆斯·福特·罗德斯：《美国史》，第3卷，第341页。——原注
② 实际上，只有邮政部部长蒙哥马利·布莱尔支持给萨姆特堡提供补给。财政部部长萨蒙·P.蔡斯态度暧昧。威廉·H.苏厄德、战争部部长西蒙·卡梅伦、海军部部长吉迪恩·韦尔斯、内政部部长凯莱布·B.史密斯及司法部部长爱德华·贝茨都反对提供补给。约翰·尼古拉、海约翰：《林肯传》，第3卷，第385页。——编者注
③ 詹姆斯·福特·罗德斯：《美国史》，第3卷，第341页。——原注

亚伯拉罕·林肯真的承诺了什么，那么他的提议也并未转达给弗吉尼亚州州政府，更不能左右弗吉尼亚州大会的召开①。

北方的民意对亚伯拉罕·林肯最后的决定有一定影响。放弃萨姆特堡似乎意味着接受和平分裂，允许南方各州脱离联邦，实行自治。最后，亚伯拉罕·林肯得到了内阁支持，做出了明智决定。从军事层面看，增援萨姆特堡是不现实的。如果想要抵达萨姆特堡，那么北方必须打响战斗的第一枪。作为一种政治策略，亚伯拉罕·林肯决定"给罗伯特·安德森少校提供补给"。只有这样，罗伯特·安德森少校才不会因物资短缺放弃萨姆特堡。根据之前的承诺，亚伯拉罕·林肯向南卡罗来纳州州长表达了自己的意图。查尔斯顿的南方邦联军指挥官P.G.T.博勒加德与南卡罗来纳州州长一起听了亚伯拉罕·林肯的正式通告，然后将通告内容发给了驻蒙哥马利的南方邦联政府。1861年4月10日，P.G.T.博勒加德接到命令：如果北方联邦军拒绝撤离萨姆特堡，那么他就发起进攻。

第9节 南方邦联军轰炸萨姆特堡

P.G.T.博勒加德向北方联邦军提出了撤军的要求。与此同时，罗伯特·安德森少校写好了回绝信。对P.G.T.博勒加德派来的信使，罗伯特·安德森少校说："即使你们不将萨姆特堡夷为平地，我们也会在数日内弹尽粮绝。"②P.G.T.博勒加德立即向蒙哥马利的南方邦联政府汇报了罗伯特·安德森少校的回复。南方邦联政府认为，双方的敌意不能再加深，于是谨慎地回复道："不要轻易轰炸萨姆特堡，如果罗伯特·安德森少校给出撤离萨姆特堡的具体时间……你们应避免伤亡。"1861年4月11日，P.G.T.博勒加德再次派人向罗伯特·安德森少校提出了撤军的要求。罗伯特·安德森少校再次拒绝了，但在回信中写道："如果在1861年4月15日12时前，我没有收到政府的指令或补给，那么会……立

---

① 詹姆斯·福特·罗德斯：《美国史》，第3卷，第344页注释三。海约翰：《书信与日记》，1861年，第1卷，第47页。贺拉斯·怀特的私人信函，1908年6月11日至1909年3月7日。贺拉斯·怀特：《莱曼·特朗布尔传》，第158页。——原注

② 詹姆斯·福特·罗德斯：《美国史》，第3卷，第348页。——原注

P.G.T. 博勒加德
（1818—1893）

即撤军……"① P.G.T. 博勒加德的副官认为这些话"毫无意义"②，于是按照指示，命令约翰逊堡的驻军发起进攻。1861 年 4 月 12 日 4 时 30 分，战斗打响。战火熊熊燃起，全民震惊，长达四年的美国内战拉开了序幕。

实际上，轰炸萨姆特堡并没有必要，因为其已经像被轰炸过一样。P.G.T. 博勒加德担心的不是罗伯特·安德森少校会得到补给，而是本该增援萨姆特堡的联邦救援队会潜伏在查尔斯顿港港口处，袭击南卡罗来纳州海岸。P.G.T. 博勒加德的一位副官报告说："查尔斯顿港港口外能清楚看到四艘停泊的大船。"查尔斯顿的人以为海面上有六艘战舰③。有趣的是，通过岸上的通用警报，查尔斯顿的人可以了解到联邦救援队遭遇的情况。按照计划，联邦救援队由四艘战舰、三艘蒸汽拖船和"波罗的海"号商船组成。"波罗的海"号上的古斯塔夫斯·福克斯是联邦救援队的长官。"波罗的海"号驶离查尔斯顿一个半小时后，轰炸开始，但海上只能看见一艘战舰④。1861 年 4 月 12 日 7 时，另一艘战舰⑤到达港口。最重要的战舰"波瓦坦"号⑥还未赶到。由于所有军需品都在战舰上，因此，战舰只能按兵不动，无法给萨姆特堡提供补给。由于行政效率低下、威廉·H. 苏厄德的阻挠和海上风暴的影响，救援任务失败。古斯塔夫斯·福克斯和同伴空有一腔怒火，却无力帮助战友，只能眼睁睁看着萨姆特堡惨遭轰炸。

离开萨姆特堡前，P.G.T. 博勒加德的副官写信告知罗伯特·安德森少校，称一小时后，南方邦联军将向萨姆特堡开炮。罗伯特·安德森少校和其他军官来到炮塔上，叫醒了睡觉的士兵，宣布马上会有袭击，并且命令士兵天亮后再回击。约翰逊堡打响了第一炮。1861 年 4 月 12 日 4 时 30 分，炮弹"射向天空，逐渐下落，

---

① 《北方联邦陆军和南方邦联陆军的官方记录》丛书一，第 1 卷，第 14 页、第 301 页。——原注
② 《北方联邦陆军和南方邦联陆军的官方记录》丛书一，第 1 卷，第 60 页。——原注
③ 玛丽·切斯纳特：《南方各州记事》，第 33 页、第 39 页。来自纽约的"纳什维尔"号轮船和一些商船抵达查尔斯顿港，等待轰炸的结果，并且向海港附近的大型海军舰队发送信号，暗示舰队离开港口。《北方联邦海军和南方邦联海军的官方记录》丛书一，第 4 卷，第 249 页。弗伦奇·恩索尔·查德威克：《美国内战缘由》，第 333 页。——原注
④ 指"哈里特莱恩"号。——原注
⑤ 指"波尼"号。——原注
⑥ "波瓦坦"号失联，没有抵达查尔斯顿。1861 年 4 月 13 日 14 时，"波卡洪塔斯"号抵达查尔斯顿港。——原注

第 1 章 帷幕拉开：布尔河战役

差点儿直捣萨姆特堡"[1]。随后，卡明斯角响起了炮声。据说，这是一个来自弗吉尼亚州的分裂主义者开的炮，他等这一天已经很久了。官方文档中并没有记载这件事，但负责指挥的中校写道："轰炸过程中"，一位年长的弗吉尼亚士兵驻守在卡明斯角的一个炮台上；"他的热情感染了其他人，成了士兵的榜样"[2]。后来，所有炮台纷纷开火。萨姆特堡"被一片火海包围"[3]。与此同时，萨姆特堡堡内士兵遇到了从未经历过的一幕，眼睁睁看着炮弹迎面袭来。情况十分危险，他们被迫退回到防空洞，等待常规的列队点名和早饭指令。面包吃完了，早餐只有猪肉和碎米。1861 年 4 月 12 日 7 时，罗伯特·安德森少校下令向卡明斯角开火，随后交战激烈。一个半小时后，萨姆特堡向莫尔特里堡开火，双方"持续交锋了整整一天"[4]。查尔斯顿的人聚集在屋顶、码头和炮台上，只为观看这场空前激烈的炮战。查尔斯顿的人已经对北方联邦失去信心，甚至憎恨美国国旗，就像威尼斯人憎恨奥地利人一样。他们虽然担心自己的丈夫、儿子和兄弟的生命安全，但为此刻的战役感到兴奋，因为他们的港口和城市再也不用受制于人了。

1861 年 4 月 12 日下午，萨姆特堡的火力逐渐减弱。由于弹药紧缺，"多余的衣物、草纸和医用床单"都派上了用场，"堡内的六个炮台一直在进攻"[5]。1861 年 4 月 12 日晚，萨姆特堡停火，而南方邦联的炮台依旧炮声连连。天气骤变，暴雨大作。莫里斯岛和沙利文岛的驻兵预计"联邦救援队会派兵从周边小岛登陆，或派兵乘小船潜入萨姆特堡"[6]，因此，一直很警觉。1861 年 4 月 13 日凌晨，轰炸再次开始。萨姆特堡堡内士兵吃完了最后的猪肉和碎米，很快又投入战斗。

---

[1] 塞缪尔·克劳福德：《美国内战的起源》，第 427 页。——原注
[2] 《北方联邦陆军和南方邦联陆军的官方记录》丛书一，第 1 卷，第 35 页、第 44 页、第 46 页、第 54 页。——原注
一直流传着这样一个传说：在萨姆特堡，弗吉尼亚人埃德蒙·拉芬打响美国内战的第一炮。近来，这一传说被修正为埃德蒙·拉芬看到信号弹后开了第一炮。然而，根据现有研究，这一点似乎不太可能。可以肯定的是，埃德蒙·拉芬在自己驻守的炮台开了第一炮，但查尔斯顿港的其他炮台按照之前的命令轮流开炮了。很多文献说明了这一点。然而，美国国会图书馆珍藏的埃德蒙·拉芬的日记中，并未对这次开炮有任何说明，只提到莫里斯岛的卡明斯角炮台有一架六十四英镑重的大炮。《北方联邦陆军和南方邦联陆军的官方记录》丛书一，第 1 卷，第 54 页。——编者注
[3] 塞缪尔·克劳福德：《美国内战的起源》，第 427 页。——原注
[4] 《北方联邦陆军和南方邦联陆军的官方记录》丛书一，第 1 卷，第 40 页。——原注
[5] 《北方联邦陆军和南方邦联陆军的官方记录》丛书一，第 1 卷，第 19 页、第 21 页。——原注
[6] 《北方联邦陆军和南方邦联陆军的官方记录》丛书一，第 1 卷，第 31 页。——原注

南方邦联军轰炸萨姆特堡

萨姆特堡遭轰炸

莫尔特里堡的长官写道:"萨姆特堡很早就开火了,火力很猛,主要针对莫尔特里堡。"① 很快,莫尔特里堡和其他炮台发起了猛烈反击。萨姆特堡营房失火,火药库岌岌可危。罗伯特·安德森少校派人将五十桶火药搬出来,分放在炮塔周围,然后紧锁火药库的门,并且用土封住了大门。与此同时,木制营房燃起大火,危及了炮塔的火药。罗伯特·安德森少校命人留下五桶火药,将其余火药扔进海里。1861年4月13日13时,守卫美国国旗的士兵倒下了,美国国旗坠落。但很快,美国国旗再次升起。滚滚浓烟和熊熊战火昭示着罗伯特·安德森少校已经身陷囹圄。卡明斯角派出一名副官,手举白旗来见罗伯特·安德森少校。P.G.T. 博勒加德也派出了三名副官。经过谈判,双方签订了条约。罗伯特·安德森少校叙述道:"1861年4月14日下午,旗帜飘扬,鼓声喧天,我率军离开了萨姆特堡,鸣枪五十下以示对国旗的敬意。"②

罗伯特·安德森少校
升起美国国旗

---

① 《北方联邦陆军和南方邦联陆军的官方记录》丛书一,第1卷,第41页。——原注
② 《北方联邦陆军和南方邦联陆军的官方记录》丛书一,第1卷,第12页。——原注

在萨姆特堡战役中，双方无一人阵亡。当时的信和报告比两年后撰写的军事资料更有意义，是军人了解战争概况的基础读物。这些信和报告可以帮助士兵迅速精通破城之术。萨姆特堡战役艰苦卓绝，一开始就是一场炮击决斗。

P.G.T. 博勒加德的副官下令打响了第一炮，应该对战役负主要责任。他们本应将罗伯特·安德森少校的回复告知 P.G.T. 博勒加德，使南方邦联政府和平占领萨姆特堡，而不是提前用火力强攻。P.G.T. 博勒加德如果收到了罗伯特·安德森的回复，那么一定会请示蒙哥马利的南方邦联政府。当然，联邦救援队的出现确实是一个危险信号。然而，正如 P.G.T. 博勒加德想到的那样，这一危险可以通过防御措施或炮轰萨姆特堡避免①。但南卡罗来纳州的人民渴望攻下萨姆特堡。P.G.T. 博勒加德的副官受到了民众的鼓舞，决定下令开战。

1861 年 4 月，大战一触即发。联邦众议院四分五裂，矛盾重重，并且到了不可调和的地步，即使谈判也无济于事。因此，对亚伯拉罕·林肯来说，南方反叛未必是一件坏事。杰斐逊·戴维斯据理力争②，并且签署了相关文件。如果南方士兵与北方士兵在休战旗下会面，或坐在一起开玩笑，也许会提出一些问题。譬如，是谁发动了这场战争？是谁先开火的？是谁摧毁了萨姆特堡的城墙？③杰斐逊·戴维斯的文件无法回答这些问题。

第 10 节 北方起兵

1861 年，在华盛顿，亨利·亚当斯写道："总统亚伯拉罕·林肯大声疾呼全国武装起来。"④这是指亚伯拉罕·林肯号召七万五千名志愿兵参战的宣言。1861 年 4 月 14 日，罗伯特·安德森少校离开萨姆特堡。亚伯拉罕·林肯写道：这些士兵首战很可能去"夺回那些本属于联邦的堡垒、领土和财产"。林肯政府谨遵 1795 年 2 月 28 日通过的法案，将召集到的民兵分配到二十七个州，试图镇

---

① 《北方联邦海军和南方邦联海军的官方记录》丛书一，第 4 卷，第 252 页、第 262 页。——原注
② 詹姆斯·福特·罗德斯：《美国史》，第 3 卷，第 351 页注释三。——原注
③ 威廉·沃森：《南方邦联军中的生活》，第 98 页。威廉·亨廷顿·拉塞尔：《我的南北记事》，1863 年，第 204 页。——原注
④ 《马萨诸塞州历史学会论文集》，第 43 卷，第 687 页。——原注

压七个棉花种植州通过违背"正常司法程序"建立的联盟。1861年7月4日，亚伯拉罕·林肯召集国会成员召开了特别会议。战争部向几位州长陈述了一些细节，如志愿兵的服务期限固定为三个月，但并未考虑到战事可能会延长。亚伯拉罕·林肯遵循了1795年2月28日通过的法案。该法案规定，在下次国会大会结束后，志愿兵只能服役三十天。

北方人因战败愤愤不平。1861年7月6日，他们看到了亚伯拉罕·林肯的征兵告示。詹姆斯·拉塞尔·洛厄尔写道："当萨姆特堡打响第一炮时，所有自由州团结起来。"乔治·蒂克纳说："当时，举国沸腾。我从来不知道群情激昂是什么样子。北方从未有过这样的景象。"① 无论在哪里举行会议，州长、立法部门和公民都精诚合作。人们并不在意自己是共和党人还是民主党人，爱国的热情已经淹没党派之分。在萨姆特堡，南方邦联军首战告捷，并且将华盛顿列在了攻陷名单上。北方联邦军必须全副武装守卫华盛顿。

詹姆斯·拉塞尔·洛厄尔
（1819—1891）

乔治·蒂克纳
（1791—1871）

---

① 詹姆斯·福特·罗德斯：《美国史》，第3卷，第357页。——原注

第 11 节 巴尔的摩暴乱

马萨诸塞州第六团最先响应亚伯拉罕·林肯的号召，于 1861 年 4 月 17 日离开波士顿，1861 年 4 月 19 日抵达巴尔的摩。巴尔的摩是乘火车到达华盛顿的必经之地，但巴尔的摩的人十分赞成分裂。因此，准备抗击南方入侵的北方联邦军遇到了阻碍。在费城，马萨诸塞州第六团的指挥官得知巴尔的摩的情况后，于 1861 年 4 月 19 日上午抵达了巴尔的摩。在巴尔的摩，马车是最主要的交通工具。乘客通常乘马车从费城前往一英里①外的华盛顿车站，然后转乘巴尔的摩到俄亥俄州铁路段的火车，经四十英里的路程后到达目的地。马萨诸塞州第六团的七个连队就这样穿过了巴尔的摩。然而，一群愤怒的暴徒集结起来，拆毁了铁路，并且设了路障阻止其他队伍通过。得知这一消息后，马萨诸塞州第六团的其他四个连队决定步行到华盛顿车站。但还未动身，暴徒就来了。暴徒手持象征分裂的旗帜，威胁说如果军队穿过街道，那么所有"白人的奴隶"都会被杀。军队指挥官命军队继续前进，由一名警察带路。前行途中，暴徒向士兵投掷砖块和石头。军队只行进了一百码②，就发现前方一座桥已被毁。指挥官说："我们只能跳过去了。"他下令"加快行军步伐"。暴徒以为士兵没有弹药或不敢开枪，于是，气焰越来越嚣张，甚至向士兵开枪。一名士兵阵亡。指挥官下令"开火"，立即击毙了几名暴徒。赶到现场后，巴尔的摩的警察局局长站在队列前面。他写道："暴徒越来越大胆，袭击变得越来越暴力。双方都有人员伤亡。"巴尔的摩的市长也赶来了，但骚乱并没有平息。于是，市长离开了队列。四个连队继续前行，杀出了一条路，向前方的战友靠近。警察局局长带领五十名士兵殿后。在巴尔的摩和俄亥俄州，暴徒向士兵疯狂投掷石头，激怒了一名士兵。这名士兵射杀了一位旁观的名流。终于，火车出发了，并且 1861 年 4 月 19 日傍晚抵达了华盛顿。这次暴力冲突中，马萨诸塞州第六团共有四人遇难，三十六人受伤。暴徒的伤亡人数更多③。

巴尔的摩陷入了动荡。其警察局局长说："马里兰州人的鲜血染红了街道。"猖獗的分裂分子和支持南方的人抹杀了巴尔的摩对北方联邦的热爱。他们专断地

---

① 英里，1 英里约合 1609.344 米。——译者注
② 码，1 码约合 0.9144 米。——译者注
③ 乔治·威廉·布朗：《1861 年 4 月 19 日的巴尔的摩》，第 53 页。——编者注

拿走了一切，对巴尔的摩地方政府指手画脚。马里兰州州长托马斯·霍利迪·希克斯和巴尔的摩的市长乔治·威廉·布朗向亚伯拉罕·林肯发了一份联合公文，说："这里的骚乱非常可怕，请不要再派兵来了。"骚乱愈演愈烈，马里兰州和巴尔的摩市的部分军队已经出动。市民自愿入伍，并且分配到了武器，在警察局的带领下进行防御。人们聚集在纪念碑广场，明确表示反对一切高压政治。巴尔的摩的市长乔治·威廉·布朗和警察局局长担心的是，北方联邦军如果继续穿过巴尔的摩，那么可能会引起更多斗争和流血事件。因此，他们下令烧毁费城、威尔明顿和巴尔的摩境内的铁路线，以及北方中央铁路线和哈里斯堡铁路线上的一些桥梁。每条铁路线上都有三座桥被烧毁，通往北方的交通网彻底瘫痪了[①]。

第12节 封 锁

自北方联邦军从萨姆特堡撤军后，不好的事情接二连三地发生了。1861年4月17日，弗吉尼亚州召开了秘密大会，并且通过了一项分裂法案。1861年4月18日，华盛顿联邦政府获悉了弗吉尼亚州的分裂法案。杰斐逊·戴维斯回应了亚伯拉罕·林肯集结七万五千名士兵的号召，请求获得针对联邦商船的捕押特许证[②]。1861年4月19日，亚伯拉罕·林肯做出回应，宣布封锁南卡罗来纳州至得克萨斯州的南方港口，并且声明南方邦联"伪政权"授权的任何私掠船一律按海盗船处置。1861年4月18日，弗吉尼亚州哈珀斯费里的指挥官知道自己无力防御，于是拆毁了武器库，烧了兵工厂，弃城逃走了。1861年4月20日，北方联邦军摧毁了戈斯波特的部分海军码头。很快，弗吉尼亚人占领了戈斯波特的海军码头。1861年4月20日，罗伯特·E.李辞去了联邦委员的职务，这意味着他已决定与南方共进退。温菲尔德·斯科特将军曾称赞罗伯特·E.李，说罗伯特·E.李是南方邦联军中唯一能与他齐名的军官。罗伯特·E.李虽然一直未被南方邦联政府任命，但一直担任指挥官一职。

---

① 《北方联邦陆军和南方邦联陆军的官方记录》丛书二，第51卷，第1册，第3册。约翰·尼古拉、海约翰：《林肯传》，第4卷，1861年7月18日的《美国国会议事录》。约翰·汉森：《马萨诸塞州第六团》。亨利·皮尔森：《约翰·A.安德鲁传》。——原注
② 捕押特许证指国家允许私人在船上配备武器，以便截获外国商船的书面许可证。——译者注

第1章 帷幕拉开：布尔河战役

第13节 华盛顿岌岌可危

巴尔的摩的暴乱①导致华盛顿与北方联邦军失去了联系，局势越来越紧张。1861年4月21日晚，华盛顿的联邦政府已收不到北方联邦军的电报。联邦政府、效忠联邦的州政府和人民只能通过私人信使联系。信使历经千辛万苦，穿过危机四伏的马里兰州，将信息传递出去。由于无法及时获知真实战况，谣言四起。联邦政府和民众很担心华盛顿遭袭，也担心P.G.T.博勒加德率领的南卡罗来纳军会很快乘火车北上，与里士满的弗吉尼亚军会合。如果双方联手，华盛顿必定失守。华盛顿已做好应对围攻的准备。想要谋求一官半职的人惶恐不安，决定北上。在华盛顿，很多支持分裂的民众准备南下，因为他们担心城里男性会被征召入伍。1861年4月22日，温菲尔德·斯科特将军写道："南方邦联军包围了华盛顿的部分地区。华盛顿岌岌可危，一两天内可能会遭到全面袭击。"马萨诸塞州第八团和纽约州第七团通过水路到达了马里兰州的安纳波利斯，催促马里兰州州长托马斯·霍利迪·希克斯向亚伯拉罕·林肯发电报，建议"勿派军队进入马里兰州"，并且提议"请英国大臣理查德·莱昂斯勋爵②担任我国南北冲突的调节者"③。

当时，海约翰是亚伯拉罕·林肯的一名秘书。在日记中，海约翰生动记录了那段战时岁月。描述马萨诸塞州第六团驻扎在国会大厦的情景时，海约翰写道："以前，参议院会议厅里都是威严的老议员；现在，会议厅里都是稚嫩的年轻人，这让人感到心寒。大多数年轻人的言行举止都带着新英格兰田园生活的印记。有人倚着桌子；有人坐着；有人站在走廊；有人踱来踱去。一些人写信很慢，因为他们干过农活的手比较僵硬。从握笔的姿势中，可以看出他们刚学会写字。加卢沙·A. 格罗④耐心地站在桌旁，等着为议员免费寄信……1861年4月20日晚，华盛顿到处是关于袭击的谣言……1861年4月21日早晨，我们登上国会大厦的城垛。总统亚伯拉罕·林肯眺望远方，想着军队应该过了门罗堡、切萨皮克湾和

---

① 1861年4月19日，巴尔的摩发生暴乱。——原注
② 理查德·莱昂斯（Richard Lyons, 1817—1887），英国驻华盛顿大使。——原注
③ 詹姆斯·福特·罗德斯：《美国史》，第3卷，第364页。——原注
④ 加卢沙·A. 格罗（Galusha A. Grow, 1823—1907），宾夕法尼亚州代表，后成为众议院议长。——原注

哈珀斯费里

国会大厦

罗伯特·E. 李
（1807—1870）

加卢沙·A. 格罗
（1823—1907）

理查德·莱昂斯
（1817—1887）

波托马克河,到达了目的地。但他并没有猜中……我们截获了一份发往巴尔的摩的电报。电报中说,1861年4月22日,马萨诸塞州第八团和纽约州第七团到达了安纳波利斯。士兵筋疲力尽,但受到了当地民众的热烈欢迎。我们可能明天就能见到他们……主妇开始担心闹饥荒,因为面粉突然暴涨到每桶十八美元。"①

亚伯拉罕·林肯非常清楚守住华盛顿的重要性,很担心华盛顿失守。1861年4月23日,军队依然没有到来。1861年4月24日,在行政办公室里,亚伯拉罕·林肯一边焦急地来回踱步,一边看着窗外的波托马克河,期待着船的出现。他独自思索着,苦恼地感叹道:"他们怎么还不来?"1861年4月24日,亚伯拉罕·林肯收到了一封三天前从纽约发来的邮件。邮件里的报纸上写着:"暴徒队伍越来越庞大,气焰越来越嚣张,北方的叛乱仍未平息。纽约州第七团已经出发,罗得岛州的军队也在路上。"海约翰写道:"1861年4月24日是充满怀疑、黑暗的一天。每个人似乎都心存疑虑,行为鲁莽。早上,亚伯拉罕·林肯和马萨诸塞州第六团的志愿兵代表聊天时,似乎也感觉到了这种气氛。他说:'我认为除了你们,北方没有可以依靠的力量了。纽约州第七团还是个未知数。罗得岛州已不在我们的管辖范围内。你们现在是北方唯一可以依靠的力量。'"②

与此同时,纽约州第七团和马萨诸塞州第八团正在向安纳波利斯的铁路交叉口迈进。在安纳波利斯的铁路交叉口,他们找到了一列可以迅速到达华盛顿的火车。1861年4月25日,纽约州第七团率先抵达华盛顿。一下车,士兵就列队穿过了宾夕法尼亚大道,向着白宫行进,成为一道亮丽的风景线。华盛顿居民看到了纽约州第七团的兵力。亚伯拉罕·林肯检阅了军队。纽约州第七团的到来表明,北方通往华盛顿的路打开了,其他军队也在路上,很快就能抵达华盛顿。华盛顿安全了③。然而,直到1861年5月9日,其他北方联邦军才艰难穿过巴尔的摩,从佩里维尔乘船出发,冒着枪林弹雨登陆。随后,在警力的护送下,北方联邦军乘车穿过南巴尔的摩,一路上没有受到任何阻挠。1861年5月13日,即交通中

---

① 海约翰:《书信与日记》,第1卷,第14页等。——原注
② 詹姆斯·福特·罗德斯:《美国史》,第3卷,第368页。海约翰:《书信与日记》,第1卷,第23页。海约翰还写道:"威廉·H. 苏厄德派出的信使并未按计划返回。"一名副将从华盛顿发来电报说:"十日内,华盛顿将弹尽粮绝。"《北方联邦陆军和南方邦联陆军的官方记录》丛书一,第51卷,第1册,第367页。——原注
③ 詹姆斯·福特·罗德斯:《美国史》,第3卷,第372页等。——原注

断二十四天后,费城的第一班列车抵达了华盛顿。很快,北方各城市间的民用、军用铁路交通恢复正常①。

南方邦联认为,亚伯拉罕·林肯召集七万五千人是在宣战,这意味着北方联邦军会进军南方,危及南方各州的人身和财产安全。南方的暴乱和北方的暴乱非常相似。南方邦联人民宣称,只要他们手上有人力和财力,就会与林肯政府抗争到底。南方邦联的人民、各州州长和杰斐逊·戴维斯同心,而北方人与亚伯拉罕·林肯同心。阅读官方记录时,如果不知道1861年美国各州的州名或公众人物的名字,想要区分所读内容是关于北方的还是南方的,就只能参照编辑标出的"联邦"或"邦联"的人名附录了。

第 14 节 边境州

亚伯拉罕·林肯和杰斐逊·戴维斯首先赌上的是马里兰州、弗吉尼亚州、北卡罗来纳州、肯塔基州、田纳西州、密苏里州和阿肯色州。虽然马里兰州的巴尔的摩爆发了游行示威,但一部分有影响力的人依然热爱北方联邦,马里兰州州长托马斯·霍利迪·希克斯便是其中之一。在总统亚伯拉罕·林肯的战略指导和州长托马斯·霍利迪·希克斯的带领下,马里兰州更倾向北方联邦政府。

1861年4月10日,在查尔斯顿,弗吉尼亚州的分裂主义者罗杰·阿特金森·普赖尔发表了激情洋溢的演讲。他说道:"各位,我要告诉你们,不到一个小时,一次重创就会让弗吉尼亚州加入南方邦联。"他了解自己的同胞。弗吉尼亚人与棉花种植州的人民一样躁动。面对亚伯拉罕·林肯七万五千人的征兵令,弗吉尼亚州州长约翰·莱彻代表人民轻蔑地拒绝了。蒙哥马利的南方邦联政府听闻弗吉尼亚人"对亚伯拉罕·林肯的征兵令非常愤怒"②。1861年4月17日,弗吉尼亚州召开了大会,以一百零三票比四十六票的投票结果通过了分裂法案。如果1861年5月23日人民投票认可了分裂法案,那么该法案将生效③。弗吉尼亚州

---

① 詹姆斯·福特·罗德斯:《美国史》,第3卷,第389页。——原注
② 《北方联邦陆军和南方邦联陆军的官方记录》丛书一,第51卷,第2册,第11页。——原注
③ 1861年5月23日,九万六千七百五十人认可了分裂法案。三万两千一百三十四张反对票主要来自西部各县。詹姆斯·福特·罗德斯:《美国史》,第3卷,第387页。——原注

州政府已经预料到公众的投票结果，因此，欣然加入了南方邦联。弗吉尼亚州州长约翰·莱彻发电报给蒙哥马利的南方邦联政府，说明了弗吉尼亚人的期望。很快，他收到了杰斐逊·戴维斯的加急信。信中说："联盟决议已收到，邦联衷心接纳你们的提议。专员将乘下一班列车出发。"① 为兑现承诺，南方邦联副总统亚历山大·H. 史蒂芬斯出发去了里士满。虽然亚历山大·H. 史蒂芬斯在信中写到了联盟实施中的"困境和难处"，但双方的共同目标是确定的。于是，亚历山大·H. 史蒂芬斯提议南方邦联政府和弗吉尼亚州建立军事联盟，弗吉尼亚州的军队由杰斐逊·戴维斯控制和指挥②。1861 年 5 月 7 日，南方邦联大会同意弗吉尼亚州加入邦联，并且同意了 1861 年 4 月 27 日大会上的提议。1861 年 5 月 21 日，里士满成为南方邦联首都③。

亚历山大·H. 史蒂芬斯
（1812—1883）

---

① 《北方联邦陆军和南方邦联陆军的官方记录》丛书一，第 51 卷，第 2 册，第 18 页。——原注
② 这一切都是基于人民的投票认可。《北方联邦陆军和南方邦联陆军的官方记录》丛书四，第 1 卷，第 242 页等。詹姆斯·福特·罗德斯：《美国史》，第 3 卷，第 379 页。——原注
③ 詹姆斯·福特·罗德斯：《美国史》，第 3 卷，第 396 页。《北方联邦陆军和南方邦联陆军的官方记录》丛书四，第 1 卷，第 256 页。——原注

第1章 帷幕拉开：布尔河战役

北卡罗来纳州州长约翰·威利斯·埃利斯回复战争部部长西蒙·卡梅伦时说："我认为政府的征兵令违反了《宪法》，存在滥用职权的嫌疑，目的是镇压南方各州。我不参与……这场解放一个自由民族的战争。您不会从北卡罗来纳州得到军队。"① 在亚伯拉罕·林肯征兵前，北卡罗来纳州有三分之二的人反对脱邦②。然而，现在北卡罗来纳州迅速召开了大会，并且全票通过了分裂法案。北卡罗来纳州成为南方邦联的一员③。

1861年5月6日，阿肯色州召开大会，通过了分裂法案，并且仅有一票反对分裂法案。很快，阿肯色州加入了南方邦联。在回应亚伯拉罕·林肯的征兵令时，田纳西州州长艾沙姆·G.哈里斯说："田纳西州不会迫于高压提供兵力。"④ 田纳西州并未正式通过分裂法案，但1861年5月该州的立法机构与南方邦联建立了军事联盟。1861年6月8日，经人民投票决议，田纳西州成为南方邦联的一员。约五万八千名田纳西人赞成脱离联邦，加入南方邦联⑤。

在电报中，肯塔基州州长约翰·J.克里滕登说："肯塔基州不会出一兵一卒对抗南方各州的同胞。"⑥ 但他并未参与分裂运动。肯塔基州内意见不统一，并没有决定是否脱离联邦。亚伯拉罕·林肯很了解自己的家乡。他对支持联邦的人民非常宽容，有策略地引导他们逐渐加强其影响力。1861年8月，在新选举成立的立法机构中，每个部门约有四分之三的人支持联邦⑦。

密苏里州州长克莱本·福克斯·杰克逊赞成脱离联邦。在回应征兵令时，他说："我认为从目标来看，您⑧的征兵要求是非法的、违宪的、不人道的、残忍的，甚至是具有革命性质的……密苏里州不会参与这种罪恶之举。"⑨ 然而，

---

① 《北方联邦陆军和南方邦联陆军的官方记录》丛书一，第51卷，第2册，第831页。——原注
② 《北方联邦陆军和南方邦联陆军的官方记录》丛书三，第1卷，第72页。——原注
③ 詹姆斯·福特·罗德斯：《美国史》，第3卷，第383页。——原注
④ 《北方联邦陆军和南方邦联陆军的官方记录》丛书三，第1卷，第81页。——原注
⑤ 各类投票显示，在萨姆特堡战役和亚伯拉罕·林肯的征兵令发布前，阿肯色州、北卡罗来纳、田纳西州和弗吉尼亚州的多数人可能反对分裂。1861年4月中旬后，这些人的态度发生了巨大转变。——编者注
⑥ 詹姆斯·福特·罗德斯：《美国史》，第3卷，第384页著。——原注
⑦ 《北方联邦陆军和南方邦联陆军的官方记录》丛书三，第1卷，第83页。——原注
⑧ 指亚伯拉罕·林肯。——译者注
⑨ 《北方联邦陆军和南方邦联陆军的官方记录》丛书三，第1卷，第70页。——原注

他的强劲对手小弗朗西斯·普雷斯顿·布莱尔血气方刚,胆识过人,在圣路易斯具有很大影响力,并且人们都很爱戴小弗朗西斯·普雷斯顿·布莱尔。他们之间展开了历时四个月的政治和军事较量。最终,小弗朗西斯·普雷斯顿·布莱尔获胜,密苏里州留在了联邦①。

第15节 内战爆发

南北两大阵营形成。十一个南方邦联州对阵二十三个北方联邦州,九百万南方人对阵两千两百万北方人。九百万南方人中,约有奴隶三百五十万人②。双方各具优势③,但互不了解。南方如果事先知道分裂会带来战争,并且对手是团结的北方,那么是否会继续走到最后就不一定了。北方如果知道会与团结的南方较量,那么是否会开战也不一定④。威廉·皮特曾说:"三百万自由的灵魂怎么可能会被征服?"这句话已成为英国人的一句格言。但现在,北方人面对的是五百五十万热忱勇敢的南方人。当南方人在前方浴血杀敌时,后方有三百五十万奴隶在为他们种地、照顾妻子和儿女。北方人为联邦而战,并且认为大多数南方人受到了少数拥有权势、寡廉鲜耻的人的压制,实际上他们不想分裂,厌恶内战。南方人如果受到保护和鼓励,那么一定会投身保卫国家的运动。亚伯拉罕·林肯理解北方人的想法,但从不公开发表不确定的观点。1861年7月4日,在国会的特别会议上,亚伯拉罕·林肯说:"很多人可能存在疑虑,想知道具有合法资格的大多数选民是否支持国家分裂。我们有理由相信,即使在所谓的脱邦州中,支持统一的人也占多数。"

《美国史》中详细阐述了上述内容,在此不再赘述。不过,我发现在我第

---

① 詹姆斯·福特·罗德斯:《美国史》,第3卷,第393页。——原注
② 这些数字是指脱邦州和非脱邦州。因为密苏里州、马里兰州和肯塔基州给南方邦联和北方联邦都提供了兵力,西弗吉尼亚州、田纳西州和北卡罗来纳州给北方联邦提供了部分兵力,此外,北方还有一些黑人军队,所以很难给出精确的总数,但总体比例是基本正确的。——编者注
③ 詹姆斯·福特·罗德斯:《美国史》,第3卷,第397页。詹姆斯·福特·罗德斯:《在牛津大学发表的关于美国内战的讲稿》,第95页。——原注
④ 总体来看,在战争中,虽然北方人支持联邦政府,但在不同时期有一些人反对开战。此外,肯塔基州、密苏里州、马里兰州、弗吉尼亚州及后来的西弗吉尼亚州先后分裂。南方也有许多反对邦联政府的地区,如田纳西州的山区。——编者注

小弗朗西斯·普雷斯顿·布莱尔
（1821—1875）

一次讨论南北阵营问题二十年后，再次翻看原始资料时，更加确信的是：在亚伯拉罕·林肯发布征兵令后，南方邦联各州变得更团结了。在《美国史》第三卷中，我引用了威廉·亨廷顿·拉塞尔写给《泰晤士报》的信和他的日记中的内容。这些引文足以佐证我的论点。威廉·亨廷顿·拉塞尔是一个聪慧、公正的人，痛恨奴隶制，坚信南方所谓的州权只是为了"保护奴隶制，拓展奴隶制的地域范围，扩大与外界的奴隶自由贸易"。因此，他与北方同仇敌忾。1861年4月14日至1861年6月19日，威廉·亨廷顿·拉塞尔去了南方各州，坚信南方邦联人民已团结起来。在总结旅途经历时，他写道："我到哪里都能深刻感受到邦联的团结和实力。人民与邦联同心协力，齐声呐喊，力争'州权'，并且打算与发起战争的人抗争到底！"

虽然威廉·亨廷顿·拉塞尔的评论有些言过其实，但他仍然希望北方赢得胜利，因为他预见到，北方的胜利意味着奴隶制的瓦解。然而，他也怀疑北方能否获胜。1861年4月，在查尔斯顿，威廉·亨廷顿·拉塞尔写道："联邦永远不会恢复原样了，已经支离破碎。世上没有哪种力量可以使它回到过去。"1861年5月31日，在新奥尔良，威廉·亨廷顿·拉塞尔写道："分裂已经到来，《宪法》再也无法将破裂的碎片黏在一起。"他乘密西西比河上的一艘轮船，从南方邦联的营地前往开罗。在船上，他遇到了一个健谈的英国船员。显然，威廉·亨廷顿·拉塞尔很赞成这个船员的结论，并且引用了他的话："这场战争完全是关于黑人奴隶的。在美国，我待了十六年，发现黑人最适合的身份就是奴隶。我了解南北双方。我告诉您，先生，北方人不可能彻底击败南方人，让他们尽力而为吧。"[①]

令人遗憾的是，南北双方坚持要以武力解决矛盾，并且认为联邦应该分裂。在查尔斯顿，威廉·亨廷顿·拉塞尔遇到了一位老先生。谈到美国内战的前景时，老先生泪流满面，但他认为美国内战是"北方对南方无礼、不公和侵略的必然结果"。因此，他并不忧心战争结果。关于分裂，玛丽·切斯纳特写道："这种痛苦太可怕了。"当弗吉尼亚州大会讨论脱离联邦的法令时，一位持反对意见的代表当场语无伦次，泣不成声。另一位持赞成意见的代表一想到要切断南北方之间

---

① 威廉·亨廷顿·拉塞尔：《我的南北记事》，1863年，第106页、第251页、第315页、第329页。詹姆斯·福特·罗德斯：《美国史》，第3卷，第407页注释，第423页注释。詹姆斯·福特·罗德斯：《在牛津大学发表的关于美国内战的讲稿》，第157页等。——原注

的纽带，哭得像个孩子一样①。亨利·亚当斯回忆了1861年冬季的华盛顿，写道："美国没有一个人想要，或期待，或图谋发动内战。"在斯普林菲尔德任亚伯拉罕·林肯的私人秘书时，海伦·尼古拉也有同感。她说："没有人愿意打仗。"②当战争来临时，雅各布·多尔森·考克斯、詹姆斯·A.加菲尔德和俄亥俄州立法机构的成员接连叹息道："内战是耻辱、荒唐的行为，是引起民愤的举动。"③

第16节 南方与北方毫无准备

约翰·托里·莫尔斯为亚伯拉罕·林肯写了传记。这部传记成为当时的权威文献，并且激起了人们研究杰出人物的兴趣。约翰·托里·莫尔斯写道："历史学家夸张地说，北方人见到武器恨不得急奔过去。如果真的有武器，那么他们肯定会这样做。但事实上，北方极度缺乏枪支。"④《北方联邦陆军和南方邦联陆军的官方记录》丛书三的第一卷收录的信可以证实约翰·托里·莫尔斯的说法。在与联邦政府战争部的通信中，好几个州的州长请求配备枪炮。没过多久，他们的请求变成了央求。俄亥俄州无疑是阿勒格尼山脉以西各州中的一个典型。在检查军火库时，俄亥俄州民团少将乔治·B.麦克莱伦发现几箱滑膛枪支已生锈受损，两三架发射六磅炮弹的大炮上面结满了蜘蛛网，之前战马用过的马具已发霉。检查完毕后，乔治·B.麦克莱伦无奈地说："好大一堆即将参战的军需品。"⑤艾奥瓦州州长塞缪尔·J.柯克伍德向联邦政府战争部提出要求说："看在上帝的份上，给我们一些武器吧！"这是所有人的想法。其他州也想要枪支，但联邦政府只能提供一部分。当各州收到老式步枪或类似装备时，发现自己不应该再将注意力放在必需品上。印第安纳州州长奥利弗·P.莫顿说，印第安纳州收到的武器"质量差，都是老式步枪"，还说"经常得用锤子将枪上的刺刀砸进枪

---

① 威廉·亨廷顿·拉塞尔：《我的南北记事》，1863年，第117页。玛丽·切斯纳特：《南方各州记事》，第50页。詹姆斯·福特·罗德斯：《美国史》，第3卷，第386页。——原注
② 海伦·尼古拉：《林肯的个人特质》，第153页。艾伯特·B.佩因：《马克·吐温传》，第1卷，第160页。——原注
③ 詹姆斯·福特·罗德斯：《美国史》，第3卷，第359页注释。——原注
④ 约翰·托里·莫尔斯：《林肯传》，第1卷，第252页。——原注
⑤ 雅各布·多尔森·考克斯：《美国内战中的战役与领袖》，第1卷，第90页。——原注

雅各布·多尔森·考克斯
（1828—1900）

詹姆斯·A.加菲尔德
（1831—1881）

乔治·B. 麦克莱伦
（1826—1885）

奥利弗·P. 莫顿
（1823—1877）

套里，许多刺刀已松动欲坠"。艾奥瓦州州长塞缪尔·J.柯克伍德写道："我们的士兵不愿拿着老式步枪与装备精良的南方邦联军交战。"马萨诸塞州意识到联邦政府已无能为力，于是派人去欧洲购买精良武器。纽约州购买了英国的恩菲尔德式步枪。几个州的州长央求联邦政府发放装备、军装和其他物品。他们的军队急需军帽、军裤、法兰绒短上衣、法兰绒衬衫、军靴、军袜、军大衣和毛毯。在给奥利弗·P.莫顿的回信中，战争部部长西蒙·卡梅伦写道："短时间内，政府无法为临时征召的军队提供军装和其他衣物。"①

在描述俄亥俄州的军队时，乔治·B.麦克莱伦说："他们是我见过最优秀的军人，都很健壮，但缺乏组织和纪律意识。"②正规军的一名上尉将一些团编入了联邦军队。由于没有军装，士兵都穿着红色的法兰绒衬衫。这名上尉感叹道："我的上帝！他们天生是当兵的料！"③马萨诸塞州第六团的海约翰写道："年轻的士兵长相英俊，活力十足，让他们就这样战死实在太可惜了。"④同样的话可以用在各州征召的所有服役期为三个月的志愿兵身上。

1861年4月月底，亚伯拉罕·林肯决定进行一场持久战。服役期为三个月的志愿兵迅速集结。一些自告奋勇的人也想入伍。于是，亚伯拉罕·林肯决定充分利用这些人的爱国热情，同意他们入伍三年。1861年5月3日，亚伯拉罕·林肯宣布扩军⑤。针对不同的征兵要求，在1861年7月4日的信中，他回应道："政府面临的最大难题是，如何避免军人数量的增加速度超过政府供给的速度。总之，如果联邦政府恪尽职守，那么人民就会支持它。"战争初期的官方通信表明，战争部部长西蒙·卡梅伦性情温厚，但办事效率低，目光短浅。亚伯拉罕·林肯深谙时局，一再敦促战争部收编愿意入伍三年的志愿兵，并且给他们配备武器和军装，发放军饷。因此，在任职初期，甚至在任职后期，亚伯拉罕·林肯首先考虑到的都是联邦的真正需求。军队会有的，军需供给也会有的。

南北双方都对战事没有准备，但南方人购买武器和弹药的难度更大。过去，

---

① 《北方联邦陆军和南方邦联陆军的官方记录》丛书三，第1卷。——原注
② 雅各布·多尔森·考克斯：《美国内战中的战役与领袖》，第1卷，第97页。——原注
③ 《北方联邦陆军和南方邦联陆军的官方记录》丛书一，第51卷，第1册，第333页。——原注
④ 海约翰：《书信与日记》，第1卷，第13页。——原注
⑤ 四万两千零三十四名志愿兵入伍三年，两万两千七百一十四人收编正规军，一万八千名水手收编海军。——原注

第 1 章 帷幕拉开：布尔河战役

南方人习惯从北方兵工厂购买军火，但现在只能在自己的领地内建立军工业。由于缺乏资金和商业信誉，南方人很难从国外采购军火，并且北方的封锁严重阻碍了他们的军火交易。1861 年 5 月 3 日，温菲尔德·斯科特将军写道："大西洋和墨西哥湾的港口对我们很重要，但很快会被完全封锁。"[①]1861 年 7 月 16 日，在里士满与杰斐逊·戴维斯一起进餐时，玛丽·切斯纳特在日记中写道："我们亟须弹药，但封锁切断了所有渠道。"南方邦联战争部部长勒罗伊·沃克缺乏亲和力，从他与各州州长的通信中，可以看出他有点刻薄。但新政府将面临一场旷日持久的战争，因此，他的刻薄并不是一位政府官员应具有的禀性。

杰斐逊·戴维斯的行政能力比亚伯拉罕·林肯强。西点军校的训练、墨西哥的服役经历及四年的陆战队经历使杰斐逊·戴维斯熟知军理知识，而亚伯拉罕·林肯需要加倍努力才能很快掌握军理知识。弗吉尼亚军的指挥官罗伯特·E. 李是里士满市市长约瑟夫·C. 梅奥的得力助手。里士满是南方邦联最重要的军事据点。不过，南北双方都高估了彼此的实力。与艾奥瓦州州长塞缪尔·J. 柯克伍德一样，罗伯特·E. 李认为对手有很多精良的武器装备[②]。

在轰炸萨姆特堡和布尔河战役[③]期间，仔细阅读北方联邦与南方邦联的密信时，令人感到困惑的是，南方和北方都没有备战行动，并且美国的军情与欧洲的军情形成了对比。1870 年，法兰西帝国战争部部长向拿破仑三世和其他政府官员表示，法兰西帝国已做好准备，并且时刻准备参战。此外，他还向国家立法委员会声明："我们已做好准备，即使美国内战会持续两年，我们也有充足的准备。"十天内，通过铁路，法兰西帝国战争部部长将二十万人送到了边境，还有大炮、马匹和弹药。与此同时，德意志帝国首相奥托·冯·俾斯麦询问总参谋长赫尔穆特·冯·毛奇："我们获胜的概率有多大？"赫尔穆特·冯·毛奇回答道："我认为这是一次军事竞赛，没有人能预测到这场战事的结果。"他还说："总体来

---

① 1861 年 4 月 27 日，亚伯拉罕·林肯将封锁范围扩大到弗吉尼亚州和北卡罗来纳州。《北方联邦陆军和南方邦联陆军的官方记录》丛书三，第 1 卷，第 122 页。——原注
② 《北方联邦陆军和南方邦联陆军的官方记录》丛书一，第 51 卷，第 1 册，第 4 册。玛丽·切斯纳特：《南方各州记事》。约翰·尼古拉、海约翰：《林肯传》。詹姆斯·福特·罗德斯：《美国史》，第 4 卷。——原注
③ 美国内战期间，马纳萨斯会战中的两次战役都发生在一条小溪附近，均以南方邦联获胜而告终。——译者注

奥托·冯·俾斯麦
（1815—1898）

赫尔穆特·冯·毛奇
（1800—1891）

说，相比缓兵之计，速战速决对我们更有利。"两个多星期，赫尔穆特·冯·毛奇手下普鲁士军队的人数相当于法兰西边境法军人数的两倍①。

如果南方或北方能像法兰西帝国一样做好准备，并且另一方又无法跟进，那么做好准备的一方就可以所向披靡。如果南方和北方能像普鲁士那样组织得当，那么内战可能会结束得更早。但美国不可能像普鲁士那样，拥有完备的军事体系。即使有也不会被重视。与古希腊伯里克利时代的雅典人一样，美国人更喜欢"轻松愉快地面对危险，而不是经过艰苦训练后投入战争"②。

第17节 杰斐逊·戴维斯

1861年4月29日，在给国会的信中，杰斐逊·戴维斯指出，亚伯拉罕·林肯征兵七万五千人是在向南方邦联宣战，要求国会制订防御措施。杰斐逊·戴维斯辩称每个州都有自主权，"起码有权判断对错，有权决定纠错的方式和措施"，试图证明分裂和组建邦联的正当性。他还声明："我们认为自己的事业是公正、圣洁的……我们只要求联邦政府不要干涉南方邦联。从未统治过我们的人不应试图通过武力征服我们。我们如果受到压迫，那么必将奋起反抗，也必须奋起反抗。"身为南方总统的杰斐逊·戴维斯必须妥善应对令人担忧的局面。他曾经反对战争，希望南方同胞远离战争。1861年6月月底，在里士满，玛丽·切斯纳特与杰斐逊·戴维斯谈了近一个小时。谈话中，杰斐逊·戴维斯"比较悲观"，"语气听起来并不乐观"。他预料到战争会很漫长。有人吹嘘说："一个南方人能敌三个北方兵。"杰斐逊·戴维斯笑道："只有傻瓜才会质疑北方军人的勇气，或质疑他们为正义而战的意愿。"③

---

① 埃米尔·奥利维耶：《自由帝国》，第15卷。皮埃尔·德·拉戈尔斯：《法兰西第二帝国史》，第6卷。斯宾塞·沃波尔：《二十五年史》，第2卷。《大英百科全书》（第十一版）中埃德蒙·勒伯夫这一条目。海因里希·冯·西贝尔：《德意志帝国的建立》。奥托·冯·俾斯麦：《奥托·冯·俾斯麦回忆录》。——原注
② 战争本来就是危险的。本杰明·乔伊特：《修昔底德》，第2卷，第39页。——原注
③ 玛丽·切斯纳特：《南方各州记事》，第111页，第299页。——原注

第18节 亚伯拉罕·林肯

1861年7月4日,在信中,亚伯拉罕·林肯说:"南方邦联迫使国家面对一个独特的问题,即'要么立刻解散,要么血洗沙场'。令人遗憾的是,武力保卫政府的职责落在了总统肩上。总统要么履行职责,要么放弃政府。"亚伯拉罕·林肯向"普通民众"[①]说明了支持他的理由。

1861年,亚伯拉罕·林肯坚信,如果没有危及奴隶制,那么南方人不会在分裂中提到州权。然而,在信中,他对此只字未提,原因不言自明。亚伯拉罕·林肯将恢复联邦的完整性作为战争的目标,赢得了民主党人约翰·贝尔和爱德华·埃弗里特等,以及共和党人的支持,但一提到奴隶制问题,就会立即引起党派间的争论。不过,亚伯拉罕·林肯一直清楚矛盾所在。他曾对支持自己的私人秘书说:"对我来说,我认为这场战争的核心是,我们必须证明联邦政府并不荒唐。现在,我们必须解决一个问题,即在一个自由政府中,少数人是否有权随时分裂政府?如果我们失败了,那么只能证明人民无法通过自己实现自治。到时,可能要考虑搁置最终决议,但这不是我们应该提前考虑的。也就是说,现在,我们国家存在一个影响深远的不安因素。在其他自由国家中,这一不安因素从未出现过。但目

约翰·贝尔
(1796—1869)

爱德华·埃弗里特
(1794—1865)

---

① 这是亚伯拉罕·林肯越来越喜欢的一种称呼。——原注

前，我们还不能这么说。让我们拭目以待，看看大多数人能否守住我们最初建立的政府。"①

第 19 节 北方联邦军准备进军里士满

1861 年 7 月 1 日的一份官方报告显示，北方联邦军共十八万六千人②。各家报纸，尤其是《纽约论坛报》，呼吁联邦军向里士满进军。温菲尔德·斯科特将军呼吁联邦政府，不要浪费志愿兵的三个月服役期③。政客担心拖延战事会影响公众情绪，因此，积极响应了温菲尔德·斯科特将军的呼吁。经验丰富、是非分明的人也加入了呼吁者的队伍。1861 年 5 月，马萨诸塞州州长约翰·阿尔比恩·安德鲁抱怨北方"缺乏行动力"。参议员威廉·P. 费森登写道："每天，我都希望听到联邦军进攻的消息。"④克里米亚的经历让威廉·亨廷顿·拉塞尔了解了欧洲的生活水平，他在此基础上记述了华盛顿营地附近士兵所处的艰苦环境。他估计可以参战的士兵有三万人，并且写道："我反对国家自吹自擂，但坚信，在有能力的指挥官的领导下，一万名英国正规军⑤或一万两千名有正规炮兵装备的法兰西人，不仅可以轻而易举击退华盛顿营地的军队，而且只要他们乐意，可以随时发动进攻，战胜华盛顿营地的军队，或长驱直入华盛顿。"⑥

亚伯拉罕·林肯耳畔一直萦绕着"进军里士满"⑦的口号。最后，他被迫同意北方联邦军的请求，在弗吉尼亚东部发动战争。只要取得一次胜利，北方联邦军就能巩固萨姆特堡轰炸后形成的团结态势。因此，弗吉尼亚东部的战争将是一场重要的战役。有了这次战役，北方人的爱国热情将继续高涨；反对党中可能产生的分歧也会消失；欧洲将继续保持友好态度。现在，欧洲各国赞同亚伯拉罕·林

---

① 海约翰：《书信与日记》，第 1 卷，第 31 页。——原注
② 威廉·亨廷顿·拉塞尔：《我的南北记事》，1863 年，第 3 卷。——原注
③ 詹姆斯·福特·罗德斯：《美国史》，第 3 卷，第 360 页，注释二。——原注
④ 《北方联邦陆军和南方邦联陆军的官方记录》丛书三，第 1 册，第 182 页、第 244 页。——原注
⑤ "正规军"一词表明威廉·亨廷顿·拉塞尔在为他的英国盟友讲话。——原注
⑥ 威廉·亨廷顿·拉塞尔：《我的南北记事》，1863 年，第 403 页到第 404 页。——原注
⑦ "进军里士满"的口号源于 1861 年 6 月 26 日的《纽约论坛报》，报上的大标题写着"举国呐喊""进军里士满！"——编者注

第 1 章 帷幕拉开：布尔河战役

肯主张的国家权力，并且派使臣访问美国。但最好让欧洲各国意识到，联邦政府有更强大的军队。此外，如果服役期为三个月的志愿兵积极投入战斗，那么北方联邦军将很快掌控战场。志愿兵的服役期即将结束。考虑了所有因素后，亚伯拉罕·林肯在内阁会议中召集了一些将军。欧文·麦克道尔毕业于西点军校，曾在美墨战争中任参谋一职，现任波托马克河弗吉尼亚州一侧的军队指挥官。他表示，如果能阻止谢南多厄河谷拥兵九千人的约瑟夫·E. 约翰斯顿联合了布尔河河畔拥兵两万一千九百人的 P.G.T. 博勒加德，那么他将进攻 P.G.T. 博勒加德。温菲尔德·斯科特将军认为欧文·麦克道尔的军队不能在弗吉尼亚州开战，但还是遵从了亚伯拉罕·林肯的意愿，并且说："如果约瑟夫·E. 约翰斯顿联合了 P.G.T. 博勒加德，那么我会让罗伯特·帕特森紧随其后。"罗伯特·帕特森率领一支一万八千人到两万两千人的军队，受命密切监视约瑟夫·E. 约翰斯顿，等待时机将其歼灭或滞留在谢南多厄河谷中。

1861 年 7 月 16 日下午，欧文·麦克道尔率三万名精兵强将赶赴前线。其中，服役期为三个月的志愿兵占多数，另有一千六百名正规军。1861 年 7 月 18 日，欧文·麦克道尔的军队占领了森特维尔。当代美国将军从未统率过这么多人。在墨西哥任参谋时，欧文·麦克道尔统领的士兵很少。除了正规军，志愿兵和大多数军官都没有实战经验。此次行军二十七英里，算得上是一次壮举，但如果发生在 1862 年，就只能算作小事一桩。旅指挥官威廉·特库姆塞·谢尔曼写道："士兵毫无纪律意识。行军途中，我虽然尽力了，但还是无法阻止他们掉队去戏水、摘黑莓或其他他们想干的事。"欧文·麦克道尔说，军队不知道如何合理分配供给"以便度过战事"，并且士兵兴奋到"烧杀抢掠"。幸运的是，欧文·麦克道尔及时制止了士兵的罪恶行径。

约瑟夫·E. 约翰斯顿收到一封从里士满发来的电报。电报中要求他在可行的情况下，与 P.G.T. 博勒加德联盟。1861 年 7 月 18 日中午，约瑟夫·E. 约翰斯顿设法避开罗伯特·帕特森，向布尔河进发。约瑟夫·E. 约翰斯顿写道："我已经习惯正规军稳定行军的步伐，根本无法描述那天行军中的窘况。"士兵缺乏纪律，时常无缘无故掉队。约瑟夫·E. 约翰斯顿已经放弃按时与 P.G.T. 博勒加德会合。根据实际情况，约瑟夫·E. 约翰斯顿计划了最后一段行程。行军二十三英里后，他率步团坐火车完成了剩下的三十四英里。骑兵和大炮依旧由

湖南多瓦河谷

约瑟夫·E.约翰斯顿
（1807—1891）

罗伯特·帕特森
（1792—1881）

马车运送。1861年7月20日,约瑟夫·E.约翰斯顿率领六千人与P.G.T.博勒加德会合。

听到了约瑟夫·E.约翰斯顿和P.G.T.博勒加德会合的消息后,欧文·麦克道尔并不相信,依旧按原计划行事,打算进攻南方邦联军的左翼。1861年7月21日早晨,欧文·麦克道尔发起了进攻。由于官兵缺乏作战经验,加上行军部署延误,进攻推迟了三个小时。1861年7月21日10时,北方联邦军与南方邦联军交战,并且其以绝对优势追击南方邦联军。南方邦联军立即撤退。当其退到亨利豪斯高地[1]所在的高原[2]斜坡时,恰好遇到了正在静静等待进攻的托马斯·J.杰克逊。小巴纳德·埃利奥特·毕将军鼓舞撤退的士兵,大声喊道:"看呐!托马斯·J.杰克逊像石墙一样屹立在那里。"后来,"石墙"一词伴随了托马斯·J.杰克逊一生。

第20节 布尔河战役

罗伯特·帕特森高估了约瑟夫·E.约翰斯顿的实力,不敢轻易进攻。罗伯特·帕特森带着恐慌向北挺进,并未追击撤退的南方邦联军。南方邦联军的将领还没有察觉到罗伯特·帕特森的举动,以为他会前去与欧文·麦克道尔会合。因此,在援军到来前,P.G.T.博勒加德认为应率领右翼和中锋进攻北方联邦军。约瑟夫·E.约翰斯顿赞成P.G.T.博勒加德的计划,但由于命令被误传,行动被迫取消。与此同时,欧文·麦克道尔突然发动了袭击,炮声轰鸣。约瑟夫·E.约翰斯顿意识到欧文·麦克道尔打算进攻他的左翼军。约瑟夫·E.约翰斯顿和P.G.T.博勒加德距战场四英里。因此,他们快马加鞭赶往战场。约瑟夫·E.约翰斯顿说:"我们一刻也没有延误。"南方邦联军士气低落,溃不成军。此刻,他们最需要的是意志坚定、胆识过人的将领力挽狂澜。P.G.T.博勒加德指挥前方部队全力作战。约瑟夫·E.约翰斯顿绕向后方进行增援。

1861年7月21日正午,约瑟夫·E.约翰斯顿和P.G.T.博勒加德来到战场。

---

[1] 亨利豪斯高地,亚拉巴马州佩里郡马里昂市的一处历史古迹。——译者注
[2] 这里通常被称为亨利豪斯山,并非高原。战场所在地布尔河流域是连绵起伏的农田,附近山丘并不陡峭,是绝佳的军事据点。——编者注

第 1 章 帷幕拉开：布尔河战役

战役一直持续到 1861 年 7 月 21 日 15 时。攻打北方联邦军占领的亨利豪斯高地时，战况十分激烈。1861 年 7 月 21 日 14 时，P.G.T. 博勒加德下令前进，收复亨利豪斯高地。他的命令鼓舞了士气。托马斯·J. 杰克逊的军队直捣北方联邦军的主营地。其他邦联军队也奋力前进，突破了北方联邦军的防线，将其赶出了亨利豪斯高地。北方联邦军重整军力，再次攻克了亨利豪斯高地，将南方邦联军驱逐到了树林里。很快，欧文·麦克道尔看到了亨利豪斯高地的战场，思考着最后的决战，坚信胜利是属于联邦的。

里士满的杰斐逊·戴维斯十分焦急。他按捺不住，乘火车来到了战场。当他接近马纳萨斯铁路枢纽站时，看到一辆辆前往南方邦联军后方的马车驶过，扬起一阵尘土，战火声犹在耳畔。许多人带着伤痛离开了马纳萨斯，向杰斐逊·戴维斯生动描述了南方邦联军战败的场景。一个胡须花白的老人面容平静，举止沉稳，这鼓舞了杰斐逊·戴维斯。杰斐逊·戴维斯问老人："战役怎么结束的？"老人回复道："我们的防线破了。军队陷入一片混乱，士兵四散溃逃。我们战败了。"列车员不愿继续前行，但杰斐逊·戴维斯一再坚持。列车员只好卸下车头，将火车开到了指挥部。在指挥部，杰斐逊·戴维斯找到了几匹马。两名军官带他去了战场。途中，杰斐逊·戴维斯遇到了大批散兵。散兵警告他前方很危险。但战火声逐渐减弱，似乎暗示着南方邦联军取得了进展，战役很快就会结束。在一个可以俯瞰战场的高地，杰斐逊·戴维斯见到了约瑟夫·E. 约翰斯顿。当时，杰斐逊·戴维斯可能模仿了阿金库尔战役[①]中的亨利五世，问道："我能否知道战斗结果？"约瑟夫·E. 约翰斯顿立即肯定地告诉他："我们赢得了战斗。"

1861 年 7 月 21 日 15 时，欧文·麦克道尔看到南方邦联军退到树林里，以为战斗已经结束。他的军队占领了亨利豪斯高地。然而，现实残酷地否定了他的想法。1861 年 7 月 22 日 2 时，欧文·麦克道尔率领的士兵从梦中惊醒，被迫作战。士兵的体力严重透支。其中，一支分队已不眠不休行军千里。天气炙热，战斗持续了四个半小时[②]。大部分士兵扔了干粮袋和水壶。他们满嘴尘土，饥渴难耐，筋疲力尽。P.G.T. 博勒加德下令集合所有军力，包括后备军，试图亲自上阵做最

[①] 阿金库尔战役发生于 1415 年，是英法百年战争中一场以少胜多战役。在亨利五世的率领下，英格兰军队以一比三的人数劣势击溃了法兰西军队。1419 年，英格兰军队征服了诺曼底。——译者注

[②] 虽然战斗时长并不确定，但普遍认为这场战斗持续了约六个小时，并非四个半小时。——编者注

布尔河战役（一）

布尔河战役（二）

后一搏，拿下亨利豪斯高地。与此同时，远处传来生力军响亮的欢呼声。这支生力军是谢南多厄战役中的生还者。他们曾跟随约瑟夫·E.约翰斯顿赶火车，奉命进攻欧文·麦克道尔的右翼。P.G.T.博勒加德率领的士兵说："约瑟夫·E.约翰斯顿的军队来了。"P.G.T.博勒加德推进了自己的整条战线。"在北方联邦军中，莫名的恐慌迅速弥漫开。"①北方联邦军中的士兵纷纷跑下斜坡。欧文·麦克道尔和军官试图召集士兵，但只有常规军听从他们的命令，志愿兵都在撤退。志愿兵越过布尔河的浅滩，拥挤在沃伦顿关卡，场面混乱不堪。南方邦联军紧随其后②。欧文·麦克道尔打算在森特维尔进行抵抗，但显然不可能。费尔法克斯郡法院也不可能批准逮捕慌乱的逃兵。欧文·麦克道尔发电报说："大部分士兵就像一群乌合之众，萎靡不振。他们毫无秩序地涌入费尔法克斯郡。"抵达波托马克河南边的堡垒后，志愿兵不再逃跑。许多士兵越过长桥进入华盛顿。很快，志愿兵意识到，自己一直因一个假想的对手逃跑，而南方邦联军根本没有追来③。

　　华盛顿的亚伯拉罕·林肯和里士满的杰斐逊·戴维斯都很焦虑。从教堂回来后，亚伯拉罕·林肯立即浏览了战争部和司令部发来的电报。电报由距战场最近的电报站发出。开战前，电报非常频繁，汇报了炮击的过程和进展情况。谈论电报内容时，亚伯拉罕·林肯显得有些不耐烦。亚伯拉罕·林肯来到温菲尔德·斯科特将军的办公室，发现他正在午休，便叫醒了他。温菲尔德·斯科特将军告诉亚伯拉罕·林肯，目前收到的报告没有任何价值，还说坚信北方联邦军一定会胜利，然后淡然地睡了。电报不断传来好消息。南方邦联军被击退了两三英里。温菲尔德·斯科特将军的一位副官递交给亚伯拉罕·林肯一份来自森特维尔军械中尉的电报。电报中说，欧文·麦克道尔已击退南方邦联军，并且命令后备军继续前进，希望立即得到援军支持。温菲尔德·斯科特将军认为这份电报是可信的。亚伯拉罕·林肯一边思索着所有可疑之处，一边像往常一样，命人准备马车去夜游。1861年7月22日6时，威廉·H.苏厄德来到白宫，面色显得苍白憔悴。他

---

① 本杰明·乔伊特：《修昔底德》，第4卷，第125页。——原注
② 南方邦联军并没有继续追击，因为欧文·麦克道尔驻扎在布莱克本浅滩和森特维尔附近的后备军将为这些逃兵殿后。——原注
③ 惊慌失措地渡过布尔河后，北方联邦军明显出现了溃败。然而，是骚动、疲劳和缺乏经验迫使他们撤退的，并非溃败。在复述战事的过程中，北方联邦军的溃败可能被夸大了。——编者注

大声询问亚伯拉罕·林肯的私人秘书:"总统在哪里?"秘书回答:"驾车出去了。"威廉·H.苏厄德继续问道:"你们知道最新的消息吗?"秘书给他读了汇报胜利的电报。威廉·H.苏厄德说:"不要告诉任何人,事情不是这样的,我们战败了……欧文·麦克道尔正率全军撤退,请求温菲尔德·斯科特将军守住华盛顿。"①一个半小时后,亚伯拉罕·林肯回来了。听了威廉·H.苏厄德的消息后,亚伯拉罕·林肯来到司令部,看了一个军械上尉的电报。电报称:"欧文·麦克道尔的军队正从森特维尔全面撤退。战败已成事实。请守住华盛顿,保住军队的生还者……军队已溃散,无法重组。""那天晚上②,亚伯拉罕·林肯彻夜未眠。次日清晨,他坐在办公室的躺椅上"③,听着跟随欧文·麦克道尔前往森特维尔的记者和平民谈论战事。战败后,这些人怕丢了性命,匆忙返回了华盛顿。星期一华盛顿的天气有些阴沉,一阵细雨后变得愈发阴沉了。1861年7月22日中午,人们才得知南方邦联军没有追击撤退的北方联邦军,也没有夺取华盛顿的意图。

第21节 亚伯拉罕·林肯鼓舞士气

布尔河战役的失败使一些联邦要员惶恐不安,但亚伯拉罕·林肯显得很平静。亚伯拉罕·林肯虽然对结果很失望,但一直没有表现出灰心或失控的情绪。1861年7月21日至1861年7月28日,他去了华盛顿附近的营地,其中一个是威廉·特库姆塞·谢尔曼带他去的。威廉·特库姆塞·谢尔曼站在路边。"并肩坐在敞篷马车里"的亚伯拉罕·林肯和威廉·H.苏厄德认出了他。威廉·特库姆塞·谢尔曼询问他们是否进营。亚伯拉罕·林肯回答道:"当然。我们听说你们战胜了恐慌,决意要过来看看士兵。"亚伯拉罕·林肯让威廉·特库姆塞·谢尔曼乘他的马车带路。威廉·特库姆塞·谢尔曼察觉到了亚伯拉罕·林肯的情绪,觉得他想给士兵讲话,因此,冒昧地提醒亚伯拉罕·林肯说:"请不要鼓舞他们。在布尔河河畔,我们听到了太多的欢呼声、嘈杂声,感受到了太多困惑,这些足以毁掉很多人。现在,士兵需要的是冷静、反思和拼搏,而不是更多欢呼声

---

① 约翰·尼古拉、海约翰:《林肯传》,第4卷,第353页。——原注
② 指1861年7月21日晚。——译者注
③ 约翰·尼古拉、海约翰:《林肯传》,第4卷,第355页。——原注

和豪言壮语。"亚伯拉罕·林肯欣然接受了他的建议。来到第一个营地后，亚伯拉罕·林肯站在马车上开始讲话。威廉·特库姆塞·谢尔曼描述道："这是我听过最睿智、最精彩、最富有感情的演讲。总统亚伯拉罕·林肯谈及了我们在布尔河战役中的挫败及我们肩负的崇高责任和光明未来。演讲中，曾有士兵试图欢呼，但总统亚伯拉罕·林肯制止了他们，然后说，'勇士们，请不要欢呼。我承认我也想欢呼，但威廉·特库姆塞·谢尔曼将军告诉我，欢呼对战争无益。我想我们最好听他的。'"① 亚伯拉罕·林肯巡视了各个营地，向其他士兵发表了相同的演讲。他的巡视反响很不错。他也很快在军中树立了威严。

威廉·特库姆塞·谢尔曼认为，布尔河战役部署周密，但仗打得很糟糕。约瑟夫·E.约翰斯顿认同他的观点，并且写道："如果北方联邦的部署和行动一致，那么我们可能会战败。"然而，约翰·C.罗普斯认为，欧文·麦克道尔的战术比约瑟夫·E.约翰斯顿的高明。其他人并不关心他们的分歧，认为布尔河战役不过是两支各为其主的暴民在野外相遇，鼓起勇气打了一架。

人们如果俯瞰亨利豪斯高地，就会看到许多穿着鲜艳军装的北方联邦士兵。自1861年7月4日入伍以来，他们已习惯这套军装。显眼的步兵军服，宽大的红色或黄色裤子，加上一顶红色无边圆筒帽或头巾帽，这套军装深受很多人的喜欢。其与后来战争中北方联邦军朴素的蓝色制服形成了鲜明对比。前者像是响应"进军里士满"口号而穿的节日盛装，而后者体现了北方镇压南方邦联的坚定意志。

在布尔河战役中，北方联邦军与南方邦联军的士兵有生之年第一次听到了炮弹声，目睹了炮弹炸平树林，飞过头顶的景象。他们眼睁睁看着身旁的朋友或兄弟被炸死，同伴和战马倒在血泊中。这些还没来得及学习作战技巧，就已经血溅沙场。伤亡人数"说明了战事的激烈"②。

---

① 《威廉·特库姆塞·谢尔曼将军回忆录》，第1卷，第189页。——原注
② 北方联邦军伤亡人数是两千五百八十四人，而南方邦联军伤亡人数是一千九百八十一人。托马斯·L.利弗莫尔：《南北战争中的人数与损失》，第77页。——原注
詹姆斯·福特·罗德斯指的伤亡人数包括阵亡、受伤和失踪人口。在《美国南北战争中的人数与损失》第77页中，托马斯·L.利弗莫尔记录道：北方联邦阵亡四百八十一人，受伤一千零一十一人，失踪一千二百一十六人，共计两千七百零八人；南方邦联阵亡三百八十七人，受伤一千五百八十二人，失踪十二人，共计一千九百八十一人。比较后期战役，布尔河战役中伤亡人数占参战人数的比重相对较低。——编者注

威廉·特库姆塞·谢尔曼
（1820—1891）

在南方，除了报纸的报道，几乎没有人谈及布尔河战役。当权者从不认为北方会放弃战斗。相反，他们认为摆在自己面前的是一场漫长、艰苦的战斗。

北方遭遇了挫败，并且雪上加霜的是，一直与联邦保持统一战线的英国认为，联邦解体已成既定事实。从这次胜利中，南方的盟友看到了南方胜利的希望。为加快南方独立的进程，他们竭尽全力将问题复杂化。在一封从伦敦寄来的私人信函中，美国驻英国大使查尔斯·弗朗西斯·亚当斯写道："令人惊奇的是，我们努力使人们相信，我们是为关税而战，与奴隶制毫无关系……我无法掩饰事实。英国人很高兴看到我们战败。"[1]

在美国内战结束五十二年后，法兰西作家弗朗索瓦·德·拉罗什富科的一句话也许能够说清楚欧洲各国的感受："我们并不会因最好的朋友遭遇不幸感到闷闷不乐。"但在战争期间，对为了神圣事业浴血奋战的士兵来说，隔海同胞的冷漠态度会令他们心生悲痛。

---

[1] 萨拉·F. 休斯：《约翰·默里·福布斯书信回忆录》，第 1 卷，第 234 页。——原注

第 2 章　外部环境：英国与美国的冲突

第 1 节　国　会

　　1861 年 7 月 23 日，国会照常开例会处理日常事务。与会人员至少表面上是冷静的。在只有四票反对的情况下，众议院通过了 1861 年 7 月 21 日提出的《克里滕登妥协法案》，体现了全国人民对战争目标的态度。《克里滕登妥协法案》声明，发动战争不是为了征服或镇压南方，也不是为了推翻或干涉南方各州的权利或相关机构，而是为了维护《宪法》至高无上的地位，保卫联邦。1861 年 7 月 26 日，参议院以三十票比五票的投票结果通过了《克里滕登妥协法案》①。为支持亚伯拉罕·林肯"速战速决"的计划，1861 年 7 月 4 日，国会召开大会，同意亚伯拉罕·林肯征用五十万名志愿兵，并且授权财政部部长萨蒙·P. 蔡斯"以联邦的名义借贷"两亿五千万美元。志愿兵的服役期为三年，除非提前解散。国会虽然没有根据实际情况有效利用税收权力，但在支援战争方面做了一些事情。譬如，提高关税税率，向各州和地区征收两千万美元的直接税②和百分之三的所得税，八百美元起征。

　　国会对亚伯拉罕·林肯非常有信心，竭尽所能支持他。正如一位国会成员后来写道的，会议期间，国会只是"一个庞大的筹款委员会"。但国会对亚伯拉罕·林肯的两部独裁法案犹豫不决。这两部法案分别是宣布征募服役期为三年的志愿兵，扩大陆军和海军，以及为了公共安全，命令陆军总司令温菲尔德·斯

---

① 参见詹姆斯·福特·罗德斯：《美国史》，第 3 卷，第 463 页。约翰·C. 施瓦布：《美国南方邦联》，第 111 页到 120 页。——原注
② 直接税指直接向纳税人征收的税，与商品税、服务税等间接税不同。——译者注

科特将军必要时亲自或派人在费城至华盛顿沿线的任何地点取消人身保护令[①]特权[②]。1861年8月6日，即会议的最后一天，独裁法案中关于提高士兵薪资的附文获得通过，扩大陆军和海军也正当化，但对暂时取消人身保护令的问题，参议员无法达成一致意见。一些参议员认为，必须由国会法案通过暂时取消人身保护令的决议，因为人身保护令是约翰·马歇尔大法官的提议，是约瑟夫·斯托里和罗杰·B.托尼的意见，更是英国坚守了两个世纪的惯例。一部分参议员同意将《宪法》权力仅授予国会，赞成亚伯拉罕·林肯暂时取消人身保护令的提议。其他参议员并不关心采取何种行动，认为亚伯拉罕·林肯作为陆军和海军总司令，完全有权取消人身保护令，不希望用一纸确认书质疑总统的权力。

亚伯拉罕·林肯和国会的态度鼓舞了所有人。人们很快从布尔河战役的阴影中走了出来，并且发起了新的战斗。许多北方人响应号召参军入伍，服役期为三年。在西弗吉尼亚州，乔治·B.麦克莱伦数次获胜。1861年7月27日，他受命统领华盛顿的军队。随后，他称自己的军队为波托马克军[③]。

第2节 战事起因——奴隶制

亚伯拉罕·林肯和杰斐逊·戴维斯都想掩盖冲突的真正原因。亚伯拉罕·林肯不希望边境州、北方民主党人和保守的共和党人知道发动战争的真实目的，即废除奴隶制。杰斐逊·戴维斯知道南方人支持奴隶制，但如果表现得太明显，可能会影响欧洲各国对南方邦联的认可。向南方进军时，北方联邦军遇到了一些黑人，打算保护他们。1861年5月24日，三名黑人来到门罗堡。黑人的主人派人前来认领他们。北方联邦军指挥官本杰明·巴特勒将军拒绝交出这三名黑人，因

---

① 人身保护令是法官签发的手令，命令将拘押人员送至法庭，以决定其拘押是否合法。人身保护令是通过法律程序保障个人自由的重要手段。被拘押的人可以质疑拘押的合法性，并且迅速获得法庭裁决。紧急情况下，一些地方可以暂时取消人身保护令。——译者注

② 约翰·尼古拉、海约翰：《林肯全集》，第2卷，第39页，第45页。《美国国会议事录》，第393页。——原注

③ 詹姆斯·福特·罗德斯：《美国史》，第3卷。詹姆斯·福特·罗德斯：《美国史》，第4卷，第229页。约翰·尼古拉、海约翰：《林肯传》。《美国国会议事录》。塞缪尔·泰勒：《罗杰·托尼回忆录》。威廉·索尔特：《詹姆斯·W.格兰姆斯传》。戴维斯·R.杜威：《美国金融史》。——原注

第 2 章 外部环境：英国与美国的冲突

为他们是反对联邦州的公民，曾被雇用来建炮台，是"战时违禁品"。本杰明·巴特勒将军承认，使用"违禁品"一词并不会受到法律制裁。约翰·托里·莫尔斯写道："具有讽刺意味的'违禁品'一词虽然不太准确，但并未影响本杰明·巴特勒将军表达联邦的原则。"[①] 很快，通过"违禁品"一词，人们理解了对黑人应有的态度。不过，一个词的使用并不能解决当前的难题。北方联邦军阵线内不断出现逃亡奴隶。如何处理他们成了亚伯拉罕·林肯最头疼的问题。经过慎重考虑，亚伯拉罕·林肯想出一个对策，并且向本杰明·巴特勒将军发出了指示，称："关于是否召回从联邦蓄奴州主人手中逃脱的奴隶，这一问题将军您不应该干涉。依据《充公法案》[②]，总统也无权干预曾在南方邦联军中服役的黑人的归属问题。"虽然废奴主义者和一些激进的共和党人私下抱怨亚伯拉罕·林肯的指示，但在密苏里州的宣言中，当约翰·C.弗里蒙特将军再次提出这个问题时，大多数北方人默认了亚伯拉罕·林肯的指示[③]。

本杰明·巴特勒
（1818—1893）

约翰·C.弗里蒙特
（1813—1890）

---

① 约翰·托里·莫尔斯：《林肯传》，第 2 卷，第 6 页。——原注
② 1861 年 8 月 6 日获得通过。——原注
③ 詹姆斯·福特·罗德斯：《美国史》，第 3 卷，第 466 页到第 468 页。——原注

第3节 约翰·C.弗里蒙特

后来，亚伯拉罕·林肯将约翰·C.弗里蒙特称作布莱尔兄弟[①]的门徒和红人。在布莱尔兄弟的提携下，约翰·C.弗里蒙特成了一名少将，并且受命管理包括密苏里州在内的西部地区。约翰·C.弗里蒙特是一位富有浪漫精神的英雄，也是"勇敢的探路者"，曾在落基山脉的高峰上插下了美国国旗，并且在共和党总统候选人中排名第一，获得了很多民众的支持。在第一次竞选中，亚伯拉罕·林肯对约翰·C.弗里蒙特的出色表现记忆犹新，非常赞赏他，想要任命他为驻法兰西大使。据说，约翰·C.弗里蒙特是天生的将才。早在1856年以前，共和党人就将他视为神圣事业的捍卫者，非常支持他担任指挥官。不过，竞选结果令亚伯拉罕·林肯和布莱尔兄弟大失所望。在圣路易斯司令部，约翰·C.弗里蒙特第一个月的表现说明他根本不能胜任指挥官一职。约翰·C.弗里蒙特非常喜欢炫耀，希望自己

约翰·C.弗里蒙特在落基山脉高峰上插下美国国旗

[①] 指邮政部部长蒙哥马利·布莱尔和弟弟小弗朗西斯·普雷斯顿·布莱尔。——原注

在马里兰州的银泉，除了蒙哥马利·布莱尔和小弗朗西斯·普雷斯顿·布莱尔，他们的父亲老弗朗西斯·普雷斯顿·布莱尔的影响力依然很大。自安德鲁·杰克逊执政以来，布莱尔家族一直是美国政界的一股力量，内战期间也是如此。——编者注

第 2 章 外部环境：英国与美国的冲突

像欧洲君主一样受万人瞩目，但身边围绕的都是一些谄媚小人。高级军官、文职官员及联邦名流如果想要见约翰·C. 弗里蒙特，一般需要等上几天，因为他们心中唯一的目标是打败南方的支持者和南方邦联军，争论焦点也是密苏里州的归属问题。其他人更关心如何保住利益丰厚的合同，这才是约翰·C. 弗里蒙特喜欢听的。联邦的有识之士请求约翰·C. 弗里蒙特下派一名得力干将，但他对此充耳不闻①。密苏里州有影响力的富人不再信任联邦政府。投机者阿谀奉承。密苏里州州政府被指控谋取私利，忽视了国家利益。1861 年 8 月 29 日晚，在睡觉前，约翰·C. 弗里蒙特一直在想如何利用北方高涨的反奴隶制热情。忽然，他脑海中闪过了一道灵光②。不管怎样，他决定解放奴隶。1861 年 8 月 30 日，他发表宣言，宣布密苏里州所有奴隶获得自由，有权拿起武器反抗邦联政府。头脑冷静的人都知道，约翰·C. 弗里蒙特为稳固自己的地位演了一出戏。在写给查尔斯·萨姆纳的信中，蒙哥马利·布莱尔说："事实上，约翰·C. 弗里蒙特受到身边一帮小人的操控，发表了违反法律准则的宣言，就像风尘女子念诵经文一样。"

在报纸上，亚伯拉罕·林肯看到了约翰·C. 弗里蒙特的宣言及约翰·C. 弗里蒙特为实现奴隶解放设立"废奴局"的消息。任职只有两个月的约翰·C. 弗里蒙特并没有仔细研究全局，也没有考虑多方利益，冲动地解决了亚伯拉罕·林肯、内阁和国会一直谨慎对待的问题。1861 年 9 月 2 日，亚伯拉罕·林肯写给约翰·C. 弗里蒙特的信充满善意和智慧。他写道："从叛变的奴隶主手中解放奴隶可能会吓到南方邦联的朋友，使他们转而反抗我们，甚至毁掉肯塔基州的未来。因此，

---

① 约翰·C. 弗里蒙特在密苏里州的指挥权问题仍有待讨论。毫无疑问，他不会或不能杜绝机构内的各种不光彩行为，并且他不够诚实。有人说，约翰·C. 弗里蒙特的主要目的不是为北方联邦服务，也不是为他人创造私人财富，而是为了在西部"建立一个自己的"独裁政权。也有人认为，约翰·C. 弗里蒙特是一个非常有能力的组织者，对他的批评有些言过其实。1861 年 8 月，位于密苏里州斯普林菲尔德附近的纳撒尼尔·莱昂准将正面对一支兵力强盛的密苏里州南方邦联军。1861 年 8 月 10 日，威尔逊溪战役爆发。北方联邦军战败，纳撒尼尔·莱昂准将阵亡。约翰·C. 弗里蒙特声称，他曾试图增援纳撒尼尔·莱昂准将。但其他人指控他不够重视威尔逊溪战役。——编者注
② 约翰·C. 弗里蒙特的夫人杰西·本顿·弗里蒙特记叙他在密苏里州的职业生涯时，认为解放奴隶的命令是一夜之间想出来的。但一些人认为，激进的废奴主义者与约翰·C. 弗里蒙特关系密切，解放奴隶的想法可能已经酝酿很久。参见加利福尼亚大学班克罗夫特图书馆中的《约翰·C. 弗里蒙特文稿》。艾伦·内文斯：《约翰·C. 弗里蒙特著西部先驱》，第 499 页到第 502 页。——编者注

蒙哥马利·布莱尔
（1813—1883）

查尔斯·萨姆纳
（1811—1874）

请允许我要求你根据自己的意向修改宣言①，以符合国会的《充公法案》。"这封信是本着警示而不是责难的态度写的。但约翰·C.弗里蒙特不愿撤销自己的宣言，除非亚伯拉罕·林肯公开下命令。为维持公共秩序，亚伯拉罕·林肯很乐意这样做。

约翰·C.弗里蒙特的宣言激发了北方人反对奴隶制的热情。许多州频频称赞他。查尔斯·萨姆纳写道："现在，我们的总统是独裁者，是最高统治者。然而，拥有上帝的力量却不像上帝那样使用它是多么徒劳啊！"俄亥俄州人非常愤怒。在一位杰出的律师和法官的言论中，他们找到了合适的语言表达："由于约翰·C.弗里蒙特和政府争执不下，我们的人民处在极度惊愕和愤怒中。民众完全站在约翰·C.弗里蒙特一边……如果明年秋天举行选举，让约翰·C.弗里蒙特从现在的职位离职那么意味着让他成为总统。"伊利诺伊州的威廉·赫恩登是亚伯拉罕·林肯以前的律师合伙人。后来，他写了关于亚伯拉罕·林肯的传记。他说："约翰·C.弗里蒙特的宣言是正确的，而亚伯拉罕·林肯对此的修改是错误的。"艾奥瓦州参议院的詹姆斯·W.格兰姆斯写道："民众与约翰·C.弗里蒙特战线

威廉·赫恩登
（1818—1891）

詹姆斯·W.格兰姆斯
（1816—1872）

---

① 约翰·C.弗里蒙特的宣言规定，将密苏里州邦联人民的动产和不动产充公。但因为关于奴隶的规定更重要，所以我只关注了这一部分。《北方联邦陆军和南方邦联陆军的官方记录》丛书一，第3卷，第466页、第469页。——原注

第 2 章 外部环境：英国与美国的冲突

统一，与他'风雨同舟'……在西北地区，所有人，不分教派、党派、性别和肤色，都赞成他的宣言，绝不允许联邦政府毫无理由地处置令人钦佩的、有道德、有理想的宣言发布者。"①

上述私人信函说明，当时的人民是理智的。但亚伯拉罕·林肯仍对此感到困扰，从他写给伊利诺伊州参议员奥维尔·布朗宁的密信中可以看出这一点。奥维尔·布朗宁虽然被认为是保守派人士，但赞成约翰·C.弗里蒙特的宣言。1861年9月22日，亚伯拉罕·林肯写道："肯塔基州岌岌可危。我认为失去肯塔基州相当于失去了战争主动权。一旦失去肯塔基州，密苏里州和马里兰州就保不住了。到时，我们无法应对反叛者，也无法处理手头事务。只能被迫同意分裂，失去华盛顿。"亚伯拉罕·林肯在人民心中有一定影响力，并且公众舆论一直支持他。等了一段时间后，他开始了下一步行动。他从未想过因为一个宣言罢免约翰·C.弗里蒙特，但认为必须改变密苏里州的管理不善和腐败现状。亚伯拉罕·林肯行事谨慎，先后派出蒙哥马利·布莱尔、陆军军需官蒙哥马利·C.梅格斯、战争部部长西蒙·卡梅伦及其副将洛伦佐·托马斯，前往圣路易斯进行彻底、真实的调查。

蒙哥马利·C.梅格斯听到了一个传言，称约翰·C.弗里蒙特有一个类似阿龙·伯尔②阴谋的计划。1863年，亚伯拉罕·林肯曾向私人秘书和两位朋友说："1861年9月的某一天，约翰·C.弗里蒙特的夫人杰西·本顿·弗里蒙特带着一封信，信中是约翰·C.弗里蒙特为自己的宣言做的辩解。她说了很多事。这让我大费脑筋，只能尴尬地应对，避免与她争吵……她不止一次地暗示，约翰·C.弗里蒙特如果想和我做个了结，定会亲自前来。"对此，亚伯拉罕·林肯在伊利诺伊州的老朋友、现任美国驻普鲁士大使回应道："显然，约翰·C.弗里蒙特认为联邦必然灭亡，并且认为只要自己攻克孟菲斯，组建军队，就能建立独立政府。"③亚伯拉罕·林肯认为，驻普鲁士大使说的有一定依据。约翰·尼古拉中留下的密封信封中的一份文件表明了这一点。信封背面写着"私人文件，1861年10月2

---

① 除了威廉·赫恩登的信，其他信均写于1861年9月。——原注
② 阿龙·伯尔（Aaron Burr，1756—1836），美国第三届副总统。在1800年的选举中，他与托马斯·杰斐逊的票数差不多，但众议院投票选举托马斯·杰斐逊为总统，阿龙·伯尔为副总统。后来，阿龙·伯尔与詹姆斯·威尔金森将军图谋在自俄亥俄河流域至墨西哥的广大西部地区建立一个帝国。1806年，由于有人告密，阿龙·伯尔被捕，以叛国罪起诉，但法院宣布他无罪。——译者注
③ 海约翰：《书信与日记》，第1卷，第133页。——原注

奥维尔·布朗宁
（1806—1881）

蒙哥马利·C.梅格斯
（1816—1892）

孟菲斯

日与总统亚伯拉罕·林肯的对话",其中,有一个标题是"约翰·C.弗里蒙特准备反叛"①。尽管如此,亚伯拉罕·林肯不会因一份文件感到不安,或影响自己的行动。此外,蒙哥马利·布莱尔建议以效率低下为由罢免约翰·C.弗里蒙特。西蒙·卡梅伦和洛伦佐·托马斯的调查结果也让罢免约翰·C.弗里蒙特势在必行。西蒙·卡梅伦和洛伦佐·托马斯汇报说,约翰·C.弗里蒙特"无法胜任也不适合处理重要的指挥工作",并且他"在安排身边的工作人员时,多多少少会将能否提供物资作为考虑因素"。1861年10月24日,亚伯拉罕·林肯下令罢免约翰·C.弗里蒙特。在罢免令生效前,亚伯拉罕·林肯的好朋友伊莱休·B.沃什伯恩任众议院政府合同小组委员会负责人。他在圣路易斯待了两个星期,收集了控告约翰·C.弗里蒙特及其朋友的大量证据,并且写信给萨蒙·P.蔡斯②说:"无法想

洛伦佐·托马斯
(1804—1875)

西蒙·卡梅伦
(1799—1889)

---

① 海伦·尼古拉:《林肯个人特质》,第177页。——原注
② 萨蒙·P.蔡斯(Salmon P. Chase, 1808—1873),美国财政部部长。这封信写于1861年10月31日。伊莱休·B.沃什伯恩并不知道约翰·C.弗里蒙特的罢免令已经发布。1861年11月2日,约翰·C.弗里蒙特将军队的指挥权移交给了戴维·亨特。——原注

第 2 章 外部环境：英国与美国的冲突

伊莱休·B. 沃什伯恩
（1816—1887）

萨蒙·P. 蔡斯
（1808—1873）

象，在约翰·C. 弗里蒙特的管理下，西部地区抢掠、欺诈、奢侈、贪污之风盛行。在他的眼皮底下，一个有组织的抢掠体系形成……他确实组建了一个高于政府的权力机构，并且蔑视联邦政府的指令。如果联邦政府不打压他及其强盗团伙，就得承认自己失败了。"亚伯拉罕·林肯一定看了这封信。如果必须进一步解释罢免约翰·C. 弗里蒙特的原因，那么伊莱休·B. 沃什伯恩的信已经足够。

虽然美国人无法看到机密信函和报告，但亚伯拉罕·林肯的举动已得到很多人的支持。然而，一些人依然将约翰·C. 弗里蒙特视为反奴隶制事业中的英雄。许多富人被骗，因为骗子知道如何利用他们心中所想。譬如，在教堂里，亨利·沃德·比彻说："我必须严肃表明自己的观点。我们的政府对密苏里州的事业及对高贵的约翰·C. 弗里蒙特的处理都特别不公正。在很大程度上，公众也是如此。"再如，在一封私人信函中，著名的共和党杂志《辛辛那提公报》的编辑理查德·史密斯写道："联邦政府知道西部受到了革命的威胁吗？一直忠心耿耿、坚决支持战争的人烧毁总统亚伯拉罕·林肯肖像意味着什么……为什么突然核对入伍名单……人们认为约翰·C. 弗里蒙特已经成为一名烈士……结果，欧洲也认为他是美国最受欢迎的人。约翰·C.弗里蒙特之于美国等同于拿破仑·波拿巴之于法兰西帝国。总统亚伯拉罕·林肯失去了人民的信任。"[1]

第4节 乔治·B.麦克莱伦

与此同时,乔治·B.麦克莱伦显得精力充沛,准备一展身手。在华盛顿周围,他建筑了防御工事,并且组建了波托马克军。乔治·B.麦克莱伦执行力很强,做事有条不紊,恪尽职守,全身心投入备战工作。他每天穿梭在不同的团旅之间,十分了解自己手下的军官和士兵。他是一位高尚的绅士,带着对士兵的尊敬和钦佩来到华盛顿,很快因人格魅力赢得了士兵的爱戴。除了乔治·B.麦克莱伦,没有任何一个北方将军能获得北方联邦军的绝对忠诚。人们高度赞扬他在弗吉尼亚州西部取得的胜利,称他为"小拿破仑·波拿巴"。因此,军队、政府和国家都相信他的军事天赋。起初,乔治·B.麦克莱伦似乎非常清楚自己的目的。1861年8月4日,他写信给亚伯拉罕·林肯说:"政府的军事行动刻不容缓。叛军选择弗吉尼亚州作为战场。弗吉尼亚州也适合我们展开第一场战斗。"

乔治·B.麦克莱伦勤勉尽责。加上其他人的积极配合,他的组织才能得以充分发挥。亚伯拉罕·林肯、财政部、战争部、国务卿和北方各州的州长都鼎力协助他。军官饱含热情,对乔治·B.麦克莱伦忠心耿耿。乔治·B.麦克莱伦拥有君主般的影响力。一开始,这种和谐局面是鼓舞人心的。随着北方人民日趋高涨的热情,北方联邦军的人数迅速增加。1861年7月27日,北方联邦军人数已达五万两千人,三个月后扩至十六万八千人。

然而,乔治·B.麦克莱伦很快暴露了一个缺点。他虽然很勇敢,但担心士兵会退缩。此外,他获取的南方邦联军的情报并不准确,或者他从掌握的准确信息中得出的结论并不可靠。1861年8月,乔治·B.麦克莱伦一直担心南方邦联军人数会超过自己的军队,以及南方邦联军会攻击波托马克河弗吉尼亚州一侧的

---

[1] 詹姆斯·福特·罗德斯:《美国史》,第3卷。约翰·尼古拉、海约翰:《林肯传》,第4卷。《北方联邦陆军和南方邦联军的官方记录》丛书一,第3卷。《作战联合委员会报告》,第3册。海约翰:《书信与日记》,第1卷。海伦·尼古拉:《林肯的个人特质》。爱德华·L.皮尔斯:《查尔斯·萨姆纳传》。威廉·索尔特:《詹姆斯·W.格兰姆斯传》。——原注

地区，并且渡过华盛顿北边的河流。然而，此时约瑟夫·E.约翰斯顿并不打算行动。他因兵力薄弱、食物和弹药缺乏、军纪涣散及疾病蔓延而苦恼。1861年9月至1861年10月，约瑟夫·E.约翰斯顿在费尔法克斯郡法院大楼内扎营，并且在距华盛顿六英里半的山丘上建了牢固的岗哨。亚伯拉罕·林肯和联邦将军可以清楚看到山丘上南方邦联的旗帜。1861年10月19日，约瑟夫·E.约翰斯顿率军撤到森特维尔和马纳萨斯中转站。他虽然远离了华盛顿，但占据了地理优势。

1861年10月27日过后不久，在写给战争部部长西蒙·卡梅伦的信中，乔治·B.麦克莱伦说："现在，我们需要实现的目标是彻底击败马纳萨斯的叛军。"[①] 北方联邦军人数充足，战斗力旺盛，足以击败南方邦联军。联邦政府一致认为，乔治·B.麦克莱伦凭一己之力组建波托马克军有点儿不可思议。新兵满足现役要求一般需要六个月，但乔治·B.麦克莱伦只用了三个月就做到了。威廉·亨廷顿·拉塞尔认为，从布尔河战役前的"大军"到乔治·B.麦克莱伦的波托马克军的转变，

费尔法克斯郡法院大楼

---

① 《北方联邦陆军和南方邦联陆军的官方记录》丛书一，第5卷，第11页。——原注

称得上是一个奇迹。他认为，1861年7月，北方联邦军被人数只有其三分之一的英国常规军打败；也许1861年9月，北方联邦军可以像曾经"被世间某种力量集结起来"时那样，拥有"钢筋铁骨"①。

当乔治·B.麦克莱伦和欧文·麦克道尔一起穿梭在波托马克河南边的各个营地时，乔治·B.麦克莱伦常指着马纳萨斯说："我们将从那儿发起进攻。"毋庸置疑，猜测战事是没有意义的，就像猜测生活中的琐事一样。但重要的是，1861年秋，亚伯拉罕·林肯和民众开始质疑乔治·B.麦克莱伦的军事能力，质疑的理由合情合理。1863年8月4日，乔治·B.麦克莱伦在报告中为自己的决策失误致歉，并且在自传中致歉②。但当代相关文献和研究资料很少佐证这一点。根据乔治·B.麦克莱伦的叙述，1861年10月27日，他的可用兵力是十三万四千人，而"可随时行军的士兵"有七万六千人。与此同时，约瑟夫·E.约翰斯顿只有四万一千人。北方联邦军的大炮非常先进③，步兵的武器装备十分精良，并且士兵个个身体强健，但南方邦联军的士兵身体状况很不好。天气晴朗干燥，道路状况也适宜行军。然而，布尔河战役和李斯堡战役的胜利使南方邦联军士气大振④。尽管如此，波托马克军的军官和士兵依然忠诚于乔治·B.麦克莱伦，渴望战斗。如果乔治·B.麦克莱伦愿意率领他们作战，那么他们很乐意追随他。

南方邦联军的纪律性比北方联邦军稍强一些。南方邦联军的将军谨慎小心，愿意采取攻势。1861年10月1日，约瑟夫·E.约翰斯顿向杰斐逊·戴维斯报告说，希望邦联政府再派出一万九千名强健的士兵，并且配上必要的"运输工具和

---

① 《北方联邦陆军和南方邦联陆军的官方记录》丛书一，第5卷，第5页。——原注
② 《北方联邦陆军和南方邦联陆军的官方记录》丛书一，第3卷，第493页。——原注
③ 《北方联邦陆军和南方邦联陆军的官方记录》丛书一，第3卷，第10页。——原注
④ 1861年10月21日，在华盛顿的波托马克河附近，李斯堡战役爆发。其间，由于指挥不善，北方联邦军大败，但伤亡人数并不多。在战斗中，亚伯拉罕·林肯的好朋友、受人爱戴的军官爱德华·D.贝克战死。纽约州、马萨诸塞州和宾夕法尼亚州失去了一些"风华正茂的年轻人"，这令北方人民万分沮丧。虽然这次惨败发生在乔治·B.麦克莱伦率领的军队中，但很少有人将这次惨败归咎于他。詹姆斯·福特·罗德斯：《美国史》，第3卷，第496页。——原注
布尔河战役是一场小规模战役，但极具争议性。北方联邦军指挥官查尔斯·P.斯通被撤职收监。在李斯堡战役中，查尔斯·P.斯通的属下爱德华·D.贝克似乎非常鲁莽。李斯堡战役战斗对内影响很小，但由于爱德华·D.贝克阵亡，南方邦联军直逼北方联邦军，并且渡过了波托马克河。爱德华·D.贝克的军队伤亡惨重。因此，李斯堡战役轰动一时。此外，李斯堡战役也促使联邦国会成立了作战联合委员会。——编者注

第2章 外部环境：英国与美国的冲突

武器装备"，他将"渡过波托马克河，让敌方领地燃起战火"①。当时，约瑟夫·E. 约翰斯顿非常清楚北方联邦军的兵力优势。

在军事评论中，乔治·B. 麦克莱伦含蓄自省了自己作为指挥官的不作为。1861年8月8日，他写信给华盛顿的温菲尔德·斯科特将军，说："我断定前方的南方邦联军至少有十万人。我如果是手握军队指挥权的P.G.T. 博勒加德②，那么一定会攻击波托马克河另一岸的阵地，同时率军渡过华盛顿市区的河流。"③ 然而，实际情况是，乔治·B. 麦克莱伦率军七万六千人，对抗南方邦联军的四万一千人。但直到1861年11月，他一直按兵不动，并未按之前的部署行动。他对亚伯拉罕·林肯说："我没有蠢到在对手指定的地点进攻马纳萨斯。"④

根据乔治·B. 麦克莱伦当时的私人信函判断，他似乎认为联邦的政府官员有意加大任务难度。他写道："我处处遭到无能者的阻挠和欺骗。"⑤ 事实上，"从亚伯拉罕·林肯到站在门外的勤务兵"⑥，每个人都在按照乔治·B. 麦克莱伦的部署协助他。李斯堡战役的惨败并不是亚伯拉罕·林肯、内阁、温菲尔德·斯科特将军或参议员的错，而是乔治·B. 麦克莱伦的错。乔治·B. 麦克莱伦妄想南方邦联军有十五万人，以此为自己的不作为辩解。与乔治·B. 麦克莱伦夜谈后，海约翰"失望地意识到，乔治·B. 麦克莱伦毫无计划"⑦。

亚伯拉罕·林肯与乔治·B. 麦克莱伦严肃讨论了李斯堡战役的惨败。谈到爱德华·D. 贝克的战死时，乔治·B. 麦克莱伦对亚伯拉罕·林肯说："在战役结束前，会有许多戴着肩章的优秀士兵战死沙场。所有损失是可以弥补的。总统先生，如果我倒下了，那么您会立即派人取代我。"亚伯拉罕·林肯回复道："我希望你多珍重。"⑧

海约翰写道，1861年10月26日晚，"由参议员莱曼·特朗布尔、扎卡赖亚·钱

---

① 《北方联邦陆军和南方邦联陆军的官方记录》丛书一，第5卷，第884页。——原注
② 乔治·B. 麦克莱伦以为P.G.T. 博勒加德指挥南方邦联军，但实际上，P.G.T. 博勒加德只指挥南方邦联军第一团。——原注
③ 《北方联邦陆军和南方邦联陆军的官方记录》丛书一，第11卷，第3册，第3页。——原注
④ 海约翰：《书信与日记》，第1卷，第45页。——原注
⑤ 乔治·B. 麦克莱伦：《乔治·B. 麦克莱伦自传》，第177页。——原注
⑥ 约翰·尼古拉、海约翰：《林肯传》，第4卷，第444页。——原注
⑦ 海约翰：《书信与日记》，第1卷，第46页。——原注
⑧ 海约翰：《书信与日记》，第1卷，第46页。——原注

李斯堡战役

在李斯堡战役中,爱德华·D. 贝克战死

莱曼·特朗布尔
（1813—1896）

本杰明·韦德
（1800—1878）

扎卡赖亚·钱德勒
（1813—1879）

德勒和本杰明·韦德代表的雅各宾派站了出来，不希望政府卷入战争"。"1861年夏，骚乱卷土重来。亚伯拉罕·林肯辩护说，乔治·B.麦克莱伦只是太过谨慎。"在前往乔治·B.麦克莱伦司令部的路上，雅各宾派的代表受到了人们的议论。"亚伯拉罕·林肯既不希望民众太心急，也承认李斯堡战役中乔治·B.麦克莱伦的失败是事实，应予以考虑。他对乔治·B.麦克莱伦说：'同时，你必须做好充分准备后再继续战斗。'乔治·B.麦克莱伦回答道：'如果败了，那么我将无颜再见您或任何人。'亚伯拉罕·林肯说：'我打算和你一起并肩作战。'"①

1861年10月31日，温菲尔德·斯科特将军自愿离职。乔治·B.麦克莱伦接替了他，统领北方所有联邦军队。1861年11月1日晚，在司令部，亚伯拉罕·林肯命海约翰宣读任命书，宣布温菲尔德·斯科特将军卸任，由乔治·B.麦克莱伦掌管军队指挥权。乔治·B.麦克莱伦和温菲尔德·斯科特将军之间曾有摩擦。亚伯拉罕·林肯说："我由衷地希望这份重任不会让你感到不安。"乔治·B.麦克莱伦回答道："总统先生，真是太好了！今天，我觉得有好几吨重物从自己肩上卸了下来。现在，我能与您和威廉·H.苏厄德交流了，我没有因新的重任感到不安。"亚伯拉罕·林肯又说："那好，我拭目以待，静候佳音。除了指挥现在的军队，军队的最高指挥权也需要你付出巨大的努力。"乔治·B.麦克莱伦自信地说："我可以做到。"②

联邦政府有权要求乔治·B.麦克莱伦发起进攻。乔治·B.麦克莱伦容易低估自己军队的人数和战斗力。七万六千名"可随时行军的士兵"很有可能扩充到十万人。乔治·B.麦克莱伦应该向约瑟夫·E.约翰斯顿开战，或用计谋诱使约瑟夫·E.约翰斯顿离开马纳萨斯，抑或加强波托马克河下游的封锁或占领诺福克③。1861年秋，乔治·B.麦克莱伦的任何举动都可以振奋民心，重获人民和亚伯拉罕·林肯的信任，并且意义重大。但他毫无作战计划，根本没有能力统领大军。当时，北方联邦军中是否有可以胜任统帅的其他将军还不确定。战争结束很久后，

---

① 海约翰：《书信与日记》，第1卷，第48页。——原注
② 海约翰：《书信与日记》，第1卷，第50页。——原注
③ 1861年10月，南方邦联"封锁了波托马克河的航线，在弗吉尼亚州沿波托马克河建了二三十英里的炮台"。亚历山大·S.韦勃：《半岛：1862年乔治·B.麦克莱伦的作战》，第13页、第168页等。约翰·C.罗普斯：《美国内战史》，第1卷，第181页、第222页。约翰·尼古拉、海约翰：《林肯传》，第4卷，第450页。——原注

第 2 章 外部环境：英国与美国的冲突

海约翰
（1838—1905）

乔治·米德
（1815—1872）

尤利西斯·S.格兰特谈到乔治·B.麦克莱伦最初承担的"重大、残酷的责任"时，说："如果乔治·B.麦克莱伦像威廉·特库姆塞·谢尔曼、洛伦佐·托马斯或乔治·米德一样，积极开战，一路奋勇杀敌，那么他的荣誉将和他们一样高。"[①]现在，威廉·特库姆塞·谢尔曼是乔治·B.麦克莱伦军队中的一员。1864年，威廉·特库姆塞·谢尔曼以出众的军事才能率领着一支十万人的军队。但当时，他告诉亚伯拉罕·林肯，自己"最大的愿望"是"以下属身份参战，绝不参与任何上级指挥"[②]。为了使进军、演习、供给和战斗达到最佳效果，北方联邦军几乎挖掘了人类潜能的极限[③]。约瑟夫·E.约翰斯顿显得"平静而悲伤"[④]，认为自己最多率领六万人发起进攻。布尔河战役中，他指挥着三万人的兵力，作战经验丰富。

---

① 约翰·R.扬：《与尤利西斯·S.格兰特将军走遍世界》，第2卷，第217页。——原注
② 威廉·特库姆塞·谢尔曼：《威廉·特库姆塞·谢尔曼将军回忆录》，第2卷，第193页。——原注
③ 写于1914年欧洲战争前。——原注
④ 乔治·B.麦克莱伦：《乔治·B.麦克莱伦自传》，第85页。雅各布·多尔森·考克斯写道："约瑟夫·E.约翰斯顿被公认为仅次于南方邦联将军罗伯特·E.李。"——原注

乔治·B.麦克莱伦如果能像亚伯拉罕·林肯和尤利西斯·S.格兰特那样谦逊，可能就不会受到众人的批评了。但功名富贵来得太快，他逐渐膨胀起来。从他对亚伯拉罕·林肯的无礼态度中可以看出这一点。一次，乔治·B.麦克莱伦以高人一等的姿态描述亚伯拉罕·林肯道："他诚实、善良。"① 1861年11月13日晚，亚伯拉罕·林肯、威廉·H.苏厄德和海约翰来到乔治·B.麦克莱伦的家。门卫说乔治·B.麦克莱伦去参加一名军官的婚礼了，很快会回来。在日记中，海约翰记录了这件事："当我们进去等了一个小时后，乔治·B.麦克莱伦回来了。他根本没有在意门卫的话，走过亚伯拉罕·林肯和威廉·H.苏厄德等候的房间，径直上了楼。亚伯拉罕·林肯和威廉·H.苏厄德又等了约半个小时，并且让一个仆人告诉乔治·B.麦克莱伦，他们还在等，得到的回复却是他上床睡觉了。我只叙述前所未有的军权带给乔治·B.麦克莱伦的傲慢，不做任何评论。"海约翰还写道："我第一次看到具有威胁性的至高军权。回家后，我与亚伯拉罕·林肯谈起这件事，但他似乎没有特别在意，说现在最好不要太过注重礼节和个人尊严。"② 还有一次，乔治·B.麦克莱伦没有守约来见亚伯拉罕·林肯。亚伯拉罕·林肯说："没关系，只要乔治·B.麦克莱伦能为我们赢得战争，我愿为他牵马。"③

1861年12月，乔治·B.麦克莱伦得了伤寒。亚伯拉罕·林肯、波托马克军和全国人民都在等他康复。

第5节　英国的态度

英国官方认为，美国南北"确实爆发了战争"④。杰斐逊·戴维斯申请私掠特许证⑤。亚伯拉罕·林肯宣布封锁美国附近海域。上述两种行为只在战时才被允许，这表明美国南北冲突将会扩至其他国家的海域。1861年5月13日，英国

---

① 乔治·B.麦克莱伦：《乔治·B.麦克莱伦自传》，第176页。——原注
② 海约翰：《书信与日记》，第1卷，第52页。——原注
③ 约翰·尼古拉、海约翰：《林肯传》，第4卷，第468页。——原注
④ 斯宾塞·沃波尔：《约翰·拉塞尔伯爵传》，第3卷，第418页，注释二。——原注
⑤ 习语 letters of marque，汉译为私掠特许证，来自古法语 marcar，即投名状，用抓捕或抢劫证明忠心。私掠特许证源于中世纪，西欧各国通过官方文件鼓励本国海盗进行抢劫，抢劫所得一部分上交政府，一部分留作己用。——译者注

第2章 外部环境：英国与美国的冲突

发布了《中立声明》，但北方拒不接受，因为《中立声明》承认南方邦联是一个交战国。联邦政府认为南方人是叛国者。一旦欧洲国家将反叛者视为交战国，那么联邦政府的立场就会被误解①。因此，威廉·H.苏厄德和查尔斯·弗朗西斯·亚当斯对《中立声明》的谴责符合外交惯例。此外，约翰·洛斯罗普·莫特利关于波士顿民众看法的报道也不足为奇。他写道："约翰·拉塞尔伯爵②宣布南方的私掠者是挑衅者，这引起了热爱英国的美国人的极大愤慨。"③在不怎么热爱英国的北方地区，人们的愤慨情绪同样空前高涨。1862年，在反对英国认可南方邦联的运动中，北方人的不满可能起了一定作用。然而，经过客观调查，得出的结论是：英国认为南方邦联各州的交战权是合理的。发布《中立声明》的英国外

查尔斯·弗朗西斯·亚当斯
（1807—1886）

约翰·洛斯罗普·莫特利
（1814—1877）

---

① "其他海上强国都效仿英国，因为英国在北美的权利和商业涉及范围很广，南北开战对其影响最大。数星期内，法兰西帝国、西班牙王国、荷兰王国、普鲁士和其他国家纷纷效仿英国。"弗雷德里克·班克罗夫特：《威廉·H.苏厄德传》，第2卷，第176页。——原注
② 约翰·拉塞尔（John Russell，1792—1878），第一代拉塞尔伯爵，19世纪中期英国辉格党及自由党政治家，曾任英国首相。——译者注
③ 詹姆斯·福特·罗德斯：《美国史》，第3卷，第421页。——原注

交大臣说了一句令人信服的话。在一封写给爱德华·埃弗里特的私人信函中，约翰·拉塞尔伯爵写道："超过五百万自由人公开反抗美国总统和国会，并且有一段时间了。如果联邦政府试图拦截英国商人，我们也没有理由将这五百多万自由人视为海盗，逮捕他们的水手。但我们如果不将他们视为海盗，那么便不能否认他们的交战权。"①

英国承认南方邦联的交战权并非恶意。通过公开和私人途径，英国一再解释自己的立场。北方人逐渐明白，英国认可南方的交战权与认可南方邦联独立是两回事，因此，怒气慢慢消退。亚伯拉罕·林肯表示理解英国和其他欧洲国家，并且相信联邦政府得到了各国的支持。1861 年 5 月 31 日，驻伦敦的查尔斯·弗朗西斯·亚当斯写道："英国的高层人士对联邦的态度开始转变，但大部分人态度依旧。"②

约翰·拉塞尔
（1792—1878）

亨利·坦普尔
（1784—1865）

---

① 弗雷德里克·班克罗夫特：《威廉·H.苏厄德传》，第 2 卷，第 178 页，注释。查尔斯·弗朗西斯·亚当斯：《马萨诸塞州历史学会论文集》，第 45 卷，第 77 页。——原注
② 詹姆斯·福特·罗德斯：《美国史》，第 3 卷，第 429 页。——原注

第2章 外部环境：英国与美国的冲突

英国首相帕默斯顿勋爵亨利·坦普尔恰当描述了英国人的观点："我们不喜欢奴隶制，但想要棉花，并且不赞成你们的莫勒尔关税。"① 英国周刊《笨拙》虽然表明了对北方的同情，但坦言："连接我们与美国南方的强大纽带是棉花……没有黑人奴隶的辛劳，哪来我们的印花布？"

当时，"北方制约着美国的商业贸易"。因此，人们意识到了"责任的划分"，必须在"自由贸易和兄弟情谊"② 中做出选择。但查尔斯·弗朗西斯·亚当斯写道："美国人非常赞同伏尔泰的观点，即'上帝总会站在大炮的一边'。"③

就联邦政府在英国的处境来说，没有赢得布尔河战役是不幸的，因为北方的战败引起了英国强烈的反感。英国贵族和上中产阶层毫不掩饰自己的想法，说道："美国的民主泡沫破裂。" 1861年秋，从事商业和制造业的英国人逐渐意识到，布尔河战役的结果也影响到了他们，因为联邦政府切断了棉花的供应。通

黑人奴隶在棉花种植园劳作

---

① 1861年3月2日，《莫勒尔关税法案》获得通过。英国人视其为高度保护措施。——原注
② 詹姆斯·福特·罗德斯：《美国史》，第3卷，第433页。——原注
③ 詹姆斯·福特·罗德斯：《美国史》，第3卷，第434页注释。——原注

常，英国人在初秋时节就能收到新棉花，现在什么也没有收到。棉花库存迅速减少。《泰晤士报》说："制造业养活了英国五分之一的人口，但现在正走向终结。"①英国工厂缩短了工时；制造商降低了工资。面对即将到来的棉花荒。棉纺织业主和劳工都很沮丧，横在他们和棉花之间的封锁线阻断了正常贸易。劳工忍饥挨饿。英国制造商的个人利益和贵族的情感偏好时而融合，时而对抗。两大阶层都希望美国北方战败。对英国来说，最好的结局是美国分裂成两个国家，并且南方邦联可以为英国提供自由贸易，使英国的制成品获得一个广阔市场，从而支付原料——棉花的成本。有了愿望，才会有想法。如果研究一下布尔河战役，那么就会发现已有定论。英国贵族和上中产阶层得出的结论是：北方无法征服南方，美国必然分裂。《泰晤士报》和《星期六评论》支持这一结论。许多报道的言辞具有讽刺意味，刺到了美国北方读者的痛处。查尔斯·萨姆纳呼吁威廉·亨廷顿·拉塞尔，"帮助我们博得英国的同情"。威廉·亨廷顿·拉塞尔回复道："不要忘记，我祈祷国内真的迎来光明主义和共和主义。"这是保守的报纸在有意抨击美国，"美国就是抵抗打击的盾牌"②。

英国的劳苦大众认为，英国《宪法》和政府不仅是世界上最好的，而且是迄今为止最好的③。他们以"一种轻蔑和侮辱的口气"④随意批判美国北方。战斗在生死线上的北方人对此感到非常愤怒。嘲笑北方联邦军在布尔河战役中的怯懦、恐慌是一个民族打压国民独立意向的常用手段，但这种嘲笑令人难以忍受。在美国，爱德华·戴西⑤与詹姆斯·拉塞尔·洛厄尔讨论什么是"对英国无礼的敌意"。詹姆斯·拉塞尔·洛厄尔回答道，可能自己的感受被夸大了。他指着一位英俊青年的画像问道："你如何解读这名青年献身悲壮事业的做法？像他这样的美国军官怎么会是懦夫呢？"画像上的青年是詹姆斯·拉塞尔·洛厄尔的一位近亲，也是马萨诸塞州第二十团的上尉，在李斯堡战役中阵亡。奥利弗·温德尔·霍姆斯写信给爱德华·戴西说："美国内战与我息息相关。我非常不安，无法忍受

---

① 詹姆斯·福特·罗德斯：《美国史》，第 3 卷，第 503 页注释一。——原注
② 詹姆斯·福特·罗德斯：《美国史》，第 3 卷，第 508 页。——原注
③ 威廉·莱基：《民主与自由》，第 1 卷，第 21 页。——原注
④ 詹姆斯·福特·罗德斯：《美国史》，第 3 卷，第 575 页注释三。——原注
⑤ 爱德华·戴西（Edward Dicey，1832—1911），英国作家、记者和编辑。1862 年来到美国，曾在《观察者》等出版物上发表关于美国内战的文章。——译者注

南方与北方的矛盾。我有一个优秀的孩子，任某团的上尉，他所在的团因战斗和疾病折损惨重；他自己也受过两次枪伤，九死一生。"①

尽管如此，一些英国人认为，1859年意大利与奥地利发生战争期间，英国政府和公众都支持意大利；意大利人为自由而战，取得的所有进展使英国人坚信，他们应该摆脱可憎的专制统治，建立属于自己的政府，并且得到文明世界的美好祝愿。英国人既然曾支持意大利对抗奥地利，那么现在不应该支持抵抗北方镇压的南方邦联吗？这种观点影响了思想开放的阿瑟·格罗特，也影响了考虑到等级或商业和制造业的人的观点②。

不过，能力出众的英国政治家和作家清楚，美国北方发动战争是为了反对奴隶制。他们担心的是，北方人从事的是一项不可能完成的任务，最后会大失所望。但英国政治家和作家一直支持联邦大业。饥肠辘辘的工人是他们的追随者。与英国上层阶层一样，工人意识到联邦大业是英国的民主大业。

1861年11月下旬前，英国一直保持绝对中立。在对美国的政策中，法兰西帝国皇帝拿破仑三世虽然并未表达法兰西人的立场，但正式要求英国与其联手认可南方邦联，打破封锁线。在给帕默斯顿勋爵亨利·坦普尔的一封信中，约翰·拉塞尔伯爵指出，"英国和法兰西帝国打破封锁线不是为了得到棉花"，但两国可能会调解美国南北间的冲突，警告拒绝调解的一方③将会成为英国和法兰西帝国的对手。帕默斯顿勋爵亨利·坦普尔回信说："最好的政策是保持初心，了解清楚美国南北间冲突。"④后来，在市长晚宴的讲话中，他"清楚表明，英国绝不会为了棉花干涉美国南北冲突"⑤。

然而，与此同时，美国媒体人显得没有责任感，正在与英国媒体展开论战。在激烈的反驳中，美国媒体人发泄了自己对伦敦报刊狭隘评论的愤慨情绪。首当其冲的报刊是《纽约先驱报》，美国媒体人报道说："英国人和西班牙人应该好

---

① 詹姆斯·福特·罗德斯：《美国史》，第3卷，第514页注释。——原注
② 詹姆斯·福特·罗德斯：《美国史》，第3卷，第76页。威廉·莱基：《民主与自由》，第1卷，第488页、第490页。——原注
③ 指北方联邦，因为南方邦联会积极接受英国和法兰西帝国的提议。——原注
④ 斯宾塞·沃波尔：《约翰·拉塞尔伯爵传》，第2卷，第344页。伊夫琳·M.阿什利：《帕默斯顿勋爵亨利·坦普尔传》，第2卷，第218页。——原注
⑤ 查尔斯·弗朗西斯·亚当斯：《马萨诸塞州历史学会论文集》，第45卷，第53页。——原注

奥利弗·温德尔·霍姆斯
（1809—1894）

阿瑟·格罗特
（1814—1886）

拿破仑三世
(1808—1873)

好审视自己的行为，否则我们可能会找他们算账。"1861年11月20日，在写给查尔斯·萨姆纳的信中，约翰·布赖特说："遗憾的是，你们的《纽约先驱报》言辞鲁莽，并且毫无悔意。《泰晤士报》和《纽约先驱报》对英国和美国都造成了伤害。"

虽然英国和美国的媒体摩擦不断，但两国政府依然互相理解。查尔斯·弗朗西斯·亚当斯、威廉·H.苏厄德和亚伯拉罕·林肯耗时六个月争取到了有利条件，却在短短一小时内，被一位莽撞的、"野心勃勃和自负任性的"[①]海军上尉破坏了，甚至将英国和美国带到了战火边缘。

第6节 詹姆斯·默里·梅森和约翰·斯莱德尔

詹姆斯·默里·梅森和约翰·斯莱德尔是南方邦联派到英国和法兰西帝国的特使。他们乘一艘小型邦联轮船从查尔斯顿出发，一路躲过封锁，抵达古巴的一个港口，从那里前往哈瓦那，再乘英国邮轮"特伦特"号前往加拿大的圣托马斯。圣托马斯有直接前往英国南安普敦的轮船。1861年11月8日，在詹姆斯·默

詹姆斯·默里·梅森　　　　　　　　　　　　　　　　　　　约翰·斯莱德尔
（1798—1871）　　　　　　　　　　　　　　　　　　　　　（1793—1871）

---

① 《海军部部长吉迪恩·韦尔斯的日记》，第1卷，第87页。——原注

第 2 章 外部环境：英国与美国的冲突

里·梅森和约翰·斯莱德尔离开哈瓦那后的第二天，在巴拿马运河上，查尔斯·威尔克斯指挥的美国军舰"圣哈辛托"号发现了"特伦特"号。查尔斯·威尔克斯开了一枪。子弹从"特伦特"号的船首上空飞过，并没有击中目标。紧接着，查尔斯·威尔克斯又开了一枪。这次击中了目标。他命令一名中尉率一些军官和海军陆战队队员上船搜查，并且下令一旦发现詹姆斯·默里·梅森和约翰·斯莱德尔，就立即监禁他们。"特伦特"号船长詹姆斯·摩尔不允许美国军队的任何搜查行为，也不同意出示相关文件或旅客名单。但约翰·斯莱德尔和詹姆斯·默里·梅森因自证身份而被捕。他们虽然进行了反抗，并且"特伦特"号船长詹姆斯·摩尔和负责邮轮的皇家海军指挥官也表示了抗议，但仍然被强行带到了"圣哈辛托"号上。

1861年11月15日，查尔斯·威尔克斯抵达门罗堡。1861年11月16日，美国人得知了詹姆斯·默里·梅森和约翰·斯莱德尔被捕的消息。北方人完全被抓捕行动冲昏了头脑，像大战胜利一样欢庆。他们渴望胜利。现在，他们手中有两名南方人①。他们对詹姆斯·默里·梅森和约翰·斯莱德尔的痛恨仅次于对杰斐逊·戴维斯和约翰·B.弗洛伊德②的痛恨。英国可能会支持南方，因为这次抓捕行动也打击了英国。除了蒙哥马利·布莱尔，林肯内阁的其他成员都为抓捕行动感到高兴。战争部部长西蒙·卡梅伦向办公室工作人员大声念出关于此次抓捕行动的电报，和大家一起欢呼雀跃。约翰·阿尔比恩·安德鲁和其他人也非常开心。约翰·阿尔比恩·安德鲁认为，与詹姆斯·默里·梅森和约翰·斯莱德尔相比，"贝内迪克特·阿诺德算得上是一位圣人"。波士顿举办查尔斯·威尔克斯的庆功宴时，约翰·阿尔比恩·安德鲁说，在这次"著名的南北战争事件"中，查尔斯·威尔克斯做出了"明智判断"。约翰·阿尔比恩·安德鲁还说："今晚我们齐聚一堂，为勇敢的查尔斯·威尔克斯庆功。他举起了联邦的国旗，向插着英国国旗的船头开了一枪。"③在一封写给查尔斯·威尔克斯的祝贺信中，海军部部

---

① 詹姆斯·默里·梅森和约翰·斯莱德尔被监禁在波士顿海港的沃伦堡。——原注
② 约翰·B.弗洛伊德（John B. Floyd，1806—1863），弗吉尼亚州第三十一任州长，美国内战时期南方邦联将军。——译者注
③ 查尔斯·弗朗西斯·亚当斯：《马萨诸塞州历史学会论文集》，第45卷，第49页、第94页。亨利·皮尔森：《约翰·阿尔比恩·安德鲁传》，第1卷，第319页注释一。——原注

"圣哈辛托"号拦截"特伦特"号

林肯内阁：从左到右依次是战争部部长埃德温·斯坦顿、财政部部长萨蒙·P.蔡斯、亚伯拉罕·林肯、海军部部长吉迪恩·韦尔斯、内政部部长凯莱布·布拉德·史密斯、国务卿威廉·H.苏厄德、邮政部部长蒙哥马利·布莱尔、司法部部长爱德华·贝茨

长吉迪恩·韦尔斯写道:"感谢你在抓捕行动中做出的卓越贡献。"①会议第一天,众议院通过了一项决议,感谢查尔斯·威尔克斯"做出勇敢、机敏、爱国的举动"②。

蒙哥马利·布莱尔谴责查尔斯·威尔克斯的行动是"未经授权的、不正规的、非法的"③。当时,波士顿的参议员查尔斯·萨姆纳立刻回应道:"我们必须放了詹姆斯·默里·梅森和约翰·斯莱德尔。"④亚伯拉罕·林肯也反对庆功情绪的扩散。消息传到华盛顿时,他说:"我担心詹姆斯·默里·梅森和约翰·斯莱德尔这两个叛国者根本没有价值。我们必须坚持美国关于中立者权利的原则。我们与英国据理力争,从理论上和实践上坚持认为查尔斯·威尔克斯有权逮捕叛国者。"⑤当时,亚伯拉罕·林肯应立即采取行动,与查尔斯·萨姆纳进行磋商,确定此次抓捕行动是否有法可依,有史可鉴。从一封私人信函中可以明显看出,

查尔斯·威尔克斯
(1798—1877)

---

① 《北方联邦陆军和南方邦联陆军的官方记录》丛书二,第2卷,第1109页。——原注
② 吉迪恩·韦尔斯:《林肯和威廉·H.苏厄德》,第186页。——原注
③ 《美国国会议事录》,第5页。——原注
④ 爱德华·皮尔斯:《查尔斯·萨姆纳传》,第4卷,第52页。——原注
⑤ 本森·J.洛辛:《美国内战》,第2卷,第156页。——原注

第 2 章 外部环境：英国与美国的冲突

查尔斯·萨姆纳的建议是"立即采取行动，并且按照先例放人"①。威廉·H. 苏厄德后来的行动表明，如果亚伯拉罕·林肯催促他，那么他会赞成在南方邦联提出要求前放了詹姆斯·默里·梅森和约翰·斯莱德尔。亚伯拉罕·林肯也许采纳了蒙哥马利·布莱尔的建议，即派查尔斯·威尔克斯将詹姆斯·默里·梅森和约翰·斯莱德尔带到前往英国的美国军舰上，并且将他们交给英国政府②。这样做会显得有风度、机智、可敬。与罢免约翰·C. 弗里蒙特时表现出的勇气相比，此刻亚伯拉罕·林肯并不需要太多勇气面对公众舆论，因为他有查尔斯·萨姆纳、威廉·H. 苏厄德、蒙哥马利·布莱尔和乔治·B. 麦克莱伦做后盾③。如果在许多律师和政治家宣称根据国际法该行为正当，以及引起民众骚动前立即放人，那么国家无疑会斩钉截铁地宣称我们坚持着我们一直据以力争的原则。然而，亚伯拉罕·林肯虽然意识到，詹姆斯·默里·梅森和约翰·斯莱德尔在监狱里说的话比联邦代表在伦敦和巴黎说的话更有说服力，但依然害怕放了他们。实际上，作为一个政策问题，联邦政府应该让《逃奴法》的作者詹姆斯·默里·梅森去伦敦，让阻挠奴隶制议案通过的拥护者约翰·斯莱德尔去巴黎，因为他们的请求绝不可能影响联邦大业。至少在英国，他们代表了奴隶制。亚伯拉罕·林肯犹豫不决，错过了最佳时机。实际上，他的一句话可能相当于在战场上赢得一场战役。亚伯拉罕·林肯是民意的引领者和代表者，但在关键时刻，他更像一个代表，而不是引领者。他和美国的普通民众都认为，与英国发生争端时，单方面考虑问题会使他无法做出明智决策。因为亚伯拉罕·林肯没有采取任何措施，也没有发表任何公开言论，所以他的沉默被民众误解了。相关报道说他"固执己见"，并且宣称他曾说："我宁愿死，也不会放了詹姆斯·默里·梅森和约翰·斯莱德尔。"④

由于还没有铺设大西洋电缆，直到 1861 年 11 月 27 日，英国才收到詹姆斯·默里·梅森和约翰·斯莱德尔被捕的消息。英国人认为这是对英国国旗的侮辱。在写给伦敦的查尔斯·萨姆纳的信中，约翰·布赖特说："在英国，詹姆斯·默

---

① 爱德华·皮尔斯：《查尔斯·萨姆纳传》，第 4 卷，第 61 页。——原注
② 吉迪恩·韦尔斯：《林肯和威廉·H. 苏厄德》，第 186 页。——原注
③ 桑顿·K. 洛斯罗普：《威廉·H. 苏厄德传》，第 327 页。乔治·B. 麦克莱伦：《乔治·B. 麦克莱伦自传》，第 175 页。威廉·亨廷顿·拉塞尔：《我的南北记事》，1863 年，第 575 页。——原注
④ 威廉·亨廷顿·拉塞尔：《我的南北记事》，1863 年，第 588 页。——原注

里·梅森和约翰·斯莱德尔被捕的消息引起了巨大轰动。粗鲁的、易怒的'大不列颠统治阶层'非常愤怒。"① 在写给威廉·H.苏厄德的一封急件中,查尔斯·弗朗西斯·亚当斯说:"局势非常紧张。在英国,詹姆斯·默里·梅森和约翰·斯莱德尔被捕的消息甚至盖过了所有热点话题。"② 威廉·H.苏厄德的朋友查尔斯·麦凯③写信告诉他和亚伯拉罕·林肯:"英国人非常愤怒,如果全民投票,我担心一千人中会有九百九十九人赞成立刻开战。即使帕默斯顿勋爵亨利·坦普尔愿意,也无法抑制英国人的怒火。如果他被迫承认缉捕詹姆斯·默里·梅森和约翰·斯莱德尔是对英国国旗的侮辱,那么联邦政府必定会在两个星期内垮台。"④

查尔斯·麦凯
(1814—1889)

---

① 詹姆斯·福特·罗德斯:《美国史》,第 3 卷,第 525 页。——原注
② 《北方联邦陆军和南方邦联陆军的官方记录》丛书二,第 2 卷,1106 页。——原注
③ 1857 年,查尔斯·麦凯去了美国,并且写了一本关于美国的书。在美国期间,他受到威廉·H.苏厄德的款待。1859 年,在伦敦,两人再次见面。威廉·H.苏厄德很尊重查尔斯·麦凯。两人友谊深厚。1862 年 2 月,查尔斯·麦凯被派往纽约成为《泰晤士报》的记者。约翰·阿特金斯:《威廉·亨廷顿·拉塞尔传》,第 2 卷,第 92 页。——原注
④ 《北方联邦陆军和南方邦联陆军的官方记录》丛书二,第 2 卷,第 1107 页。——原注

英国内阁决定将扣押詹姆斯·默里·梅森和约翰·斯莱德尔一事定性为"一种侮辱英国国旗和违反国际法的暴力行为",要求联邦政府释放南方邦联特使并"正式道歉"。根据英国内阁的决定,1861年11月30日,约翰·拉塞尔伯爵准备给理查德·莱昂斯勋爵发一封急件。在信中,他语气柔和,使维多利亚女王和阿尔伯特亲王的指令听起来亲切友好。虽然阿尔伯特亲王直言不讳,不太符合女王和亲王应有的和蔼可亲,但约翰·拉塞尔伯爵的言辞依然是礼貌的外交用语,并且没有改变维多利亚女王和阿尔伯特亲王的本意。1861年12月1日,维多利亚女王的一位信使奉命前往华盛顿。

英国开始备战,并且将维多利亚女王的指令派送给了理查德·莱昂斯勋爵和驻美国水域的英国舰队指挥官。与此同时,八千名英国士兵[①]被派往加拿大。维多利亚女王宣布,禁止英国出口武器弹药。英国政府禁运了三千吨硝石。这些硝石是最近市场上能购买到的、可以立刻运往美国的所有储量。

第7节 维多利亚女王的指令

奇怪的是,与美国政府一样,英国政府虽然回应了民意,但并未依据法律和先例做出解释。1861年11月12日,詹姆斯·默里·梅森和约翰·斯莱德尔被捕后的第四天,也就是消息传到英国前十五天,查尔斯·弗朗西斯·亚当斯应帕默斯顿勋爵亨利·坦普尔的邀请,在帕默斯顿勋爵亨利·坦普尔的书房与他会面。帕默斯顿勋爵亨利·坦普尔认为,当时,南方邦联特使乘英国邮轮"特伦特"号前往英国,而南安普敦的一艘美国军舰"圣哈辛托"号监视着"特伦特"号,试图强行带走南方邦联特使。他说:"我不会质疑你们是否有权这么做。也许你们能为此辩解……或许不能……但你们的做法非常荒唐……如果查尔斯·威尔克斯……在海域内做出这种侮辱国旗的举动,那么一定会引起人们的厌恶。并且这样做不会有任何好处。当然,也不认为乘英国邮轮前往伦敦的美国人增加一二,可以改变联邦政府已定的政策。"[②]

[①] 斯宾塞·沃波尔:《二十五年的历史》,第2卷,第44页。——原注
[②] 《北方联邦陆军和南方邦联陆军的官方记录》丛书二,第2卷,第1078页。查尔斯·弗朗西斯·亚当斯:《马萨诸塞州历史学会论文集》,第45卷,第53页。——原注

维多利亚女王
（1819—1901）

阿尔伯特亲王
（1819—1861）

美国内战史：1861—1865

在《约翰·T.德莱恩传》出版前，帕默斯顿勋爵亨利·坦普尔曾友好地提醒约翰·T.德莱恩。但查尔斯·弗朗西斯·亚当斯和美国作家都不知道帕默斯顿勋爵亨利·坦普尔的提醒内容。约翰·T.德莱恩是《泰晤士报》的编辑，在政治上与帕默斯顿勋爵亨利·坦普尔建立了深厚友谊。帕默斯顿勋爵亨利·坦普尔会见查尔斯·弗朗西斯·亚当斯的前一天，曾写信给约翰·T.德莱恩说："亲爱的约翰·T.德莱恩，我想以下内容可能对你有用。今天，我和史蒂芬·勒欣顿法官[①]、三名检察官、乔治·格雷爵士[②]及萨默塞特公爵爱德华·西摩[③]在财政部会面。毫无疑问，我们是为了商讨怎样妥善处理美国军舰"圣哈辛托"号搜查载有南方邦联特使的英国邮轮"特伦特"号一事。令我感到遗憾的是，根据斯托厄尔爵士威廉·斯科特[④]制定的、我们一直践行的国际法原则，交战国有权拦截并搜

史蒂芬·勒欣顿
（1782—1873）

乔治·格雷
（1812—1898）

---

① 史蒂芬·勒欣顿（Stephen Lushington，1782—1873），英国海事高级法院法官和上诉法院院长，著名法学家。——原注
② 乔治·格雷（George Grey，1799—1882），英国内政大臣。——原注
③ 爱德华·西摩（Edward Seymour，1804—1885），萨默塞特公爵，英国海军大臣。——原注
④ 威廉·斯科特（William Scott，1745—1836），斯托厄尔爵士，英国法官、法学家。——译者注

第 2 章 外部环境：英国与美国的冲突

爱德华·西摩
（1804—1885）

威廉·斯科特
（1745—1836）

查任何非战船，或出现在公海海域、携带敌方急件的中立船。因此，根据国际法原则，美国巡洋舰可以拦截英国邮轮，并且搜查英国邮轮。美国海军如果在英国邮轮上发现了南方邦联的人及其信函和证件，那么就可以带走他们或扣下英国邮轮，并且将南方邦联的人带回纽约进行审判。"[1] 查尔斯·弗朗西斯·亚当斯写道："因此，根据国际法原则，'圣哈辛托'号可以拦截'特伦特'号，并且进行搜查。如果'特伦特'号上有南方邦联的人，那么'圣哈辛托'号上的军官可以和查尔斯·威尔克斯一样行事，将南方邦联的人带走，然后让'特伦特'号继续航行。"[2] 1861 年 11 月 11 日，在假设情境下，英国政府官员提出了上述意见。但 1861 年 11 月 29 日，当英国检察官确定"特伦特"号事件是一起真实的扣押

---

[1] 乔治·W. 达森特：《约翰·T. 德莱恩传》，第 2 卷，第 36 页。查尔斯·弗朗西斯·亚当斯：《马萨诸塞州历史学会论文集》，第 45 卷，第 54 页。——原注

[2] 查尔斯·弗朗西斯·亚当斯：《马萨诸塞州历史学会论文集》，第 45 卷，第 56 页。——原注

事件时，根据国际法的原则和惯例，他们改变了之前的决定，宣布"依据国际法"，查尔斯·威尔克斯的行为"是不正当的、非法的"[1]。换句话说，英国检察官并没有遵循英国的先例，而是借鉴了一些美国人的论点。这一论点更多的是依据蒸汽时代和19世纪下半叶的海上条约提出的。英国民众愤怒地指出，英国政府官员于1861年11月11日提出的意见已陈旧过时，要求提供法律依据。此外，在某种程度上，英国政府必须加强其论点。

人们普遍认为，驻英国的外交大臣和大使流连于奢靡的英国上层社会，参加伦敦贵妇的晚宴，拜访名流权贵等各色人物，灵魂很容易受到腐蚀。但查尔斯·弗朗西斯·亚当斯显得与众不同。他深入伦敦社会，经常接受名流的邀请，前去乡间府邸参加宴会。事实上，当他听到詹姆斯·默里·梅森和约翰·斯莱德尔被捕的消息时，正在约克郡霍顿爵士理查德·蒙克顿·米尔恩斯的家中。但查尔斯·弗朗西斯·亚当斯参加晚宴、招待会和乡间聚会都是为了工作，为了力

理查德·蒙克顿·米尔恩斯
（1809—1885）

---

[1] 西奥多·马丁：《阿尔伯特亲王传》，第5卷，第419页。斯宾塞·沃波尔：《约翰·拉塞尔伯爵传》，第2卷，第354页。——原注

第2章 外部环境：英国与美国的冲突

所能及地协助联邦政府。在英国的处理结果未公布前，查尔斯·弗朗西斯·亚当斯虽然深知"特伦特"号事件的严重性，但一直显得心平气和。1861年12月6日，在给威廉·H.苏厄德的信中，他写道："毫无疑问，英国人非常激动，如果联邦政府袒护查尔斯·威尔克斯，那么英国与美国的冲突在所难免。"① 我们可以从他的私人信函中明显看出，查尔斯·弗朗西斯·亚当斯如果是联邦政府的国务卿，那么会建议联邦政府立即释放詹姆斯·默里·梅森和约翰·斯莱德尔。查尔斯·弗朗西斯·亚当斯写信给约翰·洛斯罗普·莫特利说："在强调中立权利，尽可能减少'特伦特'号事件的影响方面，我们的政策趋向统一。我认为，在当前的诱惑面前，让英国和美国改变立场并非对局势有利。"查尔斯·弗朗西斯·亚当斯对理查德·亨利·达纳说："最让我恼火的是，我们竟然同意收下并穿上英国扔掉的'破衣服'。"②

理查德·亨利·达纳
（1815—1882）

---

① 《北方联邦陆军和南方邦联陆军的官方记录》丛书二，第2卷，第1119页。——原注
② 查尔斯·弗朗西斯·亚当斯：《马萨诸塞州历史学会论文集》，第45卷，第93页、第95页。——原注

美国内战史：1861—1865

　　1861年12月18日23时30分，维多利亚女王的信使将约翰·拉塞尔伯爵的急件和两封私人信函交给了理查德·莱昂斯勋爵。信中是维多利亚女王经过深思熟虑后下达的详细指令。1861年12月19日，理查德·莱昂斯勋爵拜访了威廉·H. 苏厄德，向他解释说明了维多利亚女王官方急件的要旨。威廉·H. 苏厄德问理查德·莱昂斯勋爵："指令中是否规定了美国政府必须回复的时间期限？"理查德·莱昂斯勋爵回答道："我不想回答这个问题。我希望尽量避免一切冲突。"威廉·H. 苏厄德迫切想知道一些私密信息。理查德·莱昂斯勋爵清楚威廉·H. 苏厄德的意图，回答道："我会告诉您的。根据接到的指令，我必须在七天内得到您的回复。"然后，威廉·H. 苏厄德"私下"向理查德·莱昂斯勋爵要一份急件副本，因为"在做出决定前，他必须阅读维多利亚女王的急件，仔细研究其措辞"。对此，理查德·莱昂斯勋爵回答道，如果自己正式提供了急件副本，那么"七日之约必须立即生效"。威廉·H. 苏厄德说，提供副本只是为了让亚伯拉罕·林肯总统和他知道，急件已送到。理查德·莱昂斯勋爵欣然同意了威廉·H. 苏厄德的要求，回到大使馆后立即将副本装在写有"私密"字样的信封内，并且寄给了威廉·H. 苏厄德。威廉·H. 苏厄德立即回复道，他很高兴，"这封急件诚恳友善，毫无专断和威胁之意"。现在，他信心满满地问道："如果我在七天内回绝你，或提出商讨'特伦特'号事件的建议会怎样？"理查德·莱昂斯勋爵回答道："我接到的指令非常明确。我没有自由裁量权。如果回复不符合急件提出的要求，尤其是不能立即释放扣押人犯，那么我将拒绝接受。"[①]1861年12月23日上午，因为威廉·H. 苏厄德公务繁忙，并且想了解详情，所以一直没有回复理查德·莱昂斯勋爵。理查德·莱昂斯勋爵再次来访，宣读了急件内容，并且给威廉·H. 苏厄德留了一份副本。自1861年12月23日起，七天漫长的等待开启。

　　英国人要求英国政府就"特伦特"号事件给出最后结论，在措辞中没有过多考虑美国人的痛处，在私人信函中亦是如此。理查德·莱昂斯勋爵贯彻了维多利亚女王急件中的精神，并且执行了其中的指令。令他感到欣慰的是，人们支持他体恤陷入困境的威廉·H. 苏厄德。公布关于扣押的消息时，理查德·莱昂斯勋爵写信给约翰·拉塞尔伯爵，说："我无法隐藏自己的悲痛。"在消息未得到

[①] 托马斯·W. 牛顿：《理查德·莱昂斯勋爵传》，第1卷，第65页。——原注

证实前，保持缄默并没有错。理查德·莱昂斯勋爵写道："我尽可能避免谈论'特伦特'号事件。只能说这是一起不幸事件，我对此深感遗憾。"①

第8节 亚伯拉罕·林肯和威廉·H.苏厄德的处理方式

显然，亚伯拉罕·林肯将"特伦特"号事件交给威廉·H.苏厄德处理。只要威廉·H.苏厄德不同意查尔斯·萨姆纳、查尔斯·弗朗西斯·亚当斯和蒙哥马利·布莱尔的观点，并且建议立即释放詹姆斯·默里·梅森和约翰·斯莱德尔，他的做法便堪称楷模。威廉·H.苏厄德听取了国内外人士的意见和建议，这些意见和建议大部分很有建设性，但他并未过多发表言论②。1861年11月27日，在与查尔斯·弗朗西斯·亚当斯的通信中，威廉·H.苏厄德解释说，查尔斯·威尔克斯没有得到任何指令便采取了行动，并且联邦政府在"听到英国政府谈及此事"③前，也没有任何行动意向。毫无疑问，在与理查德·莱昂斯勋爵的两次会面中，威廉·H.苏厄德得出的结论是：必须释放詹姆斯·默里·梅森和约翰·斯莱德尔。随后，威廉·H.苏厄德开始有条不紊地解决此事。做出决定后，他必须首先请示亚伯拉罕·林肯，因为"在任何情况下"，都需要"请教当权者"④。亚伯拉罕·林肯对威廉·H.苏厄德说："你当然可以继续准备对英国的答复。按照我的理解，你的答复中应该说明释放詹姆斯·默里·梅森和约翰·斯莱德尔的理由。现在，我想说一说不应该释放他们的理由。我们来对比一下各自的观点。"⑤亚伯拉罕·林肯起草了一份急件，表示他不相信英国"迫切地想要一个明确答复"，并且说希望搁置问题，留待以后讨论，以便美国充分解释自己的处境。此外，联邦政府愿意通过"友好仲裁"处理"特伦特"号事件。但如果英国不同意仲裁，听完联邦政府的解释后依旧要求释放詹姆斯·默里·梅森和约翰·斯莱德尔，那么联邦政府会释放他们，前提是处理此事的方式应该成为两国将来行

---

① 《北方联邦陆军和南方邦联陆军的官方记录》丛书二，第2卷，第1095页、第1097页。——原注
② 弗雷德里克·班克罗夫特：《威廉·H.苏厄德传》，第2卷，第234页。——原注
③ 弗雷德里克·W.苏厄德：《威廉·H.苏厄德回忆录》，第3卷，第43页。——原注
④ 《北方联邦陆军和南方邦联陆军的官方记录》丛书二，第2卷，第1102页。——原注
⑤ 弗雷德里克·班克罗夫特：《威廉·H.苏厄德传》，第2卷，第234页；第3卷，第26页。——原注

事的准则。亚伯拉罕·林肯急件中的关键点是:"与英国一样,我们的权利也受到一群人的觊觎。"① 显然,在目前的紧张局势下,亚伯拉罕·林肯对自己起草的急件并不满意,因此,并未呈交内阁。

1861年12月20日,在日记中,威廉·亨廷顿·拉塞尔写道:"威廉·H.苏厄德将控制局势。"最终的结果证实了他的说法。1861年12月19日,查尔斯·埃利奥特·诺顿从纽约写信给詹姆斯·拉塞尔·洛厄尔,说:"显然,战争并不会因民愤或政府缺乏立场和判断而爆发。对我们来说,幸运的是,威廉·H.苏厄德已重获多数人的信任。他足够强大,并且不狂热、不暴力。"②

1861年12月25日10时,林肯内阁举行了会议。会上,只有威廉·H.苏厄德和蒙哥马利·布莱尔赞成释放詹姆斯·默里·梅森和约翰·斯莱德尔。威廉·H.苏厄德派人给理查德·莱昂斯勋爵送去了回信。他的回复符合英国的要求。查尔斯·萨姆纳应邀前来开会,并且读了约翰·布赖特和理查德·科布登的信。约翰·布

查尔斯·埃利奥特·诺顿
(1827—1908)

约翰·布赖特
(1811—1889)

---

① 约翰·尼古拉、海约翰:《林肯传》,第5卷,第33页。——原注
② 萨拉·诺顿、德沃尔夫·霍伊:《查尔斯·埃利奥特·诺顿的书信》,第1卷,第248页。——原注

赖特和理查德·科布登是北方联邦忠实的朋友。在信中，他们转述了英国的民意，提出了一些建议。约翰·布赖特总结道："尽一切努力，绝不能让'特伦特'号事件引发英国与美国的战争。"① 如果有人问查尔斯·萨姆纳的态度，那么他肯定会说自己非常赞成威廉·H.苏厄德的决定。会议一直持续到1861年12月25日14时，第二天继续。威廉·H.苏厄德认为，英国政府的主张是正当的，没有"表现出无礼的举动"②。司法部部长爱德华·贝茨表示赞成威廉·H.苏厄德的观点，认为与英国开战会导致联邦的毁灭③，但他在日记中写道："内阁的一些成员，甚至总统亚伯拉罕·林肯，都非常不愿意释放詹姆斯·默里·梅森和约翰·斯莱德尔。"然而，由于考虑到查尔斯·威尔克斯的做法违背了先例，违反了国际法，并且联邦政府没有能力与英国开战，因此，所有人都站到了威廉·H.苏厄德一边。1861年12月26日，内阁批准了威廉·H.苏厄德的回复。在给理查德·莱昂斯勋爵的长信中，威廉·H.苏厄德说，詹姆斯·默里·梅森和约翰·斯莱德尔"将如愿获得自由"④。否定查尔斯·威尔克斯的做法被视为联邦政府最真诚的道歉。

第9节 威廉·H.苏厄德释放詹姆斯·默里·梅森和约翰·斯莱德尔

威廉·H.苏厄德担心释放詹姆斯·默里·梅森和约翰·斯莱德尔会引起北方人的民愤。与理查德·莱昂斯勋爵商议后，威廉·H.苏厄德认为詹姆斯·默里·梅森和约翰·斯莱德尔不能乘波士顿港的英国船离开。因此，詹姆斯·默里·梅森和约翰·斯莱德尔乘一艘美国蒸汽拖船到达了普罗温斯敦，然后登上一艘英国战舰，立即前往哈利法克斯。

当詹姆斯·默里·梅森和约翰·斯莱德尔离开沃伦堡时，波士顿及其他北方地区都没有爆发骚乱。爱德华·贝茨解释说，亚伯拉罕·林肯和一些内阁成员不支持威廉·H.苏厄德，是因为担心"引起北方人的不满，受到人民的指责"⑤。

---

① 詹姆斯·福特·罗德斯：《美国史》，第3卷，第536页。——原注
② 《北方联邦陆军和南方邦联陆军的官方记录》丛书二，第2卷，第1076页、第1154页。——原注
③ 查尔斯·萨姆纳向亚伯拉罕·林肯详细说明了与英国开战的种种劣势。爱德华·皮尔斯：《查尔斯·萨姆纳传》，第4卷，第58页。——原注
④ 《北方联邦陆军和南方邦联陆军的官方记录》丛书二，第2卷，第1154页。——原注
⑤ 约翰·尼古拉、海约翰：《林肯传》，第5卷，第36页。——原注

亚伯拉罕·林肯和内阁成员误解了民意。在詹姆斯·默里·梅森和约翰·斯莱德尔被捕到释放的四十天里，北方人进行了冷静的思考，"团结一致支持"联邦政府的决定①。这似乎表明，如果亚伯拉罕·林肯和威廉·H.苏厄德早一点做出最后决定，那么北方人会立即将联邦政府作为自己坚强的后盾，并且英国与美国北方后来的关系会与现在大不相同。事实证明，联邦政府的拖延划开了一道溃烂的伤口。许多美国人认为，联邦政府被迫接受了英国的专断要求，让国家蒙羞。在内阁会议期间，萨蒙·P.蔡斯表达了上述观点。他虽然"支持威廉·H.苏厄德的决定"，但说："对我来说，这就是苦胆和茵陈，痛苦至极。我宁愿付出自己拥有的一切，也不愿释放詹姆斯·默里·梅森和约翰·斯莱德尔。"②处理"特伦特"号事件期间，英国与美国彻底误解了彼此。其他国家普遍认为，美国北方"决心挑衅英国"③。然而，美国人普遍认为，英国只是在找借口挑衅美国。在写给詹姆斯·拉塞尔·洛厄尔的信中，查尔斯·埃利奥特·诺顿说："我不相信英国政府试图开战。英国政府如果真的试图开战，那么只会自食其果。"其他国家认为，英国与美国盲目的爱国者代表了大多数人的观点，误解由此产生。事实上，英国和美国北方的大多数人都很乐意和平解决"特伦特"号事件，但美国南方邦联显得非常失望。

---

① 詹姆斯·福特·罗德斯：《美国史》，第3卷，第539页。——原注
② 罗伯特·沃登：《萨蒙·P.蔡斯传》，第394页。——原注
③ 弗雷德里克·班克罗夫特：《威廉·H.苏厄德传》，第231页。——原注

第 3 章　战争前期：势均力敌的较量

第 1 节　西蒙·卡梅伦

不幸的是，亚伯拉罕·林肯任命西蒙·卡梅伦为战争部部长。西蒙·卡梅伦并不能胜任指挥大战一职，将战争部管理得像个政治机器。但他有两个得力干将，分别是总军需官蒙哥马利·C.梅格斯和战争部副部长托马斯·A.斯科特。然而，西蒙·卡梅伦所到之处，贪污腐败如影随形。他经常奖励自己的政治追随者，表彰他们过去做出的贡献，或鼓励他们更好的工作。奖励金额是一笔不小的款项。西蒙·卡梅伦虽然经常出了高价，付了佣金，但收到的大多是劣质"商品"。1861 年早秋，亚伯拉罕·林肯意识到了西蒙·卡梅伦的问题。在"私人文件《1861 年 10 月 2 日与总统对话》"中，海伦·尼古拉写道，亚伯拉罕·林肯认为"西蒙·卡梅伦完全无视战事的进展及可能出现的后果，自私狭隘，不仅对他公然不敬，还对国家政务置若罔闻，没有能力构建并执行总体作战计划或安排细节工作"[1]。在给参议员威廉·P.费森登的信中，詹姆斯·W.格兰姆斯写道："贪污腐败和时间的车轮会将我们带向毁灭。"[2] 为了让人民不再关注自己的弊政，西蒙·卡梅伦效仿约翰·C.弗里蒙特，极力呼吁废除奴隶制。1861 年 12 月 1 日，在准备呈给亚伯拉罕·林肯的报告中，西蒙·卡梅伦建议联邦政府将黑人奴隶征召入伍，解放奴隶。这一建议势必会引起巨大的社会反响。但他并未将报告呈给亚伯拉罕·林肯，而是直接寄给了各大城市的邮政局长，并且下令，只要国会宣读完亚伯拉罕·林肯的报告，就立刻将他的报告转交给新闻媒体。得知这件事后，

---

[1] 海伦·尼古拉：《林肯个人特质》，第 178 页。——原注
[2] 詹姆斯·福特·罗德斯：《美国史》，第 3 卷，第 574 页。——原注

亚伯拉罕·林肯下令召回所有已印发的报纸，并且根据相关奴隶制政策修改了报纸上报道的内容①。

第 2 节 埃德温·斯坦顿

1862 年 1 月 11 日，亚伯拉罕·林肯发布公文罢免了西蒙·卡梅伦，后来委任其为驻俄罗斯帝国大使。罢免理由是西蒙·卡梅伦行政效率低下，并且美国人都认为战争部贪污腐败，甚至存在反叛行为。这些理由足以让亚伯拉罕·林肯做出罢免决定。随后，亚伯拉罕·林肯任命埃德温·斯坦顿为战争部部长。1861 年夏，在私人信函中，埃德温·斯坦顿曾直率地写道"亚伯拉罕·林肯昏庸"，政府无能。埃德温·斯坦顿心无城府，大胆直言。在华盛顿时，他曾与朋友公开谈论政事。亚伯拉罕·林肯如果注意听华盛顿的八卦消息，那么可能会听到很多类似的故事。但即使在考虑任命埃德温·斯坦顿前，亚伯拉罕·林肯确实听到了一些风声，也不会影响他信任来自宾夕法尼亚州的民主党律师埃德温·斯坦顿②。无论是出身还是从政经历和自身能力，埃德温·斯坦顿都能胜任战争部部长一职。威廉·H. 苏厄德、萨蒙·P. 蔡斯，以及国会和北方人都赞成任命埃德温·斯坦顿为战争部部长，因为埃德温·斯坦顿在担任詹姆斯·布坎南内阁的成员时，表现出的爱国精神让他获得了人民的信任。亚伯拉罕·林肯任命西蒙·卡梅伦是一个错误之举，但任命埃德温·斯坦顿是值得称赞的。埃德温·斯坦顿是天生的将才，作战时有勇有谋，并且精力旺盛。他痛恨一切腐败③。

---

① "一些收到西蒙·卡梅伦报告的报纸登载了部分被删除的内容。在《国会议事录》上，马萨诸塞州代表托马斯·D. 艾略特记录了被删除的内容。"贺拉斯·怀特：《莱曼·特朗布尔传》，第 172 页。——原注
② 1814 年，埃德温·斯坦顿出生在俄亥俄州。他曾是俄亥俄州东部的执业律师。1847 年，他搬到了匹兹堡，1856 年又搬到了华盛顿。在詹姆斯·布坎南执政的最后几个月，埃德温·斯坦顿任司法部部长一职。人们普遍认为，埃德温·斯坦顿坚定了詹姆斯·布坎南反对分裂的立场。——编者注
③ 乔治·G. 戈勒姆：《埃德温·斯坦顿传》，第 1 卷。贺拉斯·怀特：《莱曼·特朗布尔传》，第 172 页。《海军部部长吉迪恩·韦尔斯的日记》，第 1 卷，第 127 页。——原注
埃德温·斯坦顿是美国内战时期最具争议的人物之一。有人将他描绘成一个邪恶的天才，认为他参与了各种邪恶活动；也有人认为他是北方联邦军的核心人物，为亚伯拉罕·林肯承担了许多重责。——编者注

埃德温·斯坦顿
（1814—1869）

1862年1月10日，查尔斯·弗朗西斯·亚当斯给威廉·H.苏厄德写信说："联邦如果能取得一次显著胜利，那么也许可以免去一场外战。"在查尔斯·弗朗西斯·亚当斯的信到达华盛顿后不久，他的愿望就达成了。

田纳西河上的亨利堡和坎伯兰河上的多纳尔森堡是通往南方西南部要道上的重要关卡。田纳西河和坎伯兰河相隔十一英里。海军军官安德鲁·赫尔·富特和尤利西斯·S.格兰特认为，占领亨利堡是可行的，于是请示圣路易斯司令部的指挥官亨利·哈勒克，允许他们奋力一搏。1862年1月30日，请示电报发出。1862年2月1日，尤利西斯·S.格兰特收到了亨利·哈勒克的详细指示①。1862年2月2日，尤利西斯·S.格兰特和安德鲁·赫尔·富特率领四艘铁甲舰、三艘木制炮艇和一些运送先遣部队的运输船，从开罗出发。1862年2月6日，安德鲁·赫尔·富特向亨利堡开火。这一次，北方联邦军没有退缩。经过一个多小时的"激烈交火"，南方邦联的旗帜落下了。作战过程中，南方邦联军之间"因道路泥泞、

安德鲁·赫尔·富特
（1806—1863）

亨利·哈勒克
（1815—1872）

---

① 《北方联邦陆军和南方邦联陆军的官方记录》丛书一，第7卷，第121页。尤利西斯·S.格兰特：《个人回忆录》，第1卷，第288页。——编者注

河水水位高涨"而无法合作①。1862年2月6日,尤利西斯·S.格兰特发电报给亨利·哈勒克,说:"亨利堡是我们的了! 1862年2月8日,我会夺取并摧毁多纳尔森堡。"②

第3节 多纳尔森堡战役

杰斐逊·戴维斯认为,南方邦联军的指挥官艾伯特·西德尼·约翰斯顿是南方最杰出的将领。亨利堡失陷后,艾伯特·西德尼·约翰斯顿心灰意冷,决心"为守卫纳什维尔,在多纳尔森堡开战",将军队中的精锐派到了前线③。

由于一场大雨,道路变得泥泞不堪,大炮和车辆暂时无法通行。前去配合尤利西斯·S.格兰特作战的炮艇也因故障滞留在途中。因此,尤利西斯·S.格兰特无法履行电报中做出的承诺,但派了炮舰和部分军队驻守在附近水域。1862年2月12日上午,尤利西斯·S.格兰特率领主力军离开亨利堡,穿过田野,朝多纳尔森堡前进。1862年2月12日正午,主力军到达南方邦联军阵前。尤利西斯·S.格兰特命人封锁了多纳尔森堡,展开了一系列小规模战斗。1862年2月13日,他开始率军攻击南方邦联军的两翼④。1862年2月14日,安德鲁·赫尔·富特命炮艇攻击南方邦联军,希望像亨利堡一样取得胜利。士兵的勇气和决心一如既往,但战况与亨利堡时的战况大相径庭,并且运气十分不佳。安德鲁·赫尔·富特的军队似乎无法抵抗南方邦联军的炮火。与此同时,两艘铁甲舰"偏离路线掉进了河里";另外两艘铁甲舰也严重受损,随后掉进了河里。安德鲁·赫尔·富

---

① 安德鲁·赫尔·富特的报告。《北方联邦陆军和南方邦联陆军的官方记录》丛书一,第7卷,第123页。——原注
② 《北方联邦陆军和南方邦联陆军的官方记录》丛书一,第7卷,第124页。——原注
③ 尤利西斯·S.格兰特的报告。《北方联邦陆军和南方邦联陆军的官方记录》丛书一,第7卷,第159页。——原注
南方邦联军的防线很长,从密西西比河附近的哥伦布开始,经过鲍灵格林,直通坎伯兰山口,但很脆弱。1862年1月19日,在米尔斯普林斯战役、比奇格罗夫战役和萨默塞特战役中,北方联邦军成功突破了南方邦联军的防线。多纳尔森堡战役打响时,艾伯特·西德尼·约翰斯顿率一支不足一万四千人的队伍撤出了鲍灵格林,退到了纳什维尔。在那里等待多纳尔森堡的消息。人们指责艾伯特·西德尼·约翰斯顿没有亲自率军前往多纳尔森堡,或没有及时撤离。——编者注
④ 《北方联邦陆军和南方邦联陆军的官方记录》丛书一,第7卷,第269页。——原注

联邦舰队炮轰亨利堡

"卡龙德莱特"号在多纳尔森堡作战

特负伤,海军暂时无法参战①。尤利西斯·S.格兰特写道:"我竭尽全力封锁了多纳尔森堡,加固了部分防御工事,等待炮舰修理完成。"②1862年2月14日晚,北方联邦军的很多士兵因身体不适显得非常沮丧。离开亨利堡时,天气非常温暖,因此,很多士兵没有带毛毯和大衣。但1862年2月15日,来自北方的冷空气带来了暴风雪。暴风雪持续了两天。士兵既没有帐篷,也不敢生火,因为怕被南方邦联军发现。极端天气考验着他们的耐心和毅力。

由于亨利堡失陷,南方邦联军的将领非常沮丧。但现在,他们的脸上露出了笑容,因为没有费一兵一卒,北方联邦军的炮艇就被击退了。尤利西斯·S.格兰特的援军已抵达,很快就能对多纳尔森堡发起围攻。为解救驻军,南方邦联军必须从围城军中突围出去,打通前往纳什维尔的路。于是,南方邦联军决定于1862年2月15日清晨发起进攻。

援军到来后,尤利西斯·S.格兰特的军队人数增加至两万七千人。约翰·亚历山大·麦克莱恩德的军队位于大军右翼,镇守通往纳什维尔的道路。卢·华莱士的军队位于大军中心,查尔斯·弗格森·史密斯的军队位于大军左翼。

多纳尔森堡的防御工事向外扩展为一条约两英里长的战壕。战壕的部分地方设了铁丝网围成的屏障。两万一千名南方邦联士兵攻占了战壕③。1862年2月15日5时,南方邦联军向约翰·亚历山大·麦克莱恩德的军队发起了进攻。约翰·亚历山大·麦克莱恩德率军顽强抵抗,但由于敌方兵力占优势,他被迫匆忙撤退。逃到卢·华莱士军队驻扎的背面山上的士兵带来了"灾难来临的消息……一名军官骑马飞奔而来,喊着'我们被打散了'"④。南方邦联军占领了通往纳什维尔的道路。经过残酷战斗,北方联邦军已筋疲力尽,无法在冰雪覆盖的路上有序撤退。士兵的口粮都吃完了,也没有应对南方邦联军来袭的撤退措施。

1862年2月15日早晨,安德鲁·赫尔·富特邀请尤利西斯·S.格兰特来他的战舰上商议要事。安德鲁·赫尔·富特因重伤无法下船。尤利西斯·S.格兰特

---

① 《北方联邦陆军和南方邦联陆军的官方记录》丛书一,第7卷,第166页。——原注
② 《北方联邦陆军和南方邦联陆军的官方记录》丛书一,第7卷,第159页。——原注
③ 多纳尔森堡的南方邦联军的人数很难确定,但两万一千人或许有些夸张。大多数资料显示,投降的南方邦联军士兵约一万四千人,伤亡人数约两千人,逃跑人数不确定。——编者注
④ 《北方联邦陆军和南方邦联陆军的官方记录》丛书一,第7卷,第237页。——原注

第3章 战争前期：势均力敌的较量

应邀前往。因此，南方邦联军发起进攻时，他并不在战场。商议结束后，尤利西斯·S.格兰特见到了自己手下一名上尉。尤利西斯·S.格兰特突然"面色苍白，非常担心……军队的安危"①。他以最快的速度策马赶了四五英里冰雪覆盖的道路，回到了营地。

此刻是尤利西斯·S.格兰特一生中最关键的时刻。多纳尔森堡战役给了他一个重新证明自己的机会。如果这场战役失败，他就再也没有机会扬名立万了。此外，他缺席1862年2月15日清晨的战役势必会引起人们的误解。

经历过挫折的人都知道，有时候，如果一开始就不顺利，那么后面的一切都会出错，毫无补救的办法。在这种情况下，普通人往往会陷入困顿，不知何去何从，但杰出的人物可以掌握全局，与同伴一起克服困难，最终取得成功。在多纳尔森堡战役中，尤利西斯·S.格兰特的表现就是如此。返回营地后，尤利西斯·S.格兰特很快改变了军中的混乱局面。在绝望中，士兵萌生了斗志。当得知军队右翼受损后，尤利西斯·S.格兰特面色泛红，揉皱了手中的文件，但依然平静地对约翰·亚历山大·麦克莱恩德和卢·华莱士说："各位，我们必须夺回右翼阵地。"随后，尤利西斯·S.格兰特快马加鞭赶往左翼阵地，中途停下来给安德鲁·赫尔·富特发了一份急件②，请求支援。途中，尤利西斯·S.格兰特听到一些人说："南方邦联军背着背包，拿着鼓鼓的干粮袋出来了。"他知道，南方邦联军发起突围只是为了逃离多纳尔森堡。于是，他对同行的军官说："我们的一些士兵情绪非常低落。南方邦联军的士兵肯定也是如此，因为他们试图突出重围，却失败了。此刻，谁先发起进攻谁就能取得胜利。行军时，我们召唤士兵'迅速填充弹药盒，然后列队。南方邦联军试图逃跑，我们绝不能让他们如愿'。"③尤利西斯·S.格兰特经过的地方，北方联邦军迅速重整旗鼓，恢复信心。尤利西斯·S.格兰特立即前往查尔斯·弗格森·史密斯的司令部，命令他发起进攻，保证说南方邦联

---

① 尤利西斯·S.格兰特：《个人回忆录》，第1卷，第306页。——原注
② 急件内容是："如果所有能用的炮艇对准南方邦联军，那么我们就有可能取胜。否则，我们可能会一败涂地。我与你会谈时发生了一场恶战。现在军队士气低落，我想南方邦联军更是如此。如果炮艇不出现，南方邦联军会重拾信心。到时，我们的军队士气定会一落千丈。因此，你必须确保炮艇出现。我并不指望炮艇作战，但必须出现，远程发射几枚炮弹。"《北方联邦陆军和南方邦联陆军的官方记录》丛书一，第7卷，第618页。——原注
③ 尤利西斯·S.格兰特：《个人回忆录》，第1卷，第307页。——原注

约翰·亚历山大·麦克莱恩德
（1812—1900）

卢·华莱士
（1827—1905）

尤利西斯·S.格兰特
（1822—1885）

查尔斯·弗格森·史密斯
（1807—1862）

多纳尔森堡战役

联邦军夺取多纳尔森堡

军只有一小队人马。查尔斯·弗格森·史密斯率军勇往直前，穿过兔子都无法穿过的铁丝网，拆毁了南方邦联军的前哨防御工事，很快"攻下战壕"，占据了"关键位置"①。给查尔斯·弗格森·史密斯下达完命令后，尤利西斯·S.格兰特又命约翰·亚历山大·麦克莱恩德和卢·华莱士进军。约翰·亚历山大·麦克莱恩德和卢·华莱士立即率军收复了早上失去的阵地，夺回了通往纳什维尔的道路。与此同时，除了从河里或从一条被河水淹没的路上逃出多纳尔森堡，南方邦联军已无路可逃。尤利西斯·S.格兰特命军队于1862年2月16日破晓时分发起进攻。北方联邦军的胜利势在必得。

第4节 多纳尔森堡的南方邦联军投降

多纳尔森堡内，南方邦联军士气低落，并且将领也认为北方联邦军必胜。两名高级军官将指挥权交给了西蒙·玻利瓦尔·巴克纳②。其中，一名军官带一小队人马乘援军的汽船逃走了，另一名军官乘舟渡过了坎伯兰河。骑兵试图从漫水公路上骑马逃走，但发现水位"已及马鞍"③。

1862年2月16日凌晨，尤利西斯·S.格兰特收到西蒙·玻利瓦尔·巴克纳寄来的一封信。西蒙·玻利瓦尔·巴克纳提出投降，并且提议正午时签订停战协议。对此，尤利西斯·S.格兰特做出了著名的回复："我方已收到你方关于停战及相约商谈投降协议的信。我方只接受你方的无条件投降，其他条款免谈。我建议你们立即投降。"④西蒙·玻利瓦尔·巴克纳被迫接受了"不公平的、没有风度的投降条件"。1862年2月16日，在发给亨利·哈勒克的急件中，尤利西

---

① 《北方联邦陆军和南方邦联陆军的官方记录》丛书一，第7卷，第163页。——原注
② 詹姆斯·福特·罗德斯：《美国史》，第3卷，第692页。——原注
詹姆斯·布坎南时期首任战争部部长约翰·B.弗洛伊德负责镇守多纳尔森堡。吉迪恩·约翰逊·皮洛是约翰·B.弗洛伊德的副将。他们都没有帅之才，事实也证明了这一点。他们防守时毫无章法，军队混乱不堪。在将指挥权交给西蒙·玻利瓦尔·巴克纳之前，他们已经犯下致命错误。因此，西蒙·玻利瓦尔·巴克纳投降了。——编者注
③ 《北方联邦陆军和南方邦联陆军的官方记录》丛书一，第7卷，第161页。——原注
④ 《北方联邦陆军和南方邦联陆军的官方记录》丛书一，第7卷，第295页。——原注
这封信使尤利西斯·S.格兰特名声大噪，原件在芝加哥历史学会。所署日期是1862年2月15日，而不是1862年2月16日。尤利西斯·S.格兰特可能记错了日期。——编者注

第 3 章 战争前期:势均力敌的较量

西蒙·玻利瓦尔·巴克纳
(1823—1914)

艾伯特·西德尼·约翰斯顿
(1803—1862)

斯·S.格兰特说:"我已俘获囚犯一万两千人至一万五千人,缴获枪支两万支、火炮四十八门、重炮十七门、马两千匹至四千匹,以及大量军需物资。"①

约翰·C.罗普斯写道:"从军队士气和战略方面来看,夺取多纳尔森堡是美国内战的转折点之一。"②在南方邦联军从纳什维尔撤离后,北方联邦军继续行军了两百多英里。在美国内战中,肯塔基州的重要性不言自明。南方邦联失去了田纳西州的大部分领地,这里可是精兵辈出,物资充足的好地方。在给杰斐逊·戴维斯的信中,艾伯特·西德尼·约翰斯顿写道:"民众惊慌不已;一些队伍士气低迷。多纳尔森堡战役对军队造成了毁灭性打击,几乎无法弥补。"③田纳西州州长艾沙姆·G.哈里斯宣布,南方邦联军必须撤离纳什维尔,并且将立法机关迁至孟菲斯。此时,南方民众陷入了恐慌,随之而来的是骚乱、动荡和劫掠④。

---

① 《北方联邦陆军和南方邦联陆军的官方记录》丛书一,第 7 卷,第 626 页。——原注
② 约翰·C.罗普斯:《美国内战史》,第 2 卷,第 34 页。——原注
③ 《北方联邦陆军和南方邦联陆军的官方记录》丛书一,第 7 卷,第 259 页。——原注
④ 内森·B.福里斯特、约翰·B.弗洛伊及他人的报告和声明。《北方联邦陆军和南方邦联军的官方记录》丛书一,第 7 卷,第 427 页到第 432 页。约翰·A.韦思:《内森·B.福里斯特将军传》,第 73 页。约翰·伍尔德里奇:《纳什维尔志》,第 193 页。——原注

北方为多纳尔森堡战役的胜利欢呼雀跃。萨蒙·P.蔡斯写道："叛乱的源头似乎已被连根拔起。"奥利弗·温德尔·霍姆斯说："似乎所有人都认为，南方的叛乱遭到了致命打击。"在英国人眼中，夺取多纳尔森堡是一次具有重要意义的胜利，对北方影响深远[①]。

第5节 尤利西斯·S.格兰特与多纳尔森堡战役

多纳尔森堡战役的胜利应归功于尤利西斯·S.格兰特。对多纳尔森堡战役研究得越透彻，就会越坚信北方梦寐以求的大将已出现。尤利西斯·S.格兰特的军事天赋有目共睹。他能迅速看穿对方的计策及其困境，很快制订计划并付诸实施，以及在战败的右翼军面前掩藏失望与惊慌，立即做出决定，抢占先机。实际上，当命令各军冲向南方邦联军时，尤利西斯·S.格兰特并不确定能否获胜，并且非常希望得到炮艇的协助[②]。约翰·C.罗普斯认为，尤利西斯·S.格兰特也许只做了一件平淡无奇的事[③]。但当时，没有几个将军能像尤利西斯·S.格兰特一样反败为胜。在查尔斯·弗格森·史密斯占领战壕及右翼军收复失地后，尤利西斯·S.格兰特预料到南方邦联军士气低落，并且西蒙·玻利瓦尔·巴克纳的投降信证实了他的猜想。在回信中，尤利西斯·S.格兰特用了自己名字的首字母缩写。此后，他的名字一直与"无条件投降"紧紧地联系在一起。尤利西斯·S.格兰特的回信表明，他想要的是一次完全胜利。在美国内战中，他当时的态度尤显大将之风。1862年2月11日，在写给好友伊莱休·B.沃什伯恩的信中，尤利西斯·S.格兰特说："在战斗中，我们的志愿兵和欧洲正规军一样英勇。我非常感谢您，是您给了我指挥这样一支军队的机会。我只希望自己没有让您失望。"[④]

[①] 詹姆斯·福特·罗德斯：《美国史》，第3卷，第598页。——原注

[②] 1862年2月15日的战争中并未使用炮艇。——原注
詹姆斯·福特·罗德斯说，在1862年2月15日的战斗中，炮艇"没有参与"。他犯了一个小错误。取代受伤的安德鲁·赫尔·富特接任指挥官的本杰明·达夫对尤利西斯·S.格兰特的急件做出了回应，派"圣路易斯"号和"路易斯维尔"号前往多纳尔森堡。本杰明·达夫说："'圣路易斯'号发射了数枚炮弹……"但在1862年2月14日的战斗过后，海军因受创而未能积极参战。《北方联邦海军和南方邦联海军的官方记录》丛书一，第23卷，第588页、第589页。——编者注

[③] 约翰·C.罗普斯：《美国内战史》，第2卷，第36页。——原注

[④] 伊莱休·B.沃什伯恩：《尤利西斯·S.格兰特致一位朋友的书信》，第4页。——原注

第3章 战争前期：势均力敌的较量

亨利·哈勒克和约翰·亚历山大·麦克莱恩德①都只会纸上谈兵，认为多纳尔森堡战役并非一次意义重大的胜利，并且有些嫉妒尤利西斯·S.格兰特。亨利·哈勒克发电报给约翰·亚历山大·麦克莱恩德说："尤利西斯·S.格兰特未经授权就离开了司令部，前往纳什维尔。我没有收到他的任何汇报、报告或相关资料。对此次胜利，尤利西斯·S.格兰特非常满意，沉浸在胜利的喜悦中，不考虑未来。我受够了他的怠慢和无能。"约翰·亚历山大·麦克莱恩德回复道："如果是为了战事考虑，就应立即逮捕尤利西斯·S.格兰特，派查尔斯·弗格森·史密斯指挥军队。"1862年2月12日，亨利·哈勒克发出一份电报。在电报中，他说："近日的一些传言称，尤利西斯·S.格兰特攻克多纳尔森堡后，重拾酗酒的恶习……我虽然认为不应逮捕他，但已派查尔斯·弗格森·史密斯指挥远征田纳西州的行动。"这些电报对尤利西斯·S.格兰特的评价非常不公。多纳尔森堡战役胜利以来，他做事一直很得体、谨慎、合规矩。

多纳尔森堡战役的胜利虽然意义重大，但其影响并没有立即显现出来。与此同时，北方联邦军急需速战速决。尤利西斯·S.格兰特行动迅速，立刻率军对抗南方邦联军。如果没有亨利·哈勒克不公正的评判，那么尤利西斯·S.格兰特可能已得到应有的嘉奖，继续保持最佳状态，坚守肯塔基州和田纳西州，甚至攻占维克斯堡和查塔努加②，占领兵源和物资丰富的南方邦联地区。

由于南方邦联军的战败，里士满乌云密布。1862年2月22日，即多纳尔森堡失陷后的第六天，南方邦联的临时政府被正式政府取代，杰斐逊·戴维斯就任总统，任期六年。多纳尔森堡战役影响深远，杰斐逊·戴维斯称其为"我们斗争中最黑暗的时刻"。与此同时，因生病和悲伤显得面色苍白、消瘦憔悴的杰斐逊·戴维斯发表了就职演说。其间，他承认南方邦联军"近来损失惨重"③。逆境使南方邦联走向了极端。1862年2月28日，依据一项秘密通过的国会法案，杰斐逊·戴维斯宣布，里士满及周边十英里地区戒严，暂停当地的人身保护令特权。1862年4月16日，在杰斐逊·戴维斯的主持下，南方通过了一部严苛的征兵法案。

---

① 约翰·亚历山大·麦克莱恩德仍然掌管美国的所有军队。——原注
② 1862年春，维克斯堡和查塔努加均未进行大规模防御。北方联邦军虽然需要长途跋涉，粮草供给也存在问题，但只要速战速决，就能攻下这两个地方。——编者注
③ 詹姆斯·福特·罗德斯：《美国史》，第3卷，第881页。——原注

第 6 节 乔治·B.麦克莱伦的短暂任职

尤利西斯·S.格兰特如果指挥波托马克军,那么一定会及时利用南方邦联军低落的士气。与此同时,乔治·B.麦克莱伦似乎想要继续奋战。1862 年 2 月 20 日,在写给亨利·哈勒克的两封信中,他明显表现出了这一点。他说:"在三四个星期内,如果西部的军队能够攻克或暂时拖住纳什维尔的南方邦联军,我就有希望夺取里士满和诺福克。""叛乱分子坚守马纳萨斯。两个星期内,我将调动波托马克军。希望你进入纳什维尔后立即进军里士满。"[1]1862 年 2 月 24 日,北方联邦军占领了纳什维尔。乔治·B.麦克莱伦终于等来了一个绝佳机会[2]。就士兵的平均水平来说,乔治·B.麦克莱伦麾下的十五万名士兵比大多数欧洲士兵优秀。与 1860 年 4 月撒丁岛军队在意大利南部行军时的条件相比,乔治·B.

波托马克团

---

[1] 《北方联邦陆军和南方邦联陆军的官方记录》丛书一,第 7 卷,第 640 页。——原注
[2] 1862 年 1 月中旬,乔治·B.麦克莱伦生病了,但现在已经恢复。——原注

麦克莱伦军队的行军条件并不差，行军道路也没有田纳西州的路难走。北方联邦军曾在田纳西州行军，并且成功克服艰苦环境继续前行。毫无疑问，乔治·B.麦克莱伦首先应该进攻马纳萨斯的约瑟夫·E.约翰斯顿。他的军力是约瑟夫·E.约翰斯顿军力的三倍。虽然我们无法预测一场大战的结果，尤其是乔治·B.麦克莱伦与约瑟夫·E.约翰斯顿之间的战争，但北方联邦军的获胜概率明显更大。此外，约瑟夫·E.约翰斯顿即将离开马纳萨斯。1862年2月22日，他开始筹备撤离工作；1862年3月7日，撤离正式开始；1862年3月11日，他率军安全抵达拉帕汉诺克河南岸。乔治·B.麦克莱伦曾说："这是一次打败正在撤退的南方邦联军的绝好机会。"①

第7节 尤利西斯·S.格兰特和亨利·哈勒克

占领多纳尔森堡后，尤利西斯·S.格兰特又做了一些事。1862年3月22日，在写给伊莱休·B.沃什伯恩的私人信函中，他提到了自己对亨利·哈勒克的误解，写道："进驻多纳尔森堡后的两个星期内，亨利·哈勒克将军一直没有收到我的信，而我也没有收到他的信。我每天都给他写信，有时甚至一天写三封，向他汇报我的每一次行动、调整和军队的情况等。亨利·哈勒克将军没有收到我的信，自然会生气。正如我知道的，他每天都会寄信谴责我。但我没有收到他的信。因此，他的谴责并没有起作用。我收到了一封信，信中没有任何公平的言辞。于是，我回信反驳并提出了辞职。随后，我发了三份电报，每份电报中都提出了辞职。但现在，一切已经真相大白，我确信亨利·哈勒克将军非常满意。事实上，他曾

---

① 《北方联邦陆军和南方邦联陆军的官方记录》丛书一，第5卷，第51页。《北方联邦陆军和南方邦联陆军的官方记录》丛书一，第5卷，第7卷，第10卷，第二部分。《美国内战中的战役与领袖》，第1卷。尤利西斯·S.格兰特：《个人回忆录》，第1卷。詹姆斯·福特·罗德斯：《美国史》，第3卷。约翰·C.罗普斯：《美国内战史》，第2卷。伊莱休·B.沃什伯恩：《尤利西斯·S.格兰特致一位朋友的书信》。詹姆斯·威尔逊：《约翰·罗林斯将军传》。约翰·尼古拉、海约翰：《林肯传》，第5卷。《马萨诸塞州军事历史学会文献》，第7卷。威廉·斯温顿：《波托马克军》。托马斯·L.利弗莫尔：《南北战争中的人数与损失》。詹姆斯·K.霍斯默：《呼吁武装》《约瑟夫·E.约翰斯顿记事》。乔治·B.麦克莱伦：《乔治·B.麦克莱伦自传》。亚历山大·韦布：《半岛：1862年乔治·B.麦克莱伦的作战》。关于尤利西斯·S.格兰特的描述，见詹姆斯·福特·罗德斯：《美国史》，第3卷，第594页。——原注

写信拒绝了我的辞职请求,并且对我赞赏有加。"[1]但尤利西斯·S.格兰特看了亨利·哈勒克的整封信后,在1885年2月的《世纪杂志》和《个人回忆录》中,严厉批评了亨利·哈勒克。然而当时,亨利·哈勒克得到了华盛顿战争部的信任,被任命为美国西部唯一的指挥官[2]。1862年3月13日,他恢复了尤利西斯·S.格兰特对田纳西军[3]的指挥权。1884年,尤利西斯·S.格兰特写道:"我一直认为,多纳尔森堡陷落后,军队通往西南各地的路已经打通。一位勇于承担责任的将军如果能指挥阿勒格尼山脉以西的所有军队,那么可能会率军进入查塔努加、科林斯、孟菲斯和维克斯堡。随着北方志愿兵队伍的迅速壮大,这些城市的军力足以抗击附近任何南方邦联军。"[4]事实上,受到亨利·哈勒克莫名其妙的冷落后,尤利西斯·S.格兰特再度成为军队的指挥者。重获指挥权后,他有了再次采取行动的机会。当时,他如果竭尽所能得到政府和人民的信任,那么一定会成为统帅的不二人选。

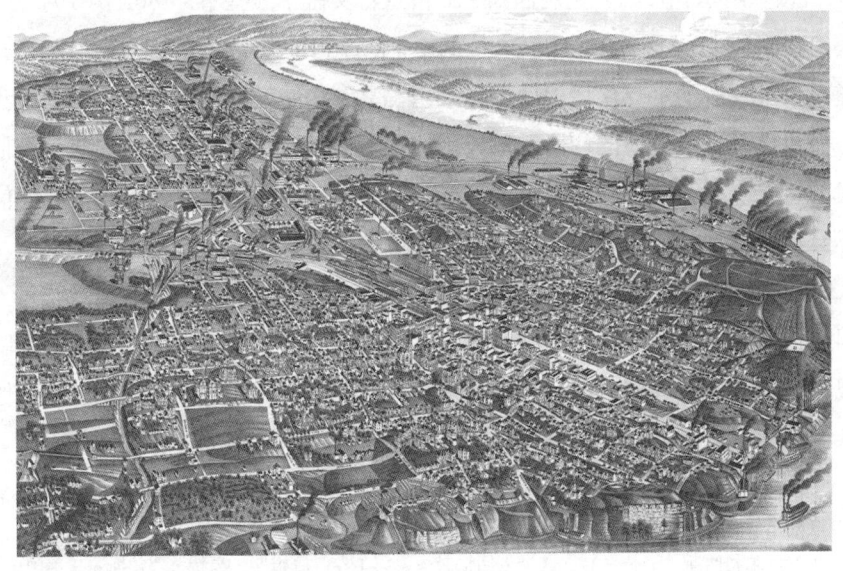

查塔努加

---

[1] 伊莱休·B.沃什伯恩:《尤利西斯·S.格兰特致一位朋友的书信》,第8页。——原注
[2] 1862年3月11日任命;1862年3月13日,亨利·哈勒克接受指挥权。——原注
[3] 这是多纳尔森军队的援军。——原注
[4] 尤利西斯·S.格兰特:《个人回忆录》,第317页。——原注

第3章 战争前期：势均力敌的较量

1862年3月月末，尤利西斯·S.格兰特的司令部设在萨凡纳①。在匹兹堡栈桥，南方邦联军有五个师。匹兹堡栈桥在面向南方邦联军的田纳西河的西侧，高九英里。卢·华莱士的一个师驻扎在匹兹堡栈桥同侧下游五英里的克伦普栈桥。乔治·P.比尔率领约三万六千人的俄亥俄州军队前往萨凡纳，与尤利西斯·S.格兰特会合。会合后，他们向科林斯及附近的南方邦联军发起了进攻。

虽然多纳尔森堡的挫败令艾伯特·西德尼·约翰斯顿非常悲伤，但杰斐逊·戴维斯的支持和理解让他倍感宽慰。杰斐逊·戴维斯写信给艾伯特·西德尼·约翰斯顿说："我对你有信心。"② 与此同时，有人认为，P.G.T.博勒加德应离开弗吉尼亚，去西南部支援艾伯特·西德尼·约翰斯顿，并且希望通过 P.G.T.博勒加德的个人声望，唤醒南方人抵抗外敌入侵的热情③。乔治·P.比尔与尤利西斯·S.格兰特通力合作。在科林斯，一支四万人的北方联邦军集结起来。艾伯特·西德尼·约翰斯顿说："人民想要的是战斗和胜利。"他希望在乔治·P.比尔和尤利西斯·S.格兰特会合前，打垮尤利西斯·S.格兰特的军队。1862年4月3日，艾伯特·西德尼·约翰斯顿打算突袭北方联邦军，于是他离开了科林斯④，希望于1862年4月5日发起进攻⑤。但直到1862年4月6日凌晨，南方邦联军才发动进攻。

第8节 尤利西斯·S.格兰特和威廉·特库姆塞·谢尔曼

夏洛⑥战役前夕，在多纳尔森堡战役中，尤利西斯·S.格兰特展现出了预测

---

① 田纳西州的萨凡纳位于田纳西河东岸，是一个很适合设立司令部的河边小镇。田纳西河和坎伯兰河向北流入俄亥俄河。——编者注
② 《北方联邦陆军和南方邦联陆军的官方记录》丛书一，第10卷，第2册，第365页。——原注
③ 1862年1月，米尔斯普林斯战役"惨败"后，乔治·H.托马斯将军打败了南方邦联军。此次战役发生在多纳尔森堡战役前。——原注
詹姆斯·福特·罗德斯在《美国史》的脚注中谈到过南方邦联军在米尔斯普林斯战役中的惨败。此次战役也被称为渔溪战役、洛根十字路口战役、萨默塞特战役或比奇格罗夫战役。——编者注
④ 当时，艾伯特·西德尼·约翰斯顿距匹兹堡栈桥二十英里。——原注
⑤ 艾伯特·西德尼·约翰斯顿最初定于1862年4月4日发起进攻，后来定于1862年4月5日。——编者注
⑥ 夏洛战役也被称作匹兹堡栈桥战役。——编者注

南方邦联军动态的军事才能，但后来他的这一军事才能似乎逐渐消失了。他从来没有向罗伯特·E. 李一样，仔细研究对方军队的指挥官。夏洛战役中，尤利西斯·S. 格兰特没有想到的是，绝望会让艾伯特·西德尼·约翰斯顿发起进攻。尤利西斯·S. 格兰特本来笃定南方邦联军会等待他的攻击，并且固执地忽略了南方邦联军明显的行动迹象。1862年4月4日，战斗打响前，尤利西斯·S. 格兰特发电报给亨利·哈勒克说："南方邦联军的主力在科林斯。""我从未想到我军会大范围地遭到袭击。我如果想到了，那么一定会做好准备。"[①]1862年4月4日3时，尤利西斯·S. 格兰特对乔治·P. 比尔军队的上校说："匹兹堡栈桥不会有战斗，我们必须向叛军集结地科林斯进发。"[②]与此同时，艾伯特·西德尼·约翰斯顿的军队离联邦营地两英里远，并且其余四万人在支援范围内[③]。

除了指挥自己的军队，威廉·特库姆塞·谢尔曼还指挥着匹兹堡栈桥的另外三支军队[④]。他比尤利西斯·S. 格兰特更粗心，因为他离夏洛很近，却未采取防范措施。虽然亨利·哈勒克命令尤利西斯·S. 格兰特加强防守，但威廉·特库姆塞·谢尔曼并没有接到修筑战壕的命令。"在战场上不宜使用临时修筑的战壕"[⑤]，但值得注意的是，约有六万名至八万名[⑥]南方邦联军士兵驻扎在距夏洛不到二十三英里的地方。足智多谋的尤利西斯·S. 格兰特和威廉·特库姆塞·谢尔曼不会让士兵拿着锄头和铁锹战斗。威廉·特库姆塞·谢尔曼写道："在战役后期，我们本来可以用一个晚上的时间扭转局势。"[⑦]

威廉·特库姆塞·谢尔曼"躁动、狂热、激进"[⑧]，曾不止一次察觉到了南方邦联军的异动。1862年4月4日下午，巡查时，威廉·特库姆塞·谢尔曼的军队抓获了十名俘虏。俘虏交代自己是P.G.T. 博勒加德派出的先锋队。P.G.T. 博勒加德正在向北方联邦军的营地进发。一名受重伤的士兵告诉俄亥俄州某团的

---

① 《北方联邦陆军和南方邦联陆军的官方记录》丛书一，第10卷，第1册，第89页；第10卷，第2册，第94页。——原注
② 《北方联邦陆军和南方邦联陆军的官方记录》丛书一，第10卷，第1册，第331页。——原注
③ 《马萨诸塞州军事历史学会文献》，第7卷，第52页。——原注
④ 约翰·亚历山大·麦克莱恩德不在威廉·特库姆塞·谢尔曼的麾下。——原注
⑤ 约翰·C. 罗普斯：《美国内战史》，第2卷，第97页。——原注
⑥ 《北方联邦陆军和南方邦联陆军的官方记录》丛书一，第10卷，第2册，第93页。——原注
⑦ 《威廉·特库姆塞·谢尔曼将军回忆录》，第1卷，第229页。——原注
⑧ 《马萨诸塞州军事历史学会文献》，第7卷，第61页。——原注

第 3 章 战争前期：势均力敌的较量

南方邦联军

上尉，说 P.G.T. 博勒加德率领的大军有五万人，会在十二小时内发起进攻。上尉立即将消息告知了威廉·特库姆塞·谢尔曼。这支俄亥俄州军的纠察队提醒上尉注意"冲进防线的邦联先锋队"，因为他们看到了一队整齐的骑兵和步兵。接到相关报告后，威廉·特库姆塞·谢尔曼固执地坚持自己对局势的看法，坚信邦联先锋队只是一支侦察兵。他说 P.G.T. 博勒加德不会发起进攻，还说自己很了解 P.G.T. 博勒加德的思维习惯。威廉·特库姆塞·谢尔曼坚守在营地，并不打算进攻南方邦联军的营地[①]。1862 年 4 月 5 日，他寄信给尤利西斯·S. 格兰特说："我军前方有一队南方邦联骑兵。在两英里外，南方邦联军可能有两支步团和一组火炮。""南方邦联军很无礼，但昨天吃到了苦果，不会再逼近我们的纠察队了……我并不担心我们会受到袭击。"[②] 与此同时，南方邦联军的一个团已做好战斗准备，在离营地不到两英里的地方集结，其他三个团在后方支援。[③]

如果 P.G.T. 博勒加德任南方邦联军的总指挥[④]，呢么威廉·特库姆塞·谢尔

[①] 《马萨诸塞州军事历史学会文献》，第 7 卷，第 115 页等。——原注
[②] 《北方联邦陆军和南方邦联陆军的官方记录》丛书一，第 10 卷，第 2 册，第 93 页。——原注
[③] 《马萨诸塞州军事历史学会文献》，第 7 卷，第 52 页。——原注
[④] P.G.T. 博勒加德是南方邦联军的副指挥。——原注

曼的猜想就不会错得太离谱。P.G.T. 博勒加德同意进攻北方联邦军，但不会同意于 1862 年 4 月 5 日发起进攻。他担心的是，1862 年 4 月 4 日的冲突、鼓声和号角声会使北方联邦军变得更加警觉，也许北方联邦军正藏在战壕里等待南方邦联军的进攻。因此，P.G.T. 博勒加德建议南方邦联军撤回科林斯。在讨论中，两名指挥官与他意见相左。最后，艾伯特·西德尼·约翰斯顿说："我们明天白天发起进攻。就算北方联邦军有一百万人，我也会战斗到底。"① 威廉·特库姆塞·谢尔曼即使早知道艾伯特·西德尼·约翰斯顿是南方邦联军的总指挥，也会像尤利西斯·S. 格兰特一样，不相信绝望会促使艾伯特·西德尼·约翰斯顿孤注一掷。

第 9 节 夏洛战役

南方邦联军与北方联邦军之间的距离非常近。军队进行操练时，P.G.T. 博勒加德听到了鼓声。经探查，鼓声是从北方联邦军的营地传来的。于是，他命令军队暂停操练②。

经过两日的狂风暴雨后，1862 年 4 月 6 日，天空放晴，太阳像"奥斯特利茨的太阳"③ 一样，并且空气格外清新。艾伯特·西德尼·约翰斯顿非常高兴地说道："今晚我们将在田纳西河河畔喂马。"④ 与尤利西斯·S. 格兰特和威廉·特库姆塞·谢尔曼相比，艾伯特·西德尼·约翰斯顿的消息更灵通。他知道北方联邦军的确切位置，打算攻打北方联邦军左翼，切断对方在田纳西河附近的退路，迫使其投降。1862 年 4 月 6 日 5 时 14 分，艾伯特·西德尼·约翰斯顿正在喝咖啡，忽然听到了一声枪响。大战序幕由此拉开。尤利西斯·S. 格兰特、威廉·特库姆塞·谢尔曼和官兵非常震惊。俄亥俄州某团的一位少校还未起床；仆人和炊事

---

① 《美国内战中的战役与领袖》，第 1 卷，第 555 页。——原注
② 《马萨诸塞州军事历史学会文献》，第 7 卷，第 136 页。阿尔弗雷德·罗曼：《P.G.T. 博勒加德传》，第 1 卷，第 277 页。——原注
③ 1805 年，今捷克共和国境内爆发奥斯特利茨战役。参战方是法兰西军队和俄奥联军。最终，法兰西军队大胜。法兰西军队获胜的一个重要原因是，拿破仑·波拿巴让-德迪厄·苏尔特将军指挥的一支军队隐藏在普拉岑高地谷底的浓雾中。太阳升起后，浓雾消散，法兰西军队立即向俄奥联军的中路发起猛攻。此后，在关于拿破仑·波拿巴的传奇故事中，"奥斯特利茨的太阳"具有重要意义。——译者注
④ 《美国内战中的战役与领袖》，第 1 卷，第 556 页。——原注

第3章 战争前期：势均力敌的较量

兵正在准备早餐；一个小贩的商店刚刚开门；"哨兵踱着步子，而警卫旅的换班小分队正向岗哨走去"①。枪声响后，北方联邦军的军营里立即乱作一团。1862年4月6日7时至8时，北方联邦军第六师的营地被攻克。艾伯特·西德尼·约翰斯顿的副官说："突袭成功了。对方丢弃了军旗、武器、军需品和弹药。他们的早餐还在桌子上，而军官的行李和衣物还在帐篷里。"②

在1862年4月10日的报告中，威廉·特库姆塞·谢尔曼写道："直到1862年4月6日8时，军队左前方出现了南方邦联军步兵亮晃晃的刺刀……我才确信南方邦联军谋划了一场全面进攻。"③从震惊中回过神来，威廉·特库姆塞·谢尔曼来不及懊悔，便仓促投入战事。他迅速做出了部署，并且亲自参加了战斗。在激烈的战斗中，他骑的三匹战马被杀，并且自己也负伤两处。1862年4月13日，亨利·哈勒克从匹兹堡栈桥寄出了一份报告。后人可能会对这份报告存有疑虑。亨利·哈勒克写道："大家都认为威廉·特库姆塞·谢尔曼扭转了局势。"④威廉·特库姆塞·谢尔曼得到了约翰·亚历山大·麦克莱恩德和其他军官的支援。然而，1862年4月6日10时，南方邦联军攻克了威廉·特库姆塞·谢尔曼和约翰·亚历山大·麦克莱恩德的营地。北方联邦军被包抄，一直在撤退，直到傍晚才占领了第八个据点。约翰·亚历山大·麦克莱恩德的军队可以算作是没有被俘顺利逃走的队伍之一⑤。

当时，北方联邦军有三万六千人，而南方邦联军有四万人。约瑟夫·E.约翰斯顿的军队几乎完全没有作战经验。尤利西斯·S.格兰特率领的六十三个团中，有二十五个团曾参加了多纳尔森堡战役。北方联邦军中有很多散兵和逃兵。战役打响时，许多新组建的团很快溃散了。但守护军旗和支持威廉·特库姆塞·谢尔曼的士兵依然精神饱满、斗志昂扬。

夏洛战役中，尤利西斯·S.格兰特已不再是多纳尔森堡战役中的尤利西斯·S.

---

① 《马萨诸塞州军事历史学会文献》，第7卷，第138页等。——原注
② 《北方联邦陆军和南方邦联陆军的官方记录》丛书一，第10卷，第1册，第403页。——原注
③ 身处战场的人给出的时间并不准确。从几份可靠的报告中，并没有找到1862年4月6日8时发生战役的记载。可以肯定的是，威廉·特库姆塞·谢尔曼知道，第六团营地陷落前会有一场大战。《北方联邦陆军和南方邦联陆军的官方记录》丛书一，第10卷，第1册，第249页。——原注
④ 《北方联邦陆军和南方邦联陆军的官方记录》丛书一，第10卷，第1册，第98页。——原注
⑤ 《北方联邦陆军和南方邦联陆军的官方记录》丛书一，第10卷，第2册，第119页。——原注

夏洛战役

尤利西斯·S.格兰特率军发起冲锋

格兰特了。尽管如此，他依然知道自己太过轻敌，竭尽所能弥补过错。1862年4月6日6时，在萨凡纳吃早饭时，尤利西斯·S.格兰特听到司令部的一个执勤列兵说，匹兹堡栈桥传来了炮声。尤利西斯·S.格兰特立即起身，写信给乔治·P.比尔军队的指挥官公牛威廉·纳尔逊，命他率军支援匹兹堡栈桥。随后，尤利西斯·S.格兰特乘轮船前往匹兹堡栈桥，中途在克伦普栈桥停留，命卢·华莱士率军随时准备战斗。约1862年4月6日8时，尤利西斯·S.格兰特抵达匹兹堡栈桥，来到了前线。他立即命卢·华莱士前来增援。军事评论家说，在夏洛战役中，尤利西斯·S.格兰特显得无足轻重①。普通人会将尤利西斯·S.格兰特早期和后期的军事生涯联系起来，认为在多次会见各军军官和下达口令期间，他的冷静和果敢有助于鼓励惊慌失措的士兵。1862年4月6日中午，尤利西斯·S.格兰特"变得非常焦虑"②。他传令卢·华莱士的军队加快前进步伐，并且向"匹兹堡栈桥附近的先遣部队，即乔治·P.比尔的军队指挥官"发出了求助信。尤利西斯·S.格兰特写道："现在，援兵将会产生巨大作用，不仅能助长我军的士气，还能削弱南方邦联军的士气。你们必须加快行军步伐。你们如果将所有行囊放在战场附近的田纳西河的东岸，那么可能能够多争取一天时间，从而帮助我们扭转局势。叛军估计有十万多人。"③收到信后，乔治·P.比尔立即赶到了萨凡纳。现在，他正乘轮船顺田纳西河而上。

公牛威廉·纳尔逊
（1824—1862）

---

① 约翰·C.罗普斯：《美国内战史》，第76页。《马萨诸塞州军事历史学会文献》，第7卷，第74页。——原注
② 《北方联邦陆军和南方邦联陆军的官方记录》丛书一，第10卷，第1册，第181页。——原注
③ 《北方联邦陆军和南方邦联陆军的官方记录》丛书一，第10卷，第2册，第95页。——原注

第3章 战争前期：势均力敌的较量

与此同时，南方邦联军为首次大捷欢呼雀跃。在艾伯特·西德尼·约翰斯顿的鼓舞下，士兵精力充沛，继续前进，保持着良好的作战状态。南方邦联军如果要攻克北方联邦军的左翼军队，那么必须主动发起进攻，占领一座具有重要战略意义的山。艾伯特·西德尼·约翰斯顿拼尽全力，在战斗最激烈时保住了性命。但当北方联邦军从山顶撤退时，双方并没有停止交火。一颗子弹打中了艾伯特·西德尼·约翰斯顿腿部的动脉，鲜血立即从伤口处涌出。十分钟到十五分钟后，艾伯特·西德尼·约翰斯顿因失血过多而死。如果当时随行医生在身边，那么他也许能获救。然而，行军途中，艾伯特·西德尼·约翰斯顿看到了很多伤员。其中，很多是北方联邦军。艾伯特·西德尼·约翰斯顿命自己的随行医生留下，并且说："这些人刚才是我们的对手，现在是我们的囚犯。你照顾他们。"[①] 1862年4月6日14时30分，艾伯特·西德尼·约翰斯顿阵亡。P.G.T. 博勒加德接管了设在夏洛教堂的司令部。1862年4月5日晚，威廉·特库姆塞·谢尔曼还住在夏洛教堂的木屋里。随后，战斗暂时平息了下来。但不久，战火再次燃起。北方联邦军第六团展开了一场非同寻常的战斗。士兵一边撤退一边争夺战场，但他们的将军被包围了。为避免无谓的牺牲，北方联邦军第六团的将军带领两千两百人投降[②]。

1862年4月6日17时30分，南方邦联军决定放手一搏，准备袭击北方联邦军的左翼，占领匹兹堡栈桥。但在这之前，他们必须攻下一座由一组步枪和两艘炮艇守卫的山。南方邦联军已领教过山上猛烈的火力。"尤利西斯·S.格兰特安静地坐在马上，一动不动，似乎在思考什么。有人问他：'战况是否不乐观？'他轻声回答道：'并不是。南方邦联军今晚不可能冲破我们的防线，因为太迟了。对我们来说，拖延时间至关重要。明天，只要援兵到了，我们就能发起反攻。'"[③] 夜幕已降临，虽然卢·华莱士还没有抵达匹兹堡栈桥，但援军就在眼前。精力充沛的公牛威廉·纳尔逊正率军从萨凡纳赶来。他率军先走了三英里的大路，随后，穿过了一片沼泽和一片森林，那里的积水淹没了道路。公牛威廉·纳尔逊的军队

---

① 《美国内战中的战役与领袖》，第1卷，第565页。乔治·塔克先生为我提供了V.沃纳写给他的信。——原注
② 北方联邦军第六团由本杰明·普伦蒂斯指挥，一部分兵力在夏洛的霍尔内特内斯特。——编者注
③ 怀特洛·里德听到了这段对话。怀特洛·里德：《战时的俄亥俄州》，第1卷，第375页。——原注

艾伯特·西德尼·约翰斯顿阵亡

夏洛战役中的尤利西斯·S.格兰特

离匹兹堡栈桥越来越近，甚至听到了从匹兹堡栈桥传来的炮火声。当到达匹兹堡栈桥两英里处时，通信员疾驰而来，停在队伍前面传达了将军的指令："快点，否则我们会一败涂地。南方邦联军向我们发起了猛攻。"① 公牛威廉·纳尔逊的军队一到田纳西河东岸，就立即准备乘船渡河。士兵们爬上一百英尺② 高的河岸，遵照尤利西斯·S.格兰特和乔治·P.比尔的命令，"冷静、镇定"③ 地排列阵型。1862年4月10日，尤利西斯·S.格兰特写道："进攻一开始就取得了进展，对手很快被击退了。"夜色逐渐消退，P.G.T.博勒加德命令军队停止战斗，就地休息。

战斗持续了十二个多小时。最终，南方邦联军获胜。北方联邦军退到了距匹兹堡栈桥一英里半到两英里的地方，失去了夏洛教堂。尤利西斯·S.格兰特写道："我们失去了重要据点。"④ 但这场胜利并没有达到约瑟夫·E.约翰斯顿的预期。他本来希望俘获北方联邦军或至少完全击溃北方联邦军。离开科林斯时，他觉得自己的期望很有可能实现。遭到突袭后，尤利西斯·S.格兰特率领的部分军队士气低落。这种情绪持续了一整天。傍晚渡河时，公牛威廉·纳尔逊看到了对岸垂头丧气的士兵，印象深刻。1862年4月10日，公牛威廉·纳尔逊写道："我发现河岸

联邦军炮兵
打击邦联军

---

① 《北方联邦陆军和南方邦联陆军的官方记录》丛书一，第10卷，第1册，第332页。此处的将军可能指乔治·P.比尔。——原注

② 英尺，1英尺约合0.3048米。——译者注

③ 《北方联邦陆军和南方邦联陆军的官方记录》丛书一，第10卷，第1册，第333页。——原注

④ 尤利西斯·S.格兰特：《个人回忆录》，第338页。——原注

第 3 章 战争前期：势均力敌的较量

旁蜷缩着七千名到一万名惊慌失措的士兵，毫无斗志。他们见到我们时，哭喊着说，'我们遍体鳞伤，被打得溃不成军'。"① 亨利·斯通写道："1862年4月6日的战役就像一场传统的摔跤比赛，参赛者可以采用任何姿势，将对方摔倒在地。"②

1862年4月7日，乔治·P.比尔训练有素的两万名士兵、卢·华莱士的六千五百名士兵，以及在1862年4月6日战役中冲锋的四支军队，统一听从尤利西斯·S.格兰特和乔治·P.比尔的号令，向P.G.T.博勒加德的军队发起进攻。此时，北方联邦军的人数远超P.G.T.博勒加德的军队。经过八小时激战，北方联邦军击退了南方邦联军，收复了失去的阵地。P.G.T.博勒加德的军队元

布拉克斯顿·布拉格
（1817—1876）

气大伤，撤到了科林斯。1862年4月8日，在撤退途中，南方邦联军第二团指挥官布拉克斯顿·布拉格写信给P.G.T.博勒加德说："我们的情况很糟糕。军队溃不成军，士兵萎靡不振，道路几乎无法通行，粮草也没有了……直到天亮，北方联邦军才停止追击。"③

在美国内战时期的大多数战役中，无论是北方联邦军还是南方邦联军，都不曾长途追击过对手。除了卢·华莱士的军队，尤利西斯·S.格兰特的军队已筋疲力尽，无法乘胜追击。尤利西斯·S.格兰特虽然获得了亨利·哈勒克的授权，担任北方联邦军的总指挥，但未对乔治·P.比尔的军队行使指挥权。亨利·哈勒克的指令和他亲自参军并掌握指挥权的计划使后来的任何追击都变得不可能了。

夏洛战役中，北方联邦军的伤亡人数是一万三千零四十七人，而南方邦联

---

① 《北方联邦陆军和南方邦联陆军的官方记录》丛书一，第10卷，第1册，第324页。——原注
② 《马萨诸塞州军事历史学会文献》，第7卷，第95页。——原注
③ 《北方联邦陆军和南方邦联陆军的官方记录》丛书一，第10卷，第2册，第398页。——原注

军的伤亡人数是一万零六百九十四人①。美国从未发生过如此大规模的战役。南方邦联没能洗雪多纳尔森堡战役的惨败。此外，尤利西斯·S.格兰特如果事先预料到了南方邦联军的突袭，那么一定会击垮艾伯特·西德尼·约翰斯顿。战役结束后，在写给亨利·哈勒克的信中，尤利西斯·S.格兰特说自己缺乏准确的消息来源，军队遭到了南方邦联军一百六十二个团的袭击，数量远超之前的预估人数。

第10节 亚伯拉罕·林肯和尤利西斯·S.格兰特

夏洛战役是美国西南人和西北人之间的一场战役，双方死伤严重。多纳尔森堡战役的胜利带来的喜悦已消散，现在，芝加哥人因夏洛战役悲痛不已。士兵给西部各州的亲人寄去了家书，讲述了这场无谓的杀戮，并且激起了人们对尤利西斯·S.格兰特的愤慨。新闻界和联邦国会议员公开表达了对尤利西斯·S.格兰特的不满。众议院的伊莱休·B.沃什伯恩和参议院的约翰·谢尔曼极力为尤利西斯·S.格兰特辩解。在写给兄长威廉·特库姆塞·谢尔曼的信中，约翰·谢尔曼说："批评尤利西斯·S.格兰特的声音非常高涨。我努力为他辩解，但收效甚微。"②尤利西斯·S.格兰特受到了各方的指控。埃德温·斯坦顿给匹兹堡栈桥的亨利·哈勒克发电报说："总统亚伯拉罕·林肯希望知道……是否是尤利西斯·S.格兰特或其他军官的疏忽与不当行为造成我军伤亡惨重。"③亨利·哈勒克立即做出了回复，但回避了这个问题。在1862年5月2日的回信中，一个省略号发人深省。但根据我掌握的信息④，在所有官方记录中，并没有证据证明尤利西斯·S.格兰特存在不当行为⑤。悲哀的是，在尤利西斯·S.格兰特的军事生涯中，只要他有过错，人们就会翻出他在正规军中的早期记录，评判他的过失，拿他酗酒的缺点说事⑥。很多北方人认为，在夏洛战役中，酗酒导致了尤利西斯·S.

---

① 托马斯·L.利弗莫尔：《南北战争中的人数与损失》，第79页。——原注
② 《威廉·特库姆塞·谢尔曼将军与参议员的通信》，第147页。——原注
③ 《北方联邦陆军和南方邦联陆军的官方记录》丛书一，第10卷，第1册，第98页。——原注
④ 《北方联邦陆军和南方邦联陆军的官方记录》丛书一，第10卷，第1册，第98页。——原注
⑤ 官方记录数量庞大，但任何评论都会在文本中保留下来。在《约翰·罗林斯将军传》中，詹姆斯·威尔逊写道："尤利西斯·S.格兰特还不知道自己已名誉受损。"——原注
⑥ 詹姆斯·福特·罗德斯：《美国史》，第3卷，第595页。——原注

第3章 战争前期:势均力敌的较量

约翰·谢尔曼
(1823—1900)

亚历山大·麦克卢尔
(1828—1909)

格兰特的误判。他们向亚伯拉罕·林肯施压,要求罢免尤利西斯·S.格兰特。亚历山大·麦克卢尔叙述道,"民愤"势不可当,亚伯拉罕·林肯只能顺应民意。在"亚伯拉罕·林肯的朋友都认为尤利西斯·S.格兰特有罪"的情况下,人们强烈要求亚伯拉罕·林肯立即罢免尤利西斯·S.格兰特。一天深夜,在白宫,亚历山大·麦克卢尔与亚伯拉罕·林肯密谈了两个小时。他诚恳建议亚伯拉罕·林肯罢免尤利西斯·S.格兰特,以巩固国民对亚伯拉罕·林肯的信心。亚历山大·麦克卢尔还叙述道:"我毫无保留地说出了自己的想法。随后,我们都沉默了。沉默了很久……亚伯拉罕·林肯以诚挚的口吻说道,'我不能罢免尤利西斯·S.格兰特。他已竭尽全力为国战斗了'。我永远不会忘记亚伯拉罕·林肯当时的口吻。"① 在给伊莱休·B.沃什伯恩的信中,尤利西斯·S.格兰特的情绪非常低落,但同时他决定为自己的失败和面对南方邦联军袭击时采取的行动辩护。他写道:"说我不为各种评论所困是不对的,因为我有父母和妻儿。他们看到了相关评论,痛苦不堪。我必须与他们共患难。同样,听命于我的士兵看到了这些指责,他们

---

① 詹姆斯·福特·罗德斯:《美国史》,第3卷,第627页。——原注

对我的信心可能已经大减。在目前的战斗中,人民的指责会削弱我军的战斗力……夏洛战役中,我军以三万人军力对抗南方邦联军的五万人,并且我军大部分都是新兵。一些人希望看到的是,我们能在战场上坚持一整天,等待援军的到来。他们对战争知之甚少……回顾过去,我没有任何需要纠正的重大问题。"①

1862年4月11日,亨利·哈勒克抵达匹兹堡栈桥。1862年4月30日,他替代尤利西斯·S.格兰特,成为北方联邦军的总指挥。在重整军队时,亨利·哈勒克剥夺了尤利西斯·S.格兰特的实际指挥权,任命他为副指挥。尤利西斯·S.格兰特非常愤怒,不止一次要求辞职,决定离开这一徒有虚名的职位。他对威廉·特库姆塞·谢尔曼说:"您知道我在这里是个障碍。我已经受够了。"后来,威廉·特库姆塞·谢尔曼与尤利西斯·S.格兰特成了一生相伴的朋友。当时,威廉·特库姆塞·谢尔曼坚决要求尤利西斯·S.格兰特留下来。他说:"你走了并不能改变什么,但会被军队彻底抛弃。然而,你如果留下来,那么总会找到机会重新获得人民和士兵的信任,拿回实权。"②尤利西斯·S.格兰特接受了威廉·特库姆塞·谢尔曼的建议,继续留在军中。

在威廉·特库姆塞·谢尔曼与尤利西斯·S.格兰特谈话后,北方联邦军占领了科林斯。亨利·哈勒克率十万大军向科林斯进发,每次修整时都命人挖壕沟防守。因此,威廉·特库姆塞·谢尔曼称此次行军为"掘击"③。亨利·哈勒克逼退了科林斯的驻军,占领了这一战略要地。但亨利·哈勒克如果能重创P.G.T.博勒加德的军队,那么一定会取得更大成就④。

---

① 伊莱休·B.沃什伯恩:《尤利西斯·S.格兰特致一位朋友的书信》,第10页。——原注
② 《威廉·特库姆塞·谢尔曼将军回忆录》,第1卷,第255页。——原注
③ 《北方联邦陆军和南方邦联陆军的官方记录》丛书一,第17卷,第2册,第83页。——原注
④ 《北方联邦陆军和南方邦联陆军的官方记录》丛书一,第10卷,第1册,第2册。《马萨诸塞州军事历史学会文献》,第7卷。《美国内战中的战役与领袖》,第1卷。约翰·C.罗普斯:《美国内战史》。尤利西斯·S.格兰特:《个人回忆录》。《威廉·特库姆塞·谢尔曼将军回忆录》。约翰·尼古拉、海约翰:《林肯传》。詹姆斯·K.霍斯默:《呼吁武装》。——原注
  1862年5月3日,亨利·哈勒克发动了针对科林斯的主要行动。北方联邦军虽然急行军二十五英里,但之后的行军速度非常慢。1862年5月30日,P.G.T.博勒加德率军撤退后,北方联邦军才攻占了科林斯。1862年4月月初,约翰·波普占领了密西西比河上的十号岛,随后与亨利·哈勒克会合。由于密西西比北部的战役,1862年6月月初,密西西比河上皮洛堡的驻军撤离。1862年6月6日,在孟菲斯战役中,北方联邦炮艇击败了南方邦联舰队,打通了从密西西比河前往南方邦联军设防的维克斯堡的通道。——编者注

亨利·哈勒克率领联邦军向科林斯进发

第 11 节 北方联邦海军的封锁

孟菲斯战役爆发时，北方联邦海军的规模很小，许多舰船正在远航，很久后才收到要求返航的命令。海军部部长吉迪恩·韦尔斯和副部长古斯塔夫斯·福克斯通过各种渠道，购置和租用了一些商船，成立了一支临时海军。这支海军的军力足以实施一次全面封锁。现在，海军需要的是封锁南方邦联舰队的基地及其他海军军事行动的基地。北方联邦海陆联合军队相继占领了哈特勒斯湾、罗亚尔港和罗阿诺克岛①。查尔斯·弗朗西斯·亚当斯写道："如果真的实施了封锁，那么英国人一定会遵守美国的相关规定。但他们如果从中发现了缺口，也会置之不理。"②1861年，英国人和美国人都对棉花很感兴趣。英国和法兰西帝国想要棉花，而美国南方渴望用棉花换取大炮、步枪、弹药、各种铁器和一般商品。但封锁有效阻碍了这类交易。1862年3月的一天，古斯塔夫斯·福克斯的封锁被南方邦联军突破。北方人担心大西洋所有港口的封锁都会被突破。

第 12 节 "梅里马克"号

1858年以前，各国海军的船都是木制的。1858年，法兰西人为护卫舰"光荣"号配备了护甲。于是，英国海军立即建造了重达九千两百吨的"勇士"号轮船。虽然欧洲各国海军的建设即将发生巨大变化，但美国海军依然进展缓慢。里士满的海军建设走在了华盛顿前面。1861年5月8日，南方邦联海军部部长斯蒂芬·马洛里写道："我认为当务之急是拥有铁甲舰。"③1861年7月，他下令将"梅里马克"号护卫舰④改为铁甲舰。虽然南方的制造业和机械条件并不完善，但改装"梅里马克"号的任务依然如期完成了。

---

① 詹姆斯·福特·罗德斯：《美国史》，第3卷，第489页、第581页。——原注
② 萨拉·F.休斯：《约翰·默里·福布斯书信与回忆》，第1卷，第236页。——原注
③ 《美国内战中的战役与领袖》，第1卷，第630页。——原注
④ 戈斯波特海军工厂被摧毁时，"梅里马克"号是部分烧损沉海的船之一。《美国内战中的战役与领袖》，第1卷，第730页。——原注
  大多数人称这艘船为邦联"梅里马克"号，官方称其为"梅里马克"号，南方邦联称其为邦联"弗吉尼亚"号。——编者注

联邦军舰轰炸哈特拉斯堡

联邦军在罗亚尔港登陆,展开进攻

罗阿诺克岛战役

美国内战史：1861—1865

根据1861年8月3日通过的法案，联邦国会成立了海军部。1861年8月7日，海军部登报征集"适合在南部各州浅水河和港口航行的"[①]铁甲舰设计图和报价。约翰·埃里克森递交了一份设计图，但遭到拒绝。在一位朋友劝说下，他去了华盛顿，证明自己的"设计实用性强，理论基础坚实"。"海军部对约翰·埃里克森的设计很满意"[②]，采纳了他的提议。吉迪恩·韦尔斯让约翰·埃里克森立即动工，不必等正式签合同，因为"梅里马克"号的改装速度惊人。约翰·埃里克森设计的铁甲舰是"监视"号。1861年10月25日，"监视"号船身建成。1862年1月30日，"监视"号下水；1862年3月6日，其从纽约出发驶往门罗堡[③]。

1862年3月8日，天气晴朗，海面平静，汉普顿锚地上的封锁舰正在进行日常巡逻。"国会"号护卫舰和"坎伯兰"号单桅战船都是帆船，分别配炮五十门和二十四门，停泊在纽波特纽斯。1862年3月8日正午过后，一只像"潜浮

约翰·埃里克森
（1803—1889）

吉迪恩·韦尔斯
（1802—1878）

[①] 詹姆斯·福特·罗德斯：《美国史》，第3卷，第364页。——原注
[②] 詹姆斯·福特·罗德斯：《美国史》，第3卷，第731页。——原注
[③] "梅里马克"号是一艘木制护卫舰，配备了铁装甲。"监视"号完全是一艘铁舰，对现代海军舰艇的发展影响深远。——编者注

第3章 战争前期：势均力敌的较量

汉普顿锚地

的巨大鳄鱼"的船喷着烟雾从诺福克方向驶来。美国水域从未出现过这种船，即使出现过，也像其他地方一样，几乎没有人见过类似的船，但所有人立即明白过来，这艘船是"梅里马克"号。"国会"号和"坎伯兰"号整装待发。"梅里马克"号向"国会"号开火。"国会"号舷炮齐射，而"梅里马克"号进行回击。"坎伯兰"号和岸上的炮台也开始向"梅里马克"号开火，但打在"梅里马克"号铁甲上的炮弹反弹了回来，就像打在弹性橡胶上一样。"梅里马克"号全速前行，超过"国会"号后径直向"坎伯兰"号驶去，瞄准其开火，弹无虚发，并且猛撞"坎伯兰"号。"坎伯兰"号的"侧面被撞开了一个口子，足以驶进一辆马车"。水顺着口子漫进了船里。"坎伯兰"号"船体左倾"，桅杆摇摆不定。其最后发射了一颗炮弹后，沉了下去，"最后，水面上只剩下一面美国国旗"[①]。整个过程持续了三十分钟。看到"坎伯兰"号的遭遇后，"国会"号迅速收锚降帆，借助拖船驶向了岸边，希望在浅水区避开二十二英尺处的"梅里马克"号，但依旧在

[①]《美国内战中的战役与领袖》，第698页、第712页。《北方联邦海军和南方邦联海军的官方记录》丛书一，第7卷，第21页。——原注

其射程范围内。"梅里马克"号"扫射了'国会'号"①。"国会"号上燃起大火，船上的海军降下美国国旗，挂起一面白旗。"梅里马克"号误解了"国会"号的投降行为，全力开火，很快彻底击毁了"国会"号。

看见"梅里马克"号后，"明尼苏达"号护卫舰立即离开门罗堡的停泊处，前往纽波特纽斯支援"国会"号和"坎伯兰"号。但船中途搁浅了。离天黑还有两个小时，"明尼苏达"号只能任凭"梅里马克"号摆布。然而，"梅里马克"号的领航员不敢在落潮时穿过海峡，于是回到了苏埃尔岬角，等待天亮。"梅里马克"号的指挥官富兰克林·布坎南希望天亮后回去摧毁"明尼苏达"号和门罗堡的其他舰船。

1862年3月8日晚，北方联邦舰队及门罗堡和纽波特纽斯的海军都很惊慌。早上时，人们还认为这只是一艘巨型军舰，但现在面对这艘新型毁灭性军舰完全束手无策了。1862年3月9日，焦虑情绪笼罩着华盛顿。威廉·H.苏厄德、萨蒙·P.蔡斯、埃德温·斯坦顿和吉迪恩·韦尔斯立即赶往白宫，与亚伯拉罕·林肯商谈战事。亚伯拉罕·林肯非常不安。在日记中，海约翰写道："埃德温·斯坦顿吓

门罗堡

---

① 《北方联邦海军和南方邦联海军的官方记录》丛书一，第7卷，第23页。——原注

得手足无措。他说南方会攻下我们的舰队,占领门罗堡,直抵华盛顿。"①亚伯拉罕·林肯和埃德温·斯坦顿"多次走到窗前,俯视着波托马克河,观察'梅里马克'号是否向华盛顿驶来"②。1862年3月9日,联邦政府战争部的信反映了民众的不安和担忧。人们夸大了"梅里马克"号的战斗力,但有一点不容忽视,即"梅里马克"号攻破了诺福克的防线,很有可能攻破其他港口。白宫正在召开会议,吉迪恩·韦尔斯对亚伯拉罕·林肯及其顾问团说:"现在,'监视'号在汉普顿锚地。我相信它可以与'梅里马克'号抗衡,甚至打败'梅里马克'号。"③

第13节 "监视"号

"监视"号从纽约出发,经历了一路的暴风骤雨后,于1862年3月8日21时抵达了汉普顿锚地。随后,"监视"号接到命令,继续前行了两个半小时,到达了"明尼苏达"号附近的一个岬角。1862年3月9日清晨,南方邦联海军看到"一艘从未见过的船,像一块巨大木板漂浮在水面上,船中央是一个庞大的'乳酪盒',无帆、无轮、无烟囱、无组炮"④。南方邦联海军知道这艘船是"监视"号。1862年3月9日8时,"梅里马克"号冲向"明尼苏达"号,并且向其开火。与此同时,联邦海军上尉约翰·洛里默·沃登指挥"监视"号向"梅里马克"号进发,然后"停在一旁",向其开火。"监视"号重七百七十六吨,长不足十英尺半,有两门十一英寸的达尔格伦大炮⑤,从旋转炮塔发射炮弹。"梅里马克"号负重三千五百吨,载有十门大炮。据说,"监视"号与"梅里马克"号看起来就像是矮人与巨人决斗,或者是大卫遇到了歌利亚⑥。

随后,"梅里马克"号与"监视"号进行了近四个小时的近距离激战。两

---

① 海约翰:《书信与日记》,第1卷,第54页。——原注
② 《海军部部长吉迪恩·韦尔斯的日记》,第1卷,第85页。——原注
③ 《海军部部长吉迪恩·韦尔斯的日记》,第1卷,第63页。——原注
④ 《北方联邦海军和南方邦联海军的官方记录》丛书一,第7卷,第53页。——原注
⑤ 达尔格伦大炮是一种前装滑膛炮,外形像啤酒瓶。——译者注
⑥ 歌利亚是传说中的著名巨人之一。公元前10世纪,以色列希律王执政时期,非利士人兴兵入侵。其中,一个武士叫歌利亚,身高八尺,手持巨戟,出阵四十天。以色列人不敢迎战。少年大卫见此情景,主动要求作战,用智慧和勇气杀死了歌利亚。——译者注

艘战船间的距离时而半英里,时而几码。"'监视'号不断发射炮弹",但效果并不显著。虽然"监视"号接近了"梅里马克"号的舷侧,但其发动的攻击就像"小孩子掷石子一样"①。指挥"梅里马克"号的海军中尉罗杰·琼斯曾问道:"乔治·卡里·埃格尔斯顿先生,你为什么不开火?"乔治·卡里·埃格尔斯顿回复道:"为什么要开火?我们的弹药十分珍贵。连续开火四小时后,我发现每两分半钟就发射一次炮弹损失很大。"②罗杰·琼斯决定猛攻"监视"号。1862年3月8日,"坎伯兰"号也曾遭到猛攻。然而,"梅里马克"号的引擎和锅炉出现了故障,航速仅有五节③,船体笨重,铁制船首已经扭曲,并且与"坎伯兰"号相撞时失去了航向。因此,"监视"号全速航行,轻而易举地躲开了炮弹,只有侧面受到了袭击。轮机长写道:"'梅里马克'号重重地向

罗杰·琼斯
(1831—1889)

约翰·洛里默·沃登
(1818—1897)

① 《北方联邦海军和南方邦联海军的官方记录》丛书一,第7卷,第11页。——原注
② 《北方联邦海军和南方邦联海军的官方记录》丛书一,第7卷,第26页。——原注
③ 节指船和飞机的行驶速度,约为1852米每小时。——译者注

第3章 战争前期：势均力敌的较量

我们撞来，但丝毫没有伤到我们。"① 在撞击过程中，"梅里马克"号损失惨重，出现了裂缝。罗杰·琼斯写道："'梅里马克'号中弹，船已无法正常运行。"② 但约翰·洛里默·沃登受伤了。"监视"号的领航员的房间是以木屋为原型建造。屋内，约翰·洛里默·沃登站在瞭望口指挥战舰。一枚炮弹飞过来，落在了瞭望口外面。约翰·洛里默·沃登的眼睛伤得很重，以为领航员的房间严重受损，于是"下令向右转舵，避开炮弹"③。罗杰·琼斯可能认为"监视"号弃战了，加上"梅里马克"号漏水严重，因此，指挥"梅里马克"号驶向诺福克，战斗就此结束。"监视"号并未受损。如果"梅里马克"号第二天继续出现，"监视"号依然可以与其交战。但"梅里马克"号受损严重，无法继续战斗，只能靠岸修理，一个月后才重返汉普顿锚地。

1862年3月9日，汉普顿锚地上"监视"号的轮机长写道："约翰·埃里克森先生，祝贺您设计的战船大获成功。今天，有很多人祝贺您。我听到全船的士兵都在为您欢呼。大家都认为是您保住了汉普顿锚地，帮助我们击败了一艘铁甲舰。在我们抵达汉普顿锚地前，'梅里马克'号正以自己的方式击毁我们最强大的舰船。"④

这场战役说明，未来的海军舰艇必须是铁甲舰。"英国的木质军舰"不再是保障⑤。

1862年3月8日，"梅里马克"号的毁灭性攻击引起了华盛顿和北方各地的担忧。"监视"号1862年3月9日的表现并未彻底消除人们的担忧。乔治·B. 麦克莱伦决定将门罗堡作为军事基地，派自己的军队前往门罗堡，通过约克河和詹姆斯河之间的半岛向里士满进军。为实施计划，北方联邦军必须守住汉普顿锚地和门罗堡的海域。"如果'梅里马克'号再次出现"，此次行动很可能夭折。

---

① 《美国内战中的战役与领袖》，第1卷，第702页。——原注
② 《美国内战中的战役与领袖》，第1卷，第59页。——原注
③ 《美国内战中的战役与领袖》，第1卷，第727页。——原注
④ 《北方联邦海军和南方邦联海军的官方记录》丛书一，第7卷，第27页。——原注
⑤ 《北方联邦海军和南方邦联海军的官方记录》丛书一，第7卷中的通信和报告。《美国内战中的战役与领袖》，第1卷。詹姆斯·福特·罗德斯：《美国史》，第3卷。吉迪恩·韦尔斯：《海军部部长吉迪恩·韦尔斯的日记》。海约翰：《书信与日记》。威廉·斯温顿：《波托马克军》。玛丽·切斯纳特：《南方各州记事》。其他南方邦联的船和炮艇、北方联邦的护卫舰和拖船，以及邦联和联邦的岸上炮台都参加了这场战役。但我认为它们并不重要，因此，没有提及。——原注

"监视"号冲向"梅里马克"号

"观测"号与"梅里麦克"号激战

因此，1862年3月12日，乔治·B.麦克莱伦问驻守在门罗堡的古斯塔夫斯·福克斯："'监视'号能否牵制住'梅里马克'号，以便将门罗堡作为军事基地？"古斯塔夫斯·福克斯回答道："到目前为止，'监视'号完全有能力与'梅里马克'号抗衡，但下次战斗就说不准了。因此，我建议您不要对'监视'号抱太大希望。"华盛顿的蒙哥马利·C.梅格斯依然有些惊慌失措。1862年3月13日，他写道："我不会将华盛顿的命运寄托在'监视'号上。一旦'监视'号有任何闪失，'梅里马克'号就会将其击败。"1862年3月15日，吉迪恩·韦尔斯承认，"北方人对'梅里马克'号铁甲舰的恐惧很难消除"。

后来，"梅里马克"号又在汉普顿锚地出现了两次。第一次是1862年4月11日，"梅里马克"号指挥一艘邦联铁甲舰和一艘炮舰，俘获了三艘商船。"监视"号发现了"梅里马克"号，但并没有冒险攻击对方。第二次是1862年5月8日，在指挥官的命令下，"梅里马克"号"直接驶向联邦军舰，准备开战"。但"监视"号及随航舰船没有迎战。萨蒙·P.蔡斯陪同亚伯拉罕·林肯和战争部部长埃德温·斯坦顿视察了门罗堡。他记录道："'梅里马克'号慢慢逼近'监视'号，随后，在一片清澈的水域前停了下来。紧接着，'梅里马克'号时进时退，最终在所谓的安全区域停了下来。"1862年5月11日，由于乔治·B.麦克莱伦的进攻，诺福克的南方邦联军撤离。"梅里马克"号中弹，"熊熊大火烧了一个多小时。最后，'梅里马克'号爆炸沉没"①。

第14节 戴维·法拉格特和古斯塔夫斯·福克斯

"监视"号的出现恰合时宜，对联邦海军部来说也是运气。"监视"号的建造得益于联邦海军部的深谋远虑。然而，从本质上来说，"监视"号对"梅里马克"号的牵制依然是防御战，作战时需要联邦海军的配合。联邦海军功不可没。联邦海军领导人戴维·法拉格特已六十岁，从少年时起就在海军服役，渴望建功立业，却一直没有机会。"梅里马克"号出现后，他的机会终于来了。

---

① 1862年12月，在哈特勒斯角附近，"监视"号沉没。《北方联邦海军和南方邦联海军的官方记录》丛书一，第7卷，第99页到第101页、第127页、第220页、第335页到第337页、第342页、第387页。约翰·尼古拉、海约翰：《林肯传》，第5卷。——原注

第 3 章 战争前期：势均力敌的较量

戴维·法拉格特
（1801—1870）

在华盛顿，他给家人写信说："我即将在海湾战场上竖起一面旗帜。接下来的事就靠我自己了。"[①]

很早以前，北方就意识到了密西西比河的重要性[②]。如果北方能够占领密西西比河，南方邦联各州就会一分为二，西部的丰富物资也将无法运到东部。新奥尔良距密西西比河河口一百英里，管辖着密西西比河的下游，是南方主要的商业城市之一。占领新奥尔良将对南方邦联造成致命打击。联邦海军部副部长古斯塔

[①] 约翰·尼古拉、海约翰：《林肯传》，第 5 卷，第 257 页。——原注
[②] 虽然南北方都意识到了密西西比河的重要性，但北方联邦军迟迟没有采取相关行动。战争初期，只需要几艘船就能控制密西西比河流域。在肯塔基州的哥伦布驻军占领新奥尔良后，北方联邦军依然可以通过快速远征守住维克斯堡和哈得孙港。这些堡垒连通了密西西比河东岸和西岸的南方各邦联州。——编者注

夫斯·福克斯虽然是平民出身，但已经在海军服役十八年，指挥过邮轮，积累了丰富的经验。此时，古斯塔夫斯·福克斯制定了实现目标的计划。新奥尔良的主要防御工事是两座坚固的堡垒，即圣菲利普堡和杰克逊堡。两座堡垒位于新奥尔良下游约七十五英里处的河流两侧。古斯塔夫斯·福克斯提议，先派一艘铁甲舰穿过圣菲利普堡和杰克逊堡，继而控制新奥尔良。在密西西比河航行并不困难。古斯塔夫斯·福克斯的提议得到了吉迪恩·韦尔斯的认可。在与亚伯拉罕·林肯、乔治·B.麦克莱伦和戴维·狄克逊·波特开会时，他们提出了古斯塔夫斯·福克斯的计划[1]。戴维·狄克逊·波特曾带兵封锁了密西西比河的西南通道。他建议海军舰队配备一支迫击炮舰队，负责在起航前分散圣菲利普堡和杰克逊堡的注意力。乔治·B.麦克莱伦派波托马克军的轮机长代表自己调整细节事务。轮机长立即同意了戴维·狄克逊·波特的建议，写道："仅用一艘军舰穿过圣菲利普堡和杰克逊堡，然后到达新奥尔良，算得上是一次偷袭，但不是占领。"[2] 古斯塔夫斯·福克斯虽然对戴维·狄克逊·波特的评价很高，但仍坚持自己原来的计划。该计划被搁置到了选出远征军指

戴维·狄克逊·波特
（1813—1891）

[1] 根据亨廷顿图书馆收藏的《吉迪恩·韦尔斯文稿》，在1871年6月19日写给吉迪恩·韦尔斯的信中，古斯塔夫斯·福克斯提到了亚伯拉罕·林肯、乔治·B.麦克莱伦、吉迪恩·韦尔斯和古斯塔夫斯·福克斯在会上讨论并通过的进攻新奥尔良的最初计划。随后，戴维·狄克逊·波特参会，提出了关于迫击炮舰队的建议。吉迪恩·韦尔斯：《戴维·法拉格特与新奥尔良》《银河杂志》，1861年。戴维·狄克逊·波特将大部分功劳归于自己，并且将威廉·H.苏厄德列入与会人员名单，删去了古斯塔夫斯·福克斯的名字。《美国内战中的战役与领袖》，第2卷，第23页到第24页。关于进军新奥尔良的详细分析可参见查尔斯·L.杜富尔：《战败之夜》，第135页到148页。——编者注
[2] 《北方联邦海军和南方邦联海军的官方记录》丛书一，第18卷，第23页。——原注

第3章 战争前期：势均力敌的较量

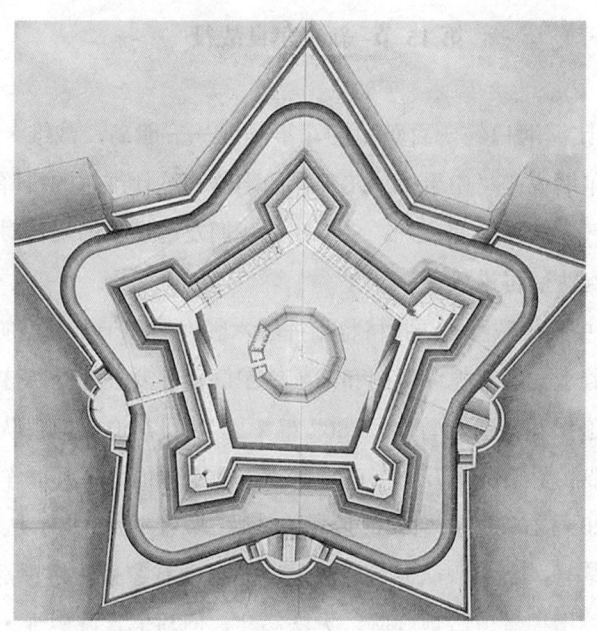

杰克逊堡平面图

挥官后。青年时期，戴维·狄克逊·波特认识了戴维·法拉格特，两人关系亲密。根据戴维·狄克逊·波特对戴维·法拉格特的评价，吉迪恩·韦尔斯和古斯塔夫斯·福克斯选择任命戴维·法拉格特为远征军指挥官。戴维·法拉格特被召到了华盛顿。从古斯塔夫斯·福克斯口中，他了解到了此次远征的目的、军舰数量和进攻计划。戴维·法拉格特满怀激情地接受了任务，坚信舰队能够穿过圣菲利普堡和杰克逊堡。但他对迫击炮舰队几乎没有信心，甚至认为迫击炮舰队很有可能误事。然而，远征计划已成定局，戴维·法拉格特愿意一试。他说："我会成功收复新奥尔良，否则绝不回来。"[①] 与古斯塔夫斯·福克斯对戴维·法拉格特的口头解释相比，吉迪恩·韦尔斯的指令并不明确。在指令中，吉迪恩·韦尔斯称，戴维·法拉格特应"摧毁通往新奥尔良的防御工事"，进而"抵达新奥尔良"[②]。

---

① 《北方联邦海军和南方邦联海军的官方记录》丛书一，第18卷，第8页。——原注
② 约翰·尼古拉、海约翰：《林肯传》，第5卷，第257页。——原注

第 15 节 新奥尔良战役

在距密西西比河河口约一百英里的军事基地——船岛，戴维·法拉格特写信给吉迪恩·韦尔斯说："由于多纳尔森堡的陷落和纳什维尔的投降，新奥尔良的南方邦联军士气大减。"他还说："现在是我们发起进攻的最佳时机，也许你想等迫击炮舰队到达后再进攻。"①

1862 年 4 月中旬，戴维·法拉格特指挥着六艘舰船和十二艘炮艇。戴维·狄克逊·波特指挥着十九艘双桅纵帆船和六艘铁甲舰，主要任务是防守和施救。所有船已到达杰克逊堡和圣菲利普堡。1862 年 4 月 18 日，迫击炮舰队开始炮轰杰克逊堡②。炮轰持续了整整两天，杰克逊堡损失惨重，但南方邦联军并不打算投降。1862 年 4 月 20 日 10 时，在炮火最猛烈的时候，戴维·法拉格特从"哈特福德"号旗舰上发出了信号，召集舰队的各级将领会面。没有参战的将领都来了。③ 戴维·狄克逊·波特指挥着迫击炮舰队，无法参会，但写信告诫戴维·法拉格特，劝他不要绕过杰克逊堡和圣菲利普堡。在信中，戴维·狄克逊·波特说："我们首先应该拿下杰克逊堡和圣菲利普堡，然后就可以轻而易举地攻克新奥尔良。我们如果炮轰杰克逊堡和圣菲利普堡，就可以将对手甩在后面。"④ 一些将领同意戴维·狄克逊·波特的观点。正如戴维·法拉格特向古斯塔夫斯·福克斯承诺的那样，他已派迫击炮舰队炮轰杰克逊堡，但长达四十八小时的炮击并未摧毁杰克逊堡。因此，戴维·法拉格特启用了最初的计划。会议结束时，他下达了命令。"听取了各位将领的意见后，戴维·法拉格特认为无论做什么，都必须尽快完成……攻克杰克逊堡和圣菲利普堡。"⑤ 随后，他以最快的速度实施了计划。会议结束后的当天晚上，戴维·法拉格特派出一支舰队，清除了通往杰克逊堡水域的障碍。

---

① 《北方联邦海军和南方邦联海军的官方记录》丛书一，第 18 卷，第 47 页。——原注
② 杰克逊堡位于圣菲利普堡下游半英里处，离迫击炮舰队更近。——原注
③ 没有参战的将领指戴维·法拉格特指挥的战舰将领。迫击炮舰队的将领来了一位，但被荒唐地告知，信号并不是给他的。《北方联邦海军和南方邦联海军的官方记录》丛书一，第 18 卷，第 143 页。——原注
④ 《北方联邦海军和南方邦联海军的官方记录》丛书一，第 18 卷，第 146 页。——原注
⑤ 《北方联邦海军和南方邦联海军的官方记录》丛书一，第 18 卷，第 160 页。——原注

"哈特福德"号轰炸杰克逊堡

"八艘舰船紧紧相连,稳稳停泊在河面上。"[1]虽然一切并没有按原计划进行,但联邦舰队已经完全可以顺河而上了。

现在,戴维·法拉格特必须拿出所有的勇气和决心。戴维·狄克逊·波特指挥才能出众,并不赞成戴维·法拉格特的计划。海军部部长吉迪恩·韦尔斯下达给戴维·法拉格特的指令含糊不清。一旦战败,戴维·法拉格特就会被视为一个有勇无谋的将领,因为他面对强大的防御工事和对手的战船炮艇,违背了海军的战略原则,在时速三英里半的水流中率舰队逆流而上。然而,在接下来的日子里,戴维·法拉格特防微杜渐,利用各种有利条件,朝着自己的目标大步迈进。1862年4月23日,将一切安排妥当后,他写道:"1862年4月23日下午,我视察了每艘舰船,以便了解各船将领是否理解我的命令,确认一切已经准备就绪。我早已注意到各个将领的效率。他们完全理解自己接到的命令,非常期待开战,但显得有些焦虑……1862年4月24日2时5分左右,出发的信号响起。"[2]"随后,水面上响起铁链的碰撞声,海员将锚挂了起来。"[3]一个半小时后,所有船起航。准备出发前,为助力此次行动,迫击炮舰队对杰克逊堡"发起了猛攻"。前行途中,联邦舰队攻击了杰克逊堡,但南方邦联军很快做出了回击。1862年4月25日,戴维·法拉格特写道:"穿过杰克逊堡和圣菲利普堡时,我见到了有史以来最糟糕的情景。烟雾滚滚,只能看到不时闪现的大炮和火攻船。"火攻船是巨大的平底船,甲板上堆放着二十英尺长的木材,船上装满焦油和树脂,一百英尺高的火苗直冲云霄[4]。为避开一艘火攻船,"哈特福德"号旗舰搁浅了。一艘拖船将火攻船推到了一边。"刹那间,'哈特福德'号旗舰左舷一侧烧了起来,很快烧到了主桅和尾桅。"戴维·法拉格特以为失败已成定局[5],感叹道:"上帝让一切都结束了!"[6]但消防队扑灭了大火。与此同时,"哈特福德"号旗舰避开了火攻船,来到了圣菲利普堡的对面。激烈的战斗仍在继续,南方邦联的炮艇和两艘

---

[1] 《北方联邦海军和南方邦联海军的官方记录》丛书一,第18卷,第156页。——原注
[2] 《北方联邦海军和南方邦联海军的官方记录》丛书一,第18卷,第156页。——原注
[3] 阿尔弗雷德·塞耶·马汉:《戴维·法拉格特传》,第151页。——原注
[4] 《美国内战中的战役与领袖》,第2卷,第60页。——原注
[5] 《北方联邦海军和南方邦联海军的官方记录》丛书一,第18卷,第154页。——原注
[6] 《美国内战中的战役与领袖》,第2卷,第64页。《北方联邦海军和南方邦联海军的官方记录》丛书一,第18卷,第142页。——原注

第3章 战争前期：势均力敌的较量

铁甲舰加入了战斗，但大部分被摧毁了。戴维·法拉格特写道："火势终于减弱，硝烟逐渐散去。我们惊讶地看到，舰队已到达杰克逊堡和圣菲利普堡的上游。"他对戴维·狄克逊·波特说："我们经历了一场激战，但幸运的是，我军的伤亡人数非常少。"①

与此同时，在杰克逊堡和圣菲利普堡上游，戴维·法拉格特舰队的十三艘舰船会合，四艘失踪，一艘被击沉。戴维·法拉格特留下两艘炮艇保护部分远征军登陆，而自己继续向新奥尔良前进。沿途，他看到了漂流而下的船上棉花正在燃烧，还有其他破坏财产的迹象。一切证明，新奥尔良已被恐惧笼罩。1862年4月25日上午，戴维·法拉格特到达距新奥尔良三英里的沙尔梅特炮台，发起了猛烈攻击。三十分钟后，炮声戛然而止。他发了一份电报说："舰队已泊于新奥尔良港。"戴维·法拉格特攻克了新奥尔良。他写道："堤坝上一片荒凉，舰船、轮船、棉花、煤炭等已被付之一炬。"②正如他预言的那样，穿过杰克逊堡和圣

新奥尔良被攻克，路易斯安那州旗在市政厅被移除

---

① 《北方联邦海军和南方邦联海军的官方记录》丛书一，第18卷，第142页、第154页。此次激战中，联邦军阵亡三十七人，负伤一百四十七人。《美国内战中的战役与领袖》，第2卷，第73页。——原注

② 《北方联邦海军和南方邦联海军的官方记录》丛书一，第18卷，第158页。——原注

菲利普堡后，就可以迫使南方邦联军撤离新奥尔良并投降。此外，由于南方邦联军的通信已被切断，杰克逊堡和圣菲利普堡投降了。1862 年 4 月 29 日，戴维·法拉格特发电报给海军部部长吉迪恩·韦尔斯说："我们的旗帜飘扬在杰克逊堡、圣菲利普堡和新奥尔良港的上空。"① 新奥尔良战役为本杰明·巴特勒将军的军队乘船抵达新奥尔良扫清了道路。1862 年 5 月 1 日，戴维·法拉格特正式与本杰明·巴特勒将军交接了新奥尔良。

取得胜利后，同事的赞赏令戴维·法拉格特非常高兴。古斯塔夫斯·福克斯对戴维·法拉格特说："我仔细研究了此次战役中的地理特征和防御工事，非常欣赏这一了不起的进攻。你一定会名垂青史。"② 海军上校阿尔弗雷德·塞耶·马汉说："攻克新奥尔良，击破其防御工事……都是美国海军的本职……这场胜利是在精妙的指挥下，由一支机动部队通过英勇作战，克服万难取得的。"③ 南方邦联战争部部长勒罗伊·沃克写道："这是厄运的顶峰。"④ 北方人不太公正地认为，新奥尔良战役取得的胜利不及多纳尔森堡战役取得的胜利。无论怎样，两场战役的相同点是：每场战役中都涌现出了一位能力出众、胆识过人的指挥官，然后将一切付诸实践⑤。如果将伤亡较小的原因考虑在内，与联邦陆军的胜利相比，联邦海军的胜利毫不逊色。但北方人依然态度冷淡，原因可能是看似极难完成的任务被轻易完成了。

新奥尔良有十六万八千人，是南方最主要的商业港口之一，也是南方最大的城市之一，以及欧洲人心中重要的贸易点之一。在北方联邦海军占领新奥尔良后，拿破仑三世动摇了，对南方邦联产生了质疑。帕默斯顿勋爵亨利·坦普尔本来想联手拿破仑三世打破封锁，但现在暂时放弃了计划⑥。

---

① 《北方联邦海军和南方邦联海军的官方记录》丛书一，第 18 卷，第 245 页。——原注
② 《北方联邦海军和南方邦联海军的官方记录》丛书一，第 18 卷，第 148 页。——原注
③ 阿尔弗雷德·塞耶·马汉：《戴维·法拉格特传》，第 172 页。——原注
④ 《北方联邦陆军和南方邦联陆军的官方记录》丛书四，第 2 卷，第 281 页。——原注
⑤ 参见海军上校阿尔弗雷德·塞耶·马汉对新奥尔良战役和维克斯堡战役的详细对比。阿尔弗雷德·塞耶·马汉：《戴维·法拉格特传》，第 137 页。——原注
⑥ 《北方联邦海军和南方邦联海军的官方记录》丛书一，第 18 卷。《美国内战中的战役与领袖》，第 2 卷。阿尔弗雷德·塞耶·马汉：《戴维·法拉格特传》《海湾和内陆水域》。约翰·尼古拉、海约翰：《林肯传》，第 5 卷。詹姆斯·福特·罗德斯：《美国史》，第 3 卷。玛丽·切斯纳特：《南方各州记事》。——原注

第 3 章 战争前期:势均力敌的较量

阿尔弗雷德·塞耶·马汉
(1840—1914)

1862 年 4 月 7 日,约翰·波普和安德鲁·赫尔·富特攻下了密西西比河上的重要堡垒——十号岛。北方联邦军占领了科林斯,而皮洛堡的南方邦联驻军被迫撤离。密西西比河下游的通道由此打开。1862 年 6 月 6 日,在孟菲斯战役中,北方联邦炮舰击败了南方邦联炮舰,占领了孟菲斯[①]。此时,南方邦联在密西西比河上的据点只剩下维克斯堡和哈得孙港。

第 16 节 乔治·B.麦克莱伦进军弗吉尼亚半岛

多纳尔森堡失陷后,里士满的军队士气低落。然而,乔治·B.麦克莱伦并没有抓住机会,利用南方邦联军低落的士气。此外,"梅里马克"号进一步阻碍了他的军事行动。为确保"监视"号和其他战舰能牵制"梅里马克"号,乔治·B.

---

① 孟菲斯没有陆防,南方邦联八艘炮舰中,只有一艘幸免,其余都被击沉或被俘了。——编者注

麦克莱伦实施了自己的计划，但与亚伯拉罕·林肯产生了分歧。亚伯拉罕·林肯希望直接派出陆军，但乔治·B.麦克莱伦建议通过水路前往门罗堡，继而向里士满进发，再到弗吉尼亚半岛上游。实际上，指挥官只有拿到决策权和指挥权后才能实施自己的计划。亚伯拉罕·林肯做出了让步，但依然不放心将最高指挥权交给乔治·B.麦克莱伦。1862年3月11日，除了波托马克军的指挥权，亚伯拉罕·林肯解除了乔治·B.麦克莱伦的所有军事指挥权，将军队整编为四个团，亲自任命了团指挥官。在守卫华盛顿的必要兵力问题上，亚伯拉罕·林肯误解了乔治·B.麦克莱伦。为确保华盛顿的安全，他扣留了欧文·麦克道尔三万五千人的军队①。亚伯拉罕·林肯曾将一万名波托马克军士兵派给约翰·C.弗里蒙特。由于激进分子不断向亚伯拉罕·林肯施压，约翰·C.弗里蒙特只能受命驻扎在谢南多厄河谷一带②。现在，很难找到解决波托马克军指挥问题的办法。目前，还没有能取代乔治·B.麦克莱伦的合适人选。乔治·B.麦克莱伦深受士兵的爱戴和信任。此外，亚伯拉罕·林肯依然坚信，在战场上，乔治·B.麦克莱伦定能有所成就。

1862年4月，乔治·B.麦克莱伦率十万大军围攻约克镇。南方邦联军正在重整军队，加强里士满的防御工事。1862年4月6日，亚伯拉罕·林肯发电报给乔治·B.麦克莱伦，说："我认为你应该立刻攻破对手的防线。"③乔治·B.麦克莱伦对亚伯拉罕·林肯的电报很不屑，写信给妻子内莉·麦克莱伦说："我很想回复道，他最好亲自来攻破对手的防线。"④1862年4月9日，亚伯拉罕·林肯非常友好地写信给乔治·B.麦克莱伦说："我必须再说一次，你应该出击了。对此，我无能为力。"⑤但亚伯拉罕·林肯的建议和请求没有发挥作用。1862年4月9日，海约翰写信给约翰·尼古拉说："除了南风，所有方向的风都带来了好消息……在约克镇，'小拿破仑'乔治·B.麦克莱伦战战兢兢地坐在几个人

---

① 1862年3月8日，亚伯拉罕·林肯签发《第二号全面战争令》，命令要求军中设团，任命欧文·麦克道尔、埃德温·沃斯·萨姆纳、塞缪尔·P.海因策尔曼和伊拉斯谟·D.凯斯为波托马克军中各团指挥官。《林肯选集》，第5卷，第149到第151页、第155页。——编者注
② 约翰·C.弗里蒙特实际上管辖的是山区作战部，主要包括弗吉尼亚州蓝岭山脉以西的地区。——编者注
③ 这条防线指约克河与詹姆斯河之间的防线。《北方联邦陆军和南方邦联陆军的官方记录》丛书一，第11卷，第1册，第14页。——原注
④ 乔治·B.麦克莱伦：《乔治·B.麦克莱伦自传》，第308页。——原注
⑤ 《北方联邦陆军和南方邦联陆军的官方记录》丛书一，第11卷，第1册，第15页。——原注

面前,犹豫是开战还是逃跑。埃德温·斯坦顿对他非常失望。如果可以,埃德温·斯坦顿想撤下乔治·B.麦克莱伦。"[1] 在写给罗伯特·E.李的信中,约瑟夫·E.约翰斯顿说:"只有乔治·B.麦克莱伦对进攻犹豫不决。"[2] 经过充分考虑后,北方联邦的所有军事部门认为,北方联邦军人数是南方邦联军人数的三倍[3]。一个月前,乔治·B.麦克莱伦本来可以攻破约克河和詹姆斯河之间的防线,到达奇克哈默尼河,但他错过了时机。1862年4月17日,约克镇的南方邦联军已经有五万三千人,由约瑟夫·E.约翰斯顿亲自指挥。因此,北方联邦军只能通过严密围攻取胜。乔治·B.麦克莱伦是一个能干的工程师,设计了周全的围攻计划。1862年5月3日,约瑟夫·E.约翰斯顿撤离约克镇。随后,在威廉斯堡的一场战斗中,他的军队被北方联邦军逼退,最终溃败。1862年5月21日,

威廉斯堡战役

---

[1] 海约翰:《书信与日记》,第1卷,第67页。——原注
[2] 《北方联邦陆军和南方邦联陆军的官方记录》丛书一,第11卷,第3册,第456页。——原注
[3] 1862年4月4日,乔治·B.麦克莱伦开始围攻约克镇。起初,北方联邦军对阵的是约翰·B.马格鲁德率领的一万两千名至一万四千名南方邦联军。几天后,前来支援的军队解了约翰·B.马格鲁德的燃眉之急。但乔治·B.麦克莱伦并不打算进攻约克镇。一些人认为,围城期间,即使是在南方邦联军得到增援时,乔治·B.麦克莱伦依然占据着兵力优势,完全可以打破对手的防线,重创南方邦联军。——编者注

乔治·B.麦克莱伦来到距里士满七英里至十二英里的奇克哈默尼营地。与此同时，威廉·B.富兰克林率军从水路增援乔治·B.麦克莱伦。在弗雷德里克斯堡对面，一支三万五千人至四万人的军队准备通过陆路和乔治·B.麦克莱伦会合，助他一臂之力。

不久前，"梅里马克"号被击毁。同时，"监视"号和其他战舰向詹姆斯河进发。里士满人立即警觉起来，担心重蹈新奥尔良的覆辙，纷纷收拾行囊逃走了。邦联政府人员将档案打包后搬到了林奇堡和哥伦比亚。邦联内阁官员的家属也逃离了家园。杰斐逊·戴维斯将妻儿送到了罗利，打算独自面对考验，并且在圣保罗教堂接受坚信礼①。在特定的一天，他进

威廉·B.富兰克林
（1823—1903）

行了庄严祈祷。里士满检察官对杰斐逊·戴维斯的行为深感痛心，批判他"站在角落里数珠子，祈祷奇迹发生，从而拯救国家"。乔治·B.麦克莱伦如果像尤利西斯·S.格兰特和戴维·法拉格特一样，认识到速战速决的重要性，一定会配合联邦海军进攻里士满。乔治·B.麦克莱伦完全有机会攻克里士满。即使失败了，他的身后也有亚伯拉罕·林肯。亚伯拉罕·林肯曾写信命他发起进攻②。

第17节 托马斯·J.杰克逊

当乔治·B.麦克莱伦在里士满犹豫不决时，罗伯特·E.李③制订了一系列作战计划，由托马斯·J.杰克逊执行。其间，托马斯·J.杰克逊利用亚伯拉罕·林肯对华盛顿的担忧，成功破坏了欧文·麦克道尔强化波托马克军的计划。1862

---

① 坚信礼是基督教的一种礼仪，教徒通过坚信礼加固与上帝建立的关系。——译者注
② 1862年5月15日，进攻里士满下游八英里处的德鲁里断崖炮台时，"监视"号和联邦炮艇被击退。——原注
③ 当时，罗伯特·E.李是杰斐逊·戴维斯的军事顾问。——原注

第 3 章 战争前期：势均力敌的较量

年 5 月 8 日，托马斯·J. 杰克逊击败了约翰·C. 弗里蒙特的一支联邦小分队①。随后，他向里士满发了一份电报说："上帝保佑我们通过武装夺取胜利！"目前，除了打败约翰·C. 弗里蒙特的军队，他还有更大的战役要打。与此同时，理查德·S. 尤厄尔打算进攻谢南多厄河谷的纳撒尼尔·P. 班克斯。为了配合他，托马斯·J. 杰克逊折返了回去。与理查德·S. 尤厄尔会合后，托马斯·J. 杰克逊的军队人数是一万七千人。

托马斯·J. 杰克逊常读的两本书是《圣经》和《拿破仑·波拿巴战争箴言集》②。从这两本书中，我们可以看出他的性格特征。托马斯·J. 杰克逊逐字逐句地解读《圣经》，遵循书中的圣训，时刻心系宗教，非常虔诚。此外，他常为生活中最微不足道的事祈求上帝的指引。但面对作战策略，他并未向约书亚③求助，而是求助于拿破仑·波拿巴。托马斯·J. 杰克逊一遍遍读着《拿破仑·波拿巴战争箴

理查德·S. 尤厄尔
（1817—1872）

纳撒尼尔·P. 班克斯
（1816—1894）

---

① 指谢南多厄河谷以西弗吉尼亚州的约翰·C. 弗里蒙特的军队。——编者注
② 他的行囊里总装着这两本书和《韦氏词典》。——原注
③ 约书亚是《圣经》中摩西的继承人，以色列人的首领。——译者注

言集》中的箴言，深受启发①。谢南多厄战役中，他的学习成果得到了充分展示。谢南多厄战役完全是"拿破仑"式的。托马斯·J. 杰克逊军队的口号是"速度与保密"。他常在二十四小时内，率军急行三十英里。他的步兵被称为"托马斯·J. 杰克逊的步行骑兵"。显然，他只要不觉得疲劳，就认为其他人应该和自己一样有耐力。"经过一次彻夜行军和艰苦作战后，他对军官说：'我们必须继续前进！'"此外，托马斯·J. 杰克逊将骑兵改编成了步枪骑兵。他的作战格言是"迷惑、误导、突袭"，作战方式是"在对手最不希望遭到攻击的地方发起猛攻"②。

1862年5月23日，在弗兰特罗亚尔，托马斯·J. 杰克逊突袭了纳撒尼尔·P. 班克斯军队的一个分队，占领了弗兰特罗亚尔的大部分地区。当时，纳撒尼尔·P. 班克斯在斯特拉斯堡，拥兵六千八百人。1862年5月24日，纳撒尼尔·P. 班克斯担心后路被对手切断，于是决定与托马斯·J. 杰克逊同时赶往温切斯特。追兵紧随其后，后卫部队奋力作战。纳撒尼尔·P. 班克斯赶在托马斯·J. 杰克逊之前到达了温切斯特。然而，通过两天的作战，托马斯·J. 杰克逊战果颇丰。华盛顿的战争部收到一封接一封的战区急报。众人非常担忧。巴尔的摩的士兵立即前去支援纳撒尼尔·P. 班克斯，哈珀斯费里的一部分队伍也被派去支援。

1862年5月24日前，北方联邦军的部署存在一定缺陷，主要是战争部部长埃德温·斯坦顿的命令导致的。现在，亚伯拉罕·林肯试图调整作战策略，命令约翰·C. 弗里蒙特进军谢南多厄河谷，绕到托马斯·J. 杰克逊后方。与此同时，亚伯拉罕·林肯命欧文·麦克道尔与乔治·B. 麦克莱伦暂缓联合计划，要求欧文·麦克道尔派两万人前往谢南多厄河谷，支援约翰·C. 弗里蒙特。亚伯拉罕·林肯暗示欧文·麦克道尔，如果约翰·C. 弗里蒙特的军队没有及时赶到，那么他的兵力必须独当一面，完成作战计划。

1862年5月25日黎明，在温切斯特，托马斯·J. 杰克逊打败了纳撒尼尔·P. 班克斯，乘胜追击"溃散的逃兵"。纳撒尼尔·P. 班克斯的军队差一点全军覆没。

---

① 拿破仑·波拿巴说："仔细品读亚历山大大帝、汉尼拔、恺撒、凯塔维斯、蒂雷纳、尤金和腓特烈大帝的八十八场战役，将他们视为榜样，是成为杰出领袖和掌握战争秘诀的唯一方法。你的才智会因此受到启发，从而摒弃与杰出领袖做法相悖的思想。"乔治·F.R. 亨德森：《托马斯·J. 杰克逊与美国内战》，第1卷，第504页。——原注

② 乔治·F.R. 亨德森：《托马斯·J. 杰克逊与美国内战》，第1卷，第308页、第518页、第519页、第539页。——原注

托马斯·J.杰克逊（1824—1863）
与他的军队

最后，北方联邦军被逼到了波托马克河对岸。纳撒尼尔·P. 班克斯写道："1862年5月26日正午，我们站在波托马克河对岸，每一个人都心存感激。"[①]

1862年5月25日，送到华盛顿的信震惊了亚伯拉罕·林肯和战争部。1862年5月24日，北方联邦军的主要目标是俘获托马斯·J. 杰克逊的军队。但现在华盛顿已经岌岌可危。埃德温·斯坦顿向几位北方州长发了急件，说："各方情报明确表明，南方邦联军正在向华盛顿进发。请您组织所在州的所有民兵和志愿兵，立即出发。"这封急件及北方州长的回复体现了华盛顿的人的恐慌。整个北方被恐慌情绪笼罩。后来，马萨诸塞州称这次战役为"极大的恐慌"，而其他地方称其为"大溃败"。北方州的许多民兵和志愿兵集结起来，包括纽约州第七团的一些士兵，立即赶往巴尔的摩和哈珀斯费里。此次行动被称为"北方的第三次崛起"。亚伯拉罕·林肯对美国所有铁路拥有军事控制权。在写给乔治·B. 麦克莱伦的一封信中，亚伯拉罕·林肯说："我认为形势非常紧急。为保卫华盛顿，你要么进攻里士满，要么辞职。"欧文·麦克道尔的一部分军队被召回华盛顿。埃德温·斯坦顿写道："我们面临的情势十分危急。我们无法为波托马克军提供军需，而南方邦联军就在眼前。"[②]

1862年5月26日前，亚伯拉罕·林肯和战争部部长埃德温·斯坦顿认为华盛顿是安全的。事实上，华盛顿从未陷入险境。罗伯特·E. 李和托马斯·J. 杰克逊的真实意图是造成华盛顿的人的恐慌，让亚伯拉罕·林肯暂缓增援乔治·B. 麦克莱伦。结果，华盛顿联邦政府的表现完全符合他们的期望。但现在，托马斯·J. 杰克逊面临危险。北方联邦军试图围攻他。收到消息后，他于1862年5月30日迅速撤退，并且写道："仁慈的上帝保佑，联邦军在我军后方集结前，我已越过斯特拉斯堡。"1862年6月1日，托马斯·J. 杰克逊的安全得到了切实保障。北方联邦军紧追其后，但两次交战均以托马斯·J. 杰克逊获胜结束。此后，北方联邦军不再追击[③]。

[①] 《北方联邦陆军和南方邦联陆军的官方记录》丛书一，第7卷，第1册，第551页。——原注
[②] 詹姆斯·福特·罗德斯：《美国史》，第4卷，第19页。《乔治·米德传》，第1卷，第269页。——原注
[③] 1862年6月8日，在克罗斯基斯，托马斯·J. 杰克逊打败了约翰·C. 弗里蒙特。1862年6月9日，在里帕布利克港，托马斯·J. 杰克逊打败了北方联邦军，结束了"托马斯·J. 杰克逊的进军"。——编者注

陆军中校乔治·F.R. 亨德森写道："托马斯·J. 杰克逊如同从天而降一般，出现在北方联邦军面前，震惊了对手。他对北方联邦军的左翼和右翼同时发起进攻，导致北方联邦军无法联合。他击败了每一个从他面前经过的联邦小分队。"① 托马斯·J. 杰克逊率领一万七千人，一个月内赢得了五场战役，缴获了大量战利品，俘获了许多俘虏，造成了华盛顿的人的恐慌。在里士满，他阻止了四万人与北方联邦军会合②。

乔治·B. 麦克莱伦逐渐意识到，当托马斯·J. 杰克逊在谢南多厄河谷大肆洗劫时，自己应抓住机会进攻约瑟夫·E. 约翰斯顿。1862 年 5 月 25 日，他向亚伯拉罕·林肯致电："时机已经成熟，我将进攻里士满。"他的军队有十万人，而约瑟夫·E. 约翰斯顿只有六万三千人。然而，乔治·B. 麦克莱伦是否会主动出击值得怀疑。他总是觉得没有"准备妥当"，高估了南方邦联军的力量，却低估了南方邦联指挥官的能力。1862 年 5 月 27 日，在电报中，乔治·B. 麦克莱伦说："邦联政府敦促约瑟夫·E. 约翰斯顿发动攻击。目前，南方邦联军的炮艇离我们很远。但我认为约瑟夫·E. 约翰斯顿很可能发起进攻。"③

第 18 节 费尔奥克斯战役

约瑟夫·E. 约翰斯顿对北方联邦军的位置、动向和人数了如指掌，知道乔治·B. 麦克莱伦在奇克哈默尼河北岸有三个团，在里士满一侧有两个团，也知道支援欧文·麦克道尔的波托马克军不会来了。因此，约瑟夫·E. 约翰斯顿决定于 1862 年 5 月 31 日进攻离里士满最近的两支北方联邦军的队伍。1862 年 5

---

① 乔治·F.R. 亨德森：《托马斯·J. 杰克逊与美国内战》，第 1 卷，第 516 页。——原注
② 威廉·B. 富兰克林的一个师派给乔治·B. 麦克莱伦后，欧文·麦克道尔的军队约有三万五千人到四万人。《北方联邦陆军和南方邦联陆军的官方记录》丛书一，第 11 卷，第 1 册，第 2 册；第 12 卷，第 1 册，第 2 册。詹姆斯·福特·罗德斯：《美国史》，第 4 卷。约翰·C. 罗普斯：《美国内战史》，第 2 卷。乔治·B. 麦克莱伦：《乔治·B. 麦克莱伦自传》。约翰·尼古拉、海约翰：《林肯传》，第 5 卷。约瑟夫·E. 约翰斯顿：《约瑟夫·E. 约翰斯顿纪事》。萨拉·诺顿、德沃尔夫·豪：《查尔斯·埃利奥特·诺顿的书信》，第 1 卷，第 253 页。亚伯拉罕·林肯和卡尔·舒尔茨的通信参见《北方联邦陆军和南方邦联陆军的官方记录》丛书一，第 7 卷，第 3 册，第 379 页、第 398 页。《乔治·米德传》，第 1 卷，第 270 页。——原注
③ 詹姆斯·福特·罗德斯：《美国史》，第 4 卷，第 23 页、第 24 页。——原注

月 30 日晚，忽然下起了大雨，奇克哈默尼河水位高涨，河两岸的北方联邦军处境艰险。虽然道路泥泞，很难搬运大炮。但约瑟夫·E.约翰斯顿依然想发动进攻。1862 年 5 月 31 日正午过后，约瑟夫·E.约翰斯顿向北方联邦军发起了猛烈攻击。北方联邦军节节败退，几近惨败[1]。此时，埃德温·沃斯·萨姆纳挽救了危局。他接到乔治·B.麦克莱伦的命令后，立即做好了增援准备。埃德温·沃斯·萨姆纳比乔治·B.麦克莱伦更了解危险所在。因此，接到命令后，埃德温·沃斯·萨姆纳即刻率军抵达奇克哈默尼河河上的两座桥，在那里焦急等待渡河的命令。终于，乔治·B.麦克莱伦下达了渡河的命令。埃德温·沃斯·萨姆纳率军走过摇曳的桥梁，使北方联邦军的左翼免遭溃败。战斗即将结束时，约瑟夫·E.约翰斯顿被一枚炮弹碎片击中坠马，身受重伤，昏厥在战场上。南方邦联军损失惨重。

1862 年 6 月 1 日，战斗再次打响。北方联邦军击退了南方邦联军。一部分北方联邦军左翼部队继续前进，抵达距里士满四英里处。但其并没有收到继续前进的指令，因此，退至战斗前占领的阵地。经过两天战斗，约瑟夫·E.约翰斯顿取得了局部胜利，但最终失败了[2]。

近一个月来，北方联邦军静静驻扎在奇克哈默尼营地，养精蓄锐。北方联邦军的警戒线位于营地六英里范围内。守卫梅卡尼克斯维尔桥的哨兵站在岗哨上报告道："此处距里士满四英里。我们可以看到里士满的建筑物，听到教堂里的钟声，甚至可以听到时钟报时。"南方邦联军的前哨在北方联邦军的步枪射程范围内。里士满人可以看到北方联邦军军营的火光，听到其军号声[3]。大雨滂沱，奇克哈默尼河河水泛滥，搬运大炮变得更加困难。北方联邦军营地成为一片沼泽，潮湿的空气中弥漫着瘴气，导致疾病滋生。喝了沼泽水的士兵逐渐病倒，疾病迅速蔓延。因此，1862 年 6 月 1 日到 1862 年 6 月 20 日，北方联邦军的士气明显下降。乔治·B.麦克莱伦请求增援。一支两万一千人的军队通过水路前来增援。1862 年 6 月中旬，天气晴朗，路面干燥。正如乔治·B.麦克莱伦经常承诺的那样，

---

[1] 即费尔奥克斯战役或称七松战役。——原注
[2] 詹姆斯·福特·罗德斯：《美国史》，第 4 卷，第 23 页等。——原注
[3] 乔治·F.R.亨德森：《托马斯·J.杰克逊与美国内战》，第 2 卷，第 2 页。《北方联邦陆军和南方邦联陆军的官方记录》丛书一，第 11 卷，第 3 册，第 233 页。《乔治·米德传》，第 1 卷，第 276 页。——原注

埃德温·沃斯·萨姆纳
（1797—1863）

费尔奥克斯前线联邦军官合影，从左至右分别为罗伯特·克拉克中尉、约翰·C.蒂德博尔上尉、威廉·N.丹尼森中尉、亚历山大·卡明斯·麦克沃特彭宁顿上尉

费尔奥克斯战役

联邦军掩埋阵亡者并焚烧死马

是时候发起进攻了。他留下一个团驻守营地,率军抵达奇克哈默尼的南侧,试图炮轰里士满。詹姆斯·朗斯特里特写道:"乔治·B. 麦克莱伦围攻里士满的计划非常明智。南方邦联军如果实施原来的计划,那么可能有机会获得胜利。"①

第 19 节 罗伯特·E. 李

约瑟夫·E. 约翰斯顿是一位能力出众的指挥官。由于约瑟夫·E. 约翰斯顿受伤,北弗吉尼亚州军队由罗伯特·E. 李指挥。在战争中,罗伯特·E. 李立刻显示出了优秀的领导天赋,毫不恃才傲物。他待人友善,与杰斐逊·戴维斯和托马斯·J. 杰克逊关系亲密。约瑟夫·E. 约翰斯顿曾与杰斐逊·戴维斯发生争执,在来往书信中常常意见不一。但罗伯特·E. 李像亚伯拉罕·林肯一样,对同事宽容、尊重,没有人愿意与他争吵。托马斯·J. 杰克逊一直渴望得到援兵。当他听说罗伯特·E. 李的任命后,对一位朋友说:"看吧,我终于有援兵了。"

罗伯特·E. 李的组织才能与乔治·B. 麦克莱伦不相上下。阅读内战时期的军令、信函和军队沿革时,会发现罗伯特·E. 李为军务管理注入了新的活力。仔细研究了军情后,罗伯特·E. 李指出,必须立刻加强里士满的防御工事。南方士兵非常讨厌体力劳动。在解决这个问题时,罗伯特·E. 李遇到了一些困难。但他一直亲自监工,鼓励士兵,最终创造了奇迹。很快,罗伯特·E. 李做好了防御准备。与此同时,他每天都会骑马巡视营地,与军官越来越熟,赢得了他们的尊重。罗伯特·E. 李认为攻击乔治·B. 麦克莱伦的左翼军"虽然可行,但并不明智"。用杰斐逊·戴维斯的话说,就是"让我们的士兵用胸膛对抗对手的战壕"。此外,根据骑兵获取的信息和自己侦察到的北方联邦军情况,罗伯特·E. 李试图在河北岸袭击北方联邦军。罗伯特·E. 李派兵增援了驻扎在谢南多厄河谷的托马斯·J. 杰克逊,要求他返回里士满参加袭击。托马斯·J. 杰克逊命军队迅速隐蔽前行,而自己与军队分离,疾速前往里士满。1862 年 6 月 23 日正午,在达布斯豪斯召开的会议上,罗伯特·E. 李见到了托马斯·J. 杰克逊、詹姆斯·朗

---

① 《美国内战中的战役与领袖》,第 2 卷,第 404 页。《乔治·米德传》,第 1 卷,第 275 页。——原注

詹姆斯·朗斯特里特
（1821—1904）

A.P. 希尔
（1825—1865）

斯特里特、丹尼尔·哈维·希尔和 A.P. 希尔①。罗伯特·E. 李阐释了自己的作战计划，给每个将领分配了相应任务。托马斯·J. 杰克逊准备于 1862 年 6 月 26 日上午发起进攻。

第 20 节 盖恩斯磨坊战役

菲茨·约翰·波特是北方联邦军第五团②的指挥官，坚守在奇克哈默尼河北岸的联邦右翼阵地，负责保护与华盛顿的通信线路。罗伯特·E. 李偷袭了菲茨·约翰·波特，破坏了部分通信线路。

---

① 达布斯豪斯距里士满一英里半。道格拉斯·索撒尔·费里曼：《罗伯特·E. 李传》，第 2 卷，第 107 页。——编者注

② 1862 年 5 月 9 日，亚伯拉罕·林肯授权乔治·B. 麦克伦任命菲茨·约翰·波特为第五团指挥官。《北方联邦陆军和南方邦联陆军的官方记录》丛书一，第 11 卷，第 3 册，第 154 页。——原注
实际上，1862 年 5 月 18 日，菲茨·约翰·波特和威廉·B. 富兰克林分别担任第五团和第六团的指挥官。在《美国史》的脚注中，詹姆斯·福特·罗德斯提到了 1862 年 5 月 9 日的通信，信中记录了关于这些团指挥官任命的讨论。亚伯拉罕·林肯不愿联邦军队分裂，授权乔治·B. 麦克伦暂停目前的安排，适时而定。后来，乔治·B. 麦克伦任命了两位据说与他相处更融洽的团指挥官。《北方联邦陆军和南方邦联陆军的官方记录》丛书一，第 11 卷，第 1 册，第 2 页。——编者注

托马斯·J.杰克逊遇到了一些麻烦，延误了战事。1862年6月26日下午，A.P.希尔焦急地等待着托马斯·J.杰克逊发起进攻，但一直等到了1862年6月26日15时。A.P.希尔担心耽误作战计划，于是直接渡过奇克哈默尼河来到了菲茨·约翰·波特的阵前，发动攻击。南方邦联军损失惨重，溃不成军[①]。

1862年6月26日傍晚，乔治·B.麦克莱伦去了菲茨·约翰·波特的司令部。战斗仍在继续。乔治·B.麦克莱伦和菲茨·约翰·波特知道，此次袭击由罗伯特·E.李直接指挥，并且托马斯·J.杰克逊在附近。托马斯·J.杰克逊很可能与其他军队联合，发起进攻。一回到奇克哈默尼河南岸的司令部，乔治·B.麦克莱伦就做出判断，认为菲茨·约翰·波特的阵地守不住了。他命菲茨·约翰·波特撤到盖恩斯磨坊以东的阵地，保护横跨奇克哈默尼河的桥。这些桥连接了北方联邦军的左翼和右翼。一旦联邦军被迫撤退，桥是必不可少的。1862年6月27日2时左右，菲茨·约翰·波特接到了乔治·B.麦克莱伦的命令。天亮时，菲茨·约翰·波特开始行动，率军井然有序地前往指定地点。约翰·G.巴纳德指引菲茨·约翰·波

菲茨·约翰·波特
（1822—1901）

约翰·G.巴纳德
（1815—1882）

① 指梅卡尼克斯维尔战役和比弗丹溪战役。——编者注

第 3 章 战争前期:势均力敌的较量

特来到了新阵地。菲茨•约翰•波特托约翰•G.巴纳德带话给乔治•B.麦克莱伦,说他需要增援部队。事实上,虽然菲茨•约翰•波特的请求至关重要,但乔治•B.麦克莱伦从未收到他的请求。1862 年 6 月 27 日 9 时或 10 时左右,约翰•G.巴纳德到达乔治•B.麦克莱伦的司令部,"得知他正在休息",便回去了①。一场大战即将开始。大部分北方联邦将军兴奋不已,但乔治•B.麦克莱伦显得很平静。由于还有其他要事要做,约翰•G.巴纳德便没有再次转述菲茨•约翰•波特的请求。南方邦联军方面,托马斯•J.杰克逊没有休息,一直在回顾自己的准备工作,"焦急地在房间里踱步,虔诚祈祷上帝"的保佑②。

1862 年 6 月 27 日,盖恩斯磨坊战役③爆发。战斗打响时,菲茨•约翰•波特以两万五千人的军力,对抗托马斯•J.杰克逊、詹姆斯•朗斯特里特、丹尼尔•哈维•希尔和 A.P.希尔联合军队的五万七千人④。随后,罗伯特•E.李立即进行了指挥。在第一次进攻中,南方邦联军遭到了北方联邦军的顽强抵抗,退了下来。1862 年 6 月 27 日 14 时,菲茨•约翰•波特请求增援。但当时乔治•B.麦克莱伦并不在战场上,而在奇克哈默尼河南岸的司令部。他派九千人增援了菲茨•约翰•波特。菲茨•约翰•波特如同"游行时一样镇定"⑤。甚至在战火最激烈时,他的战术依然没有缺陷。他激励将领和士兵竭尽全力战斗,成功击退了兵力是自己两倍的南方邦联军。在报告中,罗伯特•E.李和托马斯•J.杰克逊高度赞扬了菲茨•约翰•波特。罗伯特•E.李写道:"北方联邦军的主力在奇克哈默尼河北岸。"他和托马斯•J.杰克逊都提到了"对方的军力更胜一筹"⑥。关于南方邦联军和北方联邦军士兵的纪律和勇气,相关记录都是一致的。南方邦联军出击迅猛。托马斯•J.杰克逊描述说,自己的一个团"展现出了无与伦比的胆量和勇气"。托

---

① 《北方联邦陆军和南方邦联陆军的官方记录》丛书一,第 11 卷,第 1 册,第 118 页。1862 年 6 月 27 日,乔治•B.麦克莱伦发电报告诉妻子内莉•麦克莱伦,称自己"两夜未眠了"。乔治•B.麦克莱伦:《乔治•B.麦克莱伦自传》,第 442 页。——原注
② 罗伯特•L.达布尼:《托马斯•J.杰克逊传》,第 439 页、第 440 页。——原注
③ 也称奇克哈默尼河战役。——原注
④ 派去增援的亨利•W.斯洛克莫的军队可能有九千人。托马斯•L.利弗莫尔:《南北战争中的人数与损失》,第 82 页。——原注
⑤ 弗朗西斯•A.沃克:《第二团史》,第 62 页。——原注
⑥ 《北方联邦陆军和南方邦联陆军的官方记录》丛书一,第 11 卷,第 2 册,第 492 页、第 556 页。玛丽•切斯纳特:《南方各州记事》,第 197 页。——原注

盖恩斯磨坊战役

盖恩斯磨坊战役后，联邦军撤退

马斯·J.杰克逊将南方邦联军的防守描述为"负隅顽抗"和"困兽犹斗"。在盖恩斯磨坊战役中,乔治·米德和约翰·F.雷诺兹的表现也十分出色。

罗伯特·E.李声明:"北方联邦军的主力在奇克哈默尼河的北岸。"显然,他如果是乔治·B.麦克莱伦,那么一定会发动进攻。乔治·B.麦克莱伦高估了南方邦联军的人数。根据情报机构负责人艾伦·平克顿①的报告,乔治·B.麦克莱伦认为,南方邦联军共有十八万人,其中,七万人正在攻击菲茨·约翰·波特,其余人潜伏在里士满的战壕里。事实上,攻击菲茨·约翰·波特的南方邦联军有五万七千人,潜伏在里士满战壕里的只有三万人。潜伏在战壕里的南方邦联军不时袭击北方联邦军的前哨,还频频向北方联邦军的兵工厂开火。因此,乔治·B.麦克莱伦和各团指挥官高估了南方邦联军的人数。派兵支援菲茨·约翰·波特时,乔治·B.麦克莱伦显得犹豫不决,战术过于谨慎。他非常赏识菲茨·约翰·波

约翰·F.雷诺兹
(1820—1863)

艾伦·平克顿
(1819—1884)

---

① 艾伦·平克顿(Allan Pinderton,1819—1884),著名侦探和间谍。在获取军事情报方面,他和下属未能获得有价值的情报。——编者注

特，对菲茨·约翰·波特取得的胜利欣喜若狂。从乔治·B.麦克莱伦的信中，可以看出他渴望全力支援菲茨·约翰·波特。此外，从军事角度考虑，乔治·B.麦克莱伦也应该派军支援菲茨·约翰·波特。1862年6月27日晚，乔治·B.麦克莱伦给战争部部长埃德温·斯坦顿发了一份电报，说自己"在奇克哈默尼河靠近里士满的一侧，四面受敌，南方邦联军人数很多"[1]。这封电报记录了乔治·B.麦克莱伦对南方邦联军军力的误判。

即使将领用兵如神，士兵骁勇善战，北方联邦军也无法在没有战壕，仅依赖一些障碍物的情况下，以三万四千人战胜拥有五万七千人的南方邦联军，更何况南方邦联军将领指挥英明，士兵同样骁勇善战。1862年6月27日19时左右，战斗进入尾声。罗伯特·E.李和托马斯·J.杰克逊发起了总攻。南方邦联军冲破北方联邦军的防线，缴获了许多大炮，并且将菲茨·约翰·波特的军队击退到了奇克哈默尼河岸边的树林里。埃德温·沃斯·萨姆纳的两个旅被派去支援菲茨·约翰·波特，但由于去得太晚，只能掩护疲惫不堪的队伍撤退。北方联邦军沮丧地退到了奇克哈默尼河南岸。

第21节 乔治·B.麦克莱伦丧失斗志

盖恩斯磨坊战役期间的信函中，乔治·B.麦克莱伦并没有表露出恐慌的情绪。1862年6月27日17时，他猜想菲茨·约翰·波特可能会再坚持一段时间。三个小时后，他开始不那么确定了。1862年6月27日午夜，乔治·B.麦克莱伦已丧失斗志。他写给战争部部长埃德温·斯坦顿关于萨维奇车站战役的信，清楚地表明了这一点。乔治·B.麦克莱伦写道："现在，我了解了1862年6月27日发生的所有事。在奇克哈默尼河南岸，我们多次击退了南方邦联军的猛烈进攻。在奇克哈默尼河北岸，我们的士兵竭尽全力，奋勇作战。虽然我启用了后备军，但南方邦联军优势明显，我们被击败了。双方损失惨重……我们的残余军队依旧有战斗力……因为我们的兵力太薄弱，所以打了败仗……今晚我太认真了。我目睹了很多流血牺牲的战友，并且感觉联邦政府不会再支援这支军队了。现在，如

---

[1] 《北方联邦陆军和南方邦联陆军的官方记录》丛书一，第11卷，第3册，第266页。——原注

果没有您的支援，我们必输无疑。我如果能与军队共渡难关，那么一定会直率地告诉您，我不会感谢您或华盛顿的任何人，因为你们打算牺牲我的军队了。"

对亚伯拉罕·林肯来说，乔治·B.麦克莱伦战败的消息是一个可怕的打击。亚伯拉罕·林肯花费了大量财力和人力武装军队，非常希望取胜。他时刻关注着战况，似乎联邦的命运就在乔治·B.麦克莱伦指挥的军队肩上。现在，北方联邦军大败，即将溃散或被俘虏。亚伯拉罕·林肯必须直面不幸，但并未做到。他忽视了乔治·B.麦克莱伦信中表现出来的不服从。因此，他写给乔治·B.麦克莱伦的回信明智、和善。亚伯拉罕·林肯很谨慎，为此次战败做了最仁慈的解释。在给乔治·B.麦克莱伦的信中，他写道："任何情况下，我都会保护您的军队。我们会尽快派出援兵……我与您和士兵感同身受。这场战役如果战平或战败了，就是我们为保护华盛顿付出的代价。我们守住了华盛顿，而南方邦联军集中火力进攻了您。如果我们放弃了华盛顿，那么南方邦联军可能会在攻击你们之前，先攻击我们……这是这场战役的本质，您或联邦政府不应受到责备。"①

第22节 罗伯特·E.李和乔治·B.麦克莱伦

随着盖恩斯磨坊战役的结束，波托马克军的进攻态势也消失了，目前有些常规战事问题要考虑。作家几乎都认为，乔治·B.麦克莱伦应积极增援菲茨·约翰·波特。当时，菲茨·约翰·波特独自率兵抵抗南方邦联军，直到晚上才有机会撤退，其间，甚至有希望赢得胜利。乔治·B.麦克莱伦如果知道罗伯特·E.李的作战计划，清楚南方邦联军的军力其实是分散的，那么一定会按照军事评论家的建议行事。毫无疑问，乔治·B.麦克莱伦不应根据自己掌握的信息做出判断。罗伯特·E.李对北方联邦军的信息了如指掌。但乔治·B.麦克莱伦不可能像罗伯特·E.李一样，获得对方军队的准确信息，并且他也承认了这一点。普鲁士国王腓特烈大帝曾写道："我如果只关注自己的荣耀，那么就会选择在自己的国家开战，因为这里的每个人都可以成为间谍，我可以获悉敌军的一举一动。"②罗伯特·E.李的优势之一是间谍众多。此外，他十分了解乔治·B.麦克莱伦。

---

① 詹姆斯·福特·罗德斯：《美国史》，第4卷，第43页、第44页。——原注
② 乔治·F.R.亨德森：《托马斯·J.杰克逊与美国内战》，第1卷，第497页。——原注

只有在应对一位胆怯的指挥官时，罗伯特·E.李才会分散兵力。在部署盖恩斯磨坊战役时，杰斐逊·戴维斯说："如我所料……乔治·B.麦克莱伦如果发现我们的大部分军队在奇克哈默尼河北岸，那么一定不会停下来一决胜负，他会立即前往里士满。"罗伯特·E.李回答道："如果您能将他拖在战壕附近，那么在他退回到独立防御工事中之前，我会赶过来。"①毫无疑问，罗伯特·E.李一定会按自己说的那样作战，但乔治·B.麦克莱伦既没有适时地增援菲茨·约翰·波特，也没有勇敢地向里士满进军。盖恩斯磨坊战役当天，乔治·B.麦克莱伦与奇克哈默尼河南岸将领之间的通信表明，里士满的守卫部队不断佯动，使北方联邦军失去了进攻的勇气。一些作家认为，当菲茨·约翰·波特与人数较多的南方邦联军交战时，乔治·B.麦克莱伦本来可以轻易进入里士满。但此时，罗伯特·E.李的兵力与乔治·B.麦克莱伦的兵力对等②，因此，进军里士满并不是毫无风险。增援菲茨·约翰·波特无疑是明智的。此外，正如亚伯拉罕·林肯预料到的那样，重创北弗吉尼亚州军和攻克里士满一样有效。

第23节 罗伯特·E.李和托马斯·J.杰克逊

没有必要猜测南方邦联军获胜的原因。南方邦联军的胜利应归功于罗伯特·E.李和托马斯·J.杰克逊出色的指挥才能。对托马斯·J.杰克逊的谢南多厄战役，陆军中校乔治·F.R.亨德森非常感兴趣。他写道："与北方联邦的二十万大军相比，罗伯特·E.李和托马斯·J.杰克逊为南方邦联做出的贡献更多。"③虽然没有必要逐字解读这句话，但真相不言自明。无论是策略还是战术，罗伯特·E.李和托马斯·J.杰克逊都胜过对手。乔治·B.麦克莱伦虽然从没上过战场，但并

---

① 詹姆斯·福特·罗德斯：《美国史》，第4卷，第36页。——原注
② 根据相关数据，七日战役中，罗伯特·E.李的兵力与乔治·B.麦克莱伦的兵力并不对等。截止到1862年6月20日，乔治·B.麦克莱伦军队总人数为十二万七千三百二十七人，可用兵力为十一万五千一百零二人。《北方联邦陆军和南方邦联陆军的官方记录》丛书一，第11卷，第3册，第238页到239页。罗伯特·E.李的可用兵力约为八万五千人。因此，乔治·B.麦克莱伦的兵力比南方邦联军多出约三万人。道格拉斯·索撒尔·费里曼：《罗伯特·E.李传》，第2卷，第116页。——编者注
③ 乔治·F.R.亨德森：《托马斯·J.杰克逊与美国内战》，第1卷，第502页。——原注

不缺乏勇气。侦察南方邦联军的情况时，他能在炮火中保持冷静。然而，他无法忍受血腥场景。陆军中校乔治·F.R.亨德森写道："在前线，托马斯·J.杰克逊镇静前行，无惧枪林弹雨。"① 罗伯特·E.李热衷战斗，并且渴望参与其中。他的儿子、杰斐逊·戴维斯及其他朋友都反对他涉险。有一次，罗伯特·E.李正准备冲锋陷阵，但属下强烈要求道："将军，请您到后方去！"他曾说："幸好战争过于恐怖，不然我们会喜欢上战争。"②

罗伯特·E.李和托马斯·J.杰克逊与乔治·B.麦克莱伦的军力并不对等，因此，乔治·B.麦克莱伦落了下风。乔治·B.麦克莱伦命令军队撤退，声称此次失败是因为没有援兵。我们如需进一步了解他们的争论，只需参考乔治·B.麦克莱伦的观点即可。因战争部部长埃德温·斯坦顿决策不当，北方联邦军的军力并不充足。由于受到连连胜利的鼓舞，1862年4月3日，乔治·B.麦克莱伦不再招募新兵。当时，招募新兵并不是一件困难的事，也不需要调查志愿兵的动机③。然而，无论派给乔治·B.麦克莱伦多少士兵，他都无法指挥他们打败罗伯特·E.李和托马斯·J.杰克逊。可以肯定的是，与乔治·B.麦克莱伦一样，亚伯拉罕·林肯和战争部部长埃德温·斯坦顿都渴望胜利。

乔治·B.麦克莱伦虽然未能率领十万人发动进攻，但部署了一次成功的撤退④。他执行了亚伯拉罕·林肯"保护你的军队"的命令。一个小人物可能做不到这一点。罗伯特·E.李希望俘获或消灭北方联邦军，但没有预料到乔治·B.麦克莱伦的计划，未能阻止北方联邦军撤退。他坚信乔治·B.麦克莱伦会撤到弗吉尼亚半岛，但乔治·B.麦克莱伦将营地转移到了詹姆斯河。一旦乔治·B.麦克莱伦与白宫的通信被切断，罗伯特·E.李就能够一举歼灭北方联邦军。在盖恩斯磨坊战役中，罗伯特·E.李向各团指挥官下达了指令。1862年6月28日，

---

① 乔治·F.R.亨德森：《托马斯·J.杰克逊与美国内战》，第1卷，第539页。——原注
② 菲茨休·李：《罗伯特·E.李将军传》，第260页、第294页。阿米斯特德·L.朗：《罗伯特·E.李回忆录》，第338页。《北方联邦陆军和南方邦联陆军的官方记录》丛书一，第11卷，第3册，第632页。——原注
③ 詹姆斯·福特·罗德斯：《美国史》，第3卷，第636页。《乔治·米德传》，第1卷；第268页。——原注
④ "在军事行动中，撤退是最累人的。拿破仑·波拿巴说，'尤其是经历两场战役后的撤退'。"——原注

指挥官开始准备,一整天都没有休息。罗伯特·E.李军队的日常军需包括六百吨弹药、粮食、草料、药品和其他物资①。兵力对等的南方邦联军就在眼前,转移营地非常困难。如果联邦政府没有封锁海域,乔治·B.麦克莱伦根本无法转移营地。1862年6月29日太阳升起时,南方邦联军发现北方联邦军已逃向詹姆斯河,于是立即开始追击,并且在萨维奇车站发动了一次攻击,但被击退了。1862年6月30日,在格伦代尔或费拉泽农场发生了一场鏖战②。双方势均力敌。战后,北方联邦军继续有条不紊地撤退。一些人认为,如果托马斯·J.杰克逊及时出现,那么乔治·B.麦克莱伦的一部分军队定会被消灭或被俘虏③。

第24节 七日战役

1862年7月1日早晨,北方联邦军驻扎在詹姆斯河附近的莫尔文山。1862年7月1日正午,南方邦联军发起了进攻,但被北方联邦军猛烈的炮火和指挥得当的步兵击退了。菲茨·约翰·波特也参战了,并且表现出色。南方邦联军被全面击退,其损失是北方联邦军的两倍。在撤退过程中,乔治·B.麦克莱伦始终没有和作战部队一起参战,但一直在为接下来的战事做准备。在1862年6月25日至1862年7月1日的七日战役中,乔治·B.麦克莱伦折损一万五千八百四十九人,而罗伯特·E.李折损两万零六百一十四人④。虽然损失较大,但罗伯特·E.李一直在进攻,并且将北方联邦军赶出了里士满,最终赢得了胜利。通过七日战役,罗伯特·E.李赢得了士兵的爱戴。士兵相信他可以战无不胜,并且将这种信念延续到了内战结束。

1862年7月2日,乔治·B.麦克莱伦率军退到了詹姆斯河的一个安全地带——

---

① 乔治·F.R.亨德森:《托马斯·J.杰克逊与美国内战》,第2卷,第37页。——原注
② 格伦代尔战役或费拉泽农场战役指1862年6月30日的白橡木沼泽战役。相关记载中,此次战役至少有八个名称。——编者注
③ 罗伯特·L.达布尼:《托马斯·J.杰克逊传》,第466页。弗兰克·H.阿尔弗林德:《杰斐逊·戴维斯传》,第121页。约翰·C.罗普斯:《美国内战史》,第2卷,第196页。乔治·F.R.亨德森:《托马斯·J.杰克逊与美国内战》,第2卷,第59页等。——原注
④ 1862年6月25日,在七松镇前发生了一场小冲突。托马斯·L.利弗莫尔:《南北战争中的人数与损失》,第86页。——原注

萨维奇车站战役

格伦代尔战役

莫尔文山战役

七日战役中的联邦军

哈里森栈桥。在哈里森栈桥，他可以得到炮舰的协助。此外，海军保证了他与华盛顿官员的通信。与此同时，里士满高耸的建筑物已变得模糊。弗吉尼亚的半岛会战败局已定。1862年年初，乔治·米德私下写信给朋友说："乔治·B.麦克莱伦总是要等到万事俱备时才发起进攻，但在他将一切安排妥当前，南方邦联军已发起突袭。因此，他的计划都落空了……这样的将军可以逃过灾难，但永远不会获胜。"①

1862年7月8日，罗伯特·E.李回到里士满附近的营地，写信给妻子玛丽·安娜·卡斯蒂斯·李说："我们的胜利并没有想象中的彻底，但上帝知道什么对我们最好。"②尽管如此，这场胜利依然点燃了南方人的希望。南方人深受鼓舞，热情高涨。邦联政府的紧急征兵工作有了保障。

---

① 《乔治·米德传》，第1卷，第345页。——原注
② 《罗伯特·E.李的往事与书信》，第75页。——原注

第4章 《解放黑人奴隶宣言》

毫无疑问,战争必定会耗费大量财力和人力。大多数人认为,人命比金钱更重要,因为战争的罪恶之一就是牺牲无辜的生命。《荷马史诗》中曾提到一个战死的健壮的年轻人,书中描述道:"他还没来得及报答父母的养育之恩。"① 战争中,冲锋在前的往往是斗志高昂的勇者,蜷缩在后的大多是贪生怕死的懦夫。大多数士兵并不想参战。死里逃生的士兵对约翰·福斯塔夫说:"有勇有谋才能保全自己的性命。"②

第1节 法定货币法案

在讲述内战的过程中,我们看到,许多平民参军入伍,卷入血腥战争。战争往往意味着牺牲和杀戮。但现在,我们要考虑的另一个因素是:金钱,即军饷。联邦政府必须维护自己在欧洲各国中的信誉。然而,军队的日常支出已经从十七万八千美元增加到一百五十万美元③,想要维护信誉需要强大的财政能力。1861年12月31日,美国财政部和各银行合作,发放了约两千五百万美元的无息贷款,使战事得以延续。其间,所有交易通过实物完成。但贷款耗尽了银行的财力。1861年年底,各银行被迫中止实物贷款。联邦政府陷入财政困境。美国人和英国人都认为,联邦政府面临破产的危险。1862年1月月底,联邦政府累计欠款达一亿美元。1862年6月30日以前,联邦政府仍然需要两亿五千万美元至三亿美元维持开支。人民和国会都同意直接或间接征收重税,但可以肯定的是,联邦

---

① 《荷马史诗·伊利亚特》,第4卷。——原注
② 威廉·莎士比亚:《亨利四世》《亨利五世》。——原注
③ 戴维斯·R. 杜威:《美国金融史》,第267页、第329页、第145页。——原注

政府无法及时制定出解决危机的税收法案。最终，联邦政府采用了一项权宜措施。这项措施成为财政上的一大创新。国会授权财政部部长发行一亿五千万美元。持有人可用其付款，不计利息，并且将纸币作为公共和私人债务的法定货币[①]。

在实施新法案——法定货币法案前，联邦政府并没有经过慎重考虑和讨论。财政部部长萨蒙·P.蔡斯"不愿意将法定货币定论为必要的"[②]。参议院的约翰·谢尔曼和财政委员会主席威廉·P.费森登意见相左。约翰·谢尔曼赞成法定货币法案。威廉·P.费森登反对该法案，并且在一封私人信函中写道："无论是作为正当手段还是作为权宜之计，我都反对实行法定货币法案，因为它颠覆了我对政治、道德和国家荣誉的认识。"[③]众议院筹款委员会主席撒迪厄斯·史蒂文斯赞成多数人的观点，认为"法定货币法案是必要之举，没有选择的余地"。查尔斯·萨姆纳也支持法定货币法案，但告诫参议院"《宪法》能解一时之困，但并不是长

撒迪厄斯·史蒂文斯
（1792—1868）

---

① 进口关税、债券利息均需用硬币支付。一亿五千万美元包括1862年7月授权发行的五千万美元，其中的两千五百万美元已经发行。——原注
② 埃尔布里奇·G.斯波尔丁：《法定纸币史》，第59页。——原注
③ 《威廉·P.费森登传》，第1卷，第194页。——原注

第4章 《解放黑人奴隶宣言》

久之计"。查尔斯·萨姆纳、威廉·特库姆塞·谢尔曼和大多数参议员及代表都赞成法定货币法案,但认为该法案只是"权宜之计"。通过将不可兑现的纸币变成法定货币,联邦政府暂时缓解了财政危机。这种权宜之计就像兴奋剂一样,需要一直使用。1864年1月3日,财政部发放了被称为美钞的法定货币,发行数额近四亿五千万美元[①]。按照1862年2月25日通过的法案规定,第一笔法定货币已发行。现在,国会已授权发行五亿美元债券,面值为五美元至二十美元,利息为百分之六,其中,可能包含法定货币。债券的利息是用硬币支付的。此外,外国进口关税也是用硬币支付的。

想要读懂法定货币法案,就必须了解法定货币。支持者认为,对避免破产和展开军事与航海行动来说,法定货币法案很有必要。然而,该法案的缺点很快显现出来。其不仅增加了战争成本,还误导了大众。很多人认为,只要政府下令,就能造出钱。当时,如果采用备用方案,结果可能会大不一样。因为法定货币法案违反了既定的财政原则,加上没有先例可循,所以其他方案也许值得一试。大多数人认为应该发行美钞,也有人反对将美钞作为真正的法定货币。正如拿破仑战争时期,威廉·皮特限制了英国货币的面值。如果仅在政府和公众中发行一定数量的法定货币,那么我们就可以认为,内战可能会持续六个月或一年以上,甚至更长。此外,财政部部长萨蒙·P. 蔡斯应对1862年2月25日通过的法案中的第二条做出恰当解释。萨蒙·P. 蔡斯有权以市场价出售面值为五美元至二十美元、利息为百分之六的五亿美元债券,交易物为硬币或美钞。他解释说,市场价就是标准。如果在市场上出售债券时,债券的交易物不确定,那么所得结果与萨蒙·P. 蔡斯解释下的结果将大不相同。法定货币法案的特殊之处在于,无息强制贷款与自愿贷款不同。自愿贷款以实际市场价出售债券作为保障。坚持执行法定货币法案的财政家认为,通过立法赚钱比通过交易赚钱更容易、更可取。但结果是联邦政府反受其害[②]。

---

① 实际数额为四亿四千九百三十三万八千八百零二美元。约翰·J.诺克斯:《美钞》,第139页。——原注
② 埃尔布里奇·G.斯波尔丁:《法定纸币史》。詹姆斯·福特·罗德斯:《美国史》,第3卷。戴维斯·R.杜威:《美国金融史》。《威廉·P.费森登传》,第1卷。《约翰·谢尔曼四十年的回忆》,第1卷。罗伯特·沃登:《萨蒙·P.蔡斯传》。——原注

在第二次会议①上，亚伯拉罕·林肯得到国会授权，在必要时可以掌控铁路和电报线路，以维护公共安全②。此次会议制订了一项全面的内部税收计划。1862年7月1日，亚伯拉罕·林肯批准内部税收计划。内部税收计划可以简单地描述为对一切征税的法案。法案建立的原则是："购买一件商品或产品、达成一次交易、找到一份工作或有收入来源时，请纳税。"③此外，更重要的是，美国历史上首次实行了分级征收联邦所得税的法案。收入低于一万美元的纳税人应缴纳百分之三的所得税；收入超过一万美元的纳税人应缴纳百分之五的所得税，但可免税六百美元，在申报时会扣除一些费用。法定货币和债券的利息收入是征税收入的百分之一和百分之零点五。居住在国外的美国公民需缴纳百分之五的所得税，没有免税资格。1862年7月14日，亚伯拉罕·林肯批准了征税法案。进口关税随之增加④。

第2节 亚伯拉罕·林肯对奴隶制的态度

亚伯拉罕·林肯并不擅长处理金融问题。因此，他让财政部部长萨蒙·P.蔡斯负责关于金融问题的事务。萨蒙·P.蔡斯虽然难免犯错，但仍然是一位恪尽职守的财政部部长。亚伯拉罕·林肯也会参与一些容易处理的外交事务。内战期间，他刻苦学习战术，在困境和失败中吸取经验教训，摸索出了适合采取大规模军事行动的方案。此外，面对奴隶制问题，他的处理方式近乎完美。

1862年春至初夏，国会采取的行动表明，自萨姆特堡打响第一炮以来，废除奴隶制就是人心所向。持中立态度的共和党人认为，废除哥伦比亚特区的奴隶制是明智的选择。1862年4月，国会通过了关于废除哥伦比亚特区奴隶制的提议，同时适当地补偿了奴隶主。1862年6月，在正式法令中，国会明确提出了共和党的基本原则，也是其存在的根基，即坚决反对联邦所有领土上的奴隶制⑤。在

---

① 指1861年12月2日到1862年7月17日进行的第三十七届国会第二次会议。——原注
② 国会于1862年1月31日授权。——原注
③ 戴维斯·R.杜威：《美国金融史》，第301页。——原注
④ 詹姆斯·福特·罗德斯：《美国史》，第4卷，第58页等。《充公法令》见第60页。贺拉斯·怀特：《莱曼·特朗布尔传》，第173页等。詹姆斯·G.兰德尔：《美国革命史》，1912年。——原注
⑤ 威廉·麦克唐纳：《美国成文法精选著1861—1898》，第35页、第42页。——原注

第4章 《解放黑人奴隶宣言》

废除奴隶制方面，亚伯拉罕·林肯做得比国会多。1862年3月，他就提议逐步废除奴隶制，并且赔偿奴隶主。当时，国会通过了他的提议。该提议是在北方联邦军获胜时提出的。除了联邦边境蓄奴州，其他联邦州并不认为自己能从该提案中获益。但亚伯拉罕·林肯的提议包含所有州。此时，南方人如果放下武器，尊重他们本应接受的国家政府，那么在逐步解放奴隶的过程中，释放一个奴隶可以获得约四百美元的补偿①。

亚伯拉罕·林肯谨慎考量了各种相关因素，试图将奴隶制问题的决定权掌握在自己手中。1862年5月9日，南方军区指挥官戴维·亨特将军下令，释放南卡罗来纳州、佛罗里达州和佐治亚州的所有奴隶。1862年5月16日，亚伯拉罕·林肯在报纸上看到了这一消息，同时收到了萨蒙·P.蔡斯的来信。在信中，萨蒙·P.蔡斯推测，戴维·亨特将军下达该命令并非他本意。亚伯拉罕·林肯回复道："在没有征求我的意见的情况下，指挥官不应迫于压力做出这样的事。"1862年5月19日，亚伯拉罕·林肯发布公告，声明戴维·亨特将军的命令无效。在公告中，亚伯拉罕·林肯恳切呼吁联邦边境蓄奴州，将自由逐渐还给奴隶，并且接受他和国会提供的补偿。他说："我不争辩，但请你们为自己辩护。你们即使不愿意辩护，也不能对时局视而不见。"废除奴隶制"会像天降甘露般悄然而至，滋养万物"。

戴维·亨特
（1802—1886）

后来，乔治·B.麦克莱伦的惨败使亚伯拉罕·林肯坚信，必须废除奴隶

---

① 《国会联合决议》的影响力并没有詹姆斯·福特·罗德斯说得那么大。1862年4月10日通过的决议规定："联邦应该与逐步废除奴隶制的州合作，给予其经济援助，补偿体制变化造成的公共和个人的损失。援助费用由该州自主支配。"国会并未同意这项决议，只是声明"应该"合作。国会态度比亚伯拉罕·林肯预想的更模糊。不过，这一决议几乎没有得到北方蓄奴州的回应，对南方邦联也没有什么影响。参见第三十七届国会第二次会议的《国会议事录》。——编者注

制①。亚伯拉罕·林肯越来越渴望制定循序渐进的废奴政策和补偿奴隶主的政策，以及海地、南美和利比里亚②已解放黑人的殖民化政策。他认为，在联邦各蓄奴州废除奴隶制后，南方邦联将无法继续战斗。1862年7月12日，在国会休会前，亚伯拉罕·林肯邀请参议员和联邦边境蓄奴州的代表来到白宫，诚恳地请求他们改变自己的态度，同意废除奴隶制。亚伯拉罕·林肯说："如果战事持续太久，那么你们各州的奴隶制也会因战火而逐渐消亡……奴隶制终将消亡。到时，你们将得不到任何补偿。你们应引导人民行动起来，缩短战争的时间，做好针对必将消亡的奴隶制的实质性补偿工作。这样做才是真正对人民有益的。"亚伯拉罕·林肯还提到了自己因反对奴隶制承受的压力及政府激进派对他的不满，预言"那些团结但并不强大的州一定会分裂"。他还说："我们的国家处在危险中。"只有政府官员高瞻远瞩，行事果敢，才能彻底废除奴隶制。因此，亚伯拉罕·林肯请求各州州长释放奴隶。但边境州是否会同意他的请求还是未知数，因为奴隶制与其社会和政治生活息息相关，所以边境州的人民并不相信奴隶制的末日已经到来③。

　　接连失败的战事阻碍了亚伯拉罕·林肯的废奴计划，也阻碍了他的其他行动。亚伯拉罕·林肯曾计划，从利息为百分之六的国家债券中支出一部分资金，作为对奴隶的补偿。虽然大多数人认为，拥有资产的黑人奴隶会很危险，但鉴于政府的巨额支出、近期失利的战事和南方邦联的现有实力，补偿的重要性已不言自明。现在，北方联邦衡量财富的一个标准是黄金。1862年6月3日，黄金加价百分之三点五。1862年7月12日，由于乔治·B.麦克莱伦战败，联邦政府授权发行

---

① 不确定的是，在七日战役中，北方联邦军的战败是否让亚伯拉罕·林肯"坚信"必须废除奴隶制。我们并不知道亚伯拉罕·林肯下定决心的具体时间。各种言论和行动都表明，亚伯拉罕·林肯很快会有动作。七日战役无疑加快了亚伯拉罕·林肯做决定的速度。戴维·荷马·贝茨说，1862年7月月初，亚伯拉罕·林肯已开始拟写废奴令。《电报局的林肯》，第138页到第142页。1862年7月22日，亚伯拉罕·林肯将废奴令递交给内阁。1862年7月1日，乔治·B.麦克莱伦领导的战役结束。——编者注

② 最初，亚伯拉罕·林肯主要依靠中美洲殖民地区，尤其是煤矿地区。——编者注

③ 1862年7月14日，二十位边境州代表和参议员提交了一份回复。在回复中，他们就亚伯拉罕·林肯的补偿性政策展开了争辩。补偿政策可能会进一步导致南方奴隶主疏远联邦。大多数人反对向已经脱离联邦的州颁布《解放黑人奴隶宣言》。其他八名国会议员同意亚伯拉罕·林肯补偿性政策的提议。《林肯选集》，第5卷，第319页。《纽约论坛报》，1862年7月19日。——编者注

纸币①，黄金加价百分之十四。可以确定的是，边境蓄奴州如果立即采取行动，那么一定会收到数量可观的国家债券作为补偿，从而避免因释放黑人奴隶而遭受经济损失。

埃德温·斯坦顿会见边境州代表后的第二天是他幼子的葬礼。在前往葬礼的路上，亚伯拉罕·林肯向威廉·H.苏厄德和吉迪恩·韦尔斯提出了他最关心的问题。里士满的挫败和南方邦联强大的实力让亚伯拉罕·林肯相信有必要出台一项新政策。奴隶为南方邦联的士兵种粮食，在军队出征时充当车夫、劳工，所以亚伯拉罕·林肯"得出结论：我们释放奴隶是作战所需，是救国所需，否则我们就会被压制。"②正如亚伯拉罕·林肯后来描述此时的情景："事情越来越糟，我觉得我们的行动计划已经再难以实施下去了，只能打出最后一张牌。必须改变策略，否则必败无疑！"③

第3节 《解放黑人奴隶宣言》草案

1862年7月22日，除了威廉·H.苏厄德和吉迪恩·韦尔斯，其他人感到很意外：亚伯拉罕·林肯向内阁宣读了发表《解放黑人奴隶宣言》的计划。亚伯拉罕·林肯重申了打仗的目的，即重建联邦政府，提出解放奴隶"是实现目标的必要军事措施"。威廉·H.苏厄德请求延缓发表该宣言，因为现在民众情绪低落，可能会将该宣言"视为联邦政府走投无路时的最后一根救命稻草"，或者认为"在最后一声撤退信号响起时，联邦政府向埃塞俄比亚伸出了援手"。威廉·H.苏厄德补充道："我虽然赞成发表该宣言，但请求您延缓发表该宣言，最好在打了胜仗后发表，而不是在节节败退的情况下发表。"亚伯拉罕·林肯之前并未想到这一点。由于威廉·H.苏厄德的反对，亚伯拉罕·林肯"将该宣言草案放在一边，等待胜利的到来。"④

---

① 1862年7月11日，国会通过授权法案，授权财政部额外发行一亿五千万美元法定货币。——原注
② 《海军部部长吉迪恩·韦尔斯的日记》，第1卷，第70页。詹姆斯·福特·罗德斯：《美国史》，第4卷，第69页注释二。——原注
③ 弗朗西斯·B.卡彭特：《在白宫的六个月》，第20页。——原注
④ 弗朗西斯·B.卡彭特：《在白宫的六个月》，第22页。——原注

内阁会议的保密工作做得很好。激进派并不知道亚伯拉罕·林肯愿意妥协，因此，一直在批判他。1862年7月31日，查尔斯·埃利奥特·诺顿写道："遗憾的是，亚伯拉罕·林肯本不应该发表一份独特、有说服力的公告！"① 撒迪厄斯·史蒂文斯将亚伯拉罕·林肯的补偿政策描述为"美国有史以来最假的命题"，并且说"国会和内阁的智囊团决定着成千上万人的生命……会不会在坟墓中腐烂"。撒迪厄斯·史蒂文斯说，政府应下令释放奴隶，招募和武装他们；"如果奴隶主不服从命令，就让奴隶拿起武器反抗"②。查尔斯·萨姆纳焦虑地踱着步子，举起手感叹道："我祈祷亚伯拉罕·林肯的延缓是对的，但担心他是错的，甚至确信他错了。我相信他的诚心，但无法理解他。"③ 与查尔斯·萨姆纳的观点一样，卡尔·舒尔茨指责亚伯拉罕·林肯的延缓决定。但后来，卡尔·舒尔茨坦白承认亚伯拉罕·林肯比自己明智④。在《纽约论坛报》上，霍勒斯·格里利发表了一篇社论，题为《两千万人的祈祷》。他对亚伯拉罕·林肯说："由于您反对奴隶制，联邦大业已经受创，并且还在受创。"1862年8月22日，亚伯拉罕·林肯公开答复道："在这场斗争中，我的首要目标是拯救联邦，而不是为了拯救联邦摧毁奴隶制……我对奴隶制和黑人的所作所为都是为了拯救联邦，我认为这样做对联邦有益。我觉得冲动对联邦毫无益处，因此，选择了忍让克制。"

第4节 亚伯拉罕·林肯和霍勒斯·格里利

亚伯拉罕·林肯和霍勒斯·格里利是补偿政策和延缓发表《解放黑人奴隶宣言》的代表人物。他们私底下毫无共鸣，看待事物的观点也不同。亚伯拉罕·林肯知人善用，而霍勒斯·格里利不识人才；亚伯拉罕·林肯幽默风趣，而霍勒斯·格里利呆板无趣。多年的交往中，亚伯拉罕·林肯从未与严肃认真的霍勒斯·格里利聊过趣事或开过玩笑。1854年至1860年，霍勒斯·格里利和《纽

---

① 萨拉·诺顿、德沃尔夫·豪：《查尔斯·埃利奥特·诺顿的书信》，第1卷，第255页。——原注
② 《美国国会议事录》，第1154页、第3127页。詹姆斯·伍德伯恩：《撒迪厄斯·史蒂文斯传》，第183页等。——原注
③ 《卡尔·舒尔茨回忆录》，第2卷，第314页。——原注
④ 弗雷德里克·班克罗夫特：《卡尔·舒尔茨的发言、书信和报告》，第1卷，第206页。卡尔·舒尔茨：《林肯传》，第93页。——原注

第 4 章 《解放黑人奴隶宣言》

约论坛报》的舆论影响虽然不大,但传达了许多重要人士的观点。亚伯拉罕·林肯非常清楚这一点。在写给霍勒斯·格里利的公开回复信中,亚伯拉罕·林肯声明了自己的政策,称赞了霍勒斯·格里利和《纽约论坛报》支持的人士。亚伯拉罕·林肯的回复信迅速传播开来。北方人几乎都读了他的信。亚伯拉罕·林肯的观点合情合理,并且中肯阐明了自己的立场。他的政策是一项正确的权宜之计,不仅唤起了人民的理性,还点燃了他们的希望[1]。

1862年7月至1862年8月,如果没有亚伯拉罕·林肯的领导,那么北方人可能会弃战。乔治·B.麦克莱伦和波托马克军撤到了詹姆斯河,这令人们对其信心大减。查尔斯·埃利奥特·诺顿问乔治·威廉·柯蒂斯:"你认为詹姆斯河河畔的军队安全吗?"[2] 查尔斯·埃利奥特·诺顿道出了很多人心中的忧虑。詹姆斯·拉塞尔·洛厄尔写出了无数人的忧虑。他写道:"我看不到有什么能够拯救我们,除非发生奇迹。"[3]

历史回答了查尔斯·埃利奥特·诺顿的问题,即"是亚伯拉罕·林肯把握住了机会还是机会从他眼前逃走了?他是否已足够优秀?"[4] 卡尔·舒尔茨写信给亚伯拉罕·林肯道:"你对舆论和道德的影响是巨大的"[5]。现在,北方人重新燃起希望,继续战斗。从1862年6月28日乔治·B.麦克莱伦的信中,亚伯拉罕·林肯获悉进攻里士满的行动失败了。他必须扩充联邦军队。考虑到要开始征兵,亚伯拉罕·林肯给威廉·H.苏厄德写了一封信,说明了必须扩充军队的原因。在前往纽约、波士顿和克利夫兰的途中,萨蒙·P.蔡斯向几位名流和州长传达了亚伯拉罕·林肯的信。在信中,亚伯拉罕·林肯声明:"我希望能维持这场战争直到胜利,或直到我死,或直到我战败,或直到我卸任,或直到国会和国家抛弃我。如果不是为了避免引起民众的恐慌或逃亡,我会公开呼吁全国人民支持扩充军队。但要了解一件事的真相真的很难。"通过与亚伯拉罕·林肯和战争部部长埃德温·斯坦顿协商及会见重要人士,威廉·H.苏厄德将一封

---

[1] 詹姆斯·福特·罗德斯:《美国史》,第4卷。《在牛津大学发表的关于美国内战的讲稿》及其参考文献。——原注
[2] 《查尔斯·埃利奥特·诺顿的书信》,第1卷,第225页。——原注
[3] 《詹姆斯·拉塞尔·洛厄尔的书信》,第1卷,第322页。——原注
[4] 《查尔斯·埃利奥特·诺顿的书信》,第1卷,第255页。——原注
[5] 《卡尔·舒尔茨的发言、书信和报告》,第1卷,第206页。——原注

电报寄给了联邦各州的州长，要求他们联合致函，建议亚伯拉罕·林肯号召各州积极征兵，"迅速镇压叛乱"。各州州长赞同威廉·H. 苏厄德的计划。亚伯拉罕·林肯接受了州长的"爱国"提议。他和威廉·H. 苏厄德进行了交流，并且威廉·H. 苏厄德和各州州长也进行了交流。随后，亚伯拉罕·林肯发出征兵三十万的号召[①]。

第 5 节 "三十多万"人入伍

1862 年 6 月 28 日至 1862 年 7 月 1 日，亚伯拉罕·林肯一直没有得到关于乔治·B. 麦克莱伦的消息，不知道他的军队是否安全。其间，亚伯拉罕·林肯瘦了一大圈，显得非常憔悴。在写给卡尔·舒尔茨的信中，查尔斯·萨姆纳绝望地说："真希望你能在这里为亚伯拉罕·林肯指明道路。很多人认为，他的征兵号召是徒劳的。我一直认为，亚伯拉罕·林肯应该号召奴隶，让南方邦联的后卫部队变成联邦的前锋部队。"[②]1862 年 8 月，查尔斯·萨姆纳意识到了亚伯拉罕·林肯对人民的影响力，写信给约翰·布赖特说："人民积极响应了最后一次征兵号召，因为他们认为征兵有助于推动战争进程。内阁或亚伯拉罕·林肯从未想过弃战。"在 1862 年 8 月 4 日的一封私人信函中，亚伯拉罕·林肯写道："我们很容易征到新兵。"虽然波托马克军战败了，但联邦政府有群众的支持。亚伯拉罕·林肯感受到了芝加哥群众集会的热情，听到了诗朗诵。诗的主题是"三十多万人来了，亚伯拉罕·林肯"[③]。

第 6 节 约翰·波普和亨利·哈勒克

现在，北方联邦军前景堪忧，指挥上的连连失误更是雪上加霜。1862 年 5 月，乔治·米德写道："如果军队不能由一位杰出将领指挥，那么不幸在所难

---

① 1862 年 7 月 1 日，亚伯拉罕·林肯发出了号召，并且要求士兵服役期为三年。——原注
② 《卡尔·舒尔茨的发言、书信和报告》，第 1 卷，第 209 页。——原注
③ 1862 年 8 月 4 日，亚伯拉罕·林肯下令扩充民兵部队，征兵三十万，服役期为九个月。此次共征得八万七千五百八十八人。——原注

第 4 章 《解放黑人奴隶宣言》

约翰·波普
（1822—1892）

免。"① 亚伯拉罕·林肯对此非常清楚。两年来，他一直在苦苦找寻一位"杰出将领"。如果能找到，那么他愿意将所有军务交付于这位将领。与波托马克军相比，西部的北方联邦军取得了可喜战果，展示了其能力。这种作战能力正是亚伯拉罕·林肯一直找寻的。他将约翰·波普召了回来。约翰·波普因为在西部立下了战功②，成了弗吉尼亚军的指挥官。弗吉尼亚军由欧文·麦克道尔、纳撒尼尔·P.班克斯和约翰·C.弗里蒙特领导的各团组成。与此同时，亚伯拉罕·林肯任命亨利·哈勒克为美国陆军总司令，司令部设在华盛顿。然而，约翰·波普所谓的"在

---

① 《乔治·米德传》，第 1 卷，第 269 页。——原注
② 虽然大多数历史学家认为，在新马德里和十号岛，约翰·波普取得的胜利并不重要。但在当时，这些胜利反响强烈，约翰·波普成为北方人心中的英雄。约翰·波普的胜利有助于北方联邦军占领密西西比河。成立弗吉尼亚军是为了促进华盛顿附近的防御合作，以及减轻乔治·B.麦克莱伦的压力。1862 年 6 月 26 日，亚伯拉罕·林肯组建了弗吉尼亚军。——编者注

密西西比河和科林斯的绝妙军事行动,并未得到充分证实"。安德鲁·赫尔·富特"常常嘲笑约翰·波普信口开河"①。亨利·哈勒克的晋升很容易理解。因为他实际获得的荣誉远比他在夺取亨利堡和多尔森堡的战役中获得的荣誉多。因此,进军科林斯后,亨利·哈勒克赢得了北方人和大部分士兵的信任②。值得注意的是,当时,亚伯拉罕·林肯并没有考虑其他三位真正能干的将军,即尤利西斯·S.格兰特、威廉·特库姆塞·谢尔曼和乔治·亨利·托马斯。他们的战功远胜约翰·波普和亨利·哈勒克③。

乔治·亨利·托马斯
(1816—1870)

---

① 《海军部部长吉迪恩·韦尔斯的日记》,第1卷,第120页。——原注
② 《威廉·特库姆塞·谢尔曼将军回忆录》,第1卷,第254页。《威廉·特库姆塞·谢尔曼将军与参议员的通信》,第153页。——原注
③ 在当时的背景下,将领的名声很重要。与其他人相比,约翰·波普和亨利·哈勒克更出名,更受人民的重视。在肯塔基州,威廉·特库姆塞·谢尔曼遇到了困难,因夏洛战役受到了严厉批评。乔治·亨利·托马斯鲜为人知。尤利西斯·S.格兰特也受到了夏洛战役的影响。对这三个人来说,没有卷入华盛顿和弗吉尼亚州的困局是幸运的。——编者注

第 4 章 《解放黑人奴隶宣言》

通过一篇笨拙的致全军演讲,约翰·波普开启了短暂的指挥官生涯。约翰·波普说:"我从西部来到你们中间。在西部,我看着对手落荒而逃……我的职责是为联邦政府服务,领导你们抗击对手。这是我的使命,你们必须迅速行动起来。"演讲结束后,约翰·波普下达了四项命令。其中,一项命令完全不合理,无法执行;另外三项命令也毫无必要。因此,罗伯特·E.李立即开始调查约翰·波普。

托马斯·卡莱尔写道,腓特烈大帝"总能在战斗一两个月后,了解自己的对手,然后从容不迫地对付对手"。内战期间,了解自己的对手相对比较容易,因为在西点军校或在墨西哥服役期间,大多数敌对的指挥官已熟悉彼此。詹姆斯·朗斯特里特与约翰·波普是同班同学。他非常肯定地告诉罗伯特·E.李,在西点军校上学期间,约翰·波普"英俊潇洒、精力充沛,是一名出色的骑兵,但他并没有专注于读书"。无论如何,罗伯特·E.李对约翰·波普的总体评价是:喜欢自吹自擂,野心勃勃,并非刻苦之辈,亦非善思之人。听说了约翰·波普的军前演讲后,罗伯特·E.李更加蔑视他。约翰·波普忘记了几个世纪以来的军事格言:"不要轻视对手。"

乔治·B.麦克莱伦的军队驻扎在詹姆斯河的哈里森栈桥①。他焦急地等待着援兵,渴望再次向里士满发起进攻。起初,亚伯拉罕·林肯支持乔治·B.麦克莱伦的作战计划,但 1862 年 7 月 8 日巡视完陆军回来后,他感到不知所措。1862 年 5 月,亚伯拉罕·林肯对乔治·米德说:"我正在履行自己的职责,但没有人知道这些职责对我来说意味着什么。"② 1862 年 7 月,情况越来越糟。激进派不仅要求亚伯拉罕·林肯发表反对奴隶制的宣言,还敦促他罢免乔治·B.麦克莱伦,甚至谴责他无能、不忠,根本不想废除奴隶制。激进派还借约翰·C.弗里蒙特在密苏里州的无能表现,说服亚伯拉罕·林肯撤换他。此外,激进派非常支持本杰明·巴特勒将军。但与其他人相比,约翰·波普接受过军事教育,看似非常反对奴隶制。埃德温·斯坦顿和萨蒙·P.蔡斯希望亚伯拉罕·林肯罢免乔治·B.麦克莱伦,派约翰·波普指挥波托马克军。亚伯拉罕·林肯拒绝了

---

① 哈里森栈桥即现在的伯克利种植园,是哈里森家族的故居。该种植园上游沿詹姆斯河的低地南侧,是联邦军的营地和补给船停泊的地方。——编者注
② 《乔治·米德传》,第 1 卷,第 207 页。——原注

安布罗斯·伯恩赛德
(1824—1881)

他们的建议,打算将波托马克军的指挥权交给安布罗斯·伯恩赛德,但遭到了他的拒绝。

1862年7月23日,亨利·哈勒克抵达华盛顿。1862年7月24日,他去了波托马克军的司令部,与乔治·B.麦克莱伦进行了交谈。乔治·B.麦克莱伦渴望留在詹姆斯河,称如果有两万名到三万名援兵,他就能渡过詹姆斯河,进攻重要的铁路中心彼得斯堡,切断里士满与南方各州之间的交通。亨利·哈勒克不同意乔治·B.麦克莱伦的计划。回到华盛顿后,亨利·哈勒克和其他人建议亚伯拉罕·林肯下达命令,不顾乔治·B.麦克莱伦的反对,将波托马克军撤到阿奎亚溪。当时,罗伯特·E.李决定进攻约翰·波普。约翰·波普消息灵通,谨小慎微,在兵力更强的南方邦联军到来前,迅速撤退了。在一座小山上,罗伯特·E. 李看到了约翰·波普的举动,失望地叹了一口气,对詹姆斯·朗斯特里特说:"将军,我万万没想到,对手竟然会在开战前撤退。"

第7节 约翰·波普战败

约翰·波普犯下了一系列错误。亨利·哈勒克优柔寡断,没有能力指挥军队行动,使约翰·波普一错再错。同时,波托马克军并不愿意真心配合约翰·波普。亨利·哈勒克、约翰·波普、亚伯拉罕·林肯、埃德温·斯坦顿、萨蒙·P. 蔡斯和乔治·B. 麦克莱伦都参与了军队管理。他们的对手是能力出众的罗伯特·E. 李、托马斯·J. 杰克逊和詹姆斯·朗斯特里特。托马斯·J. 杰克逊率军迅速抵达约翰·波普的后方,拆毁了铁路,切断了电报线路①,阻断了北方联邦军的供给和与华盛顿的通信往来。在约翰·波普追上来之前,托马斯·J. 杰克逊已经逃走了,并且占领了一处有利据点,静待詹姆斯·朗斯特里特的到来。得到波托马克军两个团的增援后,约翰·波普于1862年8月29日袭击了南方邦联军,却被击退,但他认为自己获胜了。1862年8月30日,约翰·波普凭借获胜的错觉发动了第二次布尔河战役②。其间,他似乎一直顺着罗伯特·E. 李的意愿,将自己送入敌手,惨遭失败。北方联邦军惊慌错乱,逃离了战场。

华盛顿的人普遍认为,1862年8月29日,约翰·波普获得了胜利。1862年8月30日,在日记中,海约翰写道:"一切似乎很顺利,令人欣喜。我们上床睡觉,希望第二天日出时听到好消息。但1862年8月31日8时左右,我正在穿衣服。总统亚伯拉罕·林肯来到我的房间,叫我出去。"他说:"哎,我们恐怕又失败了。南方邦联军加强兵力对付约翰·波普,击退了他的左翼军。约翰·波普撤退到了森特维尔,说那里能保住剩下的兵力。我不喜欢他的说法,也不愿听他承认士兵需要保护。"③约翰·波普的来信确实令人担忧。在一封信中,他问亚伯拉罕·林肯,如果他的军队全军覆没,那么华盛顿能否安然无恙。在另一封

---

① 托马斯·J. 杰克逊暂时占领了马纳萨斯中转站,破坏了当地的交通。——编者注
② 一般认为,第二次布尔河战役发生于1862年8月29日至1862年8月30日。——编者注
③ 海约翰:《书信与日记》,第1卷,第62页。——原注

第二次布尔河战役

联邦军战败撤退

信中，他说自己对波托马克军没有信心，并且将领对他也没有信心。与此同时，在亚历山大，乔治·B.麦克莱伦给妻子内莉·麦克莱伦写了一封信，说："我并不认为叛军会逼近华盛顿。华盛顿是安全的。我如果能悄悄回到华盛顿，那么会给你送一些财物。"[①]

第8节 乔治·B.麦克莱伦重获指挥权

1862年9月2日，华盛顿被笼罩在一片焦虑中。清晨，约翰·波普来信称，军队士气低落，并且波托马克军中的许多团非常涣散。他说："如果不采取措施整顿军纪，那么军队可能会悄无声息地解散。"亚伯拉罕·林肯很快想出了补救方法。他虽然知道自己会遭到反对或收到谏言，但还是指派被剥夺了实权的乔治·B.麦克莱伦，命他率所有将士保卫华盛顿[②]。亨利·哈勒克命约翰·波普率军靠近或进入防御工事。随后，约翰·波普将军权交给了乔治·B.麦克莱伦。由于"华盛顿岌岌可危"，亨利·哈勒克命所有可用军队即刻前往华盛顿。接到命令后，一支炮艇舰队立即沿河上行，停泊在华盛顿附近。民政部门的所有职员和政府大楼里的所有雇员应招入伍，共同保卫华盛顿。哥伦比亚特区禁止售卖烈酒。此刻，每个人都显得焦虑不安。

接到命令后，乔治·B.麦克莱伦迫不及待地前往军营。途中，乔治·B.麦克莱伦遇到了雅各布·多尔森·考克斯，向他说道："看，我又获得了指挥权。"雅各布·多尔森·考克斯向他表示了热烈祝贺。两人一起前行，直到遇到了行进的队伍。队伍最前面是约翰·波普和欧文·麦克道尔。当士兵得知乔治·B.麦克莱伦重获指挥权时，立即"欢呼雀跃"。士兵的信任使乔治·B.麦克莱伦深

---

① 美国内战中，第二次布尔河战役是最具争议性的一场战役。南方邦联军取得了辉煌胜利，而北方联邦军惨败。战败责任落在了几位联邦军官身上。约翰·波普并不是一位能担重任的大将。此外，大量证据表明，乔治·B.麦克莱伦一直没有派援军支援约翰·波普。他和一些将领对约翰·波普充满敌意。第二次布尔河战役引发了著名的"菲茨·约翰·波特事件"，即乔治·B.麦克莱伦的好友菲茨·约翰·波特被指控违背军令，被解职，直到内战结束后才复职。——编者注

② 乔治·B.麦克莱伦率波托马克军从哈里森栈桥向亚历山大行进。其中，一些队伍已不受他指挥，跟随约翰·波普参加了第二次布尔河战役。据称，因为部分队伍被约翰·波普扣留，乔治·B.麦克莱伦被迫推迟了从弗吉尼亚半岛到亚历山大的行动。但有趣的是，乔治·B.麦克莱伦在军中的影响力仍然很大。——编者注

第4章 《解放黑人奴隶宣言》

受鼓舞。他积极投入工作,充分发挥自己的组织才能,几天内就做好了作战准备。亚伯拉罕·林肯评价道:"乔治·B.麦克莱伦兢兢业业。停职反省后,现在的他斗志昂扬。"

1862年9月2日的内阁会议上响起了反对乔治·B.麦克莱伦的声音。埃德温·斯坦顿很激动,尽力压低声音讲话①。萨蒙·P.蔡斯认为,乔治·B.麦克莱伦曾是一名失败的军事指挥官,没有及时支援约翰·波普,这一点证明他不值得被信任。在日记中,萨蒙·P.蔡斯写道:"我可以肯定地说,将指挥权交到乔治·B.麦克莱伦手中,相当于将华盛顿交到叛军手中。"除了不在华盛顿的威廉·H.苏厄德,国会其他成员和蒙哥马利·布莱尔"一致同意"萨蒙·P.蔡斯的观点。亚伯拉罕·林肯非常为难,表示"自己愿意辞职,但找不到比乔治·B.麦克莱伦更胜任目前工作的将领"。萨蒙·P.蔡斯回答道:"与乔治·B.麦克莱伦相比,约瑟夫·胡克、查尔斯·萨姆纳或安布罗斯·伯恩赛德可以做得更好。"②

约瑟夫·胡克
(1814—1879)

亚伯拉罕·林肯虽然将军队的指挥权交给了安布罗斯·伯恩赛德,但依然坚持对萨蒙·P.蔡斯说道:"虽然这样的安排能让您和战争部不再反对乔治·B.麦克莱伦,但我依然认为,没有人能比乔治·B.麦克莱伦更适合领导军队。"

在1862年9月4日的内阁会议上,除了蒙哥马利·布莱尔,其他人一致反对乔治·B.麦克莱伦,几乎要公然抨击亚伯拉罕·林肯,指责他恢复了乔治·B.麦克莱伦的指挥权。1862年9月5日,亚伯拉罕·林肯对海约翰说:"虽然乔治·B.麦克莱伦最近的表现很糟糕,但我们必须重新任用他。在控制防御工事和组建军队方面,军中没有人能做到他的一半……毫无疑问,乔治·B.麦克莱伦对约翰·波普的态度确实不对。他希望约翰·波普失败,这是不可原谅的。

---

① 《海军部部长吉迪恩·韦尔斯的日记》,第1卷,第104页。——原注
② 罗伯特·沃登:《萨蒙·P.蔡斯传》,第459页。——原注

但现在他非常重要，我们不能牺牲他。"后来，亚伯拉罕·林肯说："乔治·B.麦克莱伦虽然不会打仗，但擅长组织他人备战。"①

有情报称，罗伯特·E.李正率军渡过波托马克河，打算进入马里兰州。因此，联邦政府必须派军追击罗伯特·E.李，并且指定一名指挥官。亚伯拉罕·林肯对乔治·B.麦克莱伦说："将军，由你出任战场指挥官。"约翰·波普接到了解除职务的命令②。

战争结束后，指出军事行动中犯的错很容易。当时的一些记载表明，亚伯拉罕·林肯非常信任亨利·哈勒克和约翰·波普，将希望寄托在了靠不住的人的身上。吉迪恩·韦尔斯认为，亨利·哈勒克"瞻前顾后，犹豫不决"，不"具备决断力"，"几乎没有军事才能"。在西部时，安德鲁·赫尔·富特是亨利·哈勒克的下属。他认为亨利·哈勒克"没有军事才能，但可能会成为一名优秀的政府官员"。蒙哥马利·布莱尔很了解约翰·波普。在1862年9月2日的内阁会议上，蒙哥马利·布莱尔说："约翰·波普喜欢吹嘘和说谎，虽然勇敢，但没有谋略。"在1862年9月12日的会议上，蒙哥马利·布莱尔称，"不应将指挥权交给"约翰·波普，还说："乔治·B.麦克莱伦尽管有做的不对的地方，却是所有将领中最优秀的一个……我们不乏能干的军官。因此，我们应该将他们找出来，委以重任。战争部部长有义务挖掘人才。"蒙哥马利·布莱尔想到的一个合适人选是威廉·特库姆塞·谢尔曼③。

第9节 罗伯特·E.李进军马里兰州

与此同时，詹姆斯·朗斯特里特见到了罗伯特·E.李。以前，罗伯特·E.李是一名体格健硕、士气高昂的士兵，每一次行动中总会冲在最前面，显示出机

---

① 海约翰：《书信与日记》，第1卷，第64页。——原注
② 约翰·波普率领的弗吉尼亚军随即解散。约翰·波普成为西北边疆的军队指挥官，总部设在圣保罗。他觉得华盛顿的人对他都很不友好，包括亚伯拉罕·林肯。在西北地区，约翰·波普很有作为，使当地居民免受印第安人的骚扰。——编者注
③ 《海军部部长吉迪恩·韦尔斯的日记》，第1卷，第104页、第119页、第120页、第125页、第126页。詹姆斯·福特·罗德斯：《美国史》，第4卷。——原注

第4章 《解放黑人奴隶宣言》

警勇猛的男子气概。现在，他像一名坐在教室里的学生，专注地看着地图和文件。遇到不理解的地方，他经常会请教詹姆斯·朗斯特里特，然后找到切入点。当时，在尚蒂利①，罗伯特·E.李正面临一个困局。他并不打算在华盛顿附近的防御工事中进攻北方联邦军，因为现有军队无法包围北方联邦军，军队的供给也没有保障。罗伯特·E.李要么撤到一个更具优势的阵地，要么进军马里兰州。马里兰州和弗吉尼亚州同气连枝。罗伯特·E.李认为，在马里兰州作战对自己更有利。但所有迹象表明，罗伯特·E.李更有可能"随时进攻北方联邦军"。他如果进攻马里兰州取得成功，那么就会进军宾夕法尼亚州。也许他会在作战时消灭乔治·B.麦克莱伦"兵力衰弱、士气低落的"军队，取得胜利。然而，罗伯特·E.李的士兵衣衫褴褛，一些人甚至没有鞋子。南方邦联军缺乏"物资储备，无力前行"。罗伯特·E.李写道："尽管这样，我们也不能停下来。"他决定渡过波托马克河。除了"弹药和物资储备"，他没有任何需要担心的事。罗伯特·E.李渴望获得别人的理解，于是，与詹姆斯·朗斯特里特聊到了美墨战争。在美墨战争中，威廉·J.沃思的军队"在吃了两天烤玉米和青橙的情况下，绕蒙特雷市"行军。詹姆斯·朗斯特里特认为，南方邦联军完全可以依赖"马里兰州长满玉米和水果的田地"补充物资。

1862年9月3日，罗伯特·E.李开始向北行军。1862年9月4日，他写信给杰斐逊·戴维斯，说："如果您不反对，那么我会向马里兰州进发。"但在罗伯特·E.李的信到达里士满前，北弗吉尼亚军已越过波托马克河，高歌"马里兰州，我的马里兰州"，向弗雷德里克进军。1862年9月6日，托马斯·J.杰克逊带领的先锋部队到达弗雷德里克。

罗伯特·E.李渡过波托马克河的目的之一是，给马里兰州人"解放自我的机会"。因此，他向马里兰州人发表了讲话，称南方邦联"非常理解"他们犯的错误，"看到姊妹州——马里兰州被剥夺了所有权力，沦为战败州时，心中无比愤慨。""帮助你们挣脱枷锁"是我们进军的目的。但罗伯特·E.李很快意识到，马里兰州人虽然受到了压迫，但完全没有起义的意愿。无人响应的后果是，他无法获得军需品。罗伯特·E.李决定采购物资，但用的都是南方邦联的货币或借据。

---

① 尚蒂利位于美国弗吉尼亚州北部。1862年9月1日，尚蒂利战役爆发。——译者注

农民、磨坊主和牧民不愿收南方邦联的货币或借据，因此，不愿将小麦、面粉和牲畜卖给南方邦联军。罗伯特·E.李曾打败乔治·B.麦克莱伦和约翰·波普，却无法让农民打麦，让磨坊主磨面，更无法阻止牧民将牲畜赶到宾夕法尼亚州。弗雷德里克的市民根本不欢迎南方邦联军，纷纷关闭了店门。

罗伯特·E.李希望，南方邦联能够与北方联邦和人民和平解决争端，条件是北方联邦必须承认南方各州独立。民主党拒绝了他的提议。这可能有助于民主党在即将到来的秋季选举中胜出。届时，南方会选出新的众议院成员，而民主党人可能会宣布终止冲突。罗伯特·E.李不打算进攻华盛顿和巴尔的摩，但可能会进攻哈里斯堡或摧毁横跨萨斯奎汉纳河的宾夕法尼亚铁路长桥。由于巴尔的摩和俄亥俄州之间的交通已被切断，一旦宾夕法尼亚铁路长桥被毁，萨斯奎汉纳河两岸的各州就只能通过沿河铁路连接。

与此同时，罗伯特·E.李如果将北方联邦军驱逐出华盛顿，并且击败北方联邦军，那么就可以阻止其撤退到华盛顿的战壕中。内战期间，南方邦联的前景从未如此光明。1862年8月30日，埃德蒙·柯比·史密斯打败了肯塔基州的一支北方联邦军，占领了列克星敦。路易斯维尔和辛辛那提岌岌可危。埃德蒙·柯比·史密斯派一支军队前往临近辛辛那提的肯塔基州郊区的卡温顿。布拉克斯顿·布拉格率大军躲开了乔治·P.比尔，向北前往路易斯维尔，希望肯塔基州同意加入邦联。辛辛那提和路易斯维尔的人陷入一片不安与惊慌中。

罗伯特·E.李发现，自己不能再指望邦联政府了。于是，为获得足够的面粉供应，他决定在谢南多厄河谷开辟一条交通路线。然而，一支北方联邦军驻守在哈珀斯费里①。按照军事类书籍中的作战方针，当南方邦联军渡过波托马克河时，北方联邦军就应该放弃哈珀斯费里。罗伯特·E.李曾想过撤离谢南多厄河谷。当时，乔治·B.麦克莱伦建议放弃哈珀斯费里，但亨利·哈勒克拒绝了他的建议。1862年9月10日，罗伯特·E.李被迫兵分两路。一路由托马斯·J.杰克逊指挥，从北方联邦军后方进入弗吉尼亚州，攻克了哈珀斯费里；另一路跟随詹姆斯·朗斯特里特前往黑格斯敦。

北方立刻陷入恐慌。华盛顿和巴尔的摩的安全受到了罗伯特·E.李的威胁。

---

① 内战期间，哈珀斯费里位于谢南多厄河谷与波托马克河的交汇处，拥有军械库。因此，北方联邦和南方邦联都想得到哈珀斯费里。——译者注

第 4 章 《解放黑人奴隶宣言》

辛辛那提

哈里斯堡和费城的安全也受到他的威胁。另外，布拉克斯顿·布拉格威胁着路易斯维尔和辛辛那提。面对层层威胁，最冷静的人也会感到紧张。掌握了相关消息的人比普通民众更焦虑，尤其是联邦内部委员会的成员。南方邦联军的兵力虽然被夸大了，但凭借其行动力和天才将领，实力依然不容小觑。罗伯特·E.李、托马斯·J.杰克逊和詹姆斯·朗斯特里特率五万五千名士兵，昂首阔步、信心十足地离开了弗雷德里克。北方人彻底陷入恐慌，如同一个濒临灭绝的群体。在华盛顿，人们不再担心固若金汤的首都是否安全，而是担心宏伟的事业就此终结。埃德温·斯坦顿最担心的是，南方邦联军可能会切断华盛顿与北方各州的通信。他的不安很快流露了出来。"亚伯拉罕·林肯说自己感觉很不好""非常困惑和苦恼"[1]。纽约市的人"惊慌失措"。离开弗雷德里克后，罗伯特·E.李直接去了宾夕法尼亚州。边境州的农民送走了妇女、儿童，赶走了牲畜，武装起来准备

---

[1] 罗伯特·沃登：《萨蒙·P.蔡斯传》，第 466 页。——原注

抵抗南方骑兵，保卫自己的家园。在信中，哈里斯堡的宾夕法尼亚州州长安德鲁·格雷格·柯廷表示，非常担心华盛顿。他集结了五万名民兵，打算保卫宾夕法尼亚州。费城人民的言论正如一个富庶城市的民众陷入恐慌时所说的话。吉迪恩·韦尔斯写道："整个国家显得消沉绝望。然而，显而易见的是，乔治·B.麦克莱伦的复职给军队带来了活力和希望。官兵团结在乔治·B.麦克莱伦的周围，宣誓追随他。"[①]只有乔治·B.麦克莱伦及其军队才能扭转现在的局面。

安德鲁·格雷格·柯廷
（1815/1817—1894）

1862年9月5日，乔治·B.麦克莱伦命军队从华盛顿出发。1862年9月7日，他也启程了。他必须改编自己的军队，保护巴尔的摩和华盛顿。乔治·B.麦克莱伦向来比较谨慎，加上不确定南方邦联军的动向，因此，一直缓慢行军。乔治·米德写道："最近的战事大大挫伤了我军的士气。南方邦联军的士气却节节攀升。"然而，好运降临到了乔治·B.麦克莱伦身上。罗伯特·E.李向三位将军下达了书面命令，命令中写明了南方邦联军的部署和行军方案。一位将军"将命令放在衣服里面的口袋里"；另一位将军詹姆斯·朗斯特里特记住了命令。"然后将这份书面命令吞了下去"；第三份命令丢失了。北方联邦军的一名列兵捡到了第三份命令，立刻将其交给了乔治·B.麦克莱伦。乔治·B.麦克莱伦给亚伯拉罕·林肯发了电报，兴奋之情流露在了电报的行文中。他说："我拿到了叛军的所有部署安排。如果我军能够很好地应对这次战事，那么我们就能胜券在握。"

乔治·B.麦克莱伦的行动力很强，但与罗伯特·E.李或托马斯·J.杰克逊在类似情况下表现出来的行动力不同。乔治·B.麦克莱伦继续率军前行。1862年9月14日，北方联邦军赢得了南山战役，打通了南山山麓到安蒂特姆战场的

[①] 《海军部部长吉迪恩·韦尔斯的日记》，第1卷，第129页。——原注

道路①。此次胜利重振了北方联邦军的士气,鼓舞了亚伯拉罕·林肯和北方人。然而,乔治·B.麦克莱伦并没有为哈珀斯费里的驻军解围。

第三份丢失的命令被送往乔治·B.麦克莱伦处时,一位忠于南方邦联的公民也在场。他知道这份命令对南方邦联的重要性,于是赶往前线,在夜幕降临后,将消息告诉了一名邦联骑兵军官。该军官立即将消息告诉了南方邦联指挥官。1862年9月14日天亮前,罗伯特·E.李得知了消息。他对乔治·B.麦克莱伦的疾速行军感到沮丧和不安。罗伯特·E.李率军离开了黑格斯敦,打算阻止北方联邦军越过南山,占领安蒂特姆河后面的夏普斯堡附近的据点。按照南方邦联军的部署安排,托马斯·J.杰克逊和攻克哈珀斯费里的分遣部队完成任务后,会直接前去与大军会合。罗伯特·E.李兵力微弱,正在等待托马斯·J.杰克逊和分遣部队的到来。至此,罗伯特·E.李进军马里兰州的计划宣告失败。现实打败了他。现在,他只能通过一次决定性的胜利恢复自己的威望。费城和哈里斯堡已脱离危险。与此同时,罗伯特·E.李的军队身处险境。

第10节 安蒂特姆战役

人们普遍认为,乔治·B.麦克莱伦应该在哈珀斯费里的分遣部队与罗伯特·E.李会合前,进攻罗伯特·E.李,而不是等到1862年9月17日,迎战整个南方邦联军。1862年9月17日,安蒂特姆战役爆发。罗伯特·E.李的"进攻孤立无援,枉费心力"。七万五千名联邦士兵对阵五万一千名邦联士兵。罗伯特·E.李对自己相对弱势的兵力"过于苛求"了。北方联邦军的伤亡人数达一万一千六百人,与南方邦联军的伤亡人数差不多②。

---

① 南山战役中,南北双方都只有部分兵力参战。罗伯特·E.李知道计划已经泄露,因此,命詹姆斯·朗斯特里特和丹尼尔·哈维·希尔守住关口,协助他攻克哈珀斯费里,然后集结兵力进攻乔治·B.麦克莱伦。——编者注

② 托马斯·L.利弗莫尔:《南北战争中的人数与损失》,第92页。——原注
1862年9月13日,托马斯·J.杰克逊围攻哈珀斯费里。1862年9月15日,哈珀斯费里的北方联邦驻军投降。1862年9月17日,托马斯·J.杰克逊与罗伯特·E.李会合,展开了安蒂特姆战役。安蒂特姆战役的一个重要转折点是,1862年9月17日下午,留下清理哈珀斯费里的A.P.希尔赶到战场,在石桥遏制了安布罗斯·伯恩赛德的进攻。乔治·B.麦克莱伦并没有全军出动。1862年9月18日,战斗暂停,罗伯特·E.李有了喘息的机会。因此,乔治·B.麦克莱伦受到了多方谴责。——编者注

南山战役

南山战役中,联邦军攻下特纳斯山峡

最终，乔治·B.麦克莱伦获胜。1862年9月19日，罗伯特·E.李撤出战场，重新渡过波托马克河，进入弗吉尼亚州。当时，乔治·B.麦克莱伦本可以做得更多。但现在看来，只要乔治·B.麦克莱伦还是乔治·B.麦克莱伦，罗伯特·E.李还是罗伯特·E.李，就不可能有其他结果。尽管如此，对北方联邦军来说，战胜罗伯特·E.李依然是一件值得庆贺的事。乔治·B.麦克莱伦的大军自豪地穿过弗雷德里克的街头，唱着《留在我身后的女孩》，看起来像"一群溃不成军的逃犯"。安蒂特姆战役结束后，北方人由消沉变成振奋[1]。

第11节 《解放黑人奴隶宣言》发表

安蒂特姆战役的主要历史意义在于，为亚伯拉罕·林肯发表《解放黑人奴隶宣言》提供了保障。前文已提到，1862年7月22日，亚伯拉罕·林肯暂缓发表该宣言，希望在北方联邦军取得一次大捷后再发表。其间，亚伯拉罕·林肯为发表该宣言做了很多努力。他虽然已经做出了决定，但并没有将直接打击奴隶制绝对化，而是在正式发表《解放黑人奴隶宣言》后才决定。在1862年7月22日的内阁会议上，亚伯拉罕·林肯说明了自己的意图。在1862年9月22日的内阁会议上，他告诉顾问团，《解放黑人奴隶宣言》即将发表。亚伯拉罕·林肯竭力抓住所有机会，为宣布解放奴隶不懈努力。这一点从他的书信、正式会面和私下谈话中都可以看出来。面对奴隶制问题激进的一面，亚伯拉罕·林肯与保守派争辩道："只要有一人可以用，我就不会放弃战斗。"面对激进派，亚伯拉罕·林肯提出了保守的观点，强调要谨慎行事。他对筹办民族解放纪念仪式的牧师委员会说："我不想发布一则全世界都会看到，却注定无效的宣言。"

有人支持亚伯拉罕·林肯发表《解放黑人奴隶宣言》，也有人反对。亚伯拉罕·林肯与保守派和激进派进行了交谈，聆听他们的观点，与他们分析利害，给不同的人留下了不同的印象。亚伯拉罕·林肯的大部分言论是边想边说的。与意气相投或强词夺理的人交流时，他有很多机会反复考虑自己的想法，看到问题的各个方面。事实上，亚伯拉罕·林肯需要考虑的有很多。《宪法》赋予的战争

---

[1] 詹姆斯·福特·罗德斯：《美国史》，第4卷。——原注

在安蒂特姆战役中，联邦军向邦联军射击

在安蒂特姆战役中，联邦军炮击邦联军

乔治·B.麦克莱伦
遥望安蒂特姆战场

安蒂特姆战役

权是亚伯拉罕·林肯发表该宣言的正当依据。虽然很多高级军官强烈反对为黑人而战，但《解放黑人奴隶宣言》不仅有助于他们的军事行动，还可以激发奴隶对自由的渴望，使奴隶成为北方的支持者。这样一来，就可以削弱南方邦联军的实力，引导更多奴隶加入北方联邦军。在得到军官的认可后，亚伯拉罕·林肯的观点还必须确保得到北方人民的支持。可以肯定的是，激进派虽然吹毛求疵，但其的支持会转变成一股力量。在筹集人力和财力方面，激进派的影响力非常大。然而，亚伯拉罕·林肯不确定的是，普通百姓、主和的共和党人和好战的民主党人是否愿意支持《解放黑人奴隶宣言》。此外，一直支持联邦的边境蓄奴州可能会反对解放奴隶。对此，亚伯拉罕·林肯非常苦恼。"作为与不作为都面临重重困难。"与此同时，欧洲一定会支持亚伯拉罕·林肯的《解放黑人奴隶宣言》。当

《解放黑人奴隶宣言》

第4章 《解放黑人奴隶宣言》

横在南北阵营之间的真正问题被揭开时，英国和法兰西帝国必定不会承认南方邦联。然而，令人担忧的是，公然进行反奴隶制战争会重新激起民主党人的反对，给他们一个反对联邦政府的借口。但亚伯拉罕·林肯认为，民主党人的反对并不能阻碍重要时刻的到来，因为在北方，党派反对政府的现象司空见惯。总之，经过反复思考，亚伯拉罕·林肯终于打消了所有疑虑。他认为宣布解放奴隶是军情所迫，北方人会理解这一点。随着时间的推移，亚伯拉罕·林肯越来越坚信自己于1862年7月得出的结论，认为民意正在朝自己靠拢。

1862年9月22日，亚伯拉罕·林肯召集内阁，从阿蒂默思·沃德[①]寄给他的一本书中，选读了一篇题为《尤蒂卡的高压暴行》的故事。故事内容如下。

> 1856年秋，我在尤蒂卡进行表演。尤蒂卡是纽约州最大的城市之一。人们热烈欢迎我，并且报社对我大肆褒奖。一天，我像平常一样，站在华丽的舞台上讲述野兽与蛇的故事。忽然，我看到一个身材魁梧的年轻人。他走向装有《最后的晚餐》中的人物蜡像的笼子，抓住犹大蜡像的一只脚，将其拖了出去。然后，他开始狠狠地揍蜡像。这一幕让我感到震惊和厌恶。
>
> 我喊道："你到底在干什么？"
>
> 他说："你为什么将这个懦夫带到这里来？"然后又在犹大蜡像头上狠狠打了一拳。
>
> 我说："你这个恶棍，那只是一个象征叛徒的蜡像。"
>
> 他说："你说的很对。但我告诉你，犹大这种人绝对不会在公开场合露出本来面目。"话音未落，他已经在犹大蜡像的头砸了一个坑。
>
> 这个年轻人来自尤蒂卡的一个大家族。我向法院起诉了他。陪审团判他三级纵火罪。

亚伯拉罕·林肯觉得这个故事很有趣，非常开心地读着。除了埃德温·斯坦顿，其他内阁成员也一起笑着。随后，亚伯拉罕·林肯的语气变得严肃起来，谈起了

[①] 阿蒂默思·沃德（Artemus Ward，1834—1867），美国喜剧作家查尔斯·法勒·布朗的笔名。——译者注

1862年7月22日以来，自己的思想变化。亚伯拉罕·林肯说："现在，叛军被赶出了马里兰州。我将履行我对自己和上帝的承诺。我想让你们听听我写的内容，但不期望你们对此提出建议。因为我已下定决心。"随后，他宣读了《解放黑人奴隶宣言》："自1863年1月1日起，各州或某州指定地区的所有奴隶及参与反叛联邦的所有人，将永远自由。"[①] 对坚持奴隶制的州，亚伯拉罕·林肯重申了他的有偿解放和对重获自由的黑人的殖民化政策，并且表示，他会在适当的时候提议补偿叛乱州的忠诚公民的损失。除了蒙哥马利·布莱尔，内阁所有成员几乎都认可了该宣言。蒙哥马利·布莱尔认为，该宣言只是一项权宜之计，不能长久。

---

① 这只是一份拟写的《解放黑人奴隶宣言》。最终的宣言于1863年1月1日发表。在最终宣言中，亚伯拉罕·林肯的陈述为："凡叛乱各州或地区的奴隶，将永远自由。其他蓄奴地区奴隶的地位依旧不变。"因此，该宣言实际上并没有真正解放每一个奴隶，但为解放所有奴隶的宪法修正案奠定了基础，也为后来的战争走向制定了政策。——编者注

第5章 危机：北方联邦军接连失利

第1节 1862年秋季选举

1862年秋季的选举投票趋势似乎对亚伯拉罕·林肯不利。在1862年10月和1862年11月的选举中，纽约州、新泽西州、宾夕法尼亚州、俄亥俄州、印第安纳州、伊利诺伊州和威斯康星州表态反对亚伯拉罕·林肯。之前，除了新泽西州，其他州都投票支持亚伯拉罕·林肯。民主党人赢得了国会议员的支持。他们如果在其他州拥有多数席位，那么将控制下一届众议院。在失利的情形下，新英格兰、密歇根州、艾奥瓦州、加利福尼亚州、明尼苏达州、堪萨斯州、俄勒冈州和边界蓄奴州拯救了亚伯拉罕·林肯。亚伯拉罕·林肯失利的一个重要原因是《解放黑人奴隶宣言》的发表。为联邦而战变成了为黑人而战，很多人视其为一种耻辱。相反地，"《宪法》革新，联邦守旧"成为大众的普遍观点。此外，还有其他一些因素导致了亚伯拉罕·林肯的失利[1]。但造成各州不满的原因，主要是战场上一直没有传来捷报。虽然安蒂特姆战役大捷令北方人欢欣鼓舞，但随后，罗伯特·E.李的大军重渡波托马克河，未损一兵一卒。如果乔治·B.麦克莱伦消灭了罗伯特·E.李的大军，乔治·P.比尔在肯塔基州大获全胜，那么亚伯拉罕·林肯一定会得到联邦各州的支持。

激进分子卡尔·舒尔茨的观点值得关注。通过他的观点，我们了解了亚伯拉罕·林肯受到的谴责。在军中，卡尔·舒尔茨写信给亚伯拉罕·林肯说"选举结果是对政府的严厉谴责"，并且政府应受到谴责。"政府将共和党人领导的主

---

[1] 詹姆斯·福特·罗德斯：《美国史》，第4卷，第164页、第176页。——原注

要军力置于南方邦联军的手中……在这场战争中，哪位共和党将军有过公平的机会？难道乔治·B.麦克莱伦、乔治·P.比尔、亨利·哈勒克和他们的属下心腹就没有提出过要求吗？政府是时候做出改变了。让我们接受全心全意作战的将军的指挥吧……让所有不能胜任指挥官的将军卸下盔甲吧……如果西点军校的将领难当大任，那么就让西点军校声名扫地吧。"① 另一名激进分子查尔斯·埃利奥特·诺顿写道："如果战场上捷报频传，那么秋季选举中的失败将对政府毫无影响。"②

第2节 辛辛那提的恐慌

当罗伯特·E.李在弗吉尼亚州推进南方邦联大业时，布拉克斯顿·布拉格和埃德蒙·柯比·史密斯正在肯塔基州展开行动，努力挽回南方邦联在西部的损失。埃德蒙·柯比·史密斯打败了北方联邦军，占领了列克星敦。列克星敦是亨利·克莱的家乡，也是国家花园——蓝草区的中心。印第安纳州州长奥利弗·P.莫顿发电报给战争部部长埃德温·斯坦顿说："失去列克星敦相当于失去肯塔基州的心脏，打通了前往俄亥俄河的道路。"埃德蒙·柯比·史密斯的军队确实威胁到了辛辛那提和路易斯维尔，给当地人造成了巨大恐慌。辛辛那提宣布军事管制，关闭了所有商铺，责令暂停所有交易。所有能打仗和能干活的人受命聚集在投票处，以便进行军事演习或劳动。街上的汽车停了下来，人们排成长队进行操练。其中，不乏名流、部长、法官等，许多人年过四十五岁。据说，一家报社发表了反动言论，但很快遭到了镇压。俄亥俄州州长戴维·托德赶到辛辛那提，

戴维·托德
(1805—1868)

---

① 《卡尔·舒尔茨的发言、书信和报告》，第1卷，第209页、第210页、第211页、第217页、第218页。——原注
② 《查尔斯·埃利奥特·诺顿的书信》，第1卷，第258页。——原注

号召所有忠于联邦的人参军入伍。与此同时，埃德蒙·柯比·史密斯派一支小分队驻扎在距辛辛那提几英里的地方。恐慌笼罩着整个辛辛那提。清晨，号声响起，戴维·托德召集民兵武装起来。数百名劳工领命加固战壕；妇女为即将到来的战役准备棉布和绷带。每个人都知道，战争已临近。在俄亥俄州，恐慌迅速蔓延开来。戴维·托德召集武装民兵的号令迅速得到回应。数千人带着双筒霰弹枪和小口径步枪涌进辛辛那提。后来，他们被称为步枪猎人。此时，埃德蒙·柯比·史密斯认为自己没有足够军力进攻辛辛那提。在等待布拉克斯顿·布拉格的军队期间，埃德蒙·柯比·史密斯撤回了部分小分队。辛辛那提的人如释重负。

为争夺路易斯维尔，布拉克斯顿·布拉格与乔治·P.比尔展开了一场较量。南方邦联军的行军路线较短，暂时领先，驻扎在路易斯维尔和北方联邦军之间。布拉克斯顿·布拉格如果全速前进，可能已攻克路易斯维尔了，但他拖延了。也许是由于战事的重担让他心生畏惧，对南方邦联军失去了信心，不愿继续前行。与此同时，乔治·P.比尔来到布拉克斯顿·布拉格的后方。两军对峙，只要占据了有利据点，两位指挥官都想开战，但又不愿在自己选择的战场上冒险一战。随后，一场对抗演习开始。乔治·P.比尔担心开战会使路易斯维尔沦陷。布拉克斯顿·布拉格担心战争会折损兵力。双方的物资不充足，几乎都只剩三天的物资。布拉克斯顿·布拉格离开了正北方向的大道。乔治·P.比尔一路畅通，迅速进入了路易斯维尔。因此，南方邦联军进军肯塔基州的计划失败了，进军马里兰州的计划也失败了。两次失败的主要原因是，在南方邦联军选择进军的地区，大部分人支持北方联邦。布拉克斯顿·布拉格写道："我们必须放弃肯塔基州的蓝草区，任其自由发展。肯塔基人对安逸生活的热爱和对损失金钱的恐惧，是导致我们失败的最大原因。"

第3节 乔治·P.比尔和奥利弗·P.莫顿

路易斯维尔已脱离危险。于是，乔治·P.比尔乘胜追击。在佩里维尔，两军进行了一场恶战，双方将军都声称自己赢了[①]。1862年10月9日，布拉克斯

[①] 1862年10月8日，佩里维尔战役爆发。——编者注

佩里维尔战役

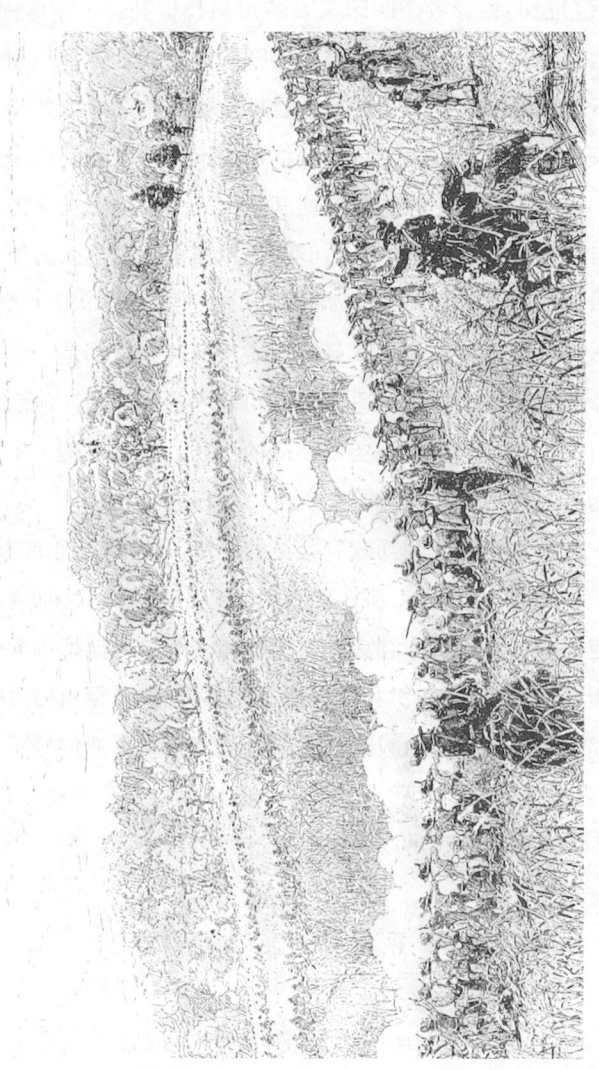

佩里维尔战役中联邦军在玉米田里作战

顿·布拉格率军撤退，向南行进。乔治·P. 比尔没有全力追击，也没有追上南方邦联军，但将南方邦联军赶出了肯塔基州。

因为东部的激进派反对乔治·B. 麦克莱伦，所以西部的激进派反对乔治·P. 比尔。激进派有自己的领导者，即印第安纳州州长奥利弗·P. 莫顿。奥利弗·P. 莫顿是好战的西部各州州长中最出众、最活跃的州长。北方各州州长是影响初期战事的重要因素。联邦政府要想实现征兵目标，必须依靠北方各州州长，并且在一定程度上依赖他们的装备。由于印第安纳州的地理位置和其边境民主党人的强烈反对，奥利弗·P. 莫顿要克服的困难比其他州长多。奥利弗·P. 莫顿全身心投入战斗，希望自己为州政府付出的努力能够在军事上体现出来。他毫不掩饰自己对乔治·P. 比尔的蔑视，甚至在与华盛顿联邦政府的通信中，公然指责乔治·P. 比尔"支持反叛"。虽然奥利弗·P. 莫顿廉洁，但其副官都是一些粗俗狡诈的小人。奥利弗·P. 莫顿测试副官是否适合文职和军职的标准是，他们对自己是否忠诚或绝对服从自己，而不是内在诚实、高尚的品质。他视乔治·P. 比尔为对手，认为打垮不能为自己所用的人是对国家负责，对自己负责。

亚伯拉罕·林肯意识到了联邦政府人员的不满。1862 年 10 月 16 日，他提议，如果更换指挥官是最好的办法，那么现在时机已经成熟。亚伯拉罕·林肯对乔治·P. 比尔的拖延心怀不满。奥利弗·P. 莫顿和埃德温·斯坦顿向他不断施压，再加上俄亥俄州、印第安纳州和伊利诺伊州的民意，亚伯拉罕·林肯决定更换主将。于是，乔治·P. 比尔被撤职，由威廉·罗斯克兰斯接替。亚伯拉罕·林肯的这个决定是错误的。内战结束十四年后，尤利西斯·S. 格兰特发表的观点无疑是合理的。他说："乔治·P. 比尔的天赋足以令他担任最高指挥官。"①

第 4 节 乔治·B. 麦克莱伦被罢免

现在，如果波托马克河两岸的情形发生转变，联邦军的主将换成乔治·B. 麦克莱伦，那么他最后采取的行动也是一样的。由于乔治·B. 麦克莱伦没有及时发起攻击，亚伯拉罕·林肯和北方人对此很失望。1862 年 10 月 1 日，亚伯拉

---

① 詹姆斯·福特·罗德斯：《美国史》，第 4 卷。威廉·福克：《奥利弗·P. 莫顿传》，第 1 卷。——原注

罕·林肯前去看望乔治·B.麦克莱伦,在军中待了三天。其间,亚伯拉罕·林肯召集各将领举行了会议。经多方观察,他命乔治·B.麦克莱伦回到华盛顿后,"渡过波托马克河,向南方邦联军开战或驱其南下"。然而,乔治·B.麦克莱伦迟迟没有行动,一心想着"待万事俱备"。在1862年10月13的日记中,吉迪恩·韦尔斯写下了"令人痛心的情报:叛军的骑兵部队围着凯旋的波托马克军绕了一圈,先从其上方渡河……然后从乔治·B.麦克莱伦和我军的下方再次渡河"①。乔治·米德写道:"对乔治·B.麦克莱伦来说,这是个耻辱。我担心此次战役会对他造成严重伤害。"②

1862年10月22日,在日记中,吉迪恩·韦尔斯写道:"安蒂特姆战役结束一个多月后,北方联邦军安静地待在营地休整。所有北方人都很焦虑,却无计可施……乔治·B.麦克莱伦按兵不动,应了对手之前的断言。亚伯拉罕·林肯称之为'迟迟未动',这令乔治·B.麦克莱伦非常苦恼。"③乔治·米德非常敬重乔治·B.麦克莱伦,但认为"他过于谨慎小心,如果能稍微果断一点,那么威望可能会更大"④。1862年10月26日,十一万六千名北方联邦军士兵开始渡过波托马克河。1862年11月1日,最后一支队伍顺利渡河。南方邦联军迅速后撤。1862年11月7日,北方联邦军集结在沃伦顿附近,并且从亚伯拉罕·林肯那儿得知,乔治·B.麦克莱伦已被罢免,由安布罗斯·伯恩赛德担任北方联邦军总指挥。1862年11月8日,乔治·米德写道:"全军上下士气低落。据说,安布罗斯·伯恩赛德像孩子一样号啕大哭,公开说自己不适合担任此职。现在,只有乔治·B.麦克莱伦能掌控集结的大军。"⑤以埃德温·斯坦顿和萨蒙·P.蔡斯为首的激进派不断向亚伯拉罕·林肯施压,影响了罢免乔治·B.麦克莱伦的决议。除非亚伯拉罕·林肯和埃德温·斯坦顿找到具备同样指挥能力的将领,否则不应罢免乔治·B.麦克莱伦。亚伯拉罕·林肯逐渐意识到确实应该如此做。在给卡尔·舒尔茨的一封信中,亚伯拉罕·林肯说"战争需要的是军事知识",而不是"政治

---

① 《海军部部长吉迪恩·韦尔斯的日记》,第1卷,第169页。——原注
② 《乔治·米德传》,第1卷,第320页。第318页记有乔治·B.麦克莱伦的部分辩解。——原注
③ 《海军部部长吉迪恩·韦尔斯的日记》,第1卷,第176页、第177页。——原注
④ 《乔治·米德传》,第1卷,第319页。——原注
⑤ 《乔治·米德传》,第1卷,第326页。——原注

关系"①。激进派参议员本杰明·韦德向亚伯拉罕·林肯施压,要求罢免乔治·B.麦克莱伦。亚伯拉罕·林肯对本杰明·韦德说:"请换位思考一下。我如果罢免了乔治·B.麦克莱伦,那么应该任命谁担任此职呢?"本杰明·韦德说:"任何人都可以。"亚伯拉罕·林肯回复道:"选谁对你来说都行,但对我来说不行。我必须慎重选择。"②

乔治·米德和约翰·F.雷诺兹及军队的其他将军前来拜访乔治·B.麦克莱伦,对他的离去表示遗憾,并且"真诚希望他能尽快回来"。乔治·米德写道:"乔治·B.麦克莱伦非常感动,差一点儿涕泪交零。他说离开军队是对他最沉重的打击。"乔治·米德还说:"大军士气大减。"事后,弗朗西斯·A.沃克写道:"官兵都认为,一个能牵动大军心弦的人绝不是平庸之辈,一个能重创约瑟夫·E.约翰斯顿和罗伯特·E.李的将军也不是等闲之辈。"与南方邦联军交战时,乔治·B.麦克莱伦军队的伤亡人数也许证明了弗朗西斯·A.沃克的说法。几乎每场战役中,南方邦联军的伤亡人数都超过了乔治·B.麦克莱伦军队的伤亡人数。北方联邦军的后备军力多于南方。因此,在北方联邦军能够继续作战的情况下,南方邦联军如果继续大规模伤亡,定会走投无路。弗朗西斯·温斯罗普·帕尔弗里写道:"虽然南方邦联军方兴未艾,军队规模庞大,但乔治·B.麦克莱伦运筹帷幄,重创了南方邦联军,战绩骄人。"

内战结束十四年后,尤利西斯·S.格兰特坦率的语录具有重要意义。尤利西斯·S.格兰特说,评论乔治·B.麦克莱伦时应考虑到,战争期间,焦虑的人民和国会都盯着他;他肩负着重任。"如果乔治·B.麦克莱伦没有获胜,那么可能是因为获胜的条件尚不充分。如果他能像威廉·特库姆塞·谢尔曼、乔治·亨利·托马斯或乔治·米德一样作战,如果他能一路浴血奋战,那么我断然不会认为他毫无功绩。"罢免乔治·B.麦克莱伦十九天后,亚伯拉罕·林肯承认自己做错了。在给卡尔·舒尔茨的信中,亚伯拉罕·林肯写道:"我确实对乔治·P.比尔和乔治·B.麦克莱伦的按兵不动心存不满。在罢免他们前,我非常担心找不到能够胜任的继任者。很抱歉,我必须说,此后我的忧虑从未减少半分。"③

---

① 《卡尔·舒尔茨的发言、书信和报告》,第1卷,第213页。——原注
② 海伦·尼古拉:《林肯的个人特质》,第255页。——原注
③ 《卡尔·舒尔茨的发言、书信和报告》,第1卷,第220页。——原注

第5节 安布罗斯·伯恩赛德

亚伯拉罕·林肯虽然认为必须从政治角度出发,做出正确决定,但在选择乔治·B.麦克莱伦的继任者一事上,他本可以行使自由裁量权。一个撤退到剑桥的激进分子经过深思熟虑后提议进行考评。1865年1月,威廉·特库姆塞·谢尔曼申请考评[①]。亚伯拉罕·林肯、埃德温·斯坦顿和亨利·哈勒克应认真考虑进行考评。"安布罗斯·伯恩赛德也许能够在战场上指挥十万人,但他真的能做到吗?"[②] 他无法证明自己适合担任总指挥一职,也拒绝了两次,并且再三告诉亚伯拉罕·林肯和埃德温·斯坦顿,说自己不能胜任总指挥一职,乔治·B.麦克莱伦才是该职位的最佳人选。如果只是要求安布罗斯·伯恩赛德接受任命,那么他一定会拒绝。但当晋升的命令下达时,他必须服从命令。

约翰·C.罗普斯认为,总指挥一职应由威廉·B.富兰克林担任[③]。乔治·米德、约翰·F.雷诺兹或安德鲁·A.汉弗莱斯可能都在亚伯拉罕·林肯的考虑范围内。乔治·米德曾在七日战役中担任旅长,战绩显著。安蒂特姆战役中,他在战火"最密集"的时刻率兵作战。在约瑟夫·胡克受伤时,乔治·B.麦克莱伦命乔治·米德指挥军队。战后,当亚伯拉罕·林肯巡视安蒂特姆时,乔治·米德陪同亚伯拉罕·林肯和乔治·B.麦克莱伦视察了战场。其间,乔治·B.麦克莱伦高度赞扬了乔治·米德的工作[④]。令人惊讶的是,乔治·米德虽然给亚伯拉罕·林肯留下了好印象,并且乔治·B.麦克莱伦对他赞赏有加,但并未成为波托马克军将领的候选人。在这个关键时刻,他可能已经证明了自己的能力,就像他八个月后做的那样[⑤]。

安布罗斯·伯恩赛德品格高尚,性情温和,值得拥有更好的人生,但在任总指挥的八十天里一直闷闷不乐。很快,他的表现证明他无法胜任总指挥一职,甚至常常显得很无能。罢免乔治·B.麦克莱伦意味着激进分子占了上风。下次

---

① 1865年1月22日,在写给参议员的信中,威廉·特库姆塞·谢尔曼说:"在战斗中,我统率十万人,行军果断坚定,指挥得当,有口皆碑。"《威廉·特库姆塞·谢尔曼将军与参议员的通信》,第246页。——原注
② 《查尔斯·埃利奥特·诺顿的书信》,第1卷,第258页。——原注
③ 约翰·C.罗普斯:《美国内战史》,第2卷,第442页。——原注
④ 《乔治·米德传》,第1卷,第317页。——原注
⑤ 《乔治·米德传》,第1卷,第330页。——原注

作战时，北方联邦军可能会发起一场猛攻。安布罗斯·伯恩赛德赞成主动出击，但他和亚伯拉罕·林肯都没有充分考虑到敌方指挥官的文韬武略。

第6节 弗雷德里克斯堡战役

1862年11月的最后一个星期，安布罗斯·伯恩赛德率十一万三千名精兵强将驻扎在拉帕汉诺克河的北岸，正对着弗雷德里克斯堡。弗雷德里克斯堡驻扎着罗伯特·E.李的拥有七万两千名士兵的大军。安布罗斯·伯恩赛德提议渡河，并且决定进攻南方邦联军。对罗伯特·E.李来说，北方联邦军的任何举动都在他的预料中。开战前一天晚上，安布罗斯·伯恩赛德意识到自己能力不足，心存畏惧，变得越来越任性、急躁、鲁莽。他稀里糊涂地想出了一个华而不实的计划，下令左翼军发起进攻。这种作战方式必败无疑。更疯狂的是，他派右翼军展开了无用的杀戮。随后这些队伍缓慢有序地撤退了，许多士兵"歌唱欢呼"，战斗就这样结束了。南方邦联军伤亡五千三百零九人，而北方联邦军伤亡一万两千六百五十三人[1]。

1862年12月14日，安布罗斯·伯恩赛德非常悲痛，指着拉帕汉诺克河对岸战死的士兵，哀叹道："哎，将士们！对岸的将士们！我无时无刻不在想你们。"一怒之下，安布罗斯·伯恩赛德想出了一个孤注一掷的计划。他打算亲自率领旧部——第九团，进攻防御工事中的南方邦联军。南方邦联军毁灭性攻击了北方联邦军的右翼。查尔斯·萨姆纳、威廉·B.富兰克林和其他军队的将领曾劝安布罗斯·伯恩赛德不要这样做。1862年12月15日晚，狂风四起，暴雨骤下，安布罗斯·伯恩赛德顺利将大军撤到了拉帕汉诺克河北岸。

安布罗斯·伯恩赛德军队死伤和失踪的人数很多，但与士气锐减相比，军队战斗力的折损并不重要。官兵觉得自己做了无谓牺牲，不再信任指挥官。在检阅第二团时，达赖厄斯·N.库奇[2]和各师长要求士兵欢迎将领。当将领骑马经过列队，挥舞着手中的帽子或剑时，士兵没有任何欢迎之举，甚至冷嘲热讽。北方联邦军的士气持续衰落，将领纷纷卸任，士兵也连连退役[3]。

---

[1] 弗吉尼亚州的弗雷德里克斯堡战役爆发于1862年12月13日。——编者注
[2] 达赖厄斯·N.库奇，时任第二团指挥官。——原注
[3] 《乔治·米德传》，第1卷，第348页。——原注

第 5 章 危机：北方联邦军接连失利

亚伯拉罕·林肯心烦意乱①，对弗雷德里克斯堡的惨败感到非常沮丧。他必须和安布罗斯·伯恩赛德一起承担责任，因为安布罗斯·伯恩赛德是他任命的。1862 年 9 月，亚伯拉罕·林肯向内阁承认，自己正在失去北方的民心。他知道民心是成功的必要条件。我们也深知此理。此后，亚伯拉罕·林肯在投票选举中接连失利，战场上也没有捷报传来。更换总指挥的错误决定加剧了人们的沮丧。如果乔治·B.麦克莱伦重新担任总指挥，那么对安布罗斯·伯恩赛德倍感失望的士兵一定会欢呼雀跃。

得知弗雷德里克斯堡战役后，北方人民对无谓牺牲的将士悲痛不已。忧伤和消沉随之而来，与之相伴的还有浓厚的宗教色彩。在日记中，一位俄亥俄州议员写道："似乎是上帝帮助了叛军，让他们的事业得以延续。"之前，亚伯拉罕·林肯也曾表达过类似想法："我就是上帝手中一个谦卑的工具……如果我的努力失败了，那么我相信是上帝有意这样做的，但我不知道上帝的意图是什么。"②乔治·米德也说："看来上帝也针对我们。"③

安布罗斯·伯恩赛德认为，任职期间，自己殚精竭虑，制订了渡河计划，试图通过进攻南方邦联军扭转败局，但将领和士兵对他没有信心，反对该计划。此外，埃德温·斯坦顿和亨利·哈勒克办事效率低下，并且亚伯拉罕·林肯犹豫不决，甚至下达了限制令："军队的任何总攻行动都必须告知我。"在华盛顿，亚伯拉罕·林肯和安布罗斯·伯恩赛德见了面。当时，埃德温·斯坦顿和亨利·哈勒克也在场，但亚伯拉罕·林肯和威廉·H.苏厄德并没有提供及时的专业性建议，会议最终无果而终。随后，安布罗斯·伯恩赛德坚持渡河计划，想要再次开战。亚伯拉罕·林肯同意了他的计划，并且给了忠告，但与他曾给乔治·B.麦克莱伦的忠告大不相同。亚伯拉罕·林肯写信给安布罗斯·伯恩赛德说："谨慎些！不要认为国家或政府在逼迫你。"安布罗斯·伯恩赛德率军沿拉帕汉诺克河而上，行进了四英里。乔治·米德写道："船舶、大炮和所有物资及时跟进。我们都认为，第二天早上桥会被毁掉，我们应赶到那里。但谋事在人成事在天。"④1863 年 1

---

① 萨拉·F.休斯：《约翰·默里·福布斯书信回忆录》，第 1 卷，第 343 页。——原注
② 约翰·尼古拉、海约翰：《林肯全集》，第 2 卷，第 243 页。——原注
③ 《乔治·米德传》，第 1 卷，第 327 页。——原注
④ 《乔治·米德传》，第 1 卷，第 348 页。——原注

弗雷德里克斯堡战役

邦联军在石墙后面向联邦军射击

联邦军发起冲锋

罗伯特·E.李在弗雷德里克斯堡前线

月 19 日 21 时左右，一场可怕的暴雨袭来，并且持续了一整夜。接下来的两天，雨一直在下，道路泥泞不堪，行军无望①。然而，各种干扰因素对北方联邦军非常有利。安布罗斯·伯恩赛德率领士气低落的将士，打算进攻罗伯特·E. 李率领的整肃、忠诚的军队。这是一次无谓的牺牲。在军中，卡尔·舒尔茨给亚伯拉罕·林肯写信说："我确信士兵已陷入绝望。几位将领彻底丧失了对安布罗斯·伯恩赛德的信心。我听说，将领、副官和士兵都认为我们必败无疑，并且说：'所有努力和艰辛都是徒劳，我们最好还是回家吧。'此外，泥泞中，士兵紧紧挤在一起，疾病正以可怕的速度蔓延。令人灰心的种种因素使逃兵人数不断增加。你如果看到军队正以令人痛心的速度溃败，也不会感到惊讶。"

第 7 节　内阁危机

弗雷德里克斯堡战役的惨败导致了内阁危机②。国家的灾难需要有效的行政活动解围，这是英国和美国宪法之间的差异。亚伯拉罕·林肯是政府首脑、军队总司令。除了安布罗斯·伯恩赛德，需要对拉帕汉诺克河的挫败负责的还有亚伯拉罕·林肯。民主党人坦诚声明了这一点。在私下谈话和保密信中，共和党人也表达了类似观点，尽管他们在公开场合一直保持沉默。亚伯拉罕·林肯担任首脑时，如果美国政府与英国政府一样，那么国会可能会投票反对他。这样一来，亚伯拉罕·林肯可以辞职或解散议会，举行大选。1862 年 9 月 22 日，亚伯拉罕·林肯重申："如果我确信有人能比我获得更多民心，知道他可以通过《宪法》取代我，那么他可以取代我，我很乐意让位。我虽然认为自己没有以前那么深得民心，但综合考虑后，不知道谁能获得更多民心。除非有人比我更受人民拥戴，否则我绝不会辞职。我一定会坚守自己的岗位，尽全力承担责任，在自己认为正确的道路上前行。"③ 由于《宪法》的限制，在连续两次领导层的秘密会议上，共和党

---

① 1863 年 1 月 20 日至 1863 年 1 月 24 日，安布罗斯·伯恩赛德进行了著名的"泥中行军"。大部分队伍抵达了班克斯福特附近，距弗雷德里克斯堡四英里至七英里。《北方联邦陆军和南方邦联陆军的官方记录》丛书一，第 21 卷，第 1 册，第 752 页到第 755 页。——编者注
② 当时，"内阁危机"是联邦政府使用的一个英国政治术语。——原注
③ 罗伯特·沃登：《萨蒙·P. 蔡斯传》，第 482 页。——原注

第 5 章 危机：北方联邦军接连失利

参议员以为自己在为共和党和国家的大多数人说话，却不知不觉间遵循了早期英国的先例。他们的言行清楚表明，战败的原因是亚伯拉罕·林肯过于听信威廉·H.苏厄德的建议，任由其摆布。其中，九人组成了一个委员会，打算向亚伯拉罕·林肯陈述自己的观点。亚伯拉罕·林肯于 1862 年 12 月 18 日晚会见了他们，为进攻做好部署准备。听说了秘密会议的议程后，威廉·H.苏厄德立即提交了辞呈。1862 年 12 月 17 日，亚伯拉罕·林肯收到了威廉·H.苏厄德的辞呈。

亚伯拉罕·林肯和参议员的谈话氛围很活跃。本杰明·韦德说，开战与否主要取决于不赞同开战的人。西部的共和党人认为，亚伯拉罕·林肯在近期选举中的失利源于将军权交给了愤世嫉俗、心怀不轨的民主党人，即乔治·B.麦克莱伦、乔治·P.比尔和亨利·哈勒克。威廉·P.费森登说，参议院坚信亚伯拉罕·林肯忠诚爱国，但共和党参议员认为，威廉·H.苏厄德与内阁多数人意见不合，对战事产生了消极影响。威廉·P.费森登还说，大部分常规军将领支持奴隶制，有浓厚的南方情结，不会与共和党人站在一起。他列举了约翰·C.弗里蒙特、戴维·亨特、奥姆斯比·M.米切尔①等，说明"非常不幸的是，几乎所有反对奴隶制的将领都遭到了冷落"。查尔斯·萨姆纳、詹姆斯·W.格兰姆斯和其他参议员表示，并不信任威廉·H.苏厄德②。

奥姆斯比·M.米切尔
（1810—1862）

1862 年 12 月 19 日，除了威廉·H.苏厄德，其他内阁成员都到了。亚伯拉罕·林肯告诉内阁成员，参议员指责的"核心"是威廉·H.苏厄德，控诉威廉·H.苏厄德"不仅有不臣之心，态度中立，无心战事，还不闻国事，干涉和左右总统亚伯拉罕·林肯及其行政决策"③。亚伯拉罕·林肯用朴实的语言描述了参议员的

---

① 奥姆斯比·M.米切尔（Ormsby M. Mitchel，1810—1862），美国著名的天文学家和演说家。1862 年，他负责为黑人奴隶创建一套姓氏体系。1862 年 10 月 31 日，因患黄热病去世。——编者注
② 《威廉·P.费森登传》，第 1 卷，第 240 页。——原注
③ 《海军部部长吉迪恩·韦尔斯的日记》，第 1 卷，第 195 页。——原注

态度:"他们虽然相信我的正直,但同时认为,当我有好的初衷或意向时,威廉·H. 苏厄德会想方设法让我放弃。"① 最后,亚伯拉罕·林肯要求内阁成员于1862年12月19日晚,在白宫与九人委员会成员会面。这些参议员非常吃惊,没有想到自己要面对内阁成员和亚伯拉罕·林肯,但还是应亚伯拉罕·林肯的要求,前来继续召开前一晚的会议。会议开始时,亚伯拉罕·林肯为内阁和政府做了辩护。"财政部部长萨蒙·P. 蔡斯完全赞同亚伯拉罕·林肯的观点。"② 激进派的参议员很吃惊,因为他们视萨蒙·P. 蔡斯为自己的领导者。萨蒙·P. 蔡斯对亚伯拉罕·林肯和威廉·H. 苏厄德的苛评影响着他们。然而,当陷入绝境时,萨蒙·P. 蔡斯发现自己受到军队士气的影响。此外,多年来,与威廉·H. 苏厄德在反奴隶制事业中的共同努力也影响了他。因此,萨蒙·P. 蔡斯勇敢站起来支持威廉·H. 苏厄德和其他同僚。"詹姆斯·W. 格兰姆斯、查尔斯·萨姆纳和莱曼·特朗布尔坚定地反对威廉·H. 苏厄德,怀疑他对内战的热情和诚意。每个人都显得冷酷无情……亚伯拉罕·林肯恪尽职守,积极表态,表现得老练、精明和能干……他认为,无论自己如何看待参议员的干涉,也应该恭敬地安抚他们。"③ 威廉·P. 费森登反对在同僚面前讨论内阁成员的优缺点。于是,内阁成员纷纷离开。虽然已近午夜,但威廉·P. 费森登和一些参议员依旧热烈地讨论着。威廉·P. 费森登对亚伯拉罕·林肯说:"关于罢免威廉·H. 苏厄德一事,您已问过我的意见。现在,有传言说他已经辞职。如果是这样,那么我的意见就无关紧要了。"亚伯拉罕·林肯承认威廉·H. 苏厄德递交了辞呈,但自己并未接受。威廉·P. 费森登说:"这样一来,现在的问题似乎是,是否要求威廉·H. 苏厄德收回辞呈。"亚伯拉罕·林肯说:"是的。"威廉·P.

威廉·P. 费森登
(1806—1869)

---

① 约翰·尼古拉、海约翰:《林肯传》,第6卷,第265页。——原注
② 《海军部部长吉迪恩·韦尔斯的日记》,第1卷,第196页。——原注
③ 《海军部部长吉迪恩·韦尔斯的日记》,第1卷,第197页。——原注

费森登回复道:"我必须说,既然威廉·H.苏厄德觉得辞职是合适的,那么我建议您接受他的辞呈。"1862年12月20日1时,参议员离开白宫①。

1862年12月20日早晨,亚伯拉罕·林肯派人去请萨蒙·P.蔡斯。当萨蒙·P.蔡斯来到白宫后,亚伯拉罕·林肯对他说:"这件事给我造成了很大麻烦。"萨蒙·P.蔡斯说:"昨晚的会议让我很痛苦……我已准备好辞呈,打算辞去财政部部长一职。"亚伯拉罕·林肯眼睛一亮,立即说:"在哪里?"萨蒙·P.蔡斯从口袋里拿出辞呈,说:"这是今天早晨写的。我一直随身带着。"亚伯拉罕·林肯伸出手说:"给我吧。"萨蒙·P.蔡斯紧握辞呈,犹豫着要不要递过去……接过辞呈后,亚伯拉罕·林肯迅速将其打开,带着胜利的喜悦说:"真是快刀斩乱麻……现在,我能不费吹灰之力处理好问题了。我知道自己应该怎么做了。"在亚伯拉罕·林肯办公室里,与萨蒙·P.蔡斯一起的还有埃德温·斯坦顿。埃德温·斯坦顿也递交了辞呈。亚伯拉罕·林肯回复道:"你应该回到你的岗位上。我不想接受你的辞呈。"他拿出萨蒙·P.蔡斯的辞呈说:"我想要的只有这个。这能让我解脱。现在,方向明确了,麻烦也解决了。我不会挽留你们。"②在萨蒙·P.蔡斯、埃德温·斯坦顿和吉迪恩·韦尔斯离开后不久,亚伯拉罕·林肯拿着萨蒙·P.蔡斯的辞呈,对前来拜访的参议员托马斯·哈里斯说:"现在,我应该振作起来。我已做好准备。"③

第8节 亚伯拉罕·林肯的政治智慧

不难理解,当亚伯拉罕·林肯同时拿着激进派领导者和保守派领导者的辞呈时,他内心的喜悦溢于言表。攻击威廉·H.苏厄德的激进派参议员看到萨蒙·P.蔡斯的辞呈时,一定会非常沮丧。到时,威廉·H.苏厄德和萨蒙·P.蔡斯要么都走,要么都留。1863年,亚伯拉罕·林肯说:"当时,如果我做出让步,罢免了威廉·H.苏厄德,事态一定会继续恶化,支持我们的人也会所剩无几。当萨蒙·P.蔡斯递交辞呈时,我明白,这场政治游戏仍然在我的掌控中。因此,我接下了辞

---

① 《威廉·P.费森登传》,第1卷,第247页。——原注
② 《威廉·P.费森登传》,第1卷,第202页。——原注
③ 约翰·尼古拉、海约翰:《林肯传》,第6卷,第271页。——原注

呈。"① 后来，亚伯拉罕·林肯婉言拒绝了威廉·H.苏厄德和萨蒙·P.蔡斯的辞呈，命他们回到各自的部门继续工作。威廉·H.苏厄德笑着接受了，而萨蒙·P.蔡斯显得有些不情愿。内阁危机结束了。

亚伯拉罕·林肯展现出了少有的政治智慧，为国家留下了优秀的政府官员。虽然内阁内部并不融洽，国会也知晓此事，但亚伯拉罕·林肯认为，"大众的利益不允许"威廉·H.苏厄德和萨蒙·P.蔡斯辞职。后来的事件表明，面对内阁危机时，亚伯拉罕·林肯的做法是正确的②。

当不幸和沮丧降临时，任何支持继续战斗的声音都不应该被忽视。威廉·H.苏厄德和萨蒙·P.蔡斯虽然代表两大阵营的不同观点，但在一项关键政策上观点一致。因此，对内阁来说，他们都很重要。失去任何一方或失去双方，都意味着支持联邦政府的人越来越少。亚伯拉罕·林肯不希望失去威廉·H.苏厄德和萨蒙·P.蔡斯。自1861年4月以来，威廉·H.苏厄德一直忠心支持亚伯拉罕·林肯，甚至放弃了自己当总统的抱负，认可亚伯拉罕·林肯的才干，真心实意地支持他。威廉·H.苏厄德是一位能力出众的官员。虽然奴隶制是阻碍英国和法兰西帝国认可南方邦联的绊脚石，并且在外交关系中，亚伯拉罕·林肯、查尔斯·弗朗西斯·亚当斯和查尔斯·萨姆纳的影响力十分大，但为了避免欧洲国家插手美国内战，威廉·H.苏厄德申请了大量贷款，以便处理部门事务。现在，这些贷款还没有还清。

萨蒙·P.蔡斯是财政部的负责人，撰写了1862年12月1日总统国情咨文中的财政部分。亚伯拉罕·林肯没有学过财政方面的知识。像许多律师一样，他对国家的资源和财政几乎没有概念，对金融也毫无兴趣，从未试着学习金融理论。此外，他必须掌握兵法和外交手段。作为一个门外汉，他很明智地放弃了学习财政知识。然而，亚伯拉罕·林肯虽然对金融一无所知，但能慧眼识人。因此，他留下了萨蒙·P.蔡斯。事实证明，萨蒙·P.蔡斯是一位忠诚的、思维开阔的财政

---

① 海约翰：《书信与日记》，第1卷，第114页。——原注
② 《海军部部长吉迪恩·韦尔斯的日记》，第1卷。《威廉·P.费森登传》，第1卷。约翰·尼古拉、海约翰：《林肯传》，第6卷。詹姆斯·福特·罗德斯：《美国史》，第4卷。海约翰：《书信与日记》，第1卷。弗雷德里克·班克罗夫特：《威廉·H.苏厄德传》，第2卷。罗伯特·沃登：《萨蒙·P.蔡斯传》。萨拉·F.休斯：《约翰·默里·福布斯的书信回忆录》，第1卷。——原注

部部长。战事已持续近两年,耗资巨大,但联邦政府依然有能力购买粮食和军火,支付军饷。除了北方人民的爱国精神和奉献精神,财政部部长萨蒙·P.蔡斯功不可没。

第9节 亚伯拉罕·林肯和萨蒙·P.蔡斯

萨蒙·P.蔡斯可能并不是一位平易近人的财政部部长,性情与亚伯拉罕·林肯完全不同。两人不可能有共鸣。萨蒙·P.蔡斯英俊潇洒,身材高大,衣着得体,彬彬有礼。他毕业于达特茅斯学院,精通拉丁语和希腊语,深受其他律师的敬畏。萨蒙·P.蔡斯博览群书,在内阁任职时,经常抽时间阅读英语和法语著作。他既不喜欢打牌,也不喜欢看戏。在生活中,他是一个认真周到的人;在处理部门事务时,也很严谨负责。

亚伯拉罕·林肯相貌平平,不修边幅,既不会优雅地生活,也没有绅士的修养,但比任何人都了解自己。他从不系统地规划时间、计划工作。担任总统期间,亚伯拉罕·林肯经常读的书籍是军事文献、宪法及国际法方面的著作,偶尔也会抽时间阅读威廉·莎士比亚的著作。政府文件显示亚伯拉罕·林肯对《圣经》知识非常了解。他喜欢看戏,曾对哈克特扮演的约翰·福斯塔夫做了评论,也非常喜欢哈姆雷特,尤其是埃德温·布思扮演的哈姆雷特。亚伯拉罕·林肯极具幽默感,擅长讲故事,与萨蒙·P.蔡斯的严肃认真格格不入。萨蒙·P.蔡斯毫无幽默感,不善识人。

令人惊讶的是,萨蒙·P.蔡斯的私人信函表明,他和许多奸邪小人来往甚密。这些人主要是他的政治追随者。萨蒙·P.蔡斯试图依靠他们争夺梦寐以求的总统职位。他的抱负,或者说不恰当的作为,阻碍了他发挥自己的才能。萨蒙·P.蔡斯对亚伯拉罕·林肯的评价并不高。亚伯拉罕·林肯一定觉察到了他的敌意,但依然毫不掩饰地评价道:"萨蒙·P.蔡斯非常能干。"

当时,除了萨蒙·P.蔡斯质疑亚伯拉罕·林肯的能力,许多参议员和代表都不相信亚伯拉罕·林肯的能力和人品。亚伯拉罕·林肯不够严肃,言行举止怪异,甚至在别人沮丧时开玩笑。因此,他受到了很多人的质疑。在战事接连失败的情况下,亚伯拉罕·林肯的怪异表现可能会在军中产生不好的影响。内阁危机期间，威廉·P.费森登讽刺了亚伯拉罕·林肯、内阁和参议员的会议。他说："亚伯拉罕·林肯……讲了几件轶事，大部分我都听过。"①虽然亚伯拉罕·林肯越来越不受欢迎，但与华盛顿的人相比，美国人依然觉得他很伟大。因为他们没有与亚伯拉罕·林肯有过私人接触，只能通过正式的国家文件和议案来评价他。后人通过他最终取得的胜利来评价他，钦佩他肩负重担时的耐心和决心。描述亚伯拉罕·林肯怪异行为的文字可能会让英雄崇拜者失望，但只有真实的叙述才能反驳那些对他的轻蔑之词，并且可以给今天的人们提供真实的视角看待1862年至1863年冬天发生的一切。如果说是在华盛顿庄严的氛围中，亚伯拉罕·林肯的其他素质才有所提高，那么就不会有那么多人被误导了。但不可否认的是，当时很多人并不觉得亚伯拉罕·林肯很伟大。早期的社会环境并没有赋予亚伯拉罕·林肯成为杰出领导人的外在特征。然而，毋庸置疑，他尽管出身卑微，但逐渐成长为一个拥有非凡的精神力量的人。

第10节 亚伯拉罕·林肯和威廉·H.苏厄德

威廉·H.苏厄德为人友好和善，提出了很多有价值的建议。他虽然也存在种种不足，但对亚伯拉罕·林肯的帮助很大。在做决定时，亚伯拉罕·林肯常常思维迟缓，需要参考威廉·H.苏厄德提出的各种权宜之计。一般情况下，决策者会从若干方案中选出一项实施，因为这比制定一项政策更容易。在人民眼中，当时的建言献策者有威廉·H.苏厄德、萨蒙·P.蔡斯和埃德温·斯坦顿。历史学家对他们比较关注。亚伯拉罕·林肯最依赖的是威廉·H.苏厄德和埃德温·斯坦顿，而彬彬有礼的威廉·H.苏厄德是他最喜欢的顾问。

亚伯拉罕·林肯虽然做决定的时间一般较长，但一旦做出决定，就不会轻易改变。他一步步制定了解放奴隶的政策。从1862年9月22日的草拟宣言到1863年1月1日的正式宣言，虽然亚伯拉罕·林肯在政党选举中接连失利，并且北方联邦军屡遭失败，但他从未想过放弃。草拟宣言的形成表明，一些或所有南方邦联军可能会放下武器，避免奴隶流失，但可能性并不大。南方人无疑会团

---

① 《威廉·P.费森登传》，第1卷，第245页。——原注

结起来，誓死保卫独立。如果《解放黑人奴隶宣言》会影响他们，那也只会让他们进一步强调，北方开战是对南方社会制度的挑衅，从而奋起反抗。1863年1月1日，亚伯拉罕·林肯写道："我将《解放黑人奴隶宣言》视为一种合理、必要的战争手段。我下令并宣布"，在反抗联邦政府的蓄奴州或地区，"所有奴隶获得自由……我对《解放黑人奴隶宣言》的公正性深以为然，它符合《宪法》规定，符合军事需求。因此，我祈求得到人类的慎重评判和万能上帝的慈悲恩典。"

亚伯拉罕·林肯对《宪法》和法律充满敬意。虽然在《宪法》或其他法律中没有找到《解放黑人奴隶宣言》的依据，但他想到了自己认为合理的依据。后来，亚伯拉罕·林肯写道："我发誓会竭尽全力维护《宪法》。因此，我会通过一切必要手段保卫以《宪法》为基本法的政府和国家……我认为，在保卫国家的过程中，如果一些违宪手段是维护《宪法》必需的，就可以成为合法手段……我并不认为自己尽了全力，甚至尝试维护《宪法》，如果为了挽救奴隶制，我本应该同意将政府、国家和《宪法》一同毁灭……我认为，《宪法》赋予总统在战时制定战争法的权利。既然奴隶是财产，那么根据战争法，友方和敌方可以按照自己的需求支配财产，这样有问题吗？曾经有过问题吗？"《解放黑人奴隶宣言》明确阐述了战争的本质，在很大程度上转变了英国民众的想法。众议院已经认可《解放黑人奴隶宣言》。战场上的捷报使《解放黑人奴隶宣言》获得了大部分北方人的支持。

除了军事解放，亚伯拉罕·林肯还打算严格遵循法律，将自由还给奴隶，确保北方联邦政府补偿奴隶主。1862年12月1日，在给国会的年度致辞中，亚伯拉罕·林肯以文本形式发表了众所周知的合法声明，称："没有奴隶制，内战不可能存在；没有奴隶制，内战也不会继续。"在争论中，亚伯拉罕·林肯表明了自己对奴隶制问题的理解。根据后来的历史经验，他的理解证明他是一位杰出的政治家。亚伯拉罕·林肯提出逐步解放奴隶，预计于1900年1月1日完成解放，使"两个种族"免于"突如其来的战争"。令人遗憾的是，这种预言性的呼吁并没有像恺撒和拿破仑·波拿巴说的那样，在战场上取得胜利。事实证明，参议院和众议院都不信任亚伯拉罕·林肯。此时，亚伯拉罕·林肯在人民心中的声望已经削弱，因为北方联邦军毫无进展。因此，亚伯拉罕·林肯提出的循序渐进的补偿性解放没有得到国会和人民的认可。尽管如此，他还是及时抓住了机会，发布

联邦士兵为黑人奴隶诵读《解放黑人奴隶宣言》

黑人在烛光下阅读亚伯拉罕·林肯的《解放黑人奴隶宣言》

了《解放黑人奴隶宣言》。从 1862 年 9 月的安蒂特姆战役到 1863 年 7 月的葛底斯堡战役，北方从未获得真正的胜利，波托马克军经历了两次惨败[①]。

第 11 节 默夫里斯伯勒战役[②]

西部传来的捷报暂时驱散了弗雷德里克斯堡战役带来的阴影。毫无疑问，威廉·罗斯克兰斯受到了亚伯拉罕·林肯渴望胜利的想法的影响。1862 年 12 月 26 日，威廉·罗斯克兰抓住时机，从纳什维尔出发，试图进攻南方邦联军。行军几天后，他率军展开了小规模战斗，攻克了田纳西州默夫里斯伯勒附近三英里内的一个据点。当时，布拉克斯顿·布拉格的军队驻扎在默夫里斯伯勒的冬季营地。1862 年 12 月 31 日，威廉·罗斯克兰斯决定发起进攻。与此同时，布拉克

威廉·罗斯克兰斯
（1819—1898）

---

① 詹姆斯·福特·罗德斯：《美国史》，第 4 卷；《在牛津大学发表的关于美国内战的讲稿》。——原注
② 也称石河战役。——译者注

第 5 章 危机：北方联邦军接连失利

斯顿·布拉格决定采取攻势，并且取得了先机。随后，默夫里斯伯勒爆发了一场血腥战役，四万一千名北方联邦军对阵三万四千名南方邦联军[①]。虽然南方邦联军获胜了，但威廉·罗斯克兰斯坚守住了阵地。1863 年 1 月 2 日，布拉克斯顿·布拉格再次袭击了北方联邦军，但遭到了挫败。1863 年 1 月 3 日晚，南方邦联军显得士气低落。布拉克斯顿·布拉格从默夫里斯伯勒撤军。威廉·罗斯克兰斯抓住时机，宣称大战告捷。亚伯拉罕·林肯向他致电，称"上帝保佑"。亨利·哈勒克称，默夫里斯伯勒战役是内战中最精彩的胜仗之一。捷报很快传遍了北方。最后，北方人的愤怒逐渐消散，杰出的将领即将出现。默夫里斯伯勒战役中，敌对双方伤亡惨重[②]，需要一段时间休整。虽然威廉·罗斯克兰斯军队的伤亡人数更多，但与士气低落的南方邦联军相比，北方的资源优势抹平了伤亡劣势。然而，1865 年，尤利西斯·S.格兰特称："对北方来说，默夫里斯伯勒战役并未获胜。"[③]当时，威廉·特库姆塞·谢尔曼写道："在默夫里斯伯勒战役中，威廉·罗斯克兰斯付出的代价太大。"[④]

学生如果只参考默夫里斯伯勒战役的相关文献，就会认为亚伯拉罕·林肯和北方人就像抓住了救命稻草一样，大肆宣扬一次普通胜利；但如果展望未来，就会发现亚伯拉罕·林肯和北方人其实很聪明，因为他们知道，布拉克斯顿·布拉格需要通过一次决定性胜利保住田纳西州，但他的失败和南方邦联军遭受的重创，为北方联邦军进入查塔努加打开了大门。此外，佩里维尔战役和默夫里斯伯勒战役表明，西部的北方联邦军正在培养将才，本土军事人才正在崛起。弗吉尼亚州的乔治·亨利·托马斯与乔治·华盛顿和罗伯特·E.李一样优秀，担任乔治·P.比尔和威廉·罗斯克兰斯的副指挥官。乔治·亨利·托马斯拥有专业的军事才能，对上级忠心耿耿，即使与自己的观点不同，也坚信联邦大业的正义性，坚决支持联邦大业。起初，乔治·亨利·托马斯认为，在乔治·P.比尔被罢免时，自己没能成为坎伯兰军的指挥官非常不公，但他心胸宽广，仍不遗余力地支持威廉·罗

[①] 托马斯·L.利弗莫尔：《南北战争中的人数与损失》，第 97 页。——原注
[②] 北方联邦军伤亡一万两千九百零六人；南方邦联军伤亡一万一千七百三十九人。托马斯·L.利弗莫尔：《南北战争中的人数与损失》，第 97 页。——原注
[③] 约翰·尼古拉、海约翰：《林肯传》，第 10 卷，第 281 页。——原注
[④] 《威廉·特库姆塞·谢尔曼将军与参议员的通信》，第 182 页。——原注

默夫里斯伯勒战役

联邦军与邦联军短兵相接

斯克兰斯。威廉·罗斯克兰斯这样评价他："议事时明智，作战时勇敢。"① 在佩里维尔战役中，菲利普·谢里登表现出色。现在，在默夫里斯伯勒战役中，他依然表现得英勇无畏。

默夫里斯伯勒战役虽然意义重大，但无法彻底驱散国会和北方人的沮丧情绪。查尔斯·萨姆纳意识到了潜在的危险，但并未失去信心。在写给弗朗西斯·利伯的信中，他说："这段岁月是黑暗的。一些参议员心中充满绝望，而我虽然不是……也担心北方联邦军的处境。"在自己杂志中，霍勒斯·格里利提出，让某个欧洲国家调解美国的南北问题。为此，他进行了私人访谈，并且与法兰西大使奥古斯特·梅西耶通了信，称美国人欢迎任何有助于结束战争的外国调解。他对助理亨利·贾维斯·雷蒙德说："我有意实施调解计划，结束战争。我会让亚伯拉罕·林肯支持我的提议。" 1863年2月3日，拿破仑三世的南北调解书被送到威廉·H.苏厄德手中。亚伯拉罕·林肯当即拒绝了调解书。调解书和亚伯拉罕·林肯的回复同时被公布。通过一些传言，虽然美国人对调解已做好思想准备，但由

弗朗西斯·利伯
（1798/1800—1872）

亨利·贾维斯·雷蒙德
（1820—1869）

---

① 乔治·亨利·托马斯是威廉·罗斯克兰斯手下的高级指挥官，并不是严格意义上的副指挥官。他曾拒绝取代乔治·P.比尔，也曾拒绝服从军衔低于自己的威廉·罗斯克兰斯。在亚伯拉罕·林肯提升威廉·罗斯克兰斯的军衔后，乔治·亨利·托马斯才开始忠心服从威廉·罗斯克兰斯。——编者注

于受到物质利益的驱动，欧洲强国试图涉足美国内战的事实依然令人震惊。北方人更加沮丧。

第 12 节 国会的作为

在写给弗朗西斯·利伯的信中，查尔斯·萨姆纳说："总统亚伯拉罕·林肯告诉我，相比战机，他更担心'后方起火'，即民主党，尤其是西北地区的民主党会有异动。"印第安纳州州长奥利弗·P. 莫顿向战争部部长埃德温·斯坦顿致电说："一些人提出建议，让我关注本州召开的州议会，并且试图通过一项承认南方邦联的决议，敦促西北各州解除与新英格兰的所有法律关系。伊利诺伊州面临同样的问题。"印第安纳州和伊利诺伊州的州议会都掌握在民主党的手中，是上一次秋季选举选出的。奥利弗·P. 莫顿其实是杞人忧天，但州议会成员与他发生了争执，拒绝支持积极作战。他获得了共和党人的支持，争执变得异常激烈。最终，印第安纳州州议会休会，取消了州政府未来两年内的必要拨款。在伊利诺伊州，众议院通过了停战决议，建议召开全国大会，商议解决各州矛盾的决议，但参议院否决了停战提议。因此，伊利诺伊州州议会和共和党州长理查德·耶茨产生了争执。

1862 年 12 月 1 日至 1863 年 3 月 4 日，通过国会的授权，亚伯拉罕·林肯掌控了全国的武装力量和财政大权。战场上的失败令人灰心，战期的延长令人疲惫，但经商环境的改善增加了就业机会。至此，志愿入伍告一段落。由于各州的征兵效果不佳，为补充军力，联邦政府必须采取强制手段。1863 年 3 月 3 日通过的《征兵法案》直接面向全国人民，不再像以前那样，各州可以按照自己的机制征兵。联邦政府划分了各征兵区，总体上与不同州的国会选区一致。每个征兵区由一名宪兵司令掌管，其顶头上司是宪兵总司令。在华盛顿，宪兵总司令的办公室在战争部自成一个部门。符合参军要求的人都要登记，在必要时入伍服役。符合条件的人可以找人代替服役，或缴纳三百美元免服役费[①]。

财政立法方面，争执同样激烈。1862 年，联邦政府开始发行不可兑现的法

---

① 《征兵法案》虽然没有征募到很多士兵，并且常被滥用，但招募了一些志愿兵。——编者注

定货币。现在，财政部的无底洞急需填补。在众议院，筹款委员会发言人埃尔布里奇·G. 斯波尔丁说："人民手中的法定货币数量不多……他们想要更多的法定货币。因此，我们不必为继续发行法定货币担忧……为起到刺激作用，甚至可以大量发行法定货币，便于人民缴税和政府放贷。"埃尔布里奇·G. 斯波尔丁明确表示，接下来的十八个月，财政部必须借到十亿美元。政府每天的开支为两百五十万美元，包括星期天。由于海关税收和其他收入每日不超过六十万美元，每日赤字为一百九十万美元。因此，政府需要通过借款维持收支平衡。在所谓的九亿美元的贷款法案中，国会授权发行更多有息债券和国库券。债券可以按法定货币的面值变现。国会还授权发行更多无息法定货币和辅币，取代现有的白银。白银从流通中消失。九亿美元的贷款法案赋予财政部部长很大的酌处权。在下届国会召开宪法会议前，财政部部长可以发行总价值九亿美元不同形式的纸质债券。

根据亚伯拉罕·林肯和财政部部长萨蒙·P. 蔡斯的建议，国会在宪法会议上通过了建立国家银行的法案。后来，国家银行成为现行制度的核心。

相比赞美，批评民主制度的立法机构更容易一些，尤其是在一个利益多元化的大国中，情况更是如此。1863 年，西部和东部为了共同的战争目的联盟，但双方仍然存在分歧。在这种情况下，平等交换是所有立法理论的精髓。即使从最广泛的层面定义平等交换政策，并且严格遵守，也无法满足个人或政党的欲望。然而，在本届宪法会议上，国会中的共和党人占多数。作为一个整体，共和党人所做的工作值得赞扬。他们认识到，只有在战场上取得胜利，才能消除人民的阴郁情绪，恢复军队的信心。此外，他们必须向国民表明，共和党同意采取相关措施，促使战争取得胜利。1862 年 12 月，内阁危机结束，但国会中的共和党人对亚伯拉罕·林肯的部长依然没有信心。在众议院的共和党重要会议上，撒迪厄斯·史蒂文斯曾提出一项决议，但需要获得内阁的支持。激进派不愿意留任威廉·H. 苏厄德，想方设法逼他下台。虽然亚伯拉罕·林肯执意要求留下威廉·H. 苏厄德，但共和党人的投票使国会有充分的权力让威廉·H. 苏厄德下台。议会中的大多数共和党人同意约翰·谢尔曼的观点。约翰·谢尔曼的观点几乎都是中立的。他写信给威廉·特库姆塞·谢尔曼说："我并不看好现任的一些当局者，但在他们受权管理政府期间，依然会真心支持和协助他们。"只有让亚伯拉罕·林肯拥有特权，联邦政府才能获得军事上的胜利。参议员和代表都认识到了这一点。

威廉·P. 费森登写道："国会虽然犯了很多错，但已经是一个愿意做出牺牲的国会……我们承担着巨大责任，将权力交到了一个专制政府手中。将来，人们会理解我们的动机，理解我们做的和遭受的一切。"①

第13节 人民的态度

联邦各州的许多城镇举行了支持"战争"或"联邦"的会议。通过会议，人民对国会工作做出了回应。最具代表性的是纽约的会议。纽约的民主党人占据优势，并且受到了人民的欢迎。在库珀学院，纽约的民主党人提出了"人民大起义"。随后，"忠诚的国家同盟"或"联邦同盟"成立。加入同盟后，成员签署了一份简短有力的承诺。在音乐学院，联邦同盟举行了一次大型会议。之后，联邦同盟又在库珀学院举行了会议。还有一次会议是为庆祝萨姆特堡战役周年纪念日举行的。其间，费城联邦同盟、纽约联邦同盟和波士顿联邦同盟相继成立。联邦同盟无疑是因为爱国才诞生的。查尔斯·埃利奥特·诺顿写信给乔治·威廉·柯蒂斯说："联邦同盟、征兵法案、金融法案等都不适用于本国。只有胜仗才对我们有利。我们如果能攻克查尔斯顿和维克斯堡，那么就胜利了。但如果攻克不了呢？"②然而，为了将国家从弗雷德里克斯堡战役后的萧条中拯救出来，国会倾注了全部精力。通过改编，波托马克军成为一支精良部队。此外，众所周知的是，亚伯拉罕·林肯和内阁坚信会获胜。因此，人民流露出了些许喜悦之情。

1862年12月，国会召开会议。联邦政府的财政状况陷入困境。很多士兵已经五个月没有领到军饷。负责发放军饷的军需官拖欠了至少三个月的军饷。因此，截止至1863年1月7日，陆军和海军拖欠的军饷已高达六千万美元。政府不再出售债券。现在，一切都变了。萨蒙·P. 蔡斯制订了相关计划，打算任用一位有能力、有活力的总干事，运用政府的各部门职能，通过广泛宣传和其他商业手段，唤醒人民的爱国主义和奉献精神，说服他们借钱给政府。因此，萨蒙·P. 蔡斯计划发放面值为五美元至二十美元的债券，让人民认捐。推动这一进程的是国会金融立法的规定，尤其是九亿美元贷款法案中的相关条款。这些条款规定，1863

---

① 《威廉·P. 费森登传》，第1卷，第264页。——原注
② 《查尔斯·埃利奥特·诺顿的书信》，第1卷，第261页。——原注

年7月1日,终止用法定货币兑换面值五美元至二十美元债券。国会休会后,人民开始积极购买债券。从中可以看出他们对政府的信任。1863年3月月底,萨蒙·P.蔡斯告诉查尔斯·萨姆纳,称自己对金融状况很满意。1863年6月,萨蒙·P.蔡斯认为全民贷款计划已经成功。日均认捐金额超过三百万美元。德意志人也购买了债券。1863年4月26日,查尔斯·萨姆纳写信给阿盖尔公爵夫人伊丽莎白·坎贝尔[①]说:"战争部部长埃德温·斯坦顿告诉我,1863年2月28日前,名册中显示有八十万名官兵领到了军饷。相比以前,士兵现在穿得暖,吃得饱……除了军队,现有的贷款足以满足联邦政府的所有需求。"

第14节 约瑟夫·胡克

1863年1月1日,安布罗斯·伯恩赛德告诉亚伯拉罕·林肯,埃德温·斯坦顿和亨利·哈勒克都没有得到官兵的信任,还说自己"应该解甲归田"。实际上,安布罗斯·伯恩赛德的真实意图是催促亚伯拉罕·林肯罢免他们。1863年1月5日,在总司令部,安布罗斯·伯恩赛德写信递交了辞呈。亚伯拉罕·林肯回复道:"我认为,调整波托马克军的主将不会带来什么好处。"1863年1月23日凌晨,安布罗斯·伯恩赛德面见了亚伯拉罕·林肯,要求亚伯拉罕·林肯罢免约瑟夫·胡克,原因是"约瑟夫·胡克无端非议上级……其报告和言论产生了不良影响"。总之,约瑟夫·胡克"不适合在此关键时刻担任要职"。安布罗斯·伯恩赛德还提议罢免三位准将,解除威廉·B.富兰克林、埃德蒙·柯比·史密斯和其他一些将领的军职。他说:"要么批准我的提议,要么接受我的辞呈。"1863年1月25日上午,亚伯拉罕·林肯召见埃德温·斯坦顿和亨利·哈勒克,告诉他们自己的决定,即罢免安布罗斯·伯恩赛德,任命约瑟夫·胡克为波托马克军总指挥。亚伯拉罕·林肯没有征求埃德温·斯坦顿和亨利·哈勒克的意见,并且他们也没有提出任何意见[②]。

---

① 阿盖尔公爵夫人(Duchess of Argyll, 1824—1878),英国女贵族,废奴主义者。——译者注
② 亚伯拉罕·林肯曾劝安布罗斯·伯恩赛德收回辞呈。随后,他下令解除了安布罗斯·伯恩赛德的职务。《北方联邦陆军和南方邦联陆军的官方记录》丛书一,第21卷,第941页、第944页、第954页、第998页、第1004页、第1009页。《作战联合委员会报告》,第1卷,第718页。——原注

伊丽莎白·坎贝尔
（1824—1878）

之前，亚伯拉罕·林肯曾多次与内阁谈起约瑟夫·胡克。在第二次布尔河战役后，亚伯拉罕·林肯问吉迪恩·韦尔斯："谁能接管波托马克军？这些将军中谁可以胜任这个职位？"吉迪恩·韦尔斯不假思索地回答道："约瑟夫·胡克。"亚伯拉罕·林肯似乎赞同他的意见，但说："和你一样，我也想到了约瑟夫·胡克，但担心他太活跃了。"蒙哥马利·布莱尔说："约瑟夫·胡克和'大麦约翰'①是至交。"吉迪恩·韦尔斯说："约瑟夫·胡克如果有酗酒的恶习，就不应该被委以重任。"在亚伯拉罕·林肯任命约瑟夫·胡克后，吉迪恩·韦尔斯在日记中写道："我对亚伯拉罕·林肯的决定很吃惊。"

亚伯拉罕·林肯显得有些沮丧和愤怒，但为了大局考虑，最终接受了民意的要求。他意识到，普通士兵和北方人都倾向支持"好战的约瑟夫·胡克"。在一封私人信函中，亚伯拉罕·林肯写道："很多人认为，我重军功、轻政治。"②亚伯拉罕·林肯一直崇尚西点军校的教育，但并没有现在的人们那么崇尚。我们知晓整个内战史，拥有敌对双方的相关文献记录，因此，可以严谨、明确地证明，军校培养的将领对内战影响深远。约瑟夫·胡克虽然毕业于西点军校，是一位出色的将领，但从未想过自己会被任命为波托马克军总指挥。据说，亨利·哈勒克反对亚伯拉罕·林肯对约瑟夫·胡克的任命，并且埃德温·斯坦顿也附议。③大多数"年长的正规军军官"都对"约瑟夫·胡克充满敌意"。乔治·米德的观点显得中肯一些，认为约瑟夫·胡克"是一名优秀的士兵和指挥官"，但怀疑"他没有能力指挥一支大军"④。

在华盛顿，人们对约瑟夫·胡克的质疑是众所周知的。波托马克军中有约翰·F.雷诺兹和乔治·米德两位将军。在性格、素养和能力方面，约翰·F.雷诺兹和乔治·米德都可以胜任总指挥一职。但令人惊讶的是，从来没有人向亚伯拉罕·林肯呈报相关意见。弗雷德里克斯堡战役结束后，波托马克军的总指挥明显需要调整。人们议论纷纷，讨论约翰·F.雷诺兹和乔治·米德谁更适合。约翰·F.雷诺兹对指

---

① 指酿酒的麦芽或啤酒等酒精饮料的拟人化名称。——译者注
② 约翰·尼古拉、海约翰：《林肯全集》，第2卷，第252页。——原注
③ 《作战联合委员会报告》，1865年，第1卷，第175页。《美国内战中的战役与领袖》，第3卷，第239页。——原注
④ 《乔治·米德传》，第1卷，第318页、第351页。——原注

第5章 危机：北方联邦军接连失利

挥权似乎无意，也许不会接受。此外，如果亚伯拉罕·林肯或埃德温·斯坦顿与亨利·哈勒克召集约翰·F.雷诺兹、达赖厄斯·N.库奇和约翰·塞奇威克[①]参加会议[②]，几位将军一定会一致推选乔治·米德担任总指挥。这几位将军虽然资历较深[③]，但很乐意受乔治·米德指挥。乔治·米德与妻儿的通信证明，他是波托马克军总指挥的最佳人选。他很爱妻儿，忠于宗教信仰，品德高尚。通过他对内战的认真思考，人们了解了亚伯拉罕·林肯和尤利西斯·S.格兰特。乔治·米德写道："这场战争永无止境，除非一方战败。只有战斗才能结束战争。"众所周知，乔治·米德是一位"好战的将军"，与大军将领相处融洽。然而，作战委员会的激进分子本杰明·韦德、扎卡赖亚·钱德勒和乔治·H.科沃德对乔治·米

达赖厄斯·N.库奇
（1822—1897）

约翰·塞奇威克
（1813—1864）

---

① 在安布罗斯·伯恩赛德卸任时，约翰·塞奇威克指挥第九团。1863年1月26日，约瑟夫·胡克担任总指挥。1863年2月5日，约翰·塞奇威克被派往第六团。——原注

② 召集他们参加会议很容易，因为他们距华盛顿只有几小时路程。——原注

③ 1862年7月4日，约翰·塞奇威克和达赖厄斯·N.库奇成为少将，级别高于乔治·米德。1862年11月29日，约翰·F.雷诺兹和乔治·米德成为少将，但在排名榜上，约翰·F.雷诺兹排在乔治·米德前面。——原注

德看法不一。按照激进派的观点,乔治·米德值得信赖,因为他愿意指挥黑人军队。①与我们通过私人信函了解乔治·米德相比,1863年的华盛顿人可能更了解他。因此,我们认为,约瑟夫·胡克的任命是民意所向。威廉·罗斯科·利弗莫尔写道:"想要成为一名出色的指挥官,不仅需要独到的理解力,还要长期刻苦学习。"按照这一标准,乔治·米德显然比约瑟夫·胡克更具优势。

约瑟夫·胡克担任总指挥后,波托马克军士气低迷,甚至几近绝望。士兵"频繁"出逃。②约瑟夫·胡克试图改变现状。随后,全军上下都感到了他出众的组织才能。卡尔·舒尔茨写道:"很快,军营里的阴云消散了,自信和希望的新气息迅速弥漫开来。"③1863年3月30日,乔治·米德在写给妻子玛格丽特·萨金特的信中说:"现在,我军士气高涨,已准备好大战一场。"④1863年4月月初,亚伯拉罕·林肯已经"筋疲力尽",但还是前去拜访了约瑟夫·胡克,检阅了军队,并且对看到的一切"倍感欣慰"。⑤北方人也看到了约瑟夫·胡克的工作及成就,心情逐渐恢复平静,充满希望地讨论着胜利。

第 15 节 钱斯勒斯维尔战役

在亚伯拉罕·林肯来访后不久,约瑟夫·胡克认为,军队已准备好发起攻势。因为服役期为九个月和两年的两万三千名士兵即将期满,所以约瑟夫·胡克显得有些急迫。他率十三万人驻扎在拉帕汉诺克河北岸,对阵驻扎在弗雷德里克斯堡的罗伯特·E.李率领的六万人。由于失去了詹姆斯·朗斯特里特的先遣部队和部分团,北弗吉尼亚军的兵力被削弱。约瑟夫·胡克命骑兵向里士满行进,切断南方邦联军的通信。但由于连续几天的暴雨,河水上涨,骑兵被耽搁了,无法协助约瑟夫·胡克的作战计划。1863年4月27日,约瑟夫·胡克不再等待骑兵,调动三个团在弗雷德里克斯堡上游二十七英里处横渡拉帕汉诺克

---

① 《乔治·米德传》,第 1 卷,第 340 页、第 347 页、第 349 页、第 356 页、第 365 页。——原注
② 乔纳森·莱特曼:《波托马克军医疗往事》,第 101 页。——原注
③ 《卡尔·舒尔茨回忆录》,第 2 卷,第 403 页。——原注
④ 《乔治·米德传》,第 1 卷,第 362 页。——原注
⑤ 《乔治·米德传》,第 1 卷,第 364 页。——原注

第 5 章 危机：北方联邦军接连失利

河，然后渡过拉皮丹河，向河流南侧的钱斯勒斯维尔进军。卡尔·舒尔茨写道："大军状态极好，精神振奋。官兵似乎已经意识到正在发起一场史无前例的进攻。行军途中，士兵一路欢声笑语，消除了多日来的疲惫。"[1]为隐藏主力部队，在弗雷德里克斯堡下游附近，约翰·塞奇威克率第六团强行渡过了拉帕汉诺克河。1863年4月30日，在美国境内的浅滩，达赖尼斯·N.库奇率第二团顺利渡过拉帕汉诺克河，向钱斯勒斯维尔进军。1863年5月1日，丹尼尔·西克尔斯率第三团随后跟进。1863年5月1日早晨，约瑟夫·胡克召集了五个团，亲自指挥[2]。乔治·米德写信给妻子玛格丽特·萨金特说："现在，我们已经过了拉帕汉诺克河，在谋略上胜过了南方邦联军，但还没有摆脱困境。"[3]然而，约瑟夫·胡克充满信心[4]，并且夸下海口："最近三天的行动已经证明，除了飞过或绕过我们的防线，对手没有其他办法与我们正面作战。我们一定能消灭他们。"他对亚伯拉罕·林肯说："我指挥着世界上最优秀的军队。"[5]1863年5月1日，约瑟夫·胡克率大军进攻南方邦联军。他对南方邦联军军力的判断十分准确[6]。

罗伯特·E.李虽然希望詹姆斯·朗斯特里特率军前来支援，但绝不会因北方联邦军顺利渡过拉帕汉诺克河而感到不安。他与托马斯·J.杰克逊配合默契。

丹尼尔·西克尔斯
（1819—1914）

---

① 《卡尔·舒尔茨回忆录》，第2卷，第408页。——原注
② 约翰·塞奇威克率领的第六团距弗雷德里克斯堡约十一英里，约翰·F.雷诺兹率领的第一团距弗雷德里克斯堡约十三英里，两军相距约二十三英里。——原注
③ 《乔治·米德传》，第1卷，第370页。——原注
④ 小约翰·比奇洛：《钱斯勒斯维尔战役》，第130页、第236页、第237页。《乔治·米德传》，第1卷，第369页。——原注
⑤ 小约翰·比奇洛：《钱斯勒斯维尔战役》，第130页。——原注
⑥ 小约翰·比奇洛：《钱斯勒斯维尔战役》，第112页。——原注

相比乔治·B.麦克莱伦，他们并不惧怕约瑟夫·胡克。他们如果知道了约瑟夫·胡克虚张声势的命令，一定会认为对手是像教皇一样自大的人。1863 年 5 月 1 日的战况非常简单，即约瑟夫·胡克进攻，罗伯特·E.李反击。随后，约瑟夫·胡克心生畏惧，命军队撤退。在描述自己的团时，乔治·米德写道："我们刚要迎敌，就被召回了。"如果约瑟夫·胡克坚持最初的命令，命各团和各师继续进军，一定会爆发一场激烈的战役。虽然战役结果并不明朗，但北方联邦军不会因撤退而士气低沉，约瑟夫·胡克也不会因犹豫不决而失去将领的信任。军队撤退后不久，达赖厄斯·N.库奇见到了约瑟夫·胡克，感觉他看起来"已经战败"了。

1863 年 5 月 2 日，罗伯特·E.李和约瑟夫·胡克进行了一场"智力竞赛"，也是托马斯·J.杰克逊和奥利弗·奥蒂斯·霍华德的实战对决。在钱斯勒斯维尔战役中，我们了解了南方邦联军的两位将领——罗伯特·E.李和托马斯·J.杰克逊。但如果想要了解更多，威廉·罗斯科·利弗莫尔的专业分析[①]值得参考。实际上，战争结果与我们真实记录的一样。历史似乎正在重演，约瑟夫·胡克不知如何统领十万大军，为第十一团选任了一位没有能力的指挥官。在后来的作战中，第十一团受到了南方邦联军的猛烈攻击[②]。卡尔·舒尔茨是奥利弗·奥蒂斯·霍华德的下属，指挥着一个师。他不认为奥利弗·奥蒂斯·霍华德"智慧过人"，写道："在

奥利弗·奥蒂斯·霍华德
（1830—1909）

[①] 威廉·罗斯科·利弗莫尔：《美国内战纪事》，第 1 卷，第 124 页、第 178 页。——原注
[②] 小约翰·比奇洛：《钱斯勒斯维尔战役》，第 41 页。——原注

第5章 危机：北方联邦军接连失利

与奥利弗·奥蒂斯·霍华德的对话中，能明显感受到他已经筋疲力尽，做决定时犹豫不决。"①

撤退后，约瑟夫·胡克决定进行防守。他预感到，罗伯特·E.李会正面进攻自己的中间部队，因此，做好了充分的防御准备。但罗伯特·E.李并未按约瑟夫·胡克的想法行动，觉得从正面进攻"难度太大，伤亡较重，因为约瑟夫·胡克占据了地理和兵力方面的优势"②。北方联邦军可以看到南方邦联军的军营。罗伯特·E.李和托马斯·J.杰克逊打算袭击弗雷德里克斯堡平原上的约翰·塞奇威克，但因不切实际放弃了③。然而，他们从未想过"逃跑"，一心想要进攻北方联邦军。1863年5月1日晚，他们坐在两个旧箱子上，进行了最后一次会谈。罗伯特·E.李"决定试着进攻约瑟夫·胡克的右翼，攻克北方联邦军的后方，同时在前方留一支军队牵制北方联邦军，以隐藏自己的真实行动"。他命托马斯·J.杰克逊执行计划。显然，罗伯特·E.李蔑视敌将，在对手占据优势兵力时，还打算兵分两路。

1863年5月2日清晨，"杰出的副将"托马斯·J.杰克逊开始行军，绕到了北方联邦军的右翼，打算进攻。北方联邦军的右翼是奥利弗·奥蒂斯·霍华德率领的第十一团。托马斯·J.杰克逊率领三万一千七百人，而罗伯特·E.李只有一万三千人。罗伯特·E.李将三分之二的步兵和五分之二的炮兵派给了托马斯·J.杰克逊，留下剩余兵力对阵约瑟夫·胡克的前锋部队④。亨特·麦圭尔博士写道："我永远不会忘记托马斯·J.杰克逊。他向约瑟夫·胡克的后方进军时，显得激动、紧张。他脸色苍白，眼神闪烁，薄平的双唇间发出了一份简洁的指令：向前冲！"⑤托马斯·J.杰克逊衣衫不整，头戴旧帽。他手下的士兵衣衫褴褛，蓬头垢面，举着破了的旗帜，看起来就像一群"散漫的乌合之众"。他们顶着烈日，饱受饥渴的折磨，却坚持行军⑥。队伍停下来休息了三次，每次二十分钟。其间，骑兵将

---

① 《卡尔·舒尔茨回忆录》，第2卷，第405页。——原注
② 罗伯特·E.李的报告。《北方联邦陆军和南方邦联陆军的官方记录》丛书一，第25卷，第1册，第798页。——原注
③ 乔治·F.R.亨德森：《托马斯·J.杰克逊与美国内战》，第2卷，512页。——原注
④ 小约翰·比奇洛：《钱斯勒斯维尔战役》，第273页。——原注
⑤ 小约翰·比奇洛：《钱斯勒斯维尔战役》，第275页。——原注
⑥ 艾伯特·C.哈姆林：《钱斯勒斯维尔战役》，第13页。小约翰·比奇洛：《钱斯勒斯维尔战役》，第276页。——原注

菲茨休·李
（1835—1905）

领菲茨休·李带托马斯·J. 杰克逊来到山顶，看到了北方联邦军第十一团的防御工事。防御工事后面的一些士兵已摆好枪支，有的在聊天，有的在抽烟，有的在打牌，还有一些士兵正在杀猪宰牛，准备晚饭。托马斯·J. 杰克逊看到北方联邦军并未做好应战准备，非常惊喜，但只是双唇微动，默默向战神祈祷[①]。他估计，从山顶处继续行军两英里，可以直接攻克北方联邦军的后方。于是，队伍继续前进。行军十五英里后，在寄给罗伯特·E. 李的最后一张便条中，托马斯·J. 杰克逊写道："如果可行，我希望尽快进攻。我相信仁慈的上帝会保佑我们大获全胜。"现在，托马斯·J. 杰克逊在北方联邦军的西边，与罗伯特·E. 李的阵地正面相对。

与此同时，1863 年 5 月 2 日黎明时分，约瑟夫·胡克前去视察右翼军。回到司令部时，信使正在等他，准备汇报托马斯·J. 杰克逊的行动。约瑟夫·胡克看到，托马斯·J. 杰克逊的一部分军队正在南下，像是要撤回里士满。因此，他认为南方邦联军的目标可能是袭击自己的右翼。他的推理顺理成章，因为1862年，罗伯特·E. 李曾用同样的方式袭击了约翰·波普。1863 年 5 月 2 日 9 时 30 分，约瑟夫·胡克向奥利弗·奥蒂斯·霍华德发出了警告[②]。随后，他又向奥利弗·奥

---

① 菲茨休·李：《罗伯特·E. 李将军传》，第 247 页。——原注
② 小约翰·比奇洛：《钱斯勒斯维尔战役》，第 276 页。——原注

第5章 危机：北方联邦军接连失利

蒂斯·霍华德和第十二团指挥官亨利·W. 斯洛克姆发出了联合声明，建议他们做好侧翼受击的准备，因为"我们有理由猜测，对手正在向我们的右翼进军"①。关于南方邦联军行动的其他报告陆续送到了约瑟夫·胡克手中。在报告中，丹尼尔·西克尔斯写道："三个小时内，南方邦联军的步兵、炮兵、辎重队和流动医疗队陆续向南行军。"约瑟夫·胡克命丹尼尔·西克尔斯阻挠南方邦联军的行动。不久，北方联邦军中很多人认为，南方邦联军已全线溃退。约瑟夫·胡克采取了防御攻势，一如既往地摇摆不定，无视全面防御的重要性。最后，他也认为南方邦联军正在溃退。1863年5月2日16时10分，他寄给约翰·塞奇威克一封信，写道："我们知道对手正在逃跑，试图袭击其辎重队。执行袭击计划的军队中的两个师由丹尼尔·西克尔斯指挥。"

一名干练警惕的团指挥官本可以做很多事，从而弥补总指挥的失误。但奥利弗·奥蒂斯·霍华德与约瑟夫·胡克一样，轻视了南方邦联军。卡尔·舒尔茨十分清楚，对手的大部队由东向西行进了两英里多。因此，他力劝奥利弗·奥蒂斯·霍华德做出部署，击退南方邦联军的侧翼攻击。在1863年5月12日的报告中，卡尔·舒尔茨写道："我们的右翼完全孤立无援，后方也在对手的掌控中。"他建议奥利弗·奥蒂斯·霍华德部署军队，说："如果真的打算采取防御战术，就必须守住全军的右翼和后方。按照实际情况，我们如果不改变前线部署，那么将对西面和西北面的袭击毫无抵抗力。"②卡尔·舒尔茨催促奥利弗·奥蒂斯·霍华德做出部署，但奥利弗·奥蒂斯·霍华德认为南方邦联军在全力撤退，不愿劳神劳力为一场根本不会发生的进攻备战。奥利弗·奥蒂斯·霍华德感到非常疲倦，准备午睡，命卡尔·舒尔茨有重要军情时再叫醒他。当约瑟夫·胡克的第一封警告急件送到时，卡尔·舒尔茨叫醒了奥利弗·奥蒂斯·霍华德，大声读了急件内容，并且将其交给了奥利弗·奥蒂斯·霍华德。奥利弗·奥蒂斯·霍华德和军官立即开始讨论军情。与此同时，一名年轻军官递上了第二封急件③。两封急件表明，卡尔·舒尔茨的建议完全合理，但奥利弗·奥蒂斯·霍华德依然不为所动。后来，为了服从约瑟夫·胡克的命令，奥利弗·奥蒂斯·霍华德派出了最精锐的

---

① 《北方联邦陆军和南方邦联陆军的官方记录》丛书一，第25卷，第2册，第360页。——原注
② 《北方联邦陆军和南方邦联陆军的官方记录》丛书一，第25卷，第1册，第651页。——原注
③ 《卡尔·舒尔茨回忆录》，第2卷，第416页。——原注

部队增援丹尼尔·西克尔斯。此刻，丹尼尔·西克尔斯被派去阻拦所谓的南方邦联军的撤退。此次任务注定是徒劳的。奥利弗·奥蒂斯·霍华德细读了约瑟夫·胡克的第三封急件后，坚信南方邦联军正在撤退。于是，他协同增援部队，一起占领了罗伯特·E.李的后方。然而，关于托马斯·J.杰克逊真正行动的警报接连发来时，"奥利弗·奥蒂斯·霍华德和约瑟夫·胡克逐渐明白，北方联邦军的右翼已危机四伏"①。

与此同时，托马斯·J.杰克逊已准备就绪。"士兵默默守在自己的位置上，低声传达上级的命令。军号也不响了，士兵不再像往常那样用欢呼声向将军致敬。"②北方联邦军第十一团静静待在原地，对即将发生的灾难毫不知情。除了少数几名将士，北方联邦军大多数将士听从约瑟夫·胡克的指挥。一些士兵正在准备晚饭，而其他人在吃饭或休息，还有一些人正在玩纸牌。1863年5月2日18时，南方邦联军吹响了军号。托马斯·J.杰克逊派出大部分兵力猛攻北方联邦军第十一团的九千兵力。南方邦联军的第一次攻击是一次快速进军，驱使着荒原上的鹿和兔子狂奔。随后，"反叛者的呐喊"和具有毁灭性的炮火声响起。经过短暂的抵抗，北方联邦军第十一团溃逃了。与托马斯·J.杰克逊在一起的爱德华·波特·亚历山大写道："任何军队都会采取类似行动。在战斗中，士兵都是以一敌六。"③对南方邦联军来说，胜利的代价是高昂的。随后，在穿过茂密的树林时，托马斯·J.杰克逊的军队陷入了困境。托马斯·J.杰克逊竭力整顿军队，带着护卫队来到战线附近，想要探明约瑟夫·胡克的意图。忽然，北方联邦军发起了攻击。托马斯·J.杰克逊只好带着护卫队撤退。黑夜中，南方邦联军将护卫队误认为北方联邦军的骑兵，于是开了枪。托马斯·J.杰克逊不幸中弹④。将军受伤，意味着军队不可能获胜了。丹尼尔·西克尔斯陷入了危局，但由于星空朗照，明月近满，他成功突围了出去，重新占领了战壕。

当北方联邦军第十一团溃败时，约瑟夫·胡克忧心忡忡，沮丧不已，完全

---

① 小约翰·比奇洛：《钱斯勒斯维尔战役》，第287页。——原注
② 小约翰·比奇洛：《钱斯勒斯维尔战役》，第292页。——原注
③ 爱德华·波特·亚历山大：《一名邦联兵的战争回忆录》，第337页。——原注
④ 托马斯·J.杰克逊的手臂受了重伤，被迫截肢。1863年5月10日，他因肺炎逝世。随后，J.E.B.斯图尔特接替了他的职位。——编者注

第 5 章 危机:北方联邦军接连失利

没有能力承担重任。1863 年 5 月 3 日,约瑟夫·胡克虽然已经尽力,但依然无法胜任总指挥一职,甚至濒临崩溃,胡乱应付着一场没有希望的战役。他的对手显得精明、自信。1863 年 5 月 3 日清晨,托马斯·J.杰克逊的军队一边声嘶力竭地哭喊着"托马斯·J.杰克逊永存",一边发起了进攻。罗伯特·E.李率军前来支援。北方联邦军顽强抵抗。南方邦联军的努力值得称赞,但其没有领袖,司令部的命令也起不了什么作用。三万名至三万五千名联邦新兵近在咫尺,渴望参战,却迟迟不见命令传来。1863 年 4 月,亚伯拉罕·林肯视察了波托马克军,离开时劝告约瑟夫·胡克:"下次战斗时,一定要启用全部兵力。"但他的劝告并未受到重视。

1863 年 5 月 3 日 9 时左右,一枚炮弹击中了司令部的一根柱子,靠着柱子的约瑟夫·胡克被撞晕了[1]。此时,北方联邦军几乎已经战败。在报告中,罗伯特·E.李说:"截止至 1863 年 5 月 3 日 10 时,我们已完全占领战场。"

关于钱斯勒斯维尔战役的其他信息,我们无须知道。1863 年 5 月 4 日午夜,约瑟夫·胡克召集了各军指挥官,共同商议是否撤回拉帕汉诺克河北岸。达赖厄斯·N.库奇和丹尼尔·西克尔斯赞成撤退。乔治·米德、约翰·F.雷诺兹和奥利弗·奥蒂斯·霍华德认为应继续战斗。当时,约瑟夫·胡克说自己会承担撤退的所有责任[2]。于是,北方联邦军撤到了拉帕汉诺克河北岸。在钱斯勒斯维尔战役中,北方联邦军伤亡一万六千七百九十二人;南方邦联军伤亡一万两千七百六十四人[3]。

担任总指挥期间,约瑟夫·胡克从来没有因为喝酒误事。他原来喜欢喝威士忌,但从钱斯勒斯维尔战役开始,或到达钱斯勒斯维尔后,一直滴酒未沾[4]。

---

[1] 清醒后,约瑟夫·胡克指挥军队撤退。——原注
[2] 达赖厄斯·N.库奇:《美国内战中的战役与领袖》,第 3 卷,第 171 页。——原注
[3] 托马斯·L.利弗莫尔:《南北战争中的人数与损失》,第 98 页。——原注
为回应约瑟夫·胡克 1863 年 5 月 3 日下达的命令,约翰·塞奇威克进攻了朱巴尔·厄尔利率领的南方邦联军。经过激烈战斗后,约翰·塞奇威克攻占了马里耶高地,将朱巴尔·厄尔利驱逐了出去。在萨勒姆教堂的战斗中,罗伯特·E.李派拉斐特·麦克劳斯协助朱巴尔·厄尔利,阻止约翰·塞奇威克与约瑟夫·胡克会合。约翰·塞奇威克被迫撤退。——编者注
[4] 詹姆斯·福特·罗德斯:《美国史》,第 4 卷,第 264 页注释。《乔治·米德传》,第 1 卷,第 365 页。——原注

联邦军在战壕里向邦联军射击

联邦军指挥官指挥军队作战

钱斯勒斯维尔战役

罗伯特·E. 李与托马斯·J. 杰克逊在钱斯勒斯维尔战场

约瑟夫·胡克战败的原因是能力欠缺，勇气不足。与此同时，乔治·米德的描述解释了整个事件。在1863年5月8日写给妻子玛格丽特·萨金特的信中，他说："紧要关头，约瑟夫·胡克毫无战斗力。所有人对他很失望。实际上，他比乔治·B. 麦克莱伦更谨小慎微，遇事喜欢躲闪，在不用承担责任的情况下，总会夸夸其谈。当自己担起责任的时候，应该行动起来；当别人担起责任的时候，应该积极表达自己的观点。战斗结束后，约瑟夫·胡克不顾大部分指挥官的反对，决定撤退……决定撤退后，他非常沮丧地对我说，他准备将波托马克军交给我，还说自己已经受够了，宁愿从未来到这个世上。"①

然而，无论如何，对罗伯特·E. 李来说，钱斯勒斯维尔战役仍然是一次巨大的胜利。只有足智多谋、品德高尚的将军，才能率领饥肠辘辘、衣衫褴褛的士兵，战胜一支人数众多、装备精良的北方联邦军。南方邦联军审时度势，行动谨慎，大胆无畏。北方联邦军恰好与此相反。在进攻北方联邦军右翼的前一晚，托马斯·J. 杰克逊睡在一棵松树下。副官给他盖上了一条披肩。但当副官睡着时，他将披肩盖在了副官身上，自己什么也没盖，结果被冻醒，得了风寒。早上，托马斯·J. 杰克逊没来得及吃早餐，便立即率军继续前进②。在一场"可笑又恼人的偷袭"③发生前，年仅三十三岁的奥利弗·奥蒂斯·霍华德正在午睡。

第16节 钱斯勒斯维尔战役的影响

罗伯特·E. 李平静地等待着托马斯·J. 杰克逊的进攻结果，时刻保持警惕。其间，罗伯特·E. 李给杰斐逊·戴维斯写了一封不同寻常的信。信的内容包括他对此次战役的风险评估，以及万一失败后的应对之策。他写道："如果军队由我全权指挥，并且粮草充足，那么我会更坦然自若。不过，我判断，北方联邦军更具兵力和地理方面的优势。"④当托马斯·J. 杰克逊击败北方联邦军的右翼时，"约瑟夫·胡克和两名助手正坐在司令部的阳台上，享受着夏日夜晚的

---
① 《乔治·米德传》，第1卷，第372页、第373页。——原注
② 罗伯特·达布尼：《托马斯·J. 杰克逊传》，第675页、第677页。——原注
③ 艾伯特·C. 哈姆林：《钱斯勒斯维尔战役》，第60页。——原注
④ 《北方联邦陆军和南方邦联陆军的官方记录》丛书一，第25卷，第2册，第765页。——原注

第 5 章 危机：北方联邦军接连失利

凉爽"①。直到北方联邦军第十一团战败溃逃，约瑟夫·胡克才警醒到，战争真的爆发了。

战争部和亚伯拉罕·林肯收到的消息不详细，也不准确。在 1863 年 5 月 4 日的日记中，吉迪恩·韦尔斯写道："今天下午，在战争部，我见到了总统亚伯拉罕·林肯。他一直在不停地踱步，非常想了解前线的真实情况。前线传来的消息都不可靠。大家似乎都感觉到我们的军队获胜了。但实际上，我军死伤惨重，更加激烈和可怕的战役迫在眉睫。"②当亚伯拉罕·林肯收到电报，称大军撤到了拉帕汉诺克河北岸时，他喊道："天哪！国民会怎么说？"③1863 年 5 月 6 日，在见过"垂头丧气"的亚伯拉罕·林肯后，查尔斯·萨姆纳来到吉迪恩·韦尔斯的办公室，"举起双手，惊叹道，'败了，败了，一败涂地啊！'"④

由于战争部对电报的审查非常缓慢，钱斯勒斯维尔战役的消息很久才传到北方。知道了战役过程后，人们万分沮丧。现在，许多支持战争的人不再抱有征服南方的希望。《芝加哥论坛报》上的一篇文章提出了一条严肃建议，即由亚伯拉罕·林肯担任波托马克军的指挥官。令人痛心的是，北方一直没有找到一位能担大任的将军。正如该文作者总结的，我们由衷地认为，"老亚伯"⑤可以带领我军取得胜利。"如果他做不到，那么还有谁能做到呢？"

第一次和第二次布尔河战役、乔治·B.麦克莱伦在里士满战败及弗雷德里克斯堡战役后，北方人内心的沮丧和创伤久久无法抹去。但钱斯勒斯维尔战役后，北方人显得没有那么沮丧了。实际上，报纸已经不再像战争初期那样能准确反映公众情绪了。当时大量的社论写作都是为了让读者心怀希望，但后来出版的回忆录或口口相传的往事，都在纠正当时报纸上的言论。因此，我们推论：从性质和程度方面来看，钱斯勒斯维尔战役失败后北方人的沮丧不同于其他时期的沮丧。从 1862 年秋天开始，商业活动日益兴盛。一个经济快速发展的时代已经开始，证券交易频繁，合法交易增多，人们将存款投资在政府债券上。此外，值得注意

---

① 小约翰·比奇洛：《钱斯勒斯维尔战役》，第 301 页。——原注
② 《海军部部长吉迪恩·韦尔斯的日记》，第 1 卷，第 291 页。——原注
③ 诺亚·布鲁克斯：《林肯时期的华盛顿》，第 58 页。——原注
④ 《海军部部长吉迪恩·韦尔斯的日记》，第 1 卷，第 293 页。——原注
⑤ "老亚伯"是亚伯拉罕·林肯的昵称。——译者注

的一个观点是：战争促进了贸易和制造业的发展。政府是最大的买家，并且交易频繁。国家正处在困境中，大多数人选择通过正当途径赚钱，也有一些投机倒把的行为。当钱斯勒斯维尔战役大败的消息传到纽约时，黄金价格突然上涨。一开始，铁路公司的股票很不稳定，但很快又以良好的态势上涨。政府债券一直很稳定，公众继续认购面值为五美元至二十美元的债券。人们不再参军入伍，因为大多数人厌倦了战争。繁荣的商业也带来了许多就业机会。就平民入伍来说，战争已经成为一种贸易活动。联邦政府、各州政府、城镇和各市行政区提供了入伍奖励金，鼓励人们积极参军。

第6章 走出困境：乔治·米勒和尤利西斯·S.格兰特的胜利

钱斯勒斯维尔战役表明，约瑟夫·胡克没有能力指挥一支大军，应该被罢免。此外，也没有什么证据证明，萨蒙·P.蔡斯及其激进派追随者有意保住约瑟夫·胡克。实际上，虽然萨蒙·P.蔡斯支持约瑟夫·胡克，但如果亚伯拉罕·林肯愿意听谏言，亨利·哈勒克在军事方面的建议会更有分量。众所周知，乔治·B.麦克莱伦其实并不信任约瑟夫·胡克。战争部部长埃德温·斯坦顿也有同感，但亚伯拉罕·林肯是约瑟夫·胡克忠实的朋友。战后不久，亚伯拉罕·林肯视察了波托马克军，认为不应指责任何人，因为失败已成定局。因此，约瑟夫·胡克很快振作起来，以为自己的位置保住了，不再刻意关注士兵对他的质疑。乔治·米德写道："从找到继任者的难度和每次战败后更换总指挥的荒谬程度来看，我认为约瑟夫·胡克是不会罢免的。"① 在日记中，吉迪恩·韦尔斯写道："亚伯拉罕·林肯很喜欢约瑟夫·胡克。如果其他人妥协了，那么他会继续任用约瑟夫·胡克。"② 在华盛顿时，约翰·F.雷诺兹的一位朋友说，人们正在讨论让约翰·F.雷诺兹担任波托马克军的总指挥。于是，约翰·F.雷诺兹"立即去找亚伯拉罕·林肯，称自己不想当总指挥，也不会当"。但他在此次会面中大谈约瑟夫·胡克的缺点。亚伯拉罕·林肯说："我不会因一次哑火就把一把枪扔了。"③

第1节 罗伯特·E.李进军宾夕法尼亚州

钱斯勒斯维尔战役结束后，罗伯特·E.李命军队休整数个星期。利用这段

---

① 《乔治·米德传》，第1卷，第373到第375页、第379页、第382页。——原注
② 《海军部部长吉迪恩·韦尔斯的日记》，第1卷，第329页。——原注
③ 《乔治·米德传》，第1卷，第385页。——原注

时间，他改编了军队，将军队分成三个团，分别由詹姆斯·朗斯特里特[①]、理查德·S.尤厄尔和A.P.希尔指挥。罗伯特·E.李认为"继续防御"毫无意义，因此，决定进军宾夕法尼亚州。此次行动会威胁到华盛顿，诱使约瑟夫·胡克追击南方邦联军，使弗吉尼亚州免受北方联邦军侵扰。以前，罗伯特·E.李可能不会满足于这类小成就，但弗雷德里克斯堡战役和钱斯勒斯维尔战役后，他谦逊了很多。他期待时机成熟时与波托马克军开战。罗伯特·E.李的军队纪律严明，士气高昂，并且士兵非常信任他。

骑在马上的约瑟夫·胡克

他确信南方邦联军会获胜，甚至打垮北方联邦军，然后轻而易举地攻克华盛顿，继而和平占领北方。此刻，南方邦联政府最担心的是尤利西斯·S.格兰特在维克斯堡开展的行动。解救维克斯堡的方案很多，但最有效的是攻克北方联邦首都——华盛顿。进攻华盛顿的最佳时机就是现在，因为南方邦联军势头正盛。如果继续耽误下去，那么南方邦联军一定会败在进攻效率上。在写给杰斐逊·戴维斯的信中，罗伯特·E.李说："我们的兵源不断减少。如果北方联邦团结一致对抗我们，那么我们与北方联邦军之间的兵力差距会越来越大。"罗伯特·E.李恪尽职守，密切关注着北方的报纸。从各种新闻、评论和预测中，他得出了大量正确推论，并且很少遗漏关键信息。考虑到大部分北方人厌倦了战争，并且自弗雷德里克斯堡战役和钱斯勒斯维尔战役以来，民主党的力量日益强大，罗伯特·E.李写信给杰斐逊·戴维斯说："我们应该明白，分裂和削弱北方联邦军没有所谓的光荣手段。因此，我们应始终忠于事实，全力支持北方兴起的和平政党。"[②]

1863年6月3日，在弗雷德里克斯堡附近，罗伯特·E.李开始派遣军队。

---

① 钱斯勒斯维尔战役后，詹姆斯·朗斯特里特率军与罗伯特·E.李会合。——原注

② 《北方联邦陆军和南方邦联陆军的官方记录》丛书一，第27卷，第3册，第881页。由此可见，除非北方承认南方邦联独立，否则罗伯特·E.李不赞成和平。——原注

第6章 走出困境：乔治·米勒和尤利西斯·S.格兰特的胜利

1863年6月10日，他命理查德·S.尤厄尔率兵前往谢南多厄河谷。理查德·S.尤厄尔击退了温切斯特和马丁斯堡的北方联邦军。1863年6月15日，理查德·S.尤厄尔的部分军队渡过了波托马克河，后续部队随即跟上。A.P.希尔和詹姆斯·朗斯特里特率军前进，于1863年6月26日渡过波托马克河到达了马里兰州。

罗伯特·E.李的北上行动已经非常明显[①]。因此，约瑟夫·胡克撤离了拉帕汉诺克河北岸的营地，向波托马克河进发，沿着蓝岭山脉以东行军，试图保护华盛顿。此次行动中，约瑟夫·胡克领兵有方。1863年6月22日，在马里兰州黑格斯敦待命的理查德·S.尤厄尔接到前进命令。罗伯特·E.李写道："如果条件允许，我打算占领哈里斯堡。"理查德·S.尤厄尔率军进入宾夕法尼亚州，在钱伯斯堡停留了一天，补充粮草。1863年6月27日，他抵达了卡莱尔，并且派朱巴尔·厄尔利率军攻占了约克县。当地官员和民众代表正式投降。朱巴尔·厄尔利强制他们缴税，获得了一千顶帽子、一千两百双鞋子、一千双袜子、三天口粮，以及两万八千六百美元。他还烧毁了通往约克县的铁路桥，随后率军占领萨斯奎

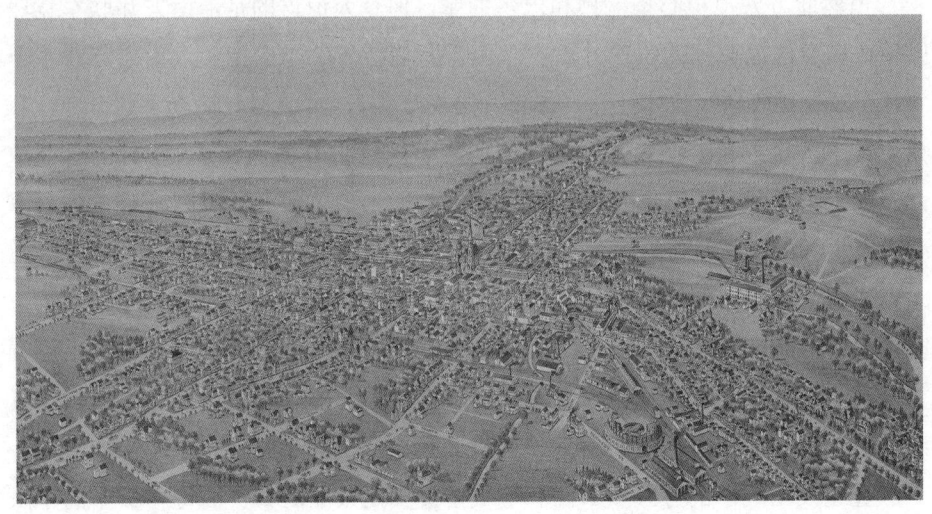

钱伯斯堡

[①] 约瑟夫·胡克开始怀疑南方邦联军会有大举动。1863年6月9日，库尔佩珀附近爆发了布兰迪站战役。其间，北方联邦骑兵首次与詹姆斯·斯图尔特的南方骑兵较量。此次战役中的相关信函和其他情报证实了约瑟夫·胡克的怀疑。参战双方大多是骑兵，詹姆斯·斯图尔特勉强击退了阿尔弗雷德·普莱森顿率领的北方联邦骑兵。——编者注

哈纳河上的哥伦比亚桥。哥伦比亚桥是一座木质结构的桥，由若干石柱支撑，长一点二五英里，上面有一条铁路、一条供马车行驶的路和一条运河的曳船路①。朱巴尔·厄尔利打算率军过桥，切断宾夕法尼亚州的铁路线，占领兰开斯特，然后强行征税，进攻哈里斯堡后方的北方联邦军。到时，理查德·S.尤厄尔会率军从正前方进攻北方联邦军。但在南方邦联军到来前，宾夕法尼亚州的一个民团烧毁了哥伦比亚桥。火势迅速蔓延，朱巴尔·厄尔利的军队无法扑灭大火。

与此同时，理查德·S.尤厄尔通过征用、搜查店铺等方式，补充了军火、药品及其他物资，得到了"近三千头牛"和五千桶面粉。其间，在一支炮兵小分队的支援下，他的骑兵队来到距哈里斯堡三英里的地方，向达赖厄斯·N.库奇麾下的民兵纠察队发起了进攻。1863年6月29日，理查德·S.尤厄尔准备就绪，打算进军哈里斯堡。1863年6月27日，詹姆斯·朗斯特里特和A.P.希尔已经到达钱伯斯堡，与罗伯特·E.李会合。在宾夕法尼亚州，南方邦联军已经有七万五千人。

虽然北方人很担心华盛顿和巴尔的摩，但令人惊讶的是，南方邦联军竟然出现在宾夕法尼亚州的坎伯兰山谷。由于罗伯特·E.李的指挥，南方邦联军士兵几乎没有任何劫掠破坏行为。1863年6月21日，罗伯特·E.李下达命令，叮嘱士兵不得侵犯私人财产。到达钱伯斯堡后，他在1863年6月27日的命令中公开表示，对军队的整体表现感到满意，但提到了之前邦联军因未察觉到敌军动向而失利的事情，告诫士兵应与北方联邦军速战速决。罗伯特·E.李充分考虑到了军纪和民心，希望在北方"宣传和平理念"。此外，他用南方邦联货币支付了军需品，虽然毫无意义，但不能忘记的是他用自己唯一拥有的货币进行了交易。如果南方邦联军打败了宾夕法尼亚州的北方联邦军，那么南方邦联货币将迅速升值。②

无论发动战争的方式多么温和，战争终归是残酷的。罗伯特·E.李的军队行至坎伯兰山谷，惊慌和噩运便随之而来。坎伯兰流言四起，称南方邦联军正在入侵途中，老幼妇孺纷纷逃离。乔治·皮克特写道："北方联邦军带着所有军需

---

① 曳船路指沿着运河或河流的路。——译者注
② 在葛底斯堡战役及撤退中，南方邦联军表现不佳。弗兰克·哈斯克尔：《葛底斯堡战役》，第176页。《美国内战中的战役与领袖》，第3卷，第367页。——原注

第6章 走出困境：乔治·米勒和尤利西斯·S.格兰特的胜利

朱巴尔·厄尔利
（1816—1894）

乔治·皮克特
（1825—1875）

品进入了坎伯兰山区，渡过了萨斯奎哈纳河。我们大方支付了所需物品，用的是邦联货币。"[①] 饱受战乱之苦的百姓以为，只要渡过萨斯奎哈纳河，人身和财产就安全了。在连接坎伯兰山谷和哈里斯堡的桥上，一辆辆装满家具和家居用品的马车陆续走过。黑人害怕再次受到奴隶制的束缚，因此，在南方邦联军兵临城下前，慌忙逃走了。

　　1863年6月26日，宾夕法尼亚州州长安德鲁·格雷格·柯廷发表声明，打算征兵六万人，号召人们团结起来"保卫家园，守护家人"。宾夕法尼亚州州政府及民众都意识到，哈里斯堡危在旦夕。除了炮兵和骑兵及来自纽约的十九个团，宾夕法尼亚州的三十个民团都归达赖厄斯·N.库奇指挥。达赖厄斯·N.库奇善用兵力，派大部分士兵驻守哈里斯堡。哈里斯堡的商铺都关门了。民众手持锄头和铁锹，加紧修建防御工事。大部分男性应征入伍，在公园或大街上受训。在火车站，志愿兵的不断到来，受到惊吓的男女的离开，使场面非常混乱。南方邦联军的动向十分明确。哈里斯堡先是传来南方邦联军已距城二十三英里的消息，后又传来不足十八英里的消息。1863年6月28日，隆隆的炮声已持续近两个小时，

---

① 《一名军人的心声：乔治·皮克特的私人信函》，1913年，第89页。——原注

南方邦联军在距国会大厦四英里的范围内。1863年6月28日晚，费城上下人人自危，都在传南方邦联军正在炮轰哈里斯堡。成千上万的人聚集到切斯特纳特大街和马尔凯特大街上，迫切想知道发生了什么。1863年6月29日，两位有名望的市民向亚伯拉罕·林肯发电报说，他们得到可靠消息，称南方邦联军正在向费城大规模进军。其他名流希望亚伯拉罕·林肯授权达赖厄斯·N.库奇，让达赖厄斯·N.库奇宣布戒严。所有商业贸易暂停。零售商、铁器制造商、机械加工商和煤炭经营商举行了集会，呼吁工人积极参军，保卫自己的州。谷物交易所为五个连提供了军需品。参加了1812年战争的一些士兵和神职人员分别集结起来，准备参战保卫家园。据说，银行家和零售商正在准备转移铸币和其他贵重物品。宾夕法尼亚州的铁路运营已暂停。虽然事事错乱，愁云密布，但还不至于引起恐慌。然而，从1863年6月27日至1863年7月1日，局势异常扣人心弦。1863年7月1日，面额为五美元至二十美元的政府债券的销售额达到一百七十万美元。在宾夕法尼亚铁路的东段，几乎没有火车运行，多处轨道被毁。然而，宾夕法尼亚铁路公司以五十美元为基价，在费城出售股份。1863年6月27日的售价是六十一点七五美元；1863年7月1日的售价是六十美元。无独有偶，古罗马历史学家提图斯·李维曾写道，在距罗马三英里的地方，北非古国迦太基名将汉尼拔率军在此扎营。与此同时，该地区被售出，价格丝毫未受影响。虽然纽约的黄金价格持续上涨，但并未引起股市的震荡。

虽然南方邦联军入侵宾夕法尼亚州的警报已发出，但当北方人惶恐不安地拿起晨报或看着当天的通告时，看到的是波托马克军更换总指挥的消息。当权者将拯救哈里斯堡、巴尔的摩和华盛顿的希望寄托在了波托马克军身上。大众尽管对当前的形势一知半解，也认为波托马克军是自己的支柱。

第2节 乔治·米德接任约瑟夫·胡克

由于与亨利·哈勒克的观点不一致，1863年6月27日，约瑟夫·胡克提出辞职[①]。约瑟夫·胡克的辞职请求恰逢其时，因为1863年6月26日，正如吉迪恩·韦

[①] 约瑟夫·胡克想从哈珀斯费里撤兵，进攻罗伯特·E.李的交通线，但亨利·哈勒克反对撤兵。——编者注

第6章 走出困境：乔治·米勒和尤利西斯·S.格兰特的胜利

尔斯在日记中记录的那样："亚伯拉罕·林肯偏祖约瑟夫·胡克，但在一次谈话中显露出了对他的不信任。亚伯拉罕·林肯说：'我们的总指挥如果指挥得当，那么就能打败南方邦联军。在军事行动中，总指挥至关重要。约瑟夫·胡克可能会像乔治·B.麦克莱伦一样，犯类似错误，错失良机。我们很快就能见分晓，但在我看来约瑟夫·胡克只能赢。'"①

1863年6月27日15时，接到了约瑟夫·胡克的辞职请求后，亚伯拉罕·林肯很快做出了决定。他派一名军官前往波托马克军下达命令，解除约瑟夫·胡克的职务，由乔治·米德接任总指挥。

虽然约翰·F.雷诺兹和乔治·米德完全有能力胜任总指挥一职，但亚伯拉罕·林肯的功劳是他顶住了来自乔治·B.麦克莱伦和约翰·C.弗里蒙特的强大压力做出了明智的选择。由于约翰·F.雷诺兹拒绝担任总指挥，因此，亚伯拉罕·林肯只能选择乔治·米德。1863年6月24日，在给妻子玛格丽特·萨金特的一封信中，乔治·米德非常谦虚地谈道，自己很可能被任命为总指挥，但并不确定亚伯拉罕·林肯应对突发事件的能力。乔治·米德推测会受到一些人的质疑。作为回应，他写道："众所周知，在作战记录中，包括好战的约瑟夫·胡克在内，没有一位将军参加的战斗比我多，比我更有经验。我唯一可以说的是，我是否有能力成功率领一支大军，还需要拭目以待。

骑在马上的乔治·米德

我愿意接受众人公允的评价。然而，我被任命的可能性并不大，因为在政界或其他领域，没有人愿意为我说话。许多人都有重要人物为他们出头。我仅凭功绩就想担任总指挥，简直荒唐。"②

面对此次晋升，乔治·米德最有发言权。在1863年6月29日写给妻子玛格丽特·萨金特的信中，他说："是万能的上帝让我接任了总指挥一职，一个我

---
① 《海军部部长吉迪恩·韦尔斯的日记》，第1卷，第344页。——原注
② 《乔治·米德传》，第1卷，第388页。——原注

们曾经一直提到的职位。1863年6月28日3时，一名来自华盛顿的军官走进我的帐篷，叫醒了我，说他来找我麻烦。起初，我以为他要解除我的职务，或者逮捕我……他递给我一封信。信中是一道命令，内容是解除约瑟夫·胡克的总指挥一职，任命我为总指挥……这似乎是上帝善意的举动。无论如何，作为一名士兵，我只能服从命令，尽全力指挥波托马克军……我当即向罗伯特·E. 李进军……一场战斗将决定国家的命运和联邦大业的成败。诚心祈祷，祈祷我们的国家兴旺发达，祈祷我能取得胜利。"

第3节 葛底斯堡战役

1863年7月，第二团的参将弗兰克·哈斯克尔详细记录了葛底斯堡战役。他写道："总体来说，无论是将领还是士兵，都对约瑟夫·胡克没有信心。一些人对他的人品没有信心，另一些人质疑他的能力。"当得知更换总指挥的消息时，弗兰克·哈斯克尔写道："我们满怀欣喜和希望。上帝与我们同在。乔治·米德将军掌管了波托马克军……士兵欢呼雀跃，踏着欢快的步伐继续前进。"① 约翰·F. 雷诺兹立即前去拜访乔治·米德，承诺会竭尽所能协助他。

亚伯拉罕·林肯全权授权乔治·米德。乔治·米德率军北上，志在"寻得南方邦联军所在，发起进攻"。他一向当机立断，而下属则积极响应。目前，将领放下所有敌意和猜忌，全心全意投入战事。士兵表现出了坚强的意志，在6月月末的酷暑中快速前行。

乔治·米德一路北上。罗伯特·E. 李的军队集中在坎伯兰山谷以北。"因局势所迫"②，罗伯特·E. 李召回了理查德·S. 尤厄尔。理查德·S. 尤厄尔原本计划攻打哈里斯堡。随后，在葛底斯堡，他与大军会合。与此同时，A.P. 希尔和詹姆斯·朗斯特里特受命前往葛底斯堡以西八英里的卡什敦③。罗伯特·E. 李和

---

① 弗兰克·哈斯凯尔：《葛底斯堡战役》，第3页、第6页、第8页。——原注
② 《北方联邦陆军和南方邦联陆军的官方记录》丛书一，第27卷，第2册，第317页。——原注
③ 罗伯特·E. 李的骑兵主要兵力由詹姆斯·斯图尔特指挥。詹姆斯·斯图尔特没有完成刺探敌情的任务，但突袭了北方联邦军。1863年6月28日晚，罗伯特·E. 李得知：北方联邦军在波托马克河以北，乔治·米德任指挥官。1863年6月29日早晨，罗伯特·E. 李下令集中兵力，依旧秘密行动，但他不知道北方联邦军的具体位置。——编者注

第6章 走出困境：乔治·米勒和尤利西斯·S.格兰特的胜利

乔治·米德都希望打一场防守战，并且为此进行了演练。

1863年7月1日，在葛底斯堡，一支南方邦联军和约翰·F.雷诺兹率领的军队发生了冲突，其中缘由无须赘述①。约翰·F.雷诺兹战死。随后，他的军队遭到重创。对乔治·米德来说，约翰·F.雷诺兹的死讯是一个晴天霹雳，就像罗伯特·E.李失去了托马斯·J.杰克逊一样。当听闻约翰·F.雷诺兹的死讯后，乔治·米德立即派温菲尔德·斯科特·汉考克前去接管约翰·F.雷诺兹的军队。温菲尔德·斯科特·汉考克很快使军队恢复了秩序。然而，在葛底斯堡战役的第一天战斗中，南方邦联军取得了决定性胜利②。

温菲尔德·斯科特·汉考克
（1824—1886）

1863年7月1日18时，乔治·米德意识到，"一场大战正在逼近我们"③。于是，他下令所有军队向葛底斯堡集结。1863年7月1日午夜，乔治·米德赶到了战场。他面色苍白，满脸倦容，眼神空洞，因失眠、焦虑和重任显得疲惫不堪④。

1863年7月2日8时左右，在一名参谋兼勤务兵的陪同下，乔治·米德骑马前去视察右翼军。卡尔·舒尔茨与乔治·米德说了几句话，很惊讶"他胡子拉碴，面容憔悴，疲惫不堪，好像一夜没睡"。卡尔·舒尔茨写道："显然，他已经筋疲力尽。但这位朴实、严肃的将军用务实的心态激发了士兵的信心。将领和士兵

---

① 虽然葛底斯堡战役的细节无须再提，但需要知道的是，这是敌对双方偶然相遇引发的一场大战。——编者注
② 南方邦联军从西面和北面集结至葛底斯堡，将北方联邦军从城中逼至葛底斯堡东南面墓园山脊上的一个据点。1863年7月1日，双方军队陆续涌到墓园山脊上。——编者注
③ 《北方联邦陆军和南方邦联陆军的官方记录》丛书一，第27卷，第3册，第446页。——原注
④ 乔治·米德从司令部所在地托尼敦出发，于1863年7月2日1时到达葛底斯堡。《北方联邦陆军和南方邦联陆军的官方记录》丛书一，第27卷，第1册，第115页。——编者注

聚集在一起，用好奇的眼神看着他，然后转身离去，虽然不太热情，但显得对他很满意。乔治·米德迅速查看了我们大军的位置……赞同地点了点头。寒暄过后，我问他战场上有多少人。我清楚地记得他的回答：'我预计大约有九万五千人，足够完成此次任务。'他再次快速看了一眼战场，若有所思地说道：'嗯，我们可以在这里一决高下，正如在其他地方一样。'"①

1863年7月2日下午，罗伯特·E.李和乔治·米德将全部兵力投入战场。罗伯特·E.李召集了七万人，而乔治·米德召集了九万三千人②。在战斗打响的第一天，北方联邦军的伤亡人数远超南方邦联军。双方军队相距约一英里。南方邦联军占据了崎岖的神学院山脊，而北方联邦军驻扎在墓园山脊凸起的一面。墓园山脊非常适合防御。乔治·米德决定等待对方发起进攻。南方邦联军显得精力充沛。乔治·米德如果仔细研究了罗伯特·E.李的性格和战绩，那么可能会确信对方会先发起进攻。然而，詹姆斯·朗斯特里特与罗伯特·E.李意见不一致。在第一天战斗结束后的一次谈话中，詹姆斯·朗斯特里特说应该包围乔治·米德的左翼军，让南方邦联军横在北方联邦军和华盛顿之间，乔治·米德将被迫采取攻势。与此同时，罗伯特·E.李显得非常焦虑，对与自己既定计划相悖的提议感到恼火，说道："不对。北方联邦军就在那里，我打算发起进攻。"③从一开始，他就毫不掩饰对北方联邦军的蔑视。罗伯特·E.李虽然认为乔治·米德比约瑟夫·胡克优秀，但觉得在关键时刻更换总指挥会抵消乔治·米德在指挥上的优势。然而，让罗伯特·E.李大为震惊的是，自乔治·米德担任总指挥以来，波托马克军的行动迅速敏捷，令罗伯特·E.李印象深刻。但罗伯特·E.李认为南方邦

---

① 《卡尔·舒尔茨回忆录》，第3卷，第20页。——原注
② 《南北战争中的人数与损失》，第102页，托马斯·L.利弗莫尔著。《国家》，1901年，第36页。——原注
在葛底斯堡战役中，南方邦联军的人数很难确定。1863年7月2日，罗伯特·E.李的军队约有六万人。但官方资料显示的数字不尽相同。参见道格拉斯·索撒尔·费里曼：《罗伯特·E.李传》，第3卷，第81页。有记载称，南方邦联军人数达七万七千人，而北方联邦军人数约为十万零五千人。参见《美国内战中的战役与领袖》，第3卷，第440页；爱德华·J.斯塔克波尔：《葛底斯堡的相遇》，第115页。——编者注
③ 道格拉斯·索撒尔·费里曼：《罗伯特·E.李传》，第3卷，第75页。詹姆斯·朗斯特里特：《从马纳萨斯到阿波马托克斯》，第358页。《战争年鉴》，第421页。《美国内战中的战役与领袖》，第3卷，第339页。——编者注

第6章 走出困境：乔治·米勒和尤利西斯·S.格兰特的胜利

联军所向披靡。几乎所有将士都坚信这一点，因为罗伯特·E.李取得的胜利是辉煌的，称得上战无不胜。罗伯特·E.李说："以前，从未出现过类似的军队。不过，如果领导得当，我军将一往无前，百战百胜。"[①]

1863年7月2日，罗伯特·E.李准时起床。由于军队行动缓慢，他不能快速集结兵力。最后一支联邦部队，即第六团，行军三十二英里，用时十七小时，于1863年7月2日傍晚抵达战场。罗伯特·E.李随即展开进攻。后来，罗伯特·E.李详细讲述了当天的战斗过程和双方受到的重创。他说："我们拼尽全力驱逐北方联邦军，虽然有所进展，但并不能占领其阵地。"[②]南方邦联军的攻击毫无章法，进展不大。

乔治·米德宣称获胜。1863年7月2日，他发电报给亨利·哈勒克说："今天16时左右，南方邦联军袭击了我军。在最激烈的一场战斗结束后，南方邦联军被全面击退。"[③]在电报中，他无意识地夸大了事实。1863年7月3日8时45分，在写给妻子玛格丽特·萨金特的信中，他写道："昨天，我们进行了一场战斗。南方邦联军发起了进攻。我们完全击退了他们，但两支军队都溃不成军。"[④]

1863年7月2日晚，乔治·米德召开了战事会议。会议期间，几位团指挥官做了报告。从他们的报告中，可以清楚地了解到北方联邦军的伤亡人数，约有两万人。虽然兵力严重受损，但将士并未灰心丧气，提议"继续战斗"。会议结束后，乔治·米德对第二团临时指挥官约翰·吉本说："明天[⑤]，如果罗伯特·E.李发动进攻，那么你的军队会是南方邦联军的第一个目标。"约翰·吉本询问原因。乔治·米德说："罗伯特·E.李已经进攻过我们的侧翼，但都失败了。他如果决定再次尝试，那么一定会进攻我们的主力部队。"约翰·吉本说："希望如此。如果他这样做，那么我们会击败他的。"[⑥]

[①] 查尔斯·弗朗西斯·亚当斯：《军事与外交研究》，第310页。詹姆斯·福特·罗德斯：《在牛津大学发表的关于美国内战的讲稿》，第149页。——原注
[②] 在北方联邦军中，古弗尼尔·K.沃伦和安德鲁·A.汉弗莱斯脱颖而出。《北方联邦陆军和南方邦联陆军的官方记录》丛书一，第27卷，第2册，第298页。——原注
[③] 《北方联邦陆军和南方邦联陆军的官方记录》丛书一，第27卷，第1册，第72页。——原注
[④] 《乔治·米德传》，第2卷，第103页。——原注
[⑤] 指1863年7月3日。——译者注
[⑥] 《美国内战中的战役与领袖》，第3卷，第314页。——原注

约翰·F. 雷诺兹战死

联邦炮兵向邦联军射击

联邦军与邦联军展开白刃战

联邦军攻击前进

美国内战史：1861—1865

　　1863 年 7 月 3 日凌晨，北方联邦军右翼遇袭。乔治·米德写信给妻子玛格丽特·萨金特说："此次战役的结果仍需拭目以待。我军士气高昂，人人视死如归。"① 与此同时，在与詹姆斯·朗斯特里特视察了北方联邦军的阵地后，罗伯特·E. 李决定进攻北方联邦军的主力部队。詹姆斯·朗斯特里特说："我的上帝！看，罗伯特·E. 李将军，我们的军队和北方联邦军遇到了不可逾越的障碍。山峰陡峭，枪炮林立，壁垒重重，我们无法发起有效进攻，只能命步兵连对抗北方联邦军的炮兵连。看看我们要攻下的阵地就在前方不到一英里处，那里枪林弹雨。"罗伯特·E. 李坚定地说："北方联邦军就在那里。詹姆斯·朗斯特里特将军，我必须进攻。"②

　　过去一个月大大小小的战役——进攻与反击、进军与撤退、连续两天的战斗——似乎都是在为这一刻做铺垫。耗时三四个小时的部署工作将决定战事前景。"1863 年 7 月 3 日 11 时到 13 时，是一段暴风雨来临前的平静。"③ 突然，南方邦联军连发两枚信号弹，一百五十门大炮齐发。北方联邦军的迎战武器是八十杆枪④。不过，北方联邦军占据的高地具有一定优势，不会遭到南方邦联军炮兵的轰炸。南方邦联军的主要火力集中在北方联邦军第二团。温菲尔德·斯科特·汉考克重掌第二团的指挥权。在报告中，他写道："这是我经历过的最猛烈的炮火。"但南方邦联军的炮火并没有重创北方联邦军。北方联邦军躲在石墙后面，受到地势和防御工事的保护。南方邦联军的炮火从他们头顶飞过，炸平了后方的空地。军旗飘扬，温菲尔德·斯科特·汉考克骑马从军队前方走过，面色冷静，神态严肃，这鼓舞了士兵。他的一位准将说："将军，作为团指挥官，您不应该拿自己的生命冒险。"温菲尔德·斯科特·汉考克回答道："有时，团指挥官的性命不值一提。"⑤ 南方邦联军的猛烈炮轰持续了一个半小时。乔治·米德知道，战斗才刚开始。他希望引诱南方邦联军继续进攻，于是，下令军队停止射击。北方联邦炮兵连的将领亨利·杰克逊·亨特一直在等待停战指令，因为他的弹药已不足⑥。

---

① 《乔治·米德传》，第 2 卷，第 103 页。——原注
② 《一名军人的心声：乔治·皮克特的私人信函》，第 94 页。——原注
③ 《北方联邦陆军和南方邦联陆军的官方记录》丛书一，第 27 卷，第 1 册，第 372 页。——原注
④ 托马斯·L. 利弗莫尔：《马萨诸塞州军事历史学会文献》，第 8 卷，第 538 页。——原注
⑤ 参见托马斯·L. 利弗莫尔 1914 年 3 月 30 日写的信。——原注
⑥ 《乔治·米德传》，第 2 卷，第 108 页。——原注

第6章 走出困境：乔治·米勒和尤利西斯·S.格兰特的胜利

第4节 乔治·皮克特的进攻

乔治·米德的计策成功了。詹姆斯·朗斯特里特以为炮轰发挥了作用①。指挥南方邦联炮兵的爱德华·波特·亚历山大"确信北方联邦军饱受重创"②。乔治·皮克特骑马去见詹姆斯·朗斯特里特，打算接受进攻指令。乔治·皮克特写道："我发现詹姆斯·朗斯特里特就像一只被困的雄狮。我从未见他如此愁容满面。我问候了他。接下来的几分钟，他一言不发地看着我。然后痛苦地对我说：'我一想到进攻造成的死伤就心如刀绞。我已下令给爱德华·波特·亚历山大，让他留意炮轰北方联邦军的结果。一有结果，他就会下令给你，因为我不能下令。'"③

因为罗伯特·E.李已下令进攻，所以爱德华·波特·亚历山大对此次进攻充满信心，但他对自己需要承担的责任有些畏缩。他见了乔治·皮克特，发现乔

亨利·杰克逊·亨特
（1819—1889）

爱德华·波特·亚历山大
（1835—1910）

---

① 《北方联邦陆军和南方邦联陆军的官方记录》丛书一，第27卷，第2册，第359页。——原注
② 爱德华·波特·亚历山大：《一名邦联兵的战争回忆录》，第423页。——原注
③ 《一名军人的心声：乔治·皮克特的私人信函》，第98页。——原注

治·皮克特积极乐观，于是更加尽职尽责。爱德华·波特·亚历山大不敢再等待了，派人给乔治·皮克特送了信。此时，乔治·皮克特正和詹姆斯·朗斯特里特待在一起。信中说："看在上帝的份上，你快来吧。再不来，我的弹药就不够用了。"乔治·皮克特将信递给了詹姆斯·朗斯特里特，问道："我是否应听命前往？"乔治·皮克特写道："詹姆斯·朗斯特里特看了我一会儿，用一只手握住了我的手，没有说话，将头低到了胸前。我不会忘记他脸上的表情和他紧握的手。我说：'那么，将军，我会带着我的部队前行。'"[1]

乔治·皮克特写道："我率领勇敢的将士一路前行。1863年7月3日15时15分左右，军队准备就绪。士兵虽然都知道即将面对什么，但依旧满怀希望，坚信胜利就在前方……在墓园山脊上，北方联邦军看到……一支南方邦联军出现在眼前。"[2] 温菲尔德·斯科特·汉考克期待着南方邦联军的进攻，准备迎敌。在报告中，他写道："南方邦联军队伍井然有序，显得坚不可摧，排兵布阵也十分严密，让见过他们的人心生钦佩。"[3]

乔治·皮克特率一万五千人，已到达距坎伯兰山谷一英里的地方[4]。军旗飘扬，军队"如盛装的阅兵队一样有条不紊地"前进。此次进军的目标是北方联邦军第二团。北方联邦军第二团的弗兰克·哈斯克尔写道："我们看到了南方邦联军浩浩荡荡的武装队伍。南方邦联军看上去势不可当，士兵昂首阔步地向我们走来。一个团接一个团，一个旅接一个旅，陆续从林子里走出来，迅速排好阵型，形成攻势。乔治·皮克特引以为豪的一支五千人的军队和其他军队护住右翼。在第一条战线形成后，第二条和第三条战线很快形成，纵队作为辅助。南方邦联军的战线延伸了约有半英里长，黑压压的人群展开后至少排列有一千码长。将士们肩并肩，队伍一排连一排，战线一道接一道。旗帜飘扬，骑兵来回游弋。

---

[1] 《一名军人的心声：乔治·皮克特的私人信函》，第98页。我从乔治·皮克特1863年7月4日的信和爱德华·波特·亚历山大的回忆录中整理出了这部分内容，与詹姆斯·朗斯特里特1863年7月27日的报告稍有不符之处。爱德华·波特·亚历山大给乔治·皮克特寄过两封信。我用了更符合乔治·皮克特描述的第二封信。——原注

[2] 《一名军人的心声：乔治·皮克特的私人信函》，第99页、第100页。——原注

[3] 《北方联邦陆军和南方邦联陆军的官方记录》丛书一，第27卷，第1册，第373页。——原注

[4] "詹姆斯·朗斯特里特派出乔治·皮克特的军队和A.P.希尔的八个旅，约一万四千三百名士兵，对阵一英里外的北方联邦军。北方联邦军的可用兵力约一万零一百人。"托马斯·L.利弗莫尔：《马萨诸塞州军事历史学会文献》，第8卷，第536页。——原注

第6章 走出困境：乔治·米勒和尤利西斯·S.格兰特的胜利

一万八千名步兵的枪和刺刀在阳光下闪闪发光。士兵齐心协力、有条不紊地前进，没有受到壕沟、壁垒或溪流的阻碍，很快越过了山脊和斜坡，穿过了果园、草地和麦田。行军队伍非常壮观，士兵显得坚定、势不可当。"[1] 北方联邦炮兵已准备好牵制此次进攻，打算"在七百码外向行进的南方邦联军开火。炮火会持续到近距离交战时。"[2] 南方邦联军依旧稳步前进。南方邦联的炮兵再次从后方开火，炮弹从行进的南方邦联军士兵的头顶飞过，试图将北方联邦军的致命火力从墓园山脊吸引过来。但北方联邦军的火力并没有改变目标，而是继续扫射乔治·皮克特的队伍。枪林弹雨中，南方邦联军死伤无数。乔治·皮克特率领的五千人毫不气馁，依旧打头阵，砥砺前行，其他旅紧随其后。现在，北方联邦步兵开火[3]，而南方邦联军进行回击。理查德·B.加尼特大病初愈，负责指挥乔治·皮克特

理查德·B.加尼特
（1817—1863）

---

[1] 弗兰克·哈斯克尔：《葛底斯堡战役》，第113页。——原注
[2] 托马斯·L.利弗莫尔：《马萨诸塞州军事历史学会文献》，第8卷，第536页。——原注
[3] "北方联邦步兵一直保存弹药，打算近距离攻击南方邦联军。但在猛烈炮火的攻击下，南方邦联军毫不动摇，井然有序地前进，赢得了对手的钦佩。"托马斯·L.利弗莫尔：《马萨诸塞州军事历史学会文献》，第8卷，第537页。——原注

麾下的一个旅。他冷静从容地"骑马跟在前进队伍的后方"。查尔斯·S.佩顿少校写道:"理查德·B.加尼特努力维持军队秩序。在距石墙约二十五步远的地方,他在队伍中心附近中弹坠马。我们的队伍虽然被打散了,但仍然继续前行。距石墙二十步远的时候,对方的炮垒和埋伏的步兵突然向我们开火。在北方联邦军的猛烈攻击下,我们被迫后退。与此同时,詹姆斯·L.肯珀率军出现在右翼,而刘易斯·阿米斯特德率军出现在后方。三支军队会合后,士兵怀着坚定的决心和昂扬的斗志继续前行,在北方联邦军的石墙上插下了南方邦联的旗帜。"威廉·R.艾利特写道:"在所有人眼中,刘易斯·阿米斯特德一直表现得很出色。他走在队伍前方五十码处,将帽子顶在剑上挥舞着,沉稳地带领军队逼近北方联邦军……他提前发起了进攻,攻破了北方联邦军的防御工事,虽然受伤了,但一直坚持着将北方联邦军赶出阵地,亲眼见证邦联的旗帜插在北方联邦军的堡垒上。"查尔斯·S.佩顿少校写道:"北方联邦军最坚固的最后一道防线被攻破了,邦联的旗

詹姆斯·L.肯珀
(1823—1895)

刘易斯·阿米斯特德
(1817—1863)

第6章 走出困境：乔治·米勒和尤利西斯·S.格兰特的胜利

帜在堡垒上飘扬。石墙上的战斗都是近身肉搏，士兵殊死一战。但我军已经有一半人倒下，无力驱赶北方联邦军。"①"前进的大军浩浩荡荡，不知北方联邦军能否抵抗来势汹涌的南方邦联军。但交战后，这种担忧就消散了。南方邦联军意识到已经战败，于是，很多人放下武器投降了。其余人躲开追兵，穿过田地逃往神学院山脊。"②

在葛底斯堡战役中，温菲尔德·斯科特·汉考克写信给乔治·米德说："这是我见过最猛烈的进攻。幸好我们的军队足够精锐，否则必败无疑。"③弗兰克·哈斯克尔的描述证实了温菲尔德·斯科特·汉考克的判断。参加了葛底斯堡战役的托马斯·L.利弗莫尔的研究也证实了这一点。乔治·米德"脸色苍白，愁容满面，神色严肃、忧虑"。他骑马去见弗兰克·哈斯克尔，急切地问道："情况怎么样？"弗兰克·哈斯克尔回答："我认为南方邦联军已被击退。""什么！被击退了？""是的，将军。"乔治·米德惊呼道："感谢上帝！"④

罗伯特·E.李孤身一人，骑马前去鼓励溃军，打算重整军队。之前的不安已经消散，失望中没有半点埋怨。他镇定自若，谈到此次战败时表现出一种崇高的精神。他说："一切都是我的错，是我战败了。"⑤

罗伯特·E.李还说："对我们来说，今天是悲伤的一天。"⑥乔治·皮克特与詹姆斯·L.肯珀的事迹已被载入史册。詹姆斯·L.肯珀"身受重伤"⑦。乔治·皮克特写道："高级将领中，七名阵亡，一名伤势严重。九名中校负伤，三名中校

---

① 这些引文源自乔治·皮克特部队中军官的报告。《北方联邦陆军和南方邦联陆军的官方记录》丛书一，第27卷，第2册，第385页、第999页。报告的日期分别是1863年7月9日、1863年7月12日。查尔斯·S.佩顿少校在理查德·B.加尼特的军中。威廉·R.艾利特在刘易斯·阿米斯特德的军中。乔治·皮克特写了报告，但在罗伯特·E.李的建议下报告被销毁了。《北方联邦陆军和南方邦联陆军的官方记录》丛书一，第27卷，第3册，第1075页。《一名军人的心声：乔治·皮克特的私人信函》，第100页、第213页。——原注
② 托马斯·L.利弗莫尔：《马萨诸塞州军事历史学会文献》，第13卷，第537页。——原注
③ 《北方联邦陆军和南方邦联陆军的官方记录》丛书一，第27卷，第2册，第366页。——原注
④ 弗兰克·哈斯克尔：《葛底斯堡战役》，第136页。——原注
⑤ 亚瑟·L.弗里曼特尔：《在南方各州的三个月》，第269页。——原注
⑥ 亚瑟·L.弗里曼特尔：《在南方各州的三个月》，第268页。——原注
⑦ 沃尔特·哈里森：《乔治·皮克特的属下》，第103页。——原注

阵亡。只有一名校级军官没有受伤,很多尉级军官也阵亡了。"① 战斗结束时,三个旅中的两个旅由少校指挥。五千人的军队伤亡人数近两千九百人②。

乔治·皮克特没有受伤。他的参谋也没有一人出现在伤亡名单中。出发时,他走在队伍的最前面,但半途就停了下来,并未上前线。1863年7月4日,在写给未婚妻的信中,他说:"你的爱人还活着,悲痛不已。但为了你,他愿意回到战场,和逝去的士兵一起永眠于无名的坟墓中。"③然而,南方人不禁会问:"乔治·皮克特能否分享他的军队赢得的荣耀?"虽然历史会揭晓答案,但不能忽视罗伯特·E.李的判断,因为他知晓当时的所有情况,并且坚守事实,公正无私。

倒在葛底斯堡战场上的邦联士兵

---

① 《一名军人的心声:乔治·皮克特的私人信函》,第107页。——原注
② 一份报告记录说,乔治·皮克特军队的伤亡人数可能高达三千四百人。《北方联邦陆军和南方邦联陆军的官方记录》丛书一,第17卷,第2册,第645页。虽然准确的伤亡人数难以确定,但葛底斯堡战役中,北方联邦军伤亡人数为两万三千零四十九人,南方邦联军为两万八千零六十三人。托马斯·L.利弗莫尔:《南北战争中的人数与损失》,第440页。——编者注
③ 托马斯·L.利弗莫尔:《南北战争中的人数与损失》,第100页。——原注

第6章 走出困境：乔治·米勒和尤利西斯·S.格兰特的胜利

1863年7月9日，罗伯特·E.李写信给乔治·皮克特说："在葛底斯堡战役中，你的军队损失惨重。对此，我万分悲痛，也万分感激将士的英勇无畏。"后来，在一封没有日期的信中，罗伯特·E.李写道："你和你的将士为自己赢得了荣耀之冠。"①

乔治·皮克特的进攻虽然是一次冒险之举，但绝非无望之举②。如果乔治·米德和温菲尔德·斯科特·汉考克没有做好充分准备，没有掌握军队指挥权，那么此次进攻很可能成功。如果让钱斯勒斯维尔战役中犹豫不决的约瑟夫·胡克指挥北方联邦军，那么情况会截然不同。对比钱斯勒斯维尔战役和葛底斯堡战役的组织形式，将证实亨利·哈勒克的判断，即约瑟夫·胡克"不仅会失了军队，还会失了首都"③。

第5节 罗伯特·E.李与乔治·米德

此外，罗伯特·E.李必须决定是继续进攻还是迅速撤退。如果撤退，南方邦联军可以依靠政府存活下来，但如果继续集结，士兵会食不果腹。最后，好斗的性格让他做出了决定，但他似乎低估了乔治·米德的能力，高估了南方邦联军炮火的威力。如果打破北方联邦军防线的南方邦联军能够撑住，那么一定会得到充足的援兵。到时，罗伯特·E.李说的"一次坚决、彻底的打击"④就有可能实现。他如果能彻底击败波托马克军，那么就可以轻而易举地攻下巴尔的摩和华盛顿。也许，他应该冒险一试。

当谈到葛底斯堡战役时，军旅作家常常争论的问题是，乔治·米德是否应立即穿过坎伯兰山谷进行反击，或在1863年7月3日天黑前，进攻南方邦联军的右翼，抑或在1863年7月3日下午，阻断罗伯特·E.李撤退的后路，然后于第二天清晨发起总攻。1863年7月5日，在写给妻子玛格丽特·萨金特的信中，

---

① 《北方联邦陆军和南方邦联陆军的官方记录》丛书一，第27卷，第3册，第987页、第1075页。——原注
② 关于乔治·皮克特的指控很多，如在战斗时他躲在属下身后或躲在一个谷仓后面。大部分历史学家不相信这些故事，认为乔治·皮克特一直站在进攻队伍的后方指挥行动。——编者注
③ 《北方联邦陆军和南方邦联陆军的官方记录》丛书一，第24卷，第3册，第498页。——原注
④ 《罗伯特·E.李的往事与书信》，第102页。——原注

乔治·米德吐露了心声。他说："南方邦联军等了一天，猜想我会因胜利洋洋得意，会在他们面前玩老把戏，即在他们从堡垒后方袭击我们时，发起进攻。"①

1863年7月4日，"在夜色和大雨的掩护下"，罗伯特·E.李开始撤退。乔治·米德紧随其后。在此次行动中，乔治·米德压力倍增。1863年7月8日，在写给妻子玛格丽特·萨金特的信中，他说："担任总指挥已经十多天了。其间，我没有换过衣服，晚上没睡过安稳觉，甚至好几个晚上没有合眼，好几天没有洗漱，没按时吃过饭，精神一直处于焦虑中。事实上，我觉得这几天就像过了三十年一样。"这封信是在弗雷德里克写的，信中还说："在罗伯特·E.李渡过波托马克河前，我认为还有一场战斗。"②

由于暴雨和高涨的河水，罗伯特·E.李无法立即渡过波托马克河。1863年7月11日，乔治·米德追了上来，已经到达可攻击南方邦联军的范围内。他小心翼翼前进，决定于1863年7月13日发起进攻，但因责任重大不敢轻易做出决定。因此，他召开了作战会议。六位团指挥官中有五位反对进攻。乔治·米德迟迟没有下令。1863年7月13日，他探查了南方邦联军的阵地、兵力和防御工事。1863年7月14日，他率军进行了火力侦察，打算条件有利就进攻，但发现南方邦联军已连夜渡过波托马克河。与此同时，亨利·哈勒克发来电报说："没有再战就让罗伯特·E.李逃走了，亚伯拉罕·林肯总统对此很不满。"乔治·米德请辞，但遭到拒绝。

第6节 亚伯拉罕·林肯与乔治·米德

1863年7月12日到1863年7月13日，亚伯拉罕·林肯显得忧虑、焦躁。1863年7月14日中午，他得知罗伯特·E.李及其军队安全渡过了波托马克河，"深感悲痛"。他说："我的上帝，这是波托马克军的最后一战！已经敦促乔治·米德进攻了，但只有一位团指挥官支持立刻突袭罗伯特·E.李，其他人都退缩了。吉迪恩·韦尔斯先生，这意味着什么？天哪！这意味着什么？"③亚伯拉罕·林

---

① 《乔治·米德传》，第2卷，第125页。——原注
② 《乔治·米德传》，第2卷，第132页。——原注
③ 《海军部部长吉迪恩·韦尔斯的日记》，第1卷，第370页。——原注

罗伯特·E.李率军
渡过波托马克河

肯还说："南方邦联军在我们的掌握中。我们只需要伸出双手，就能打败他们。但我无法让军队行动起来。"① 后来，在一封私人信函中，亚伯拉罕·林肯说："在罗伯特·E.李渡过波托马克河逃走后，我感到非常羞愧，因为摧毁他的军队意味着结束战争，更何况他的军队已经不堪一击……我越来越羞愧，因为我一直认为，只要应对得当，波托马克河以北的叛军主力就不可能逃走。现在，我的信念成了消遣的话题，但葛底斯堡战役让我坚定了自己的信念。"②

人们认可亚伯拉罕·林肯的判断时，应该考虑到乔治·米德的辩白。乔治·米德写道："我如果是在对罗伯特·E.李的阵地一无所知的情况下发起进攻的，那么有理由相信，我们的进攻不仅不会成功，而且后果不堪设想。这是几位优秀将领侦察了罗伯特·E.李的撤离工事和阵地后得出的结论……我肩负重责，一边是已知的、重要的胜利硕果，另一边是同等重要的战败惨局。"③

后来，亚伯拉罕·林肯理性地评价了葛底斯堡战役。在1863年7月21日的信中，他写道："现在，我由衷感激波托马克军在葛底斯堡战役中做的一切，不掺杂任何指责。我非常信任乔治·米德。他是一名勇敢、明智的指挥官，也是一名忠心耿耿的士兵。"1863年7月1日到1863年7月4日，北方人的情绪发生了巨大变化，获得了一种前所未有的解脱感。

葛底斯堡战役的确是一次巨大的胜利，不过，这是由北方联邦军采取守势取得的。战争的本质需要北方联邦军采取攻势。幸运的是，北方联邦军中出现了一位好战的将领。1863年1月20日，尤利西斯·S.格兰特受命"指挥维克斯堡的远征"。

第7节 尤利西斯·S.格兰特远征维克斯堡

内战期间，密西西比河一直是重要的贸易交通渠道，但由于西部铁路网的发展，其重要性逐渐下降。一开始，北方就很重视密西西比河的控制权。东部各

---

① 海约翰：《书信与日记》，第1卷，第85页。约翰·尼古拉、海约翰：《林肯传》，第7卷，第278页。——原注
② 《乔治·米德传》，第2卷，第138页。——原注
③ 《北方联邦陆军和南方邦联陆军的官方记录》丛书一，第27卷，第1册，第109页。——原注

第6章 走出困境：乔治·米勒和尤利西斯·S.格兰特的胜利

州的人认为，密西西比河的控制权相当于军事优势。西部各州的人认为，对他们来说，密西西比河必不可少，是西部产品的销售和供给主线。除了五大湖支流流经的地区，"在密西西比河上自由航行"不仅对美国西南部很重要，对阿勒格尼山脉以西的地区也很重要[①]。由于密西西比河流经亚伯拉罕·林肯的家乡，因此，亚伯拉罕·林肯从小就知道密西西比河的重要性。密西西比河一直伴随亚伯拉罕·林肯长大成人，滋养着他的思想。在危难时刻，他绝不会忽略密西西比河的军事价值和商贸重要性。占领亨利堡和多纳尔森堡后[②]，维克斯堡北部的密西西比河流域获得解放。占领新奥尔良意味着北方联邦军占领了密西西比河河口。但南方邦联军依然占据着维克斯堡和哈得孙港之间两百英里的河道，该河道是路易斯安那州和得克萨斯州与其他邦联州之间的纽带。路易斯安那州为南方邦联提供糖，而广袤的得克萨斯州为南方邦联供应大量的谷物和牛肉。此外，由于毗邻墨西哥，再加上北方联邦封锁了南方各州的港口，得克萨斯州出现一条军火通道，从欧洲运来的军火在墨西哥的马塔莫拉斯港登陆，数量庞大。目前，维克斯堡比较重要。因此，南方邦联非常想守住维克斯堡。

密西西比河

[①] 其中，不包括加利福尼亚州和俄勒冈州。——原注
[②] 夏洛战役、占领十号岛和科林斯、撤离皮洛堡、占领孟菲斯等行动，为北方联邦军扫清了密西西比河以北的障碍。1862年初春，南方邦联军对维克斯堡的防守并不严密。——编者注

对联邦政府来说，南方最重要的三个据点是里士满、维克斯堡和奇克莫加。攻克维克斯堡，意味着联邦政府控制了密西西比河，将邦联一分为二。北方联邦海军和陆军曾尝试攻占维克斯堡，但都失败了①。

维克斯堡大部分工事建在密西西比河高水位线以上两百英尺处的断崖上，形成了一个天然壁垒。加上南方邦联军的严密防御，从正面攻破维克斯堡是不可能的。因此，问题的关键是，如何在密西西比河东岸占据制高点，从侧面或后方进攻或围困维克斯堡。北方联邦军试了许多连接河道的人工装置，但每次尝试都是按照工程师的指示或军事决议进行的。两个月过去了，北方联邦军一无所获②。

1863年冬，大雨连绵。密西西比河的水位迅速上涨，一些地方的堤岸已经决口。"到处是水。士兵几乎找不到可以搭帐篷的营地。疟疾、麻疹和天花爆发。"③从报纸、士兵写给家人和朋友的信，以及营地访客的口中，北方人了解到，北方联邦军屡试屡败，痛苦难耐，营地中疾病肆虐。人们记住的是夏洛战役中的尤利西斯·S.格兰特，而不是多纳尔森战役中的尤利西斯·S.格兰特，因此，很容易用挑剔的眼光审视他的行动，认为他酗酒的恶习又犯了。在发电报、写信时，尤利西斯·S.格兰特显得头脑清醒，果决明智，精力旺盛。但1862年4月6日到1862年4月7日的夏洛战役结束后，他虽然恪尽职守，但一直没有什么吸引人眼球的行动。因为在战场上的表现并不出众，所以他只带了一小部分兵。近十个月里，尤利西斯·S.格兰特观察并思考了这场分裂国家的战争。他没有读军书，也没有研究典型战役，更没有细究策略、战术，但在自己的行事方式和防御阵地方面思考颇多。尤利西斯·S.格兰特写道："分裂局势已经形成。现在，只有通过征服南方或推翻联邦政府，才能结束战争。"他认为只要时机来了，就可以大显身手。在组织和指挥维克斯堡远征时，尤利西斯·S.格兰特得到了一个机会，

---

① 进攻维克斯堡的主要行动包括戴维·法拉格特率舰队成功穿过维克斯堡，但仅靠海军无法攻克维克斯堡。戴维·法拉格特得到了为数不多的陆军的协助。随后，北方联邦军开凿了通过斯沃皮特的格兰特运河，绕过了维克斯堡。北方联邦军还从密西西比河北部出发，进行陆路远征。由于在霍利斯普林斯，尤利西斯·S.格兰特的供给遭到破坏，远征宣告失败。在奇克索海湾战役中，威廉·特库姆塞·谢尔曼战败。其他失败的远征还包括通过普罗维登斯湖、亚祖河、斯蒂尔海湾和达克波特运河的行动。——编者注
② 实际上，通过戴维·法拉格特的努力，1862年5月18日，北方联邦军开始向维克斯堡进军。进攻断断续续，直到一年后才结束。——编者注
③ 尤利西斯·S.格兰特：《个人回忆录》，第1卷，第458页。——原注

但由于财力有限,加上许多不利因素,白白浪费了两个月时间。他对人们的诽谤很敏感,并且深切感受到了北方肆意滋生的诽谤。亚伯拉罕·林肯说:"我想除了我,尤利西斯·S.格兰特几乎没有其他朋友。"①

通过技术手段改善水道的计划失败了,这使尤利西斯·S.格兰特意识到,作战时,军队必须适应自然地理环境和密西西比河的航道。他不知道接下来应该怎么办,写道:"按照最初的计划,我们的战术是回到孟菲斯,将其作为储备根据地……从孟菲斯沿铁路线前进。"这是威廉·特库姆塞·谢尔曼的建议。威廉·特库姆塞·谢尔曼是尤利西斯·S.格兰特最能干和最信赖的中尉。但尤利西斯·S.格兰特认为,回到孟菲斯相当于撤退,不仅其他人不会同意,还会使北方人对战争前景越来越绝望。他说:"除了取得决定性胜利,我们别无他法。"②尤利西斯·S.格兰特没有召开作战会议,甚至没有与其他将领商议,就制订了计划,并且希望在开始实施计划后,得到来自华盛顿的认可。他非常礼貌地给亨利·哈勒克发了多封急件,说明了自己的计划。信中,尤利西斯·S.格兰特的语气自信、笃定。我们可以想象,亚伯拉罕·林肯读到他的信时应该非常满意。在获悉大捷的消息前,亚伯拉罕·林肯已授权尤利西斯·S.格兰特"全权行使指挥权",并且表明"对北方联邦军充满信心"③。

第 8 节 维克斯堡战役

1863年3月23日,在米利肯湾,尤利西斯·S.格兰特命军队集结。1863年3月29日,道路虽然依旧"非常糟糕",但勉强可以行军。尤利西斯·S.格兰特命约翰·亚历山大·麦克莱恩德率军前往新迦太基④,命威廉·特库姆塞·谢尔曼和詹姆斯·B.麦克弗森率军及时跟进。由于补给、弹药运输和炮兵行进异常困难,军队的前进速度十分缓慢。为顺利实施计划,尤利西斯·S.格兰特需要海军

---

① 海伦·尼古拉:《林肯的个人特质》,第253页。——原注
② 尤利西斯·S.格兰特:《个人回忆录》,第1卷,第443页。——原注
③ 《北方联邦陆军和南方邦联陆军的官方记录》丛书一,第24卷,第1册,第84页。——原注
④ 米利肯湾位于密西西比河上,维克斯堡以北。新迦太基位于密西西比河以西或路易斯安那州一侧,维克斯堡以南或下游附近。——编者注

的配合。戴维·狄克逊·波特慷慨地施以援手。维克斯堡下游的战事需要使用炮艇和其他运输船。军队的粮食需求量很大,但"狭长难行的道路"无法运输足够的物资。因此,炮艇和其他运输船必须从维克斯堡上游通过。1863年4月16日晚,行动取得成功。1863年4月22日晚,六艘运输船拖着十二艘满载干草、谷物和补给的驳船,驶过维克斯堡,为维克斯堡以南的北方联邦军带来了大量物资[①]。

现在,尤利西斯·S. 格兰特面临的问题是:如何在密西西比河东岸占据制高点。约翰·亚历山大·麦克莱恩德和詹姆斯·B. 麦克弗森的军队动身前往哈德泰姆士,一部分队伍乘轮船和驳船,而其他人步行。尤利西斯·S. 格兰特的军队必须继续向南前行,但大海湾的防御工事阻断了交通,炮舰的攻击也没有打破南方邦联军的封锁。尤利西斯·S. 格兰特命士兵下船。所有人步行前往密西西比河下游的一个据点。1863年4月30日,尤利西斯·S. 格兰特的军队从密西西比河下游的据点摆渡到了密西西比河东岸的高地——布鲁斯堡。一名黑人告诉尤利西斯·S. 格兰特,布鲁斯堡有一条通往吉布森港的路。因此,尤利西斯·S. 格兰特选择了布鲁斯堡作为据点。当发现可以顺利登陆时,他给亨利·哈勒克发了一封电报,说:"我感觉此次战役胜利在望。"[②] 然而,尤利西斯·S. 格兰特未能消除所有自然屏障。布鲁斯堡遍布海湾、沼泽和沟壑,丛林茂密,藤蔓丛生,根本无法通行。北方联邦军的进攻变得异常艰险,但在尤利西斯·S. 格兰特的鼓励下,士兵继续前进。1863年5月1日2时,在前往吉布森港的路上,北方联邦军遇到了南方邦联军,但兵力远胜对方。起初,双方展开

詹姆斯·B. 麦克弗森
(1828—1864)

---

① 将炮舰和驳船驶到维克斯堡下游的一个主要目的是,为尤利西斯·S. 格兰特渡河提供交通工具。船队顺利到达目的地,但士兵仍有伤亡。1863年4月22日渡河时,十二艘驳船中的六艘船,以及六艘运输船中的一艘船走失了。参见威廉·C. 埃弗哈特:《维克斯堡》,第19页。《北方联邦陆军和南方邦联陆军的官方记录》丛书一,第24卷,第1册,第30页到第31页。《北方联邦海军和南方邦联海军的官方记录》丛书一,第24卷,第550页到第551页。——编者注

② 《北方联邦陆军和南方邦联陆军的官方记录》丛书一,第24卷,第1册,第32页。——原注

第6章 走出困境：乔治·米勒和尤利西斯·S.格兰特的胜利

了小规模战斗。后来，战斗逐渐演变成一场大战。尤利西斯·S.格兰特说："战斗持续了一整天。天黑后，在这片我见过最难行军的土地上……南方邦联军节节败退。"南方邦联军"全线溃退"。1863年5月2日，尤利西斯·S.格兰特占领了吉布森港。南方邦联军撤离。在吉布森港，尤利西斯·S.格兰特给亨利·哈勒克写了一封长信，描述了此次胜利。他写道："士兵的身体和精神状态都很好。离开米利肯湾后，我们彻夜前行，冒着大雨蹚过了泥水。虽然没有帐篷，食物也不充足，但士兵毫无怨言，并且很少有人掉队。"[①] 北方联邦军如果能集体发一封电报，那么可能会说："我们的将军与我们同甘共苦，生死与共。"

尤利西斯·S.格兰特的麾下有四万三千人。在大海湾，北方联邦军有一个安全的储备根据地。但尤利西斯·S.格兰特并没有将其作为主要补给点，只在经过时安排了弹药运输，补给了所需的硬面包、咖啡和盐等口粮，然后切断了和储备根据地的联系。他发现乡村有充足的牛羊、家禽、糖蜜和饲料，可以为军队提供充足的补给。尤利西斯·S.格兰特的对手有两个：一个是在维克斯堡及其铁路沿线拥兵约四万人的约翰·C.彭伯顿，另一个是在杰克逊拥兵约一万五千人的约瑟夫·E.约翰斯顿。尤利西斯·S.格兰特迅速出击，派精兵强将击败了南方邦联军，扫清了通往目的地的障碍。1863年4月30日至1863年5月18日，尤利西斯·S.格兰特渡过了密西西比河，进入南方邦联军领地，穿过险象环生的布鲁斯堡，行军一百八十英里。其间，他遭遇一系列小规模战役，打赢了五场大战[②]，重创了南方邦联军，缴获了许多机关炮和野战炮，攻下了密西西比州的首府杰克逊，并且摧毁了南方邦联军的军火库和军工厂。连续十天尤利西斯·S.格兰特没有与任何根据地或华盛顿联系[③]。现在，北方联邦军抵达维克斯堡后方。

[①] 《北方联邦陆军和南方邦联陆军的官方记录》丛书一，第24卷，第1册，第32页。尤利西斯·S.格兰特：《个人回忆录》，第484页。——原注

[②] 五场大战指1863年5月1日的吉布森港战役、1863年5月12日的雷蒙德战役、1863年5月14日的杰克逊战役、1863年5月16日的钱皮恩山战役和1863年5月17日的大布莱克河桥战役。——编者注

[③] 在回忆录中，查尔斯·A.达纳写道："1863年5月10日到1863年5月20日，大军孤军奋战十日。"在《查尔斯·A.达纳》第225页，詹姆斯·威尔逊写道："通信中断了整整十日。其间，大军孤立无援。"1863年5月14日和1863年5月15日，经过孟菲斯时，尤利西斯·S.格兰特向亨利·哈勒克发了两封急件。《北方联邦陆军和南方邦联陆军的官方记录》丛书一，第24卷，第1册，第36页。——原注

尤利西斯·S.格兰特在维克斯堡战场

包围维克斯堡

联邦军围攻维克斯堡

联邦军在维克斯堡与邦联军激战

威廉·特库姆塞·谢尔曼与尤利西斯·S.格兰特一起，骑马前往他们一直想去的、干燥的"维克斯堡后方"的高地。低头看着南方邦联的堡垒，然后看到可以随时增援的北方联邦舰队，他们意识到，作为可以与北方进行安全联系的储备根据地，维克斯堡已唾手可得。后来，回想起当时拥有的兵力及渴望占领维克斯堡的热情，威廉·特库姆塞·谢尔曼激动地讲述了自己的经历。尤利西斯·S.格兰特显得很平静，抽着烟，陷入了沉思。研究维克斯堡战役的专家约翰·菲斯克写道："为了在军事历史中找到与维克斯堡战役类似的战役，我们必须回到1796年，看看拿破仑·波拿巴的第一次意大利战役[①]。"[②]

第9节 尤利西斯·S.格兰特戒酒

1863年5月19日和1863年5月22日，尤利西斯·S.格兰特试图在暴风雨中攻克南方邦联军的防御工事，但都失败了。随后，他展开了常规围攻，"挖战壕、填战壕与挖地道等照常进行"[③]。在写给弟弟约翰·谢尔曼的信中，威廉·特库姆塞·谢尔曼说："现在，我们正通过挖运河慢慢靠近南方邦联军。"在1863年6月3日的信中，尤利西斯·S.格兰特说："我们每天都会向南方邦联军的防御工事开炮，让南方邦联军不得安稳。"[④]经历了激烈的战场厮杀后，此次围攻行动显得"缓慢、繁重又吃力"。在烈日炎炎的6月，开掘运河的劳动让将士"疲惫、沮丧"[⑤]。尤利西斯·S.格兰特深有同感，甚至又开始酗酒。他和查尔斯·A.达纳一起去了萨塔希亚。两人乘小船沿亚祖河逆流而上。尤利西斯·S.格兰特身体不太舒服，便卧床休息了。在距萨塔希亚两英里的地方，他们遇到了两艘炮艇。炮艇上的军官上船对他们说："将军如果继续前行，那么会有被俘的风险。"查尔斯·A.达纳唤醒了尤利西斯·S.格兰特。由于身体不适，尤利西斯·S.格兰特无法做决定，便将决定权交给了查尔斯·A.达纳。查尔斯·A.达纳命令船返回，

[①] 1796年至1797年，拿破仑·波拿巴在意大利发动的战役。在该场战役中，他取得了一连串的胜利，成为法国最杰出的将军。——译者注
[②] 约翰·菲斯克：《南北战争中的密西西比河河谷》，第242页。——原注
[③] 约翰·菲斯克：《南北战争中的密西西比河河谷》，第245页。——原注
[④] 詹姆斯·福特·罗德斯：《美国史》，第4卷，第312页。——原注
[⑤] 詹姆斯·威尔逊：《老旗帜之下》，第210页。——原注

第6章 走出困境：乔治·米勒和尤利西斯·S.格兰特的胜利

并且写道："1863年6月7日，尤利西斯·S.格兰特出来吃早餐时，精神抖擞，穿着干干净净的衬衫，安然无恙。他说：'嗯，查尔斯·A.达纳先生，我想我们现在已经在萨塔希亚了。'我回复道：'没有，将军，我们在海恩斯海崖。'"①海恩斯海崖是他们出发的地方。

尤利西斯·S.格兰特和查尔斯·A.达纳此次出行的时间为1863年6月6日。当天1时，尤利西斯·S.格兰特的总参谋长约翰·罗林斯给他写了一封不同寻常的信。约翰·罗林斯写道："我非常担心军队的安全。因此，我不得不说，我一直希望您不再喝酒……今晚，在我找到您的地方，酒瓶空空如也。您和一群爱喝酒的人在一起，并且他们一直劝您喝酒。喝了酒以后，您无法像平常一样迅速做出决定，也不能清楚地表达自己的想法。这证实了我的怀疑……如果您可以很好地控制自己的食欲，那么戒酒应该也不在话下。1862年3月月初，您如果没有以自己的荣誉向我承诺，战争期间不再喝酒，如果在近期的战役中没有信守诺言，那么今天就不会成为一名成功的军事领袖，更不会在世界历史上名列前茅。除非恪守诺言，否则您不会成功。"②

1863年6月6日，约翰·罗林斯从尤利西斯·S.格兰特的帐篷前拿走了一箱酒。这箱酒是为了预祝胜利进军维克斯堡送给尤利西斯·S.格兰特的。1863年6月7日早上，尤利西斯·S.格兰特搜遍了所有帐篷，打碎了找到的每一瓶酒③。

在罗伯特·E.李进军宾夕法尼亚州，约瑟夫·胡克指挥波托马克军时，亚伯拉罕·林肯曾说："在军事行动中，总指挥至关重要！"④了解了维克斯堡战役后，很多人认为，在北方联邦军的所有将军中，只有尤利西斯·S.格兰特能赢得如此漂亮的一战，同时挫败了南方邦联军的两支部队，并且在"维克斯堡后方"的高地驻扎自己的军队，带领军队从围攻走向胜利。尤利西斯·S.格兰特比托马斯·J.杰克逊更优秀，即便他对托马斯·J.杰克逊说："我喜欢威士忌，但很久

---

① 《查尔斯·A.达纳回忆录》，第83页。——原注
② 廉·F.史密斯：《从查塔努加到彼得斯堡》，第179页，。——原注
③ 詹姆斯·威尔逊：《老旗帜之下》，第1卷，第210页。——原注
　很难找到关于尤利西斯·S.格兰特在维克斯堡及其他地方喝酒的细节记录。实际上，许多类似的故事都是谣言。即使尤利西斯·S.格兰特偶尔喝酒，也从来没有因喝酒影响战事。编者认为，詹姆斯·福特·罗德斯夸大了尤利西斯·S.格兰特喝酒的事实。——编者注
④ 《海军部部长吉迪恩·韦尔斯的日记》，第1卷，第344页。——原注

没有喝过了。比起南方邦联军的子弹，我更害怕威士忌。"而托马斯·J.杰克逊只是将联邦的名字改成了邦联。

第10节 维克斯堡驻军投降

亚伯拉罕·林肯及其顾问对维克斯堡的行动非常担心。他们的担心正如埃德温·斯坦顿的一位密友所说："我们如果能让尤利西斯·S.格兰特一直保持清醒，那么就能攻克维克斯堡。"在最后的胜利中，约翰·罗林斯功不可没。查尔斯·A.达纳和尤利西斯·S.格兰特的参谋詹姆斯·威尔逊非常了解尤利西斯·S.格兰特，也能体谅约翰·罗林斯，因此，一直坚定低支持约翰·罗林斯。经亚伯拉罕·林肯同意后，埃德温·斯坦顿派查尔斯·A.达纳去军中监视尤利西斯·S.格兰特。查尔斯·A.达纳被称为"政府的眼睛"，是一位忠诚、体贴的监督者。他不仅准确评价了尤利西斯·S.格兰特，还评价了海军指挥官戴维·狄克逊·波特、威廉·特库姆塞·谢尔曼和詹姆斯·B.麦克弗森。查尔斯·A.达纳似乎获得了上述所有人的信任，但并未因此肆意妄为。他习惯用简洁的语言写信，在信中真实记录了维克斯堡战役[①]。

关于维克斯堡战役的其他内容不再详述。尤利西斯·S.格兰特将维克斯堡围得严严实实，同时留出足够的兵力应对后方的威胁。约瑟夫·E.约翰斯顿一直无法替被困的维克斯堡驻军解围。由于疲劳、疾病和食物短缺，维克斯堡的驻军效率低下。随着增援部队的到来，尤利西斯·S.格兰特的军队增至七万两千人[②]。他一步步包围了维克斯堡，准备借助暴风雨的力量，一举攻克维克斯堡。约翰·C.彭伯顿没有能力应对北方联邦军的攻击，交出了维克斯堡。1863年7月4日10时30分，在亚伯拉罕·林肯向全国宣布葛底斯堡战役的结果时，尤利西斯·S.格兰特派人告诉他："南方邦联军投降了。"在维克斯堡战役中，北方联邦军俘虏了南方邦联军两万九千四百九十一人。与此同时，南方邦联军已损失约一万人。此外，北方联邦军缴获大炮一百七十门，小型武器五万余件。最近，

[①] 《北方联邦陆军和南方邦联陆军的官方记录》丛书一，第24卷，第1册，第63页等。——原注
[②] 威廉·罗斯科·利弗莫尔：《南北战争纪事》，第377页。——原注

第6章 走出困境：乔治·米勒和尤利西斯·S.格兰特的胜利

联邦军进入维克斯堡

北方联邦军用欧洲的改良火枪替换了许多劣质武器。因此，尤利西斯·S.格兰特军队的损失并不大，在整场战役中共折损九千三百六十二人。

关于北方联邦军进入维克斯堡、南方邦联军撤离维克斯堡时发生的事，相关记载在细节上有所不同，但大体上是一致的。尤利西斯·S.格兰特写道："没有欢呼声，也没有议论声，民众的态度让人心痛。"一名南方邦联军的高级军官回忆说，北方联邦军中的一个小分队热烈欢呼，向"坚守维克斯堡的勇士"[1]致敬。

内战结束近十年后，威廉·特库姆塞·谢尔曼写道："无论是从大局来看，还是从细节来看，尤利西斯·S.格兰特完全掌控了维克斯堡战役。"[2]

当胜利的消息传到哈得孙港时，南方邦联军的指挥官将哈得孙港交给了率军围攻的纳撒尼尔·P.班克斯[3]。1863年7月16日，在新奥尔良的大堤上，从

---

[1] 尤利西斯·S.格兰特：《个人回忆录》，第1卷，第570页。《美国内战中的战役与领袖》，第3卷，第492页。——原注
[2] 《威廉·特库姆塞·谢尔曼将军回忆录》，第1卷，第334页。——原注
[3] 哈得孙港驻军于1863年7月9日投降。——编者注

圣路易斯驶来的"皇家"号轮船卸下了一批货物。亚伯拉罕·林肯说:"百川之父①再次无所畏惧地向大海奔流而去。"②

自 1863 年 1 月 1 日以来,北方人一直在关注维克斯堡。希望一次次破灭,又一次次燃起。1863 年 5 月,尤利西斯·S.格兰特领导的战役让人欢欣鼓舞,但一则关于维克斯堡沦陷的虚假报道让人们倍感失望。幸运的是,自信令人们在期待中心生希望。当维克斯堡战役胜利的消息传到华盛顿的那一刻,举国欢腾。人们长期以来的压抑被欢呼声取代。此外,葛底斯堡战役的胜利使北方人热情高涨,人们将两场胜仗和 1863 年 7 月 4 日的国庆日联系在了一起。随着葛底斯堡战役和维克斯堡战役告捷,南北战争应该结束了③。北方人备受鼓舞,因为一位杰出的军事领袖引领他们走出了困境。南方人因战败垂头丧气。进军宾夕法尼亚州失败了,"公共舆论对远征结果怨声载道"。罗伯特·E.李担心公众情绪会影响到士兵,因此,极力要求杰斐逊·戴维斯选择一位"更年轻有为的将领",接任北弗吉尼亚军的指挥官一职,但他的请求很快被驳回了④。

---

① 百川之父是密西西比河的美称。——译者注
② 约翰·尼古拉、海约翰:《林肯全集》,第 2 卷,第 398 页。——原注
③ 参见《美国史》,第 4 卷,第 320 页注释中引用的权威文献。理查德·泰勒:《解体与重建》,第 230 页。《北方联邦陆军和南方邦联陆军的官方记录》丛书四,第 2 卷,第 664 页。1866 年,詹姆斯·M.韦恩法官的儿子亨利·C.韦恩对亨利·L.希金森少校说:"维克斯堡战役和葛底斯堡战役结束后,消息灵通的人都清楚这种较量毫无意义。约瑟夫·E.约翰斯顿也深以为然,但杰斐逊·戴维斯和罗伯特·E.李并不认同。"1905 年 2 月 16 日,亨利·L.希金森的书信。——原注
④ 《杰斐逊·戴维斯回忆录》,第 2 卷,第 393 页。《北方联邦陆军和南方邦联陆军的官方记录》丛书一,第 24 卷,第 2 册,第 639 页。——原注

第 7 章　英国的态度：保持中立

美国内战伊始，维多利亚女王就提出要保持中立态度。1862 年春天之前，英国政府一直秉承着中立态度。如果英国的统治阶层与联邦政府一直友好相处，那么英国的中立态度也许会一直延续下去。英国的大部分贵族和中产阶层都不支持美国的民主党，因为民主党制定了保护性关税。此外，英国人同情试图摆脱政治从属地位的南方。美国的战争会威胁到英国的商业利益，但对英国的政治大有裨益。因此，一部分从事商业和制造业的英国中产阶层希望尽快结束战争，重新获得美国的棉花，继续向美国出口制成品。只要联邦政府承认南方邦联独立，战争就可以结束。但北方人一直执着于一项看似不可能完成的任务，即战胜南方的五百五十万人。威廉·皮特曾说："三百万自由的灵魂怎么可能会被征服？"这句话准确概括了美国目前的形势。

第 1 节　英国的民意

与 1861 年秋天一样，英国人一直保持着真诚、积极的态度。但和美国国内的爱国者一样，多日来，英国人因恢复联邦进展缓慢而灰心丧气。美国内战对英国造成的最大影响是，英国北部的工人因棉花短缺深受其害，但他们依然支持联邦政府，并且清楚战争对自己的影响。虽然有传言称，如果联邦政府承认南方邦联，战争就会在一天内结束，但英国工人心里明白，美国内战是民主对抗特权、自由对抗奴隶制。因此，他们抵制一切抗战示威活动。虽然工作没有了，积蓄也越来越少，有时甚至食不果腹，但他们仍然希望北方联邦获胜。

如果历史是一个法庭，那么美国将起诉支持南方的英国统治阶层，因为英国统治阶层支持奴隶制，这足以证明英国以前的政府和人民在对待奴隶制问题上态度暧昧。英国人试图说服自己，承认美国内战针对的不是奴隶制，但依然掩盖不了显而易见的真相，即南方支持蓄奴，北方向往自由。由于反对奴隶制的扩张，亚伯拉罕·林肯的当选引发了美国的分裂与内战。如果北方联邦获胜，那么奴隶制就会受到限制，甚至被废除；如果南方邦联获得独立，那么奴隶制就会继续扩张，非洲奴隶贸易也可能复燃。约翰·埃利奥特·凯恩斯教授和约翰·斯图亚特·米尔向英国人阐述了美国内战的本质和潜在后果。虽然从逻辑方面来看，他们的观点无可厚非，但大多数英国选民并不相信。当时的许多言论非常直率。1861年，联邦政府对外公开的战争目标是恢复联邦。据说，只要联邦政府反对奴隶制，就能得到英国公众的同情。然而，很多人认为，亚伯拉罕·林肯的补偿性解放政策徒有其表，其真实目的是左右欧洲各国的意见。1862年1月，英国自由党政治家威廉·尤尔特·格拉德斯通表示支持北方联邦。后来，由于受到统治阶层观点的影响，他的思想发生了转变。1862年4月24日，威廉·尤尔特·格拉德斯通告诉曼彻斯特的民众，"悲惨的斗争"导致英国人受苦受难，但美国南方人如果"决心分裂"，就不会被打败。因此，英国人不应该疏远美国南方的六百万人或

约翰·斯图亚特·米尔
（1806—1873）

威廉·尤尔特·格拉德斯通
（1809—1898）

一千万人。威廉·尤尔特·格拉德斯通反对同情北方的呼声，因为美国内战是奴隶制和自由的较量。他说："在战争爆发的关键时刻，我们不相信北方联邦宣扬的自由制度。"在英国下议院，自由党政治家威廉·爱德华·福斯特说："众所周知，奴隶制是美国内战的起因，但回应我的是：'不，不！是关税！'"他坚持说："为什么南方邦联的副总统亚历山大·H.史蒂芬斯说，南方打仗的目的是将奴隶制作为新共和国的基石？"然而，威廉·爱德华·福斯特的反驳被视为英国下议院的诡辩。

威廉·爱德华·福斯特
（1818—1886）

1862年3月，英国政府犯了一个错，就是允许战备船"佛罗里达"号自由航行。"佛罗里达"号是在利物浦建造的，供南方邦联军使用。利物浦政府如果尽心调查，就能揭开"佛罗里达"号的真实面貌，发现其真实目的。利物浦政府如果想与美国交好，那么就要扣留"佛罗里达"号，等法院充分调查取证后再定罪①。

第2节 "亚拉巴马"号

然而，英国政府犯得更严重的错误是，让"亚拉巴马"号逃走了。查尔斯·弗朗西斯·亚当斯要求约翰·拉塞尔伯爵，在"亚拉巴马"号有意对美国不利的情况下阻止其航行。他的信函被送到了相关部门，并且及时送到了利物浦。众所周知，利物浦的人非常同情南方邦联各州。利物浦港收税员对"亚拉巴马"号的建

---

① 关于"佛罗里达"号，一直众说纷纭。可以肯定的是，建造"佛罗里达"号的人在为南方邦联工作，但不确定的是，"佛罗里达"号是否是在英国政府某位高官的授意下建造的。也许是由于英国人行动迟缓，或为了避免麻烦，"佛罗里达"号被送给了南方邦联。此外，从长远来看，"佛罗里达"号几乎没有赢得战争的希望，或帮助南方邦联军打破封锁线。它虽然对南方邦联的对外关系很重要，但其在军事上的重要性不应被夸大。——编者注

造者起了疑心，但有意忽略了可以定罪的证据，递交了一份无关痛痒的声明，并且委托伦敦海关专员将声明交给了法律顾问。法律顾问判定，利物浦港收税员的声明可以作为反对扣押"亚拉巴马"号的有力证据。在与英国财政大臣威廉·尤尔特·格拉德斯通的通信中，伦敦海关专员一致同意法律顾问的意见，但称"利物浦的官员会密切监视'亚拉巴马'号"。约翰·拉塞尔伯爵提供了相关信函，并且根据总检察长和副检察长的示意，建议查尔斯·弗朗西斯·亚当斯说服美国驻利物浦领事托马斯·海恩斯·达德利，将所有证据交给利物浦港收税员。查尔斯·弗朗西斯·亚当斯和托马斯·海恩斯·达德利对此坚持不懈。1862年7月9日，托马斯·海恩斯·达德利给利物浦港收税员写了一封信。内心公正的人如果读了他的信，一定会相信"亚拉巴马"号是为南方邦联设计的。后来，在反对日内瓦法庭裁决的意见中，英格兰首席大法官亚历山大·科伯恩写道："在英国法

亚历山大·科伯恩
（1802—1880）

第7章 英国的态度：保持中立

庭，利物浦港收税员的声明虽然并不成立，但盖然性证据[①]充分。如果有足够的时间和机会，这份声明就可以转化成法律证据。"因此，从历史角度分析当时的情况，可以得出的结论是：利物浦港收税员、海关律师和伦敦海关专员都清楚，"亚拉巴马"号是为南方邦联建造的。因此，他们希望"亚拉巴马"号顺利逃走，因为从严格意义上来讲，利物浦政府并未对"亚拉巴马"号一事立案，所以他们认为自己只是在执行公务而已。英格兰首席大法官亚历山大·科伯恩以一种粉饰太平的态度，谴责了利物浦政府的作为，称利物浦官员本来应该调查莱尔德造船公司，询问"亚拉巴马"号是为谁建造的。他还说："如果这样做了，莱尔德造船公司高尚的绅士可能会拒绝回答，或者诚实回答。如果他们拒绝回答，在一定意义上有利于对'亚拉巴马'号立案；如果他们诚实回答，就可以名正言顺地扣留'亚拉巴马'号。"他的指责无可辩驳。托马斯·海恩斯·达德利试图通过利

利物浦

[①] 盖然性指有可能但不是必然的性质。在司法领域，相关证据如果不能充分证明有待证实的事实，但依然可以证明事实的真实性，那么就具有高度的盖然性。——译者注

物浦政府获取直接证据，但利物浦政府不仅对他怀有敌意，还可能正在进行无声抗议。显然，利物浦政府的做法不怀好意，也不合常理。

利物浦和伦敦的海关专员奉命查明真相，但三个星期后依然毫无进展。他们如果有意掩盖真相，那么就会行事缓慢。显然，他们无意寻找证据，并且对提供的相关证据百般挑剔。1862年7月17日，查尔斯·弗朗西斯·亚当斯写信给托马斯·海恩斯·达德利，要求他聘请一名律师，确保将证词交给利物浦港收税员。1862年7月21日，托马斯·海恩斯·达德利及其律师将一份文件交给了利物浦港收税员。文件中，有六人为"亚拉巴马"号的性质和目的地做证。其中，五人做证说，"亚拉巴马"号很可能驶向美国南部。剩下的一个人是英格兰西北部港市伯肯黑德的水手。他发誓说："船上的人都知道，'亚拉巴马'号是一艘私掠船①，为南方邦联政府效力，并且得到了杰斐逊·戴维斯的授权，反抗北方联邦政府。"利物浦港收税员说："我们不能扣留'亚拉巴马'号。"海关律师说："证据不足。"伦敦的海关专员说："你们说的都对。""亚拉巴马"号正在准备起航，"兜圈子部"②进度缓慢。最后，托马斯·海恩斯·达德利提供的文件终于送到了英国财政大臣威廉·尤尔特·格拉德斯通的手中。

与此同时，查尔斯·弗朗西斯·亚当斯聘请了维多利亚女王的御用顾问律师罗伯特·科利尔，将六份证词和另外两份证词交给了罗伯特·科利尔。罗伯特·科利尔的观点非常明确，写道："我认为利物浦港收税员完全可以扣押'亚拉巴马'号。事实上，我认为他有职

罗伯特·科利尔
（1817—1886）

---

① 私掠船指可以攻击敌军舰船的战时武装民船。——译者注
② 《小杜丽》中，查尔斯·狄更斯用"兜圈子部"指代办事拖拉、互相推诿的官僚机构。——编者注

第 7 章 英国的态度：保持中立

责扣押……严重违反《外国征兵法》的案件很难处理，如果这一次不强制执行，那么法律就会成为一纸空文。值得注意的是，如果允许'亚拉巴马'号逃走，那么北方联邦政府是否会有足够的理由进行抗议。"利物浦政府很快知道了罗伯特·科利尔的观点。英格兰首席大法官亚历山大·科伯恩宣称："利物浦港收税员有责任扣押'亚拉巴马'号。"但利物浦港收税员没有采取行动，而是将案件交给了上级，即海关专员。海关助理律师一直称证据不足，还说："我不认同罗伯特·科利尔的观点。"英格兰首席大法官亚历山大·科伯恩写道："我认为，在诉讼阶段，伦敦海关专员有责任扣押可疑的船，拒绝明显错误建议。但不幸的是，他们受错误建议误导，没有扣押'亚拉巴马'号。"

查尔斯·弗朗西斯·亚当斯给约翰·拉塞尔伯爵寄去了证词和罗伯特·科利尔的意见，以及与此案有关的其他文件。多年后，约翰·拉塞尔伯爵坦率地写道："我本来应该相信罗伯特·科利尔的意见，下令将'亚拉巴马'号扣留在伯肯黑德。"

"亚拉巴马"号

随后发生的一幕非常有趣，足以写进作家的滑稽剧本，或用来描述查尔斯·狄更斯说的"兜圈子部"，但让历史学家不知如何下笔。1862年7月23日，从伦敦海关专员手中得到的文件被提交给了皇家检察官；1862年7月26日，查尔斯·弗朗西斯·亚当斯寄给约翰·拉塞尔伯爵的文件送达伦敦。其间，所有文件上交到了维多利亚女王的御用律师手中。当时，维多利亚女王的御用律师是约翰·哈丁。自1862年6月下旬以来，约翰·哈丁一直身体不适，无法工作。事实上，他是一个容易情绪激动的人，身体虚弱，神志不清，已无法承受工作重压。各方递交的文件在他家堆积了五天。"亚拉巴马"号案件的调查工作进展顺利，人人尽职尽责。利物浦港收税员呈请伦敦海关专员处理此事。伦敦海关专员又将此案转呈财政部大臣。最后，财政部大臣和约翰·拉塞尔伯爵将相关文件转呈给了皇家检察官。就这样，可以决定英国与美国关系的文件被推来推去，最后交到了约翰·哈丁这位神志不清的律师手中。1862年7月28日，总检察长和副检察长拿到了这些文件，并且给出了一份结论性报告。1862年7月29日，他们说："我们建议利物浦政府立即扣押'亚拉巴马'号。"然而，1862年7月29日早晨，"亚拉巴马"号以试航为由出海了，已驶离利物浦港。但"亚拉巴马"号离威尔士海岸不远，离利物浦只有五十英里。对伦敦和利物浦政府来说，在"亚拉巴马"号驶入公海前，将其以美国商船身份扣留是一件非常容易的事。

离开利物浦时，"亚拉巴马"号没有携带任何枪支弹药。1862年8月中旬，两艘英国船从英格兰出发，将枪支弹药和煤炭送到了在亚速尔群岛的"亚拉巴马"号上。

在"亚拉巴马"号问题上，虽然英国政府的做法不太友好，但必须记住的是，此次事件只是英国政府的一时疏忽。英国政府与法兰西帝国皇帝不同。美国内战期间，英国政府没有任何明显的不友好行为。1862年8月7日，议会休会期间，维多利亚女王发表了演讲，声明英国不参与美洲大陆的冲突。

此外，虽然大部分英国人对北方联邦的态度让人很失望，作为中立国的英国也未做到尽职尽责，但采取了相应的补偿措施。英国的书籍、杂志和报纸都公开承认，英国国内的舆论导向错了。在1871年的《华盛顿条约》中，针对"亚拉巴马"号逃脱一事，英国深表遗憾，并且认为一个清楚自己实力的勇敢民族会从精神层面补偿对方。就经济方面的损失来说，相关证词已经非常充分，主张仲裁的条款也证明了证词的可靠性。评判历史时，我们应该意识到，英国与美国的这笔"账"已经一笔勾销了。

第3节 英国提议调解

在弗吉尼亚半岛，乔治·B.麦克莱伦战败。在1862年夏天的第二次布尔河战役中，约翰·波普因指挥不当遭遇惨败，这对英国统治者产生了深远影响。帕默斯顿勋爵亨利·坦普尔和约翰·拉塞尔伯爵的通信表明，他们准备向内阁提议，由英国带头，要求法兰西帝国、俄罗斯帝国和其他大国一起干预美国内战。1862年9月14日，帕默斯顿勋爵亨利·坦普尔写道："北方联邦军惨遭失败。华盛顿和巴尔的摩完全有可能落入南方邦联军的手中。难道英国和法兰西帝国不应该建议美国南北双方在分裂的基础上达成协议吗？"约翰·拉塞尔伯爵回答道："我同意您的意见，是时候提议联邦政府调解了，使南方邦联得到认可。万一失败了，至少应该承认南方邦联是独立的政体。"此外，他还提议召开内阁会议，认为如果要达成一项决议，首先要获得法兰西帝国的支持，"然后让英国、法兰西帝国、俄罗斯帝国和其他大国干预美国内战"。帕默斯顿勋爵亨利·坦普尔回复约翰·拉塞尔伯爵的信时，正在研究安蒂特姆战役，心想如果北方联邦军持续遭受"惨败"，那么调解会继续进行下去；如果"他们能扭转局势，那么我们可以静观其变，看看接下来会发生什么"。

第4节 威廉·尤尔特·格拉德斯通

英国财政大臣威廉·尤尔特·格拉德斯通位列内阁第三，清楚帕默斯顿勋爵亨利·坦普尔和约翰·拉塞尔伯爵的态度，确信他们的态度将影响英国政府的政策。1862年10月7日，在纽卡斯尔的讲话中，威廉·尤尔特·格拉德斯通预言"干预调解"可能会发生，正面陈述了帕默斯顿勋爵亨利·坦普尔、约翰·拉塞尔伯爵和大多数贵族，以及中产阶层的观点。威廉·尤尔特·格拉德斯通说："毋庸置疑，杰斐逊·戴维斯和其他南方领导人建立了一支陆军，似乎正在建立一支海军。此外，他们做了一件更重要的事，即创建了一个国家。在美国南方各州与北方分裂的问题上，南方邦联一定会获胜。"

部门成员之间交换机密信函与向公众宣布一项尚未完全确定的政策不同。在威廉·尤尔特·格拉德斯通发表讲话后不久，人们觉得他行为轻率。目前，帕默斯顿勋爵亨利·坦普尔和约翰·拉塞尔伯爵一心想要调解，或者承认南方邦联各州独立。1862年10月13日，约翰·拉塞尔伯爵给部分官员寄了一份保密备忘录，询问"欧洲是否有义务以最友好、最温和的方式调解美国南北双方休战"。

对北方联邦来说，幸运的是，英国内阁成员的观点不统一。在内阁中，乔治·康沃尔·路易的重要性仅次于威廉·尤尔特·格拉德斯通。他就威廉·尤尔特·格拉德斯通的讲话做了回答。1862年10月14日，向选民发表讲话时，乔治·康沃尔·路易说认可美国南方各州独立的时机还不成熟。随后，他将一份回复约翰·拉塞尔伯爵通函的机密备忘录交给了内阁，供内阁成员传阅。

乔治·康沃尔·路易
（1806—1863）

第5节 查尔斯·弗朗西斯·亚当斯

英国定于1862年10月23日召开内阁会议。召开会议前，帕默斯顿勋爵亨利·坦普尔改变了主意，没有前往伦敦参会。因此，内阁会议没有如期举行，但大臣进行了自由讨论。约翰·拉塞尔伯爵和威廉·尤尔特·格拉德斯通赞成干预美国内战，但其他人的观点与乔治·康沃尔·路易的观点一致。1862年10月23日下午，查尔斯·弗朗西斯·亚当斯应约与约翰·拉塞尔伯爵会面，说："我如果只听英国人民最近的说辞，那么就应该考虑收拾东西走人了。"会谈结束后，查尔斯·弗朗西斯·亚当斯记录道："约翰·拉塞尔伯爵立刻明白了其中深意，在努力为威廉·尤尔特·格拉德斯通开脱的同时，承认帕默斯顿勋爵亨利·坦普尔和其他内阁官员为威廉·尤尔特·格拉德斯通的行为感到惋惜。尽管如此，只要约翰·拉塞尔伯爵能理解威廉·尤尔特·格拉德斯通的态度，就不能否认事实。英国人并未责备威廉·尤尔特·格拉德斯通。威廉·尤尔特·格拉德斯通否认了自己的观点，但在给帕默斯顿勋爵亨利·坦普尔的信中，表示支持干预政策……约翰·拉塞尔伯爵说，英国政府的政策是严格坚持中立，任美国内战自由发展。但他不知道一个月内会发生什么。我问他：'我是否可以理解为，英国的中立态度暂且不变？'他回答道：'是的。'"

与此同时，拿破仑三世试图攻占墨西哥，并且将一位欧洲统治者推上了墨西哥的王位①。为了占领墨西哥，也为了获得棉花，法兰西帝国宣布支持南方邦联。1862年10月30日，法兰西政府向圣彼得堡和伦敦的法兰西大使发布了命令，让他们提议三国政府"对北方联邦和南方邦联施压，停战六个月"。

第6节 约翰·拉塞尔伯爵

约翰·拉塞尔伯爵已酌情警告查尔斯·弗朗西斯·亚当斯，称接下来一个月的局势非常不明朗。在1862年11月的一次内阁会议上，约翰·拉塞尔伯爵提出了拿破仑三世的主张。虽然众所周知，俄罗斯帝国倾向支持美国北方，已经拒绝参与调解，但约翰·拉塞尔伯爵还是建议俄罗斯帝国接受法兰西帝国的提议。乔治·康沃尔·路易记叙道："帕默斯顿勋爵亨利·坦普尔和约翰·拉塞尔伯爵支持法兰西帝国的提议，但并没有说太多……现在，调解提议摆在内阁面前。内阁成员严厉斥责了调解提议。在场的每个人都或多或少地表达了反对意见，只有威廉·尤尔特·格拉德斯通支持调解提议。还有两个人没有表态。大多数内阁成员认为，停战六个月会涉及贸易封锁问题，非常不公平。因为暂停封锁明显对南方邦联有利，所以北方联邦不可能同意。片刻过后，帕默斯顿勋爵亨利·坦普尔看到内阁一致反对调解提议，便不再多说了。我认为，威廉·尤尔特·格拉德斯通支持调解的态度并不真诚，不是真心实意的。"威廉·尤尔特·格拉德斯通也

---

① 拿破仑三世企图将欧洲哈布斯堡王朝的马克西米利安推上墨西哥的王位，但最终以失败告终。马克西米利安被处决。——编者注

法兰西远征军进入墨西哥

马克西米利安（1832—1867）接见墨西哥代表团，法兰西帝国企图将他推上墨西哥王位

写了报告，说："美国的事情已经结束，但并不顺利。约翰·拉塞尔伯爵似乎打算临阵脱逃，做出了妥协，没有坚持到底……帕默斯顿勋爵亨利·坦普尔并没有全心全意支持约翰·拉塞尔伯爵的提议。"①

第7节 拿破仑三世

1863年1月，由于各种复杂因素的综合作用，拿破仑三世提议由法兰西政府单独做出调解。北方联邦军在弗雷德里克斯堡的惨败正合拿破仑三世的意。欧洲人坚信北方的联邦大业无望。随着冬天的过去，法兰西棉织品制造区弥漫着一种沮丧情绪。据报道，在法兰西，仅一个部门，就有十万多人失业。失业人员处境凄惨，靠"乞讨"度日。1863年1月9日，拿破仑三世口授了一份急件。在这份急件中，他彬彬有礼，以外交口吻建议美国进行友好调解，没有再提之前的停战协议。按照惯例，1863年2月3日，通过外交渠道，这份急件由驻华盛顿的法兰西大使呈请给了威廉·H.苏厄德。1863年2月6日，威廉·H.苏厄德按照亚伯拉罕·林肯的指示，礼貌、温和地写信拒绝了拿破仑三世的提议。由于英国一直拒绝与法兰西帝国合作，因此，拿破仑三世没有勇气继续推行干预政策。

第8节 反奴隶制情绪高涨

在美国以外的地区，亚伯拉罕·林肯的《解放黑人奴隶宣言》遭到冷遇和质疑。1861年，英国统治阶层断言，北方如果为解放黑人战斗，就会得到他们的同情。与此同时，《解放黑人奴隶宣言》的发表可能会激起一场奴隶暴动。支持北方联邦的欧洲国家深以为然。约翰·斯图亚特·米尔写道："我比任何一个美国人都激动。"约翰·布赖特说："我为这一宣言喝彩。"②他们的话表明，1862年年

---

① 查尔斯·弗朗西斯·亚当斯：《唐宁街的危机》。《马萨诸塞州历史学会论文集》，第47卷，第419页、第420页。马克斯韦尔：《克拉伦登传》，第2卷，268页。约翰·莫利：《威廉·尤尔特·格拉德斯通传》，第2卷，第85页。——原注

② 查尔斯·弗朗西斯·亚当斯：《大西洋两岸的历史团结》，1913年，第112页。《查尔斯·弗朗西斯·亚当斯传》，第297页。——原注

第 7 章 英国的态度：保持中立

底，英国人的反奴隶制情绪高涨。1863年1月1日，补充宣言证实了亚伯拉罕·林肯的解放政策。当消息传出时，支持废奴的示威活动此起彼伏，比废除粮食税的示威活动多了很多。解放协会的一个代表等着美国部长向亚伯拉罕·林肯致以最热烈的祝贺。英国发言人克里斯托弗·纽曼·霍尔牧师称："主流报纸并没有反映民意。"一天，在成千上万的会众面前，查尔斯·斯珀吉翁祈祷道："现在，上帝啊，我们转念想到海洋对岸[①]可怕的冲突，不知道该说什么，但自由的声音说明了哪方是对的。我们向您祈祷，保佑大海对面光荣的自由宣言[②]获得广泛支持。我们非常害怕美国同胞不够真诚，不支持《解放黑人奴隶宣言》。我们不会认同奴役和鞭笞。愿上帝保佑北方，赐予北方力量，助其获胜。"祈祷中，很多会众热情高呼"阿门"[③]，以此回应查尔斯·斯珀吉翁的祈祷。公开集会层出不穷。阿盖尔公爵乔治·坎贝尔和托马斯·米尔纳·吉布森发表了讲话，表示英国"对美国问题的处理及其与奴隶制的关系非常有信心"。甚至连如愿放走了"亚拉巴

查尔斯·斯珀吉翁
（1834—1892）

乔治·坎贝尔
（1823—1900）

[①] 指美国。——译者注
[②] 指《解放黑人奴隶宣言》。——译者注
[③] 基督教等祈祷或圣歌的结束语，可表示同意、赞成。——译者注

马"号的利物浦政府也做出了回应。布里斯托尔是英国最后一个取缔奴隶贸易的港口。布里斯托尔政府明确表示支持亚伯拉罕·林肯。1863年1月29日，自反谷物法同盟①成立以来，最能反映英国民意的示威活动在伦敦埃克塞特大厅②举行。由于参与人数众多，埃克塞特大厅厅内和室外分别开设了分会场。在埃克塞特大厅里，只要提到杰斐逊·戴维斯，就会引起人们的反感，但提到亚伯拉罕·林肯时，人们热情高涨，起立欢呼，挥舞着帽子和手帕。一项决议的通过展现了英国人的智慧，也体现了英国人的同理心。1863年1月29日晚，在约克郡布拉德福德举行了一场公开会议。会议宣布"为奴隶制斡旋的任何行为都是可耻的"，并且以三次支持亚伯拉罕·林肯的欢呼结束了会议。格洛斯特郡举行了一场大规模的反奴隶制会议。会上，有人发表讲话支持亚伯拉罕·林肯，谴责"英国人为南方邦联各州秘密提供武器的举动"。约翰·布赖特说："我遇到的每一个人都对我说：'民意发生了巨大变化。'"

布里斯托尔

① 反谷物法同盟成立于1838年，是英国曼彻斯特的一个政治、商业同盟，目标是废除不受欢迎的《谷物法》。——译者注
② 埃克塞特大厅位于英国伦敦的斯特兰德大街北侧。反奴隶制协会的会议在埃克塞特大厅举行。由于政治会议的重要性，"埃克塞特大厅"一词成为反奴隶制游说团体的代名词。——译者注

第7章 英国的态度：保持中立

1863年2月举行的类似会议也通过了相关决议。利兹、巴斯、爱丁堡、佩斯利、卡莱尔、伯明翰、曼彻斯特、利物浦、梅瑟蒂德菲尔和其他许多地方都举行了集会。在致辞中，格拉斯哥的群众对亚伯拉罕·林肯说："我们敬重您，向您表示祝贺。"1863年3月26日，伦敦工会召集技术工人举行了会议。约翰·布赖特担任会议主席，发表了重要演讲，并且向亚伯拉罕·林肯传达了集会的意义和群众发言的精神。约翰·布赖特说："如果我们的尝试成功了，那么面对以前的欧洲可能发生的事，特权阶层会不寒而栗。但你们，工人们，你们在追求更好的时代，在踏着艰难的步伐奋力前进，走向光明。你们不应该嫉妒一个备受世界大国威胁的国家。在美国，劳动是最光荣的、最有价值的。"他还说："美国内战介于无比崇尚劳动的一方和贬低劳动并将劳动者视为奴隶的一方"。演讲最后，约翰·布赖特预言："公正的历史会证明，当政治家怀有敌意或冷眼旁观时，当许多富人为富不仁时，当本应报道事实、捍卫真理的新闻违背了事实和真理时，当一个国家的命运岌岌可危、当地人民身陷囹圄时，一定要坚持自由，始终相信悲天悯人的上帝会让人类尽享自由。"

通过查尔斯·弗朗西斯·亚当斯的视角，我们发现英国的舆论非常有趣。在日记中，他写道："1863年1月17日。显然，我们只能随大流而动……1863年1月30日，英国的情况有所改善。据报道，1863年1月29日晚，埃克塞特大厅的示威活动是伦敦有史以来最具非凡意义的示威活动之一，体现了英国中产阶层的精神。埃克塞特大厅的示威活动虽然不能熄灭上层阶层的怒火，但至少可以起到缓和作用。"提到反奴隶制协会中一个规模庞大、广受人们爱戴的代表团时，查尔斯·弗朗西斯·亚当斯写道："他们热情地与我握手，显示出内心的激动。与贵族的冷漠不同，他们的情感体现了英国人真正的赤诚之心。"1863年2月26日，查尔斯·弗朗西斯·亚当斯写道："我们依旧随大流而动。"

第9节 《泰晤士报》和《星期六评论》

英国的示威活动表明，支持《解放黑人奴隶宣言》的示威活动是一场有组织的反奴隶运动。现在，支持南方邦联的英国人开始为奴隶制辩护。为证明奴隶制的合理性，《泰晤士报》引用了《圣经》中的观点，用美国南方种植园园主的口吻讲述了圣保罗和阿尼西母的故事①，进一步证明奴隶制既不与福音精神相悖，也不与"锦衣玉食"相悖。《泰晤士报》称，《解放黑人奴隶宣言》激起了人民的热情；亚伯拉罕·林肯"试图利用可怕的奴隶起义……埃及虽然灭亡了，但其精神不灭，并且埃及人民一直都在。"《星期六评论》强调，根据《旧约》，法律承认奴隶是财产。但"美国的立法者不仅解放了邻国的奴隶，还鼓动奴隶掐住自己主人的喉咙。他们的做法无法按照《旧约》先例进行解释……圣保罗劝导阿尼西母，让他回去找主人腓利门。因此，如果没有得到主人的同意，那么即使是耶稣的使徒，也无权释放奴隶。但圣保罗没有做到的，亚伯拉罕·林肯也许能做到。"后来，《星期六评论》称，英国人将反奴隶制运动奉为"一场伪善的狂欢，一场由暴乱和屠杀激起的纷争"。《观察家》认为，《泰晤士报》和《星期六评论》代表了"英国上层阶层的观点"，清楚揭示了英国和美国贵族之间的共鸣。由于美国的劳动制度，南方种植园园主不用再为赚钱劳心费神，可以慷慨大方地款待客人，有充足的时间奉献社会、投身政治，逐渐拥有了与英国贵族相同的生活、品味和目标。因此，英国贵族改变了对美国南方邦联的态度，希望南方邦联军获胜，捍卫奴隶制。

第10节 托马斯·卡莱尔和查尔斯·狄更斯

美国北方人拒绝了英国许多杰出文人的同情。阿瑟·格罗特热爱希腊民主，粉饰雅典的民主暴行，严厉批评美国北方人，因为他们坚持认为英国违背了自己宣称的中立态度，因为他们没有礼貌文明地表达抗议。托马斯·卡莱尔"在英国没有赚到一分钱"，但在波士顿，他用《法国大革命》赚到了第一桶金。因此，他非常感恩波士顿，也很感激这笔应急的第一桶金。他丝毫不同情北方，并且说："在我年轻的时候，没有一场战争看起来比这场内战更愚蠢。在一定程度上，我虽然是中立的，但依然支持南方。"此外，托马斯·卡莱尔将美国内战比喻为"一个起火的烟囱"。当有人要求他就美国内战发表意见时，他写下了《简述美国的伊利亚特》一文。部分内容如下：

---

① 阿尼西母是从富有的基督徒腓利门家里逃跑的奴隶，在罗马被捕。由于受到圣保罗的感化，他在狱中皈依基督，悔过自新。——译者注

托马斯·卡莱尔
（1795—1881）

北方的彼得对南方的保罗说:"保罗,你这个不可理喻的恶棍。我发现你的仆人都是终身制的,不像我的仆人是按月或按年雇的。你会下地狱的,你……"

保罗回答:"说得好听。风险是我自己的,我愿意承担风险。你按月或按年雇用你的仆人就好了。你会上天堂的,但别管我用什么方式。"

彼得说:"不,我不会。我会先打烂你的脑袋!"

查尔斯·狄更斯为大西洋沿岸到密苏里河流域的每个家庭带来了泪水和欢笑。在美国各自由州,受欢迎的作家寥寥无几,查尔斯·狄更斯是其中之一。在《美国纪行》一书中,查尔斯·狄更斯强烈谴责了奴隶制。既然战争已经打响,对的

查尔斯·狄更斯
(1812—1870)

一方就会占上风。然而，1863年春，一位从美国回来的朋友告诉查尔斯·狄更斯，北方会取得最后的胜利。查尔斯·狄更斯将朋友的观点视为"无害的幻觉"。他无意间影响了英国上层阶层对美国北方的看法，因为他在《马丁·朱述尔维特》中描绘了一个漫画人物，真实反映了当时为了统一和自由不顾一切的人。但英国作家安东尼·特罗洛普"坚信""北方会胜利"[1]。"人民的诗人"阿尔弗雷德·丁尼生虽然和普通人一样，内心对战争充满恐惧，但深受废奴希望的鼓舞，热情高歌道："光荣，哈利路亚，他的英魂正在前进。"[2]

第11节 蒸汽铁甲舰

1863年春，很多英国人认为，北方联邦的大业已彻底无望。维多利亚女王和本杰明·迪斯雷利都确信，北方联邦不可能恢复了[3]。在钱斯勒斯维尔战役中，约瑟夫·胡克的惨败强化了英国人的这种观点。随后，罗伯特·E.李进军宾夕法尼亚州的消息传到英国，引发了英国和法兰西帝国决定干预美国内战的谣言。各种集会激发了人们支持南方邦联的情绪。曼彻斯特、普雷斯顿、谢菲尔德等地的人们召开了会议，表示支持干预政策。其他地方的会议反对任何形式的干预政策。

1863年4月5日，约翰·拉塞尔伯爵扣押了"亚历山德拉"号。"亚历山德拉"号是伯肯黑德为美国南方邦联建造的一艘炮舰。约翰·拉塞尔伯爵的行为受到了人们的质疑。虽然英国财政法庭的决定违背了英国政府的规定，但一系列法律问题使这起案件拖了很长时间。最后，南方邦联没有得到"亚历山德拉"号。

关于英国内阁和下议院在1863年春天和夏天的讨论不再赘述，但必须说明的是，在葛底斯堡战役和维克斯堡战役胜利前后，英国人的态度和行为完全不同。1863年7月下旬，关于葛底斯堡战役和维克斯堡战役的消息传到了欧洲。

与此同时，在伯肯黑德，莱尔德造船公司为南方邦联建造蒸汽铁甲舰的工

---

[1] 《安东尼·特罗洛普自传》，第149页。《北美洲》，第2卷，第16章。——原注
[2] 歌词出自美国的一首行军歌曲——《约翰·布朗之歌》。这首歌是为纪念被杀害的著名废奴主义者约翰·布朗而作，在美国内战期间非常受欢迎。——译者注
[3] 《评乔治·厄尔·巴克尔〈本杰明·迪斯雷利〉》，《国家》第4卷，1916年7月27日。——原注

安东尼·特罗洛普
（1815—1882）

本杰明·迪斯雷利
（1804—1881）

作正在推进。查尔斯·弗朗西斯·亚当斯试图将莱尔德造船公司与南方邦联的交易告诉约翰·拉塞尔伯爵，并且将托马斯·海恩斯·达德利提供的证据交给他。托马斯·海恩斯·达德利提供的证据表明了这批蒸汽铁甲舰的性质和目的地。根据相关通信，约翰·拉塞尔伯爵打算严肃处理蒸汽铁甲舰事件，查明蒸汽铁甲舰是为谁建造的。在不违反法律的情况下，他计划拦截这批蒸汽铁甲舰。虽然人人都知道这批蒸汽铁甲舰的存在，正如《泰晤士报》报道的："一百个人中，九十九个人认为，这批蒸汽铁甲舰'迟早会对北方联邦军采取行动'。"南方邦联海军军官詹姆斯·邓伍迪·布洛克订购了两艘蒸汽铁甲舰和"亚拉巴马"号，但从"亚历山德拉"号被扣押一事中，他感受到了英国倾向北方的态度。在莱尔德造船公司的积极配合下，詹姆斯·邓伍迪·布洛克非常妥当地处理了此事。受下议院的影响，帕默斯顿勋爵亨利·坦普尔开始相信一份报告中的猜测。这份报告称，这批蒸汽铁甲舰是为拿破仑三世建造的。但由于无凭无据，调查此事的官员又称，这批蒸汽铁甲舰是为埃及总督建造的，但很快他又否认了。随后，调查此事的官员说，这批蒸汽铁甲舰归一家法兰西公司所有，并且证据充足。詹姆斯·邓伍迪·布洛克担心这批蒸汽铁甲舰会被扣押，于是，将其卖给了一家法兰西公司，并且达成了一项约定。双方承诺，蒸汽铁甲舰驶出英国辖地后，立即转售给南方邦联。

约翰·拉塞尔伯爵将相关材料交给了王室法官。经过一个月的筛选研究，法官得出的结论是：第一，"没有充分证据"证明这批蒸汽铁甲舰是为南方邦联建造的；第二，由于法兰西公司关于这批蒸汽铁甲舰的所有权受到法律保护，因此，英国政府无权扣留。尽管如此，约翰·拉塞尔伯爵并不相信，继续不遗余力地寻求真相。然而，约翰·拉塞尔伯爵虽然心存疑虑，但无法否认相关证据。这些证据表明，这批蒸汽铁甲舰属于一家巴黎公司。因此，1863年9月1日，约翰·拉塞尔伯爵写信给查尔斯·弗朗西斯·亚当斯，称英国政府无权扣留这批蒸汽铁甲舰，但承诺说，如果有可信的证据证明这批蒸汽铁甲舰存在违法行为，他一定会严密监视，并且随时准备拦截。当时，约翰·拉塞尔伯爵住在苏格兰的乡间宅邸。他的信直到1863年9月4日16时才送到查尔斯·弗朗西斯·亚当斯手中。

与此同时，查尔斯·弗朗西斯·亚当斯从苏格兰归来。他很高兴能与苏格兰的政府官员进行友好交流。但一到伦敦，他就遇到了蒸汽铁甲舰事件。托马

第 7 章 英国的态度：保持中立

斯·海恩斯·达德利有充分的理由相信，其中，有一艘蒸汽铁甲舰可以随时出海。1863年9月3日，查尔斯·弗朗西斯·亚当斯写信给约翰·拉塞尔伯爵，向他递交了相关证词的副本，称没有证据表明这批蒸汽铁甲舰为南方邦联效力。1863年9月4日，托马斯·海恩斯·达德利称，一艘蒸汽铁甲舰即将出发。查尔斯·弗朗西斯·亚当斯向英国外交部"最后一次严正抗议，谴责对一个友好民族采取敌对行动的做法"。1863年9月1日，查尔斯·弗朗西斯·亚当斯收到了约翰·拉塞尔伯爵的来信。在日记中，查尔斯·弗朗西斯·亚当斯写道："这封信深深影响了我。我清楚地预见到，矛盾一触即发。然而，我绝不能激化矛盾，必须打起精神维护国家荣誉，妥善解决问题。联邦政府的前途一片茫然……我一直在思考目前的危机……最后，我觉得必须给约翰·拉塞尔伯爵写一封信。在出现不可避免的结果前，我应该为联邦政府多争取一点时间。"查尔斯·弗朗西斯·亚当斯写于1863年9月5日的信很有名。他写道："约翰·拉塞尔伯爵，一艘蒸汽铁甲舰即将从英国出发，去执行反对美国的任务。我很荣幸第一时间与您通信。我对英国政府得出的结论感到非常遗憾，因为这一结论无疑为叛乱分子打开了大门，允许他们随意攻击纽约、波士顿和波特兰，打破我们的封锁线。我认为，无须再向您说明，这是一场战争。"

然而，实际上，约翰·拉塞尔伯爵一直恪尽职守。1863年9月1日，英国外交事务常务次官奥斯汀·亨利·莱亚德写信给财政部说："约翰·拉塞尔伯爵命我传达指示，希望你们向财政专员禀明蒸汽铁甲舰的重重疑点。约翰·拉塞尔伯爵认为，如果有足够的证据证明这批蒸汽铁甲舰是为南方邦联而建，那么应该扣留所有蒸汽铁甲舰，进一步查明真相。"约翰·拉塞尔伯爵逐渐意识到，在"亚拉巴马"号逃走事件中，自己似乎被骗了。1863年9月3日，他下令

奥斯汀·亨利·莱亚德
（1817—1894）

扣留这批蒸汽铁甲舰。当时,他正在苏格兰的梅克卢尔。在给帕默斯顿勋爵亨利·坦普尔的信中,约翰·拉塞尔伯爵写道:"亲爱的帕默斯顿勋爵爵亨利·坦普尔,在伯肯黑德订购蒸汽铁甲舰的人行为可疑,我认为有必要扣留他们。我征求了副检察长的意见,他同意扣留可疑人员。虽然这不符合严格的法律规范,但我们可以以此检验法律。即使必须支付赔偿金,但可以打消国内和美国普遍存在的担忧。如果对南方邦联的可疑行为视若无睹,就不应该继续保持貌似中立的敌对状态。如果您不赞成,请于1863年9月8日或1863年9月9日召开一次内阁会议。"帕默斯顿勋爵亨利·坦普尔赞同约翰·拉塞尔伯爵的观点,没有召集内阁会议。约翰·拉塞尔伯爵也没有坐以待毙,而是给奥斯汀·亨利·莱亚德发了一封电报,下令"一旦确定这批蒸汽铁甲舰试图出海",就立即进行制止,"等待扣留命令"。1863年9月4日,约翰·拉塞尔伯爵给查尔斯·弗朗西斯·亚当斯写信说:"英国政府正在认真考虑此事。"不过,寄出了自己的信后,查尔斯·弗朗西斯·亚当斯才收到约翰·拉塞尔伯爵的信。查尔斯·弗朗西斯·亚当斯说:"在我看来,没有必要告诉约翰·拉塞尔伯爵,南北冲突实际上是一场战争。"1863年9月5日,约翰·拉塞尔伯爵下令,无论试航"还是其他任何借口",这批蒸汽铁甲舰都"不能离开利物浦,直到有充足证据证明其目的地"。与此同时,他给驻华盛顿的外交大使寄了一封密函,要求外交大使告诉威廉·H.苏厄德,英国政府已阻止这批蒸汽铁甲舰出港。但直到1863年9月8日,约翰·拉塞尔伯爵才告知查尔斯·弗朗西斯·亚当斯自己的安排。此事原因不明。

  与此同时,在做了系统、细致的调查后,英国外交部明确指出,这批蒸汽铁甲舰并不属于法兰西人,而是为南方邦联建造的。1863年10月8日,约翰·拉塞尔伯爵下令扣押较先进的一艘蒸汽铁甲舰。1863年10月9日,"宽箭"①号被扣押。莱尔德造船公司对扣押一事十分恼火。操作员对此也十分不满。为防止这批蒸汽铁甲舰逃走,英国政府派了一支强大的海军进行看守。法院一直未对此事发表意见。无论是英国政府,还是这批蒸汽铁甲舰的所有者,都不想冒被审判的风险。最后,为解决争端,英国海军购买了这批蒸汽铁甲舰。

  联邦海军部副部长古斯塔夫斯·福克斯写道:"拦截蒸汽铁甲舰事关美国

---

① "宽箭"是英国军械署和政府财产的一个标志,也是罪犯制服上的一个标记。——编者注

的生死。"① 有效的封锁是北方强有力的武器。如果这批蒸汽铁甲舰逃走了,那么势必会打破查尔斯顿和威尔明顿的封锁。到时,后果将不堪设想,葛底斯堡战役和维克斯堡战役的胜利,也无法扭转局面。詹姆斯·邓伍迪·布洛克认为,"这批蒸汽铁甲舰"可能会"将美国所有港口前线的封锁舰扫荡出去",然后"溯波托马克河而上""让华盛顿失去防守",在朴次茅斯②和费城强行征收特别税。因为詹姆斯·邓伍迪·布洛克的所作所为及伯肯黑德的莱尔德造船公司的同情和贪婪,一场大战一触即发。但约翰·拉塞尔伯爵通过一系列谨慎果断的行动,将北方联邦从灾难中拯救了出来,使美国和英国避免了一场大战。扣押蒸汽铁甲舰给南方邦联造成了沉重打击③。

第 12 节 英国和法兰西帝国

1863 年 1 月,在写给约翰·斯莱德尔的信中,南方邦联国务卿朱达·P. 本杰明抱怨说:"约翰·拉塞尔伯爵对詹姆斯·默里·梅森非常粗鲁。"1863 年 3 月,朱达·P. 本杰明对英国的愤慨与日俱增。1863 年 6 月,他常常辱骂英国政府。1863 年 8 月 4 日,朱达·P. 本杰明写信给詹姆斯·默里·梅森说,经过辩论,杰斐逊·戴维斯确信英国不会承认南方邦联,因此,詹姆斯·默里·梅森可以考虑结束自己的使命,离开伦敦了。1863 年 9 月 14 日,詹姆斯·默里·梅森收到了朱达·P. 本杰明的信。与约翰·斯莱德尔商议后,詹姆斯·默里·梅森告诉约翰·拉塞尔伯爵,根据命令,他的任务结束了。1863 年 12 月,在向国会发表的讲话中,杰斐逊·戴维斯吐露了自己对"英国政府的不满",尤其是英国政府维护联邦政府的封锁,并且扣押了蒸汽铁甲舰。

虽然英国对美国内战的态度与美国在克里米亚战争期间对英国的态度不同,但应该记住的是,"在欧洲,我们唯一的支持者"是俄罗斯帝国。与法兰西政府的行为相比,英国政府似乎还算友好。事实上,如果法兰西帝国和其他欧洲国家

---

① 《约翰·默里·福布斯传》,第 2 卷,第 22 页。——原注
② 指美国新罕布什尔州的朴次茅斯。——原注
③ 在记叙蒸汽铁甲舰事件时,我主要借鉴了布鲁克斯·亚当斯的一篇文章。《马萨诸塞州历史学会论文集》,第 45 卷,第 243 页。——原注

想认可南方邦联，那么英国是其不可逾越的障碍。关于英国商人和造船商向南方邦联出售武器、弹药和舰船的行为，英国内阁表示遗憾。英国商人和造船商的行为阻碍了英国政府与美国的关系。与此同时，拿破仑三世正在怂恿南方邦联，并且承诺为南方邦联建造两艘铁甲舰和四艘帆船护卫舰，间接为南方邦联提供武器和装备。但法兰西建造的舰船从未挂着南方邦联的旗帜出海。此外，1863年11月，拿破仑三世改变了对美国内战的态度。1862年2月，约翰·拉塞尔伯爵第一次会见了詹姆斯·默里·梅森。此后，他一直拒绝见詹姆斯·默里·梅森。帕默斯顿勋爵亨利·坦普尔只在外国干涉危机过后与詹姆斯·默里·梅森见过一面。然而，约翰·斯莱德尔曾三次拜见拿破仑三世，并且会见了法兰西外交大臣和其他皇室大臣，甚至可以随时见到法兰西皇室成员。此外，拿破仑三世征服了墨西哥，并且扶持一位欧洲统治者坐上了墨西哥的王位。

第8章 胜利的曙光：奇克莫加战役和查塔努加战役

葛底斯堡战役和维克斯堡战役结束后，北方的优势愈发明显，不但拥有与南方邦联军一样训练有素的军队，并且军队装备精良，供给充足，将领能力相当。北方如果继续投入大量人力、财力乘胜追击，征服负隅顽抗的南方邦联军，那么一定可以取得胜利。但由于志愿兵的服务期限已到，兵源紧缺，联邦政府只能采取严格的征兵措施。强制征兵与人民的意愿背道而驰，除非政府深得民心，否则无法顺利实施。葛底斯堡战役和维克斯堡战役胜利后不久，纽约发生的一系列事件导致了人们对亚伯拉罕·林肯的质疑。亚伯拉罕·林肯很可能失去人民的支持。

第1节 纽约征兵暴乱

根据1863年3月3日颁布的《征兵法案》，各地在征兵时爆发了骚乱。但骚乱很快得到平息。虽然骚乱造成了一些地区的动荡，但并不表明北方人会用暴力手段反对强制征兵。1863年7月7日，征兵工作从罗得岛州开始。1863年7月8日，马萨诸塞州开始征兵。随后，各地区的征兵工作悄然进行，一直持续到1863年7月11日。1863年7月11日，纽约开始抽签招募新兵。虽然民众对强制征兵感到不满，也有谣言称一大批人聚集在宪兵司令办公室，可能会引发冲突，但无论如何，当天的抽签活动并没有受到任何干扰，一切显得井然有序。1863年7月12日，报纸公布了应征者的名字，大部分是技术工人和体力劳动者，这表明了此次征兵的真实效果。报纸还强调《征兵法案》规定义务兵需服役三年。随后，被抽中的或有可能被抽中的人情绪非常激动，变得越来越愤怒。人们聚集在一起，讨论民主党人的观点。民主党人认为，按照法律规定，此次征兵违反《宪法》。群众的不满主要是因为，法律竟然允许人们以三百美元的价格出售自己。以前，三百美元足以找到一个入伍替代者。《征兵法案》规定，不愿服兵役的人可以缴纳三百美元，免除自己的兵役。但现在，由于纸币持续贬值，劳动力紧缺，工资上涨，生活开销增加，三百美元已经招不到兵了。因此，人们斥责代服兵役的规定是一种卑劣手段，让富人轻而易举地逃过兵役，让穷人被迫入伍。谣言四起，社会动荡不安。最后，民众坚信此次征兵是不公正的，开始抵制征兵。

1863年7月13日清晨，纽约城中发生了骚乱，政府立即采取了一些保护措施。1863年7月13日7时左右，宪兵司令打开了位于第三大道第四十六街拐角处第九区司令部的大门，准备继续征兵。写着应征者名字的纸条用橡皮筋捆住，放进了桌子上的轮盘里。其中，五分之一的人会被抽中。被抽中的人如果找不到替代者或无法支付三百美元，除非有身体或精神方面的疾病，或因其他特殊原因获得了法律豁免，否则必须在军中服役三年或直到战争结束。1863年7月13日10时，轮盘开始转动。每转一轮，一名蒙着眼睛的男子会从轮盘里抽出一张纸条，然后由宪兵司令宣读被抽中的人的名字。半小时过去了，已经有一百人被抽中。突然，街上传来一声枪响，提前聚集起来的数千人对着司令部的门窗狂扔石块。第二大道和第六大道的铁路工人，以及城市上游许多工厂的工人举行了罢工游行，说服或迫使其他人加入游行。游行队伍逐渐形成了一支小军队，向征兵司令部走去。随后，罢工工人向司令部发起了进攻，并且很快占领了司令部，驱逐了宪兵司令及其副手。他们砸了家具，将油倒在地板上，点燃了司令部。与司令部相邻的建筑物也燃起了熊熊大火。警察局局长正在巡视，虽然没有穿制服，但走近司令部时依然被认了出来，遭到了工人的袭击。幸运的是，他躲过了一劫。来自退伍军人预备役[①]的宪兵司令护卫队急忙赶来。燃烧的建筑物周边的街区挤满民众，他们用石块袭击护卫队。护卫队寸步难行。士兵向民众开枪，但作用不大，甚至被抢走了火枪。许多士兵遭到殴打。随后，一队精锐的警察也遭到了石块的袭击。他们手持警棍和手枪，瞄准了示威者。但由于民众人数众多，战斗了几分钟后，他们被迫撤退了。

受到胜利的鼓舞，暴乱的民众在纽约城里随意游走。很多人认为征兵是为

---

① 退伍军人预备役是美国内战期间北方联邦军建立的一个军事预备役组织。该组织允许部分伤残或体弱多病的士兵，以及退役士兵执行较轻松的任务。——译者注

征兵暴乱期间,纽约州州长霍拉肖·西摩在市政厅台阶上发表著名的"我的朋友"演讲

暴徒暴打黑人

暴徒与军队对抗

暴徒绞死一名黑人

暴徒焚毁黑人儿童的孤儿院

了废除奴隶制，因此，非常敌视废奴主义者和黑人。1863年7月14日，暴乱越来越严重。小偷、地痞流氓混到了愤怒的人群中，肆意抢劫。不过，政府提前采取了有效的防御措施。1863年7月15日，政府发布了暂停征兵的通知。许多民众回家了。与此同时，派往宾夕法尼亚州抵抗罗伯特·E.李的民团回来了。民团立即采取严厉措施镇压暴徒。1863年7月15日晚，城中秩序基本恢复。1863年7月16日，来自宾夕法尼亚州的第七团和其他民兵团，以及美国步兵和骑兵军队镇压了残余暴徒①。

征兵工作并没有停止。为避免再次发生暴乱，纽约政府采取了严格的预防措施。一万名步兵和三个炮兵连，"包括常规军在内的精锐部队"，从波托马克军中赶往纽约。纽约国民警卫队第一师受命执勤。纽约州州长霍拉肖·西摩发表了声明，告诫公民服从联邦法律。1863年8月19日，征兵工作重新开始，进展十分顺利。随后，全国范围内的征兵工作陆续展开。因为很多人获得了法律豁免，免除了兵役，并且被抽中的许多人上交了代偿金，所以此次征兵并没有起到扩充军队的作用，但说服各州、县、城镇将用来激励人们自愿入伍和完成指定配额的其他收入上缴国库，促进了征兵工作的开展②。

第2节 葛底斯堡战役后的乔治·米德

葛底斯堡战役结束后的十天里，正如我们看到的那样，罗伯特·E.李率大军渡过波托马克河，来到了弗吉尼亚州。乔治·米德紧随其后。双方的军事较量只是一些小冲突和摩擦，没有引发大规模战役。亚伯拉罕·林肯对乔治·米德发起进攻失去了信心，说："我不相信乔治·米德会进攻罗伯特·E.李，也看不到任何进攻迹象。他浪费了一次绝佳的机会。葛底斯堡战役结束后，他做什么事都慢半拍。"③1863年9月21日，亚伯拉罕·林肯对吉迪恩·韦尔斯说："波

---

① 詹姆斯·福特·罗德斯：《美国史》，第4卷。《海军部部长吉迪恩·韦尔斯的日记》，第1卷。萨拉·F.休斯：《约翰·默里·福布斯的书信回忆录》，第2卷。——原注
② 詹姆斯·福特·罗德斯：《美国史》，第4卷，第330页。——原注
③ 《海军部部长吉迪恩·韦尔斯的日记》，第1卷，第383页。《北方联邦陆军和南方邦联陆军的官方记录》丛书一，第27卷，第1册，第105页。艾萨克·彭尼帕克：《乔治·米德传》，第223页。——原注

托马克军无力也不愿保卫华盛顿……哎，可悲啊！虽然军队骁勇善战，但将领大多优柔寡断，能力有限。"[1]1863年10月16日，亚伯拉罕·林肯命乔治·米德采取行动。在给亨利·哈勒克的信中，亚伯拉罕·林肯写道："现在，在我们占据了绝对优势的战场上，如果乔治·米德向罗伯特·E.李发起进攻，那么波托马克军一定会全力以赴。到时，胜利的功劳都是他的，我会承担失败的责任。"[2]

乔治·米德的私人通信表明，他是一位怯懦、犹豫的将领，与"好战的将军"并不相符。他总是虚晃一枪，避免与罗伯特·E.李正面作战，除非处在有利位置。担任师长和团长时，他曾批判波托马克军的将领太过小心谨慎。后来，也许是由于将领的责任和下级官员的自由之间存在差异，他也变成了一位谨小慎微的指挥官。详细研究葛底斯堡战役结束后的十天，我们发现：与葛底斯堡战役前相比，乔治·米德的变化很大。指挥波托马克军的压力削弱了他的勇气，也挫伤了他的斗志。无论如何，葛底斯堡战役结束后，乔治·米德没有任何结束战争的举动。

第3节 威廉·罗斯克兰斯

默夫里斯伯勒战役结束后，威廉·罗斯克兰斯按兵不动近六个月。他命军队休整恢复，补充供给，在墨菲斯堡设防。联邦政府敦促他前进，认为他应该将南方邦联军赶出田纳西州，攻克查塔努加。乔治·B.麦克莱伦的戏码再次上演。威廉·罗斯克兰斯抱怨骑兵供给不足，步枪数量与南方邦联军相差甚远。在与埃德温·斯坦顿和亨利·哈勒克的通信中，威廉·罗斯克兰斯显得能言善辩。1863年6月24日，威廉·罗斯克兰斯终于采取行动，打了一场胜仗，使北方联邦军取得了重大进展。在葛底斯堡战役和维克斯堡战役的鼓舞下，通过计谋，他将布拉克斯顿·布拉格率领的南方邦联军赶出了田纳西州中部。随后，威廉·罗斯克兰斯率军继续前进，顺利穿过一片崎岖难行的区域。1863年9月9日，北方联邦军抵达查塔努加。查塔努加、里士满和维克斯堡是南方邦联最重要的三个战略据点。

---

[1] 《海军部部长吉迪恩·韦尔斯的日记》，第1卷，第439页。《北方联邦陆军和南方邦联陆军的官方记录》丛书一，第29卷，第2册，第207页。——原注

[2] 威廉·布拉德福德：《美国革命史》，第318页。《北方联邦陆军和南方邦联陆军的官方记录》丛书一，第29卷，第2册，第332页。——原注

威廉·罗斯克兰斯暂时取得了战略优势，信心大增。他认为布拉克斯顿·布拉格正在向南撤退，于是命军队乘胜追击，打算进攻南方邦联军。追击过程中，北方联邦军需要翻过一片群山。威廉·罗斯克兰斯命各部队兵分多路。与此同时，布拉克斯顿·布拉格非但没有撤退的打算，反倒向北方联邦军发起了进攻。很快，威廉·罗斯克兰斯陷入了险境，正如他自己说的那样，兵分多路"严重影响了兵力的集结"。他努力了近一个星期。其间，虽然状况连连，但1863年9月18日，他终于将兵力集中到了一起。然而，由于担心布拉克斯顿·布拉格会接连粉碎自己的各分队[①]，他多日未眠，连续两晚忧心一个团的安危，现在已身心俱疲。布拉克斯顿·布拉格决定发动进攻。上战场前，威廉·罗斯克兰斯"像被霜打了"一样。布拉克斯顿·布拉格得到了增援，分别是维克斯堡沦陷后，约瑟夫·E.约翰斯顿的残余军队、诺克斯维尔的西蒙·巴克纳团和北弗吉尼亚军中詹姆斯·朗斯特里特的队伍。现在，南方邦联军的兵力远超对手威廉·罗斯克兰斯。1863年9月19日，南方邦联军发起了进攻。

第4节 奇克莫加战役

1863年9月19日，激烈残酷的奇克莫加战役爆发，即"西部大战"。如果威廉·罗斯克兰斯拥有足够的战斗勇气，那么谁胜谁负将会是个未知数。北方联邦军也许会胜利，因为他们在防守阵地和壕沟方面的优势弥补了兵力上的差距。北方联邦军的大军是身经百战、英勇无敌的坎伯兰军。从坎伯兰军的战斗史中，我们发现只要领导有方，坎伯兰军就可以创造奇迹。但在奇克莫加战役中，士兵受到低迷士气的影响，最终血染沙场。由于威廉·罗斯克兰斯考虑不周，下达了一项错误命令，北方联邦军的战线出现了漏洞。南方邦联军乘虚而入，打乱了两个师的阵脚，并且击溃了另外两个师。惊慌失措的北方联邦军迅速撤离。威廉·罗斯克兰斯与逃兵一起撤退，但担心整个大军被击溃，便骑马前往十二英里或十五英里外的查塔努加，试图采取行动保卫查塔努加。1863年9月20日17时，威廉·罗斯克兰斯写信给亨利·哈勒克说："我们岌岌可危……南方邦联军击退了我军右

---

① 很多人认为布拉克斯顿·布拉格有能力粉碎北方联邦军。——原注

第 8 章 胜利的曙光:奇克莫加战役和查塔努加战役

翼,并且直击我军的主力部队。我们的队伍已经溃散。"乔治·亨利·托马斯指挥北方联邦军的左翼。1863 年 9 月 20 日下午,他率两万五千人击退了军力是自己两倍的南方邦联军,守住了据点,获得了"奇克莫加之岩"的称号。后来,威廉·罗斯克兰斯下令,乔治·亨利·托马斯撤回查塔努加,集结了剩余的军队,并且加固了查塔努加的防卫。随后,布拉克斯顿·布拉格打算围攻查塔努加[①]。

奇克莫加战役爆发前,尤利西斯·S.格兰特受命从维克斯堡出发,前去增援威廉·罗斯克兰斯。但命令下达一个星期后,尤利西斯·S.格兰特才接到。尤利西斯·S.格兰特立即命两个师先出发,另外两个师整装待发。增援部队由威廉·特库姆塞·谢尔曼指挥。华盛顿一直没有收到相关消息。威廉·罗斯克兰斯给亚伯拉罕·林肯发了电报,而查尔斯·A.达纳给埃德温·斯坦顿发了电报。两人都请求增援,试图攻克查塔努加和田纳西州的南方邦联军防线。但直到 1863 年 9 月 23 日夜晚,亚伯拉罕·林肯和埃德温·斯坦顿才收到电报。埃德温·斯坦顿认为必须立即采取行动,于是,连夜召开了会议。海约翰将威廉·罗斯克兰斯的请求送到了亚伯拉罕·林肯夏天的住所——士兵之家。看过电报后,亚伯拉罕·林肯立刻跨上马背,借着月光前往战争部。在战争部,他见到了埃德温·斯坦顿及其三个下属、亨利·哈勒克、威廉·H.苏厄德和萨蒙·P.蔡斯。埃德温·斯坦顿提议派波托马克军的部分军队增援查塔努加。一开始,亚伯拉罕·林肯和亨利·哈勒克并不赞同。但埃德温·斯坦顿坚持己见,并且在威廉·H.苏厄

骑在马上的威廉·罗斯克兰斯

[①] 奇克莫加战役发生在查塔努加以南。五万八千名北方联邦军对阵六万六千名南方邦联军。北方联邦军伤亡一万六千一百七十人;南方邦联军伤亡一万八千四百五十四人。托马斯·L.利弗莫尔:《南北战争中的人数与损失》,第 105 页、第 106 页。——编者注

乔治·亨利·托马斯的指挥部

乔治·亨利·托马斯的露营地

奇克莫加战役

范佩尔特中尉在一门大炮旁边

德和萨蒙·P.蔡斯的支持下，否定了亚伯拉罕·林肯和亨利·哈勒克的反对意见。最后，会议决定，如果乔治·米德行动迟缓，将派约瑟夫·胡克麾下的第十一团和第十二团增援威廉·罗斯克兰斯。与乔治·米德商议后，来自弗吉尼亚州库尔佩珀法院的一万六千名士兵乘火车来到华盛顿，然后转乘巴尔的摩到俄亥俄州的列车，途径贝莱尔、哥伦布、印第安纳波利斯、路易斯维尔和纳什维尔，到达田纳西河。六天内，大部分增援军队完成了转移任务，实现了一项创举。

第5节 尤利西斯·S.格兰特指挥作战

然而，虽然援兵已到达，但需要一位主将坐镇。奇克莫加战役战败后，威廉·罗斯克兰斯情绪低落，在军中的威望大不如前。他变得优柔寡断，无法应对当下的困局。北方联邦军的致命弱点是缺乏补给，无法长期固守查塔努加。南方邦联军占领了田纳西河一带及田纳西河南岸宽阔平坦的大道。北方联邦军虽然占领了田纳西河北岸，但必须从史蒂文森和布里奇波特经蜿蜒崎岖的山路用马车运输补给。史蒂文森和布里奇波特与纳什维尔之间有铁路线，可以运送补给。由于道路崎岖，加上秋雨绵绵，运输补给变得异常困难。士兵饥肠辘辘。查尔斯·A.达纳写道："运输补给的路况十分糟糕，马车需要八天才能从史蒂文森到达查塔努加……我们的粮草已用尽，不得不扔掉部分贵重货物……如果没有新的补给线路，军队恐怕撑不过一个星期……更糟糕的是，威廉·罗斯克兰斯显得十分无能……他的无能似乎传染了其他人，没有人提出任何应对之策。"

第6节 乔治·亨利·托马斯和尤利西斯·S.格兰特

1863年9月21日，参考了威廉·罗斯克兰斯的信函和查尔斯·A.达纳的详细报告后，联邦政府决定任命尤利西斯·S.格兰特为主将，指挥西部所有军事行动，除了纳撒尼尔·P.班克斯指挥的军队[①]。尤利西斯·S.格兰特立即解除了威廉·罗斯克兰斯的职务，任命乔治·亨利·托马斯指挥坎伯兰军。尤利西斯·S.

[①] 1863年10月16日，尤利西斯·S.格兰特被任命为西部北方联邦军的指挥官。1863年10月23日，他率军到达查塔努加。——编者注

第 8 章 胜利的曙光：奇克莫加战役和查塔努加战役

格兰特从路易斯维尔给乔治·亨利·托马斯发了一封电报，要求他不惜任何代价守住查塔努加。乔治·亨利·托马斯迅速回复道："就算饿死，我们也会守住查塔努加。"詹姆斯·威尔逊和查尔斯·A.达纳骑行五十五英里，于午夜时分抵达了查塔努加。他们的经历说明，查塔努加的驻军处境危急。在霍勒斯·波特的指挥部，詹姆斯·威尔逊和查尔斯·A.达纳享用了晚餐，即一块压缩饼干，以及一小块咸猪肉和一杯不加奶、不加糖的军用咖啡。事实上，这是军队能提供的最丰盛的晚餐。两匹马分别吃了几根谷穗，没有干草①。

霍勒斯·波特
（1837—1921）

威廉·罗斯克兰斯虽然想到了一条更好的补给运输线，但缺乏付诸实践的勇气和决心。很快，人们发现，尤利西斯·S.格兰特任命乔治·亨利·托马斯是明智的选择。1863年10月23日，在查塔努加，查尔斯·A.达纳写道："指挥部发生了巨大变化，一切显得秩序井然，之前的混乱已消失殆尽。"陆军工兵指挥官威廉·史密斯制订了一项计划，打算从布里奇波特开辟一条短途补给线。他将计划提交给了乔治·亨利·托马斯。乔治·亨利·托马斯同意了他的计划，并且下令执行。

与此同时，尤利西斯·S.格兰特亲自前往查塔努加。他从路易斯维尔乘火车，赶到布里奇波特，从布里奇波特骑行五十五英里，通过了北方联邦军补给线的主干道。几个星期前，在去新奥尔良的路上，尤利西斯·S.格兰特从马上跌落，受了重伤，现在仍然挂着拐杖。途中，他遇到了一场暴风雨，只能艰难地骑马行进在泥泞崎岖的路上。由于暴雨和山体滑坡，路面的泥水已没过膝盖，不便骑马。但尤利西斯·S.格兰特继续前行。他叙述道："路上到处是破车的

---

① 詹姆斯·威尔逊：《查尔斯·A.达纳传》，第279页。《老旗帜之下》，第1卷，第270页。——原注

碎片及数不清的骡子和马的尸体。"1863年10月23日晚，尤利西斯·S.格兰特抵达查塔努加，"浑身沾满泥点，但没有受伤"。"他清澈的眼神和英武的面孔"表明，他的精神状态极佳。尤利西斯·S.格兰特的精神感染了其他将领，也鼓舞了士兵，对接下来的战事十分有利。北方联邦军的惊人变化表明，像恺撒、拿破仑·波拿巴、罗伯特·E.李一样的勇者正在执掌军权。

第7节 查塔努加战役

1863年10月24日早晨，尤利西斯·S.格兰特与乔治·亨利·托马斯和威廉·史密斯一起，进行了一次侦察。侦察结束后，尤利西斯·S.格兰特同意了威廉·史密斯制订的补给计划，敦促军队立即执行。事实证明，威廉·史密斯的计划"成功"保障了军中补给。北方联邦军很快掌握了新的供给线。布拉克斯顿·布拉格懊悔不已，试图夜袭北方联邦军的补给线，但失败了。

1863年11月15日，威廉·特库姆塞·谢尔曼骑马抵达查塔努加。田纳西军紧随其后。尤利西斯·S.格兰特制订了进攻计划，打算尽快付诸实施。乔治·亨利·托马斯、威廉·特库姆塞·谢尔曼、威廉·史密斯和约瑟夫·胡克都是得力干将。1863年11月23日至1863年11月25日的战斗被称为查塔努加战役。其间，最精彩、最激动人心的一场战役是传教士岭战役[①]。1863年11月25日下午，镇守大营的乔治·亨利·托马斯奉命率军前进，攻占了南方邦联军的第一排散兵壕，然后停下来等待进一步的命令。他的军队遭到了南方邦联军猛烈的炮火攻击，但丝毫没有后退。随后，乔治·亨利·托马斯率领着并未接到命令的两万名北方联邦军冲上了传教士岭，攻克了南方邦联军据点，看着南方邦联军落荒而逃。事实上，不管有没有接到命令，他们都会这样做。传教士岭战役中，菲利普·谢里登表现出色。

1863年11月25日16时30分，查尔斯·A.达纳发电报给埃德温·斯坦顿说："荣耀归于上帝。这一天无疑是属于我们的。将士欣喜若狂。胜利后，尤利

[①] 1863年11月23日，乔治·亨利·托马斯率军占领了传教士岭前的奥查德诺布，为北方联邦军取得了一个重要据点。1863年11月24日，约瑟夫·胡克进攻卢考特山，将南方邦联军赶下了卢考特山。——编者注

尤利西斯·S.格兰特
遥望传教士岭战场

联邦军进攻传教士岭

乔治·亨利·托马斯率联邦军攻打邦联军

西斯·S.格兰特骑马走在军队中间。士兵的欢呼声此起彼伏。"1863 年 11 月 26 日,查尔斯·A.达纳发电报说:"布拉克斯顿·布拉格全线撤退,烧毁了补给站和桥梁。"

查塔努加战役的结果表明,南方邦联军气数已尽。1863 年 11 月的最后一个星期四,北方人得知了传教士岭战役。自内战爆发以来,这一天可能是北方人第一次真正过感恩节。1863 年 11 月 23 日至 1863 年 11 月 25 日的查塔努加战役中,北方联邦军参战五万六千人,损伤五千八百二十四人;南方邦联军参战四万六千人,损伤六千六百六十七人,失踪四千一百四十六人[①]。

第 8 节 征 兵

1863 年的秋季选举对亚伯拉罕·林肯十分有利。1863 年 10 月 17 日,在各州的投票活动进行四天后,亚伯拉罕·林肯发布了一项公告,呼吁三十万志愿兵"参军三年,或按战争所需参军,但不超过三年"。如果志愿兵人数不足,那么就只能征兵了。国会按照惯例时间召开了会议,采取了有效措施,为 1864 年的战斗扩充了军队。根据 1864 年 2 月 24 日通过的《征兵法案》,亚伯拉罕·林肯有权"在发生紧急状况时,呼吁志愿兵参军"。如果没有招募到足够数量的志愿兵,亚伯拉罕·林肯可以下令征兵[②]。

国会增加关税,全面实施国内税收法案,发放贷款,以此为总统提供资金[③]。人民越来越反感服兵役。生产劳动和商业活动的利润不断增加,因此,政府很难招到足够的志愿兵。总的来说,国会、亚伯拉罕·林肯和战争部已经做得非常好,正如在一个民主国家中可以预想到的一样好。在民主国家,每个人都有权发表意见和进行投票。在即将举行的 1863 年秋季的总统选举中,这一点不容忽视。然而,征兵结果远未达到预期人数。尽管如此,征兵活动仍在继续,"但

---

① 托马斯·L.利弗莫尔:《南北战争中的人数与损失》,第 107 页到第 108 页。——原注
② 几次征兵情况为:1864 年 2 月 1 日,征兵二十万;1864 年 3 月 14 日,征兵二十万;1864 年 7 月 18 日,征兵五十万;1864 年 12 月 19 日,征兵三十万。实招人数参见詹姆斯·福特·罗德斯:《美国史》,第 4 卷,第 429 页注释一;《北方联邦陆军和南方邦联陆军的官方记录》丛书三,第 4 卷,第 929 页;托马斯·L.利弗莫尔:《南北战争中的人数与损失》,第 50 页。——原注
③ 詹姆斯·福特·罗德斯:《美国史》,第 4 卷,第 428 页。——原注

第 8 章 胜利的曙光：奇克莫加战役和查塔努加战役

没有掀起任何波澜，人们已将征兵视为一种必要的军事行为"。政府、各州、各县和其他政治部门都慷慨地提供了赏金，譬如，纽约县志愿兵委员会的宣传语是："招募志愿兵三万人。赏金如下：新兵县级赏金三百美元，州级赏金七十五美元，国家级赏金三百零二美元；退伍军人额外发放一百美元。"新兵赏金共计六百七十七美元；老兵赏金共计七百七十七美元，服役期不超过三年。事实上，志愿兵的现役时间只有一年多。此外，每名士兵每月有十六美元的衣食补助。虽然一些地方的赏金更高，但纽约县的赏金依然高于全国平均赏金金额。

赏金制度的缺陷是：催生了代征兵者。代征兵者的业务是招募新兵，目的是赚取佣金，不考虑志愿兵的身体状况和道德品质。赏金制度还助长了骗取赏金的犯罪行为。小偷、扒手和流浪汉都应征入伍。在领取了现金支付的赏金后，他们趁机逃走，然后隐姓埋名，再去另一个区或州应征入伍，继续领赏金后逃走，屡试不爽，直到被抓或征兵活动结束。在一份报告中，宪兵总司令指出："现在，奥尔巴尼监狱中的一名男子被判监禁四年。他承认曾三次'骗取赏金'。据说，一支由六百二十五名新兵组成的特遣队前去增援波托马克军驻新罕布什尔的一个团。其中，一百三十七人在途中逃走；八十二人进入南方邦联军哨兵线；三十六人掉队或存在其他情况，最后只剩下三百七十人。"

由于北方幅员辽阔，每个城镇和市级行政区都急于完成自己的配额任务，再加上行政制度不健全，因此，很难发现或抓捕赏金骗子。在东部的大城市，代征兵者和赏金骗子非常猖獗。一些罪犯、地痞流氓和流浪者趁机混进了军营。本来应该被监禁的人，现在却上了前线。不过，在1864年招募的新兵中，很多士兵都是真正的爱国者。在村庄和小城市，一些能干的商人自愿应征入伍，引发了对应征者的品格提出要求。大部分新兵是强健的加拿大人或欧洲移民，因高额赏金自愿参军，但在身体、道德和智力方面，都逊色于1861年和1862年入伍的士兵。此外，在很大程度上，他们都是雇佣兵。新招募的士兵虽然不够理想，但淘汰了党派将领和依靠势力当上低级别指挥官的人。空出的职位很快被经过历练的优秀军官取代。1864年4月5日，威廉·特库姆塞·谢尔曼写信给约翰·谢尔曼说："我相信，截止到1864年5月1日，我会在田纳西州拥有世界上最好的军队。"后来，威廉·特库姆塞·谢尔曼指挥的战役充分印证了他的期望。

最重要的是，北方培养了四位杰出的将军，即尤利西斯·S.格兰特、威廉·特库姆塞·谢尔曼、乔治·亨利·托马斯和菲利普·谢里登①。在培养将领方面，北方占据了优势。在接下来的激烈战役中，我们将看到尤利西斯·S.格兰特对抗罗伯特·E.李，威廉·特库姆塞·谢尔曼对抗接替布拉克斯顿·布拉格的约瑟夫·E.约翰斯顿。在南方邦联军中，除了罗伯特·E.李和约瑟夫·E.约翰斯顿，没有人能像乔治·亨利·托马斯一样，统领一支独立的军队，也没有人能与菲利普·谢里登一决高下。面对菲利普·谢里登的英勇，罗伯特·E.李十分怀念托马斯·J.杰克逊②。

---

① 虽然詹姆斯·福特·罗德斯表达了自己的观点，但应记住的是，1863年年底前，菲利普·谢里登并不是一位名将。——编者注
② 詹姆斯·福特·罗德斯：《美国史》，第4卷，第430页等。《北方联邦陆军和南方邦联陆军的官方记录》丛书三，第5卷，第673页到第675页。——原注

第 9 章　北方联邦军的反攻：尤利西斯·S.格兰特担任总指挥

第 1 节　尤利西斯·S.格兰特

约翰·洛斯罗普·莫特利写道："从军事角度来看，谢天谢地，我们等了很久的人似乎真的出现了。"亚伯拉罕·林肯、国会和北方人也认为真正的"大将"出现了。根据 1864 年 2 月 29 日通过的一项法案，国会恢复了中将级别，授权亚伯拉罕·林肯任命负责指挥国家军队的将军[①]。众所周知，尤利西斯·S.格兰特是联邦政府十分看重并希望委任军务的将领，也完全符合亚伯拉罕·林肯的期望。如果一开始就有一位能力出众的将军指挥北方联邦军的军事行动，那么亚伯拉罕·林肯一定会很欣慰。托马斯·A.斯科特年事已高；乔治·B.麦克莱伦能力不足；亨利·哈勒克被约翰·波普打败后"胆量"全无。正如亚伯拉罕·林肯说的那样："亨利·哈勒克更像一名优秀的文职人员。"[②] 很快，亚伯拉罕·林肯向参议院递交了申请，提议任命尤利西斯·S.格兰特为北方联邦军的中将。尤利西斯·S.格兰特的任命立即得到了批准。

来到华盛顿后，在白宫举行的一次招待会上，尤利西斯·S.格兰特第一次见到了亚伯拉罕·林肯。两人约好 1864 年 3 月 9 日会面。当着内阁、亨利·哈勒克和另外三个人的面，亚伯拉罕·林肯递给尤利西斯·S.格兰特一份中将委任状，

---

① 联邦政府曾控制着中将头衔的授予。温菲尔德·斯科特将军拥有中将头衔。1864 年 3 月 1 日，亚伯拉罕·林肯签署了新法案，恢复了中将级别。尤利西斯·S.格兰特：《个人回忆录》，第 357 页。——编者注
② 海约翰：《书信与日记》，第 1 卷，第 187 页。——原注
  许多历史学家认为，尤利西斯·S.格兰特虽然不是一位优秀的战场指挥官，但是一位优秀的参谋长，为北方联邦军取得胜利付出了很多。——编者注

说："你拥有了崇高的荣誉,也必须承担相应的责任。在上帝的庇护下,国家信任你,也会竭尽全力支持你。"尤利西斯·S.格兰特回答道:"我觉得所有重责都落在了自己的肩上。我知道,如果我能顺利完成任务,那么一定是优秀的军队的功劳。为了我们共同的国家,将士奋战沙场。最重要的是,必须感谢上帝的恩惠,是上帝指引着我们和人民。"①

1864年3月12日,尤利西斯·S.格兰特正式担任北方联邦军总指挥②。去华盛顿前,他原本打算继续留在西部,但此刻他发现自己属于波托马克军。到了前线后,尤利西斯·S.格兰特与乔治·米德开了一次会。会上,两人交换了一些观点。随后,尤利西斯·S.格兰特决定让乔治·米德继续留任,自己动身

亚伯拉罕·林肯(右二)与尤利西斯·S.格兰特(左二)、威廉·特库姆塞·谢尔曼(左一)、戴维·狄克逊·波特(右一)

---

① 约翰·尼古拉、海约翰:《林肯传》,第8卷,第341页、第342页。——原注
② 1864年3月9日,尤利西斯·S.格兰特被正式任命为北方联邦军指挥官。亨利·哈勒克的总司令一职被解除,任战争部埃德温·斯坦顿和尤利西斯·S.格兰特的参谋长。《北方联邦陆军和南方邦联陆军的官方记录》丛书一,第33卷,第669页。——编者注

第 9 章 北方联邦军的反攻:尤利西斯·S.格兰特担任总指挥

前往纳什维尔,与威廉·特库姆塞·谢尔曼讨论田纳西州和佐治亚州的行动计划。当时,威廉·特库姆塞·谢尔曼接替尤利西斯·S.格兰特,成为西部北方联邦军的指挥官。1864 年 3 月 23 日,尤利西斯·S.格兰特返回华盛顿。毫无疑问,他现在是美国最受欢迎的将领。民主党和共和党及各派都争相赞扬他。在担任总指挥前,尤利西斯·S.格兰特遇到过很多质疑和诋毁,度过了一段痛苦的时光。但维克斯堡战役和查塔努加战役的胜利不仅粉碎了所有诋毁,还给负责指挥战役的他带来了荣耀。1864 年早春,尤利西斯·S.格兰特受到了很多赞扬。很少有人能像他一样,在有生之年获得这么多赞扬。几乎没有人私下抱怨他,也极少有人妒忌他的成功。尤利西斯·S.格兰特为人谦逊,真诚大方,博得了众人的尊敬。同时,他的丰功伟绩赢得了人们对他的钦佩,赢得了几乎所有人的称赞。然而,亚伯拉罕·林肯遭到了民主党人的辱骂,以及一些激进共和党人的尖锐批评和他人的诅咒。亚伯拉罕·林肯和尤利西斯·S.格兰特形成了鲜明对比。

与亚伯拉罕·林肯一样,尤利西斯·S.格兰特性格纯朴,认为自己只是一个普通人,希望融入大众。但他常常表现得过于不修边幅,将时间花在一些不受欢迎的事情上。此外,作为一个统领五十万大军的指挥官,尤利西斯·S.格兰特缺乏高贵的气质,没有保持适当的谨慎。1864 年 5 月开战前不久,在华盛顿的威拉德酒店,理查德·亨利·达纳见到了尤利西斯·S.格兰特,描述道:"一个弯腰驼背的矮个子男人,穿着一身脏兮兮的少将制服,相貌平平,有些无精打采。"理查德·亨利·达纳很吃惊地说:"当时,在威拉德酒店楼下入口处,我看到他聊着天,抽着烟。作为军队的总指挥,国家的命运似乎要依靠他。"

威拉德酒店

理查德·亨利·达纳还说："但尤利西斯·S.格兰特脸上的神情镇定自若，眼神清澈笃定，非常自然，毫不做作。"理查德·亨利·达纳深知尤利西斯·S.格兰特手握重权，掌握着国家的命运，于是说："面对战争和重重危机，我们将权力交到了一个人手中。"①

威廉·特库姆塞·谢尔曼写道："在葛底斯堡战役和维克斯堡战役结束后，大战真正开始了。"与前几年一样，1864年和1865年发生的一系列战役为后来的战役打下了基础。然而，直到此时，亚伯拉罕·林肯和将领才吸取了战争教训，开始真正研究战略战术。

在尤利西斯·S.格兰特的作战计划中有两点很突出：第一，率十二万两千人消灭或俘虏了罗伯特·E.李的军队；第二，威廉·特库姆塞·谢尔曼率九万九千人击败了约瑟夫·E.约翰斯顿。此外，尤利西斯·S.格兰特还率军攻下了里士满和亚特兰大。1864年冬季和早春的大部分时间，尤利西斯·S.格兰特一直做着系统有效的准备工作。北方人对尤利西斯·S.格兰特十分有信心，期望大战能在1864年仲夏时结束。

第2节　尤利西斯·S.格兰特进军怀尔德尼斯荒原

1864年5月3日晚，波托马克军开始前进，顺利渡过了拉皮丹河。1864年5月4日，在怀尔德尼斯荒原②，波托马克军安营扎寨。1863年，在怀尔德尼斯荒原，约瑟夫·胡克陷入绝境。在怀尔德尼斯荒原的丛林中，尤利西斯·S.格兰特无意与南方邦联军对阵。但罗伯特·E.李密切监视着他，看着他顺利渡过了拉皮丹河，想等北方联邦军在密林中休息时，发起进攻，因为南方邦联军对怀尔德尼斯荒原了如指掌。罗伯特·E.李立即命军队集合，极速前进，拦截北方联邦军。1864年5月5日，两军齐聚怀尔德尼斯荒原，一场激烈的战斗一触即发。南方

---

① 查尔斯·弗朗西斯·亚当斯：《理查德·亨利·达纳传》，第2卷，第271页。——原注
② 怀尔德尼斯荒原遍布连绵起伏的山丘与沼泽洼地，灌木丛生，寸步难行。南北或东西相距约十英里到十二英里，几条主干道穿过荒原，密实、阴暗、单调的森林里鲜有阳光射入。一旦离开主干道，军队很难穿过这一地区，行进途中几乎无法保持队形，或按指定方向前进。哈泽德·史蒂文斯：《马萨诸塞州军事历史学会文献》，第4卷，第187页。——原注

第9章 北方联邦军的反攻：尤利西斯·S.格兰特担任总指挥

邦联军的人数虽然只有北方联邦军的一半，但更了解战场。此外，北方联邦炮兵基本上发挥不了作用。因此，这是一场公平的较量，双方都没有绝对优势①。

尤利西斯·S.格兰特意识到，军队只有杀出一条路，才能穿过怀尔德尼斯荒原。1864年5月6日，尤利西斯·S.格兰特准备进攻。罗伯特·E.李也决定进攻。两人都渴望拿到主动权，战斗提前一小时打响了。战况并不明朗，双方在不同时间、不同地方打了胜仗。南方邦联军的右翼被击退，形势危急，但詹姆斯·朗斯特里特及时出现，化险为夷。詹姆斯·朗斯特里特军队的一支得克萨斯旅担任先锋部队。与乔治·华盛顿一样，罗伯特·E.李是一名性格急躁的勇士，喜欢战场上的喧嚣和刺激。他快马加鞭，一心想速战速决，紧跟着得克萨斯旅出发了。然而，罗伯特·E.李被士兵认了出来。军队上下大喊："回去吧，罗伯特·E.李将军！"詹姆斯·朗斯特里特被自己人误伤。南方邦联军停止战斗。1863年，在托马斯·J.杰克逊受伤前，南方邦联军也曾遇到过类似情况。

1864年5月5日到1864年5月7日的战斗被称为怀尔德尼斯战役。尤利西斯·S.格兰特和罗伯特·E.李都称自己占了上风，但都对结果不满意。尤利西斯·S.格兰特计划渡过拉皮丹河，击败南方邦联军的右翼，迫使南方邦联军后退，并且希望顺利穿过怀尔德尼斯荒原，在更宽广的地界上开战，重击南方邦联军。当看到尤利西斯·S.格兰特亲率波托马克军前来时，罗伯特·E.李并没有心生胆怯，认为尤利西斯·S.格兰特在西部的胜利主要是因为对手缺乏战术，而不是因为他领导有方。罗伯特·E.李希望能像打败乔治·B.麦克莱伦、约翰·波普、安布罗斯·伯恩赛德和约瑟夫·胡克一样，打败尤利西斯·S.格兰特，将北方联邦军赶回拉皮丹河对岸，并且迫使尤利西斯·S.格兰特像北方联邦军的前任将领一样，不再作战。北方联邦军伤亡一万七千六百六十六人。虽然没有确切的报告，但南方邦联军伤亡人数更少一些②。

1864年5月7日，尤利西斯·S.格兰特对乔治·米德说："约瑟夫·E.约

---

① 怀尔德尼斯战役中，北方联邦军参战十万一千八百九十五人；南方邦联军参战六万一千零二十五人，因此，北方联邦军的人数并不是南方邦联军的人数的两倍。托马斯·L.利弗莫尔：《南北战争中的人数与损失》，第110页。——编者注
② 托马斯·L.利弗莫尔的《南北战争中的人数与损失》中的一些零星报告表明，南方邦联军的伤亡人数为七千七百五十八人。在《罗伯特·E.李传》第3卷第297页，道格拉斯·索撒尔·费里曼提到，南方邦联军伤亡约七千六百人。——编者注

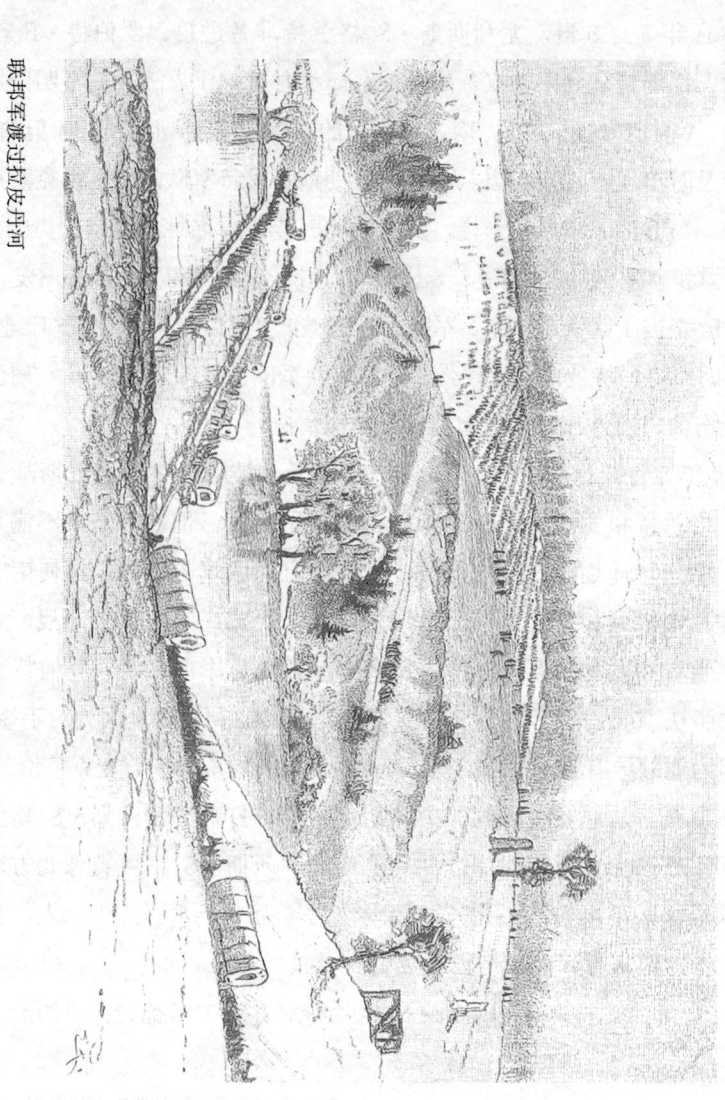

联邦军渡过拉皮丹河

怀尔德尼斯战场上勇敢的联邦士兵

怀尔德尼斯战役

邦联军冲进联邦军阵地

翰斯顿的军队受到重创，一定会撤退！"①这句话体现了尤利西斯·S.格兰特对约瑟夫·E.约翰斯顿的尊敬。怀尔德尼斯战役中，他们第一次碰面，但都没有攻击对方的打算。尤利西斯·S.格兰特率先做出了部署，命左翼军继续在夜间行军，前往斯波齐尔韦尼亚法院。詹姆斯·威尔逊因右翼受挫感到不安，向尤利西斯·S.格兰特汇报了情况并寻求安慰。尤利西斯·S.格兰特对他说："没关系，詹姆斯·威尔逊将军。军队正在向里士满进发！"②北方联邦军出发了。士兵知道怀尔德尼斯战役损伤较大，但不清楚自己是否被打败了。当他们走到岔路口时，心里最关心的问题是：命令会是再次渡过拉皮丹河北上吗？但他们接到的命令是：向里士满进发。在北方联邦军的心中，尤利西斯·S.格兰特很尊贵。士兵唱着歌，迈着轻快的步伐前进。查尔斯·A.达纳给埃德温·斯坦顿传话说："将士的士气空前高涨。"尤利西斯·S.格兰特骑马经过。虽然天已经黑了，但他还是被士兵认了出来。士兵欢呼起来，挥动着帽子，拍着手，抛起手中的武器，像欢迎同

怀尔德尼斯战场
的罗伯特·E.李

---

① 《马萨诸塞州军事历史学会文献》，第4卷，第171页。——原注
② 詹姆斯·威尔逊：《老旗帜之下》，第1卷，第389页。——原注

第9章 北方联邦军的反攻：尤利西斯·S.格兰特担任总指挥

伴一样欢迎尤利西斯·S.格兰特。他们很高兴尤利西斯·S.格兰特率领他们向里士满进发，而不是命令他们撤回已经废弃的营地。

南方邦联军相信，在自己的领地上，他们是战无不胜的，并且认为尤利西斯·S.格兰特和其他北方联邦将军一样，会弃战撤退。罗伯特·E.李一直以为尤利西斯·S.格兰特正从弗雷德里克斯堡撤退，但他聪明反被聪明误，仅凭一个臆想就制订了计划。他猜测尤利西斯·S.格兰特会率军转移到斯波齐尔韦尼亚，于是，派出一部分兵力前往斯波齐尔韦尼亚。在北方联邦军到达斯波齐尔韦尼亚前，南方邦联军抄近路占据了沿途的一个据点。1864年5月8日，双方再次交战。1864年5月11日，尤利西斯·S.格兰特写信给亨利·哈勒克说："现在，我们终于结束了六天的苦战……如果战斗会持续一个夏天，那么我……打算与南方邦联军决一死战。"①1864年5月12日，在"血腥角"萨利安特②爆发了一场激战。战斗结束后，双方归于平静，因为连日来的大雨使道路变得泥泞不堪，无法前行。此外，北方联邦军急需修整。尤利西斯·S.格兰特希望得到支援，弥补近日来的损失。在斯波齐尔韦尼亚进行的一系列战斗中，尤利西斯·S.格兰特一直在进攻。前线上，南方邦联军的战壕里布满枪炮，战斗力倍增。据说，北方联邦军占据了地理上的优势，很可能击退南方邦联军的两翼。因此，尤利西斯·S.格兰特没有在特定的、防守坚固的阵地上命军队进攻罗伯特·E.李。弗朗西斯·A.沃克写道："1864年夏，'全线'进攻频繁，军队险些弃械投降。"③但尤利西斯·S.格兰特是一个好斗的将军，他的行动计划的一个重要特征是："不断消耗南方邦联军的武装力量和物资储备"。等到军备物资消耗殆尽时，南方邦联军就会认输④。

在斯波齐尔韦尼亚战役爆发前，战斗又在怀尔德尼斯开始。南方邦联军两次濒临溃败。罗伯特·E.李骑马冲锋在前，打算带头发起进攻，扭转败局。但士兵拒绝前进，除非罗伯特·E.李守在后方。一次，在军队溃散后，罗伯特·E.

---

① 《北方联邦陆军和南方邦联陆军的官方记录》丛书一，第36卷，第1册，第13页。——原注
② 南方邦联军在斯波齐尔韦尼亚占领的U形凸角地带一直被称为"血腥角"。然而，历史学家指出，一处"马蹄铁形"的凸角以西的一小部分区域才是真正的"血腥角"。——编者注
③ 弗朗西斯·A.沃克：《温菲尔德·斯科特·汉考克传》，第193页。——原注
④ 《北方联邦陆军和南方邦联陆军的官方记录》丛书一，第36卷，第1册，第13页。——原注
詹姆斯·福特·罗德斯关于尤利西斯·S.格兰特名言的脚注有误。参见《北方联邦军和南方邦联陆军的官方记录》丛书一，第36卷，第2册，第627页。——编者注

李趁机投入战斗，但并未遇险。还有一次，需要将士齐心协力突围时，罗伯特·E.李积极参加了战斗。在尤利西斯·S.格兰特指挥波托马克军以前，罗伯特·E.李从未做过类似的事①。

1864年5月19日，乔治·米德写信给妻子玛格丽特·萨金特说："昨日并没有发生我预期的战役。准备发起进攻时，我们发现南方邦联军阵地防御严密，甚至连尤利西斯·S.格兰特都认为进攻无异于用头撞墙。因此，他下令暂停进攻。"②

第3节 冷港战役

经过一个月的战斗，1864年6月2日，尤利西斯·S.格兰特率军深入弗吉尼亚州，到达乔治·B.麦克莱伦军队的侧翼于1862年5月和1862年6月攻占的一个地方。尤利西斯·S.格兰特很快攻下了盖恩斯磨坊附近的一个据点。菲茨·约翰·波特曾在盖恩斯磨坊战役中英勇作战。在此处，北方联邦军可以隐约看到里士满的建筑物。在距里士满外部防御工事约六英里处，罗伯特·E.李守着一处地理位置优越的阵地，并且加固了原来的防御工事。尤利西斯·S.格兰特认为侧面进攻不切实际，因此，下令正面进攻。1864年6月3日4时30分，进攻开始。

---

① 1864年5月15日，在写给妻子玛格丽特·萨金特的信中，乔治·米德说："我觉得我军比南方邦联军更具优势，但南方邦联军仍与我们保持对峙的局面。因为南方邦联军占据了有利地势，一直在修建防御工事，所以我们很难打败他们。我军的精力已消耗殆尽。"《乔治·米德传》，第2卷，第195页。——原注

在斯波齐尔韦尼亚的战斗中，士兵喊道："将军请到后方去！到后方去！"道格拉斯·索撒尔·费里曼：《罗伯特·E.李传》，第3卷，第318页到第319页。——编者注

② 《乔治·米德传》，第2卷，第197页。——原注

斯波齐尔韦尼亚战役从1864年5月8日一直持续到1864年5月21日，主要行动集中于1864年5月8日、1864年5月10日、1864年5月12日、1864年5月18日和1864年5月19日。历史学家指出，十一万北方联邦军折损一万七千五百五十五人；南方邦联军总人数五万零五百人，折损人数未知。但在《罗伯特·E.李传》第3卷第332页中，道格拉斯·索撒尔·费里曼估计南方邦联军的折损人数为一万五千多人。虽然战斗激烈，但尤利西斯·S.格兰特依然在左翼军的帮助下，继续前进，兵临里士满。1864年5月，菲利普·谢里登率骑兵进攻里士满，但在里士满以北的耶鲁泰文遭到詹姆斯·斯图尔特的阻挠。1864年5月16日，在詹姆斯河，P.G.T.博加德率本杰明·巴特勒将军率领的军队阻截在了百慕大亨德勒德。在谢南多厄河，南方邦联军在弗吉尼亚军事学院学生的帮助下，打败了纽马基特的一支北方联邦军。——编者注

第 9 章 北方联邦军的反攻：尤利西斯·S. 格兰特担任总指挥

此次战役被称为冷港战役①，是尤利西斯·S. 格兰特平生最大的污点。进攻原定于 1864 年 6 月 2 日下午发起，但被推迟到了 1864 年 6 月 3 日。北方联邦军的将士认真思考后认为，此次进攻没有胜算。尤利西斯·S. 格兰特的副官霍勒斯·波特记叙道："战斗前一夜，当值巡逻时，我发现即将发起进攻的其中一个团的士兵正将写着自己名字和家庭住址的纸条缝在外衣背面，以便活下来的人能辨认出他们的尸体，让家人知道他们的生死。"

北方联邦军迅速发起进攻。温菲尔德·斯科特·汉考克的第二团的经历体现了冷港战役的过程。发起进攻约二十二分钟后，第二团被击退了，"损失了三千名勇敢优秀的将士"②。北方联邦军伤亡人数约七千人③。尤利西斯·S. 格兰特懊悔不已，写道："我们损失惨重，却一无所获。"④

冷港战役结束后，尤利西斯·S. 格兰特决定将阵地转移到詹姆斯河以南，司令部设在锡蒂波因特。1864 年 6 月 12 日到 1864 年 6 月 16 日，北方联邦军成功转移到了新阵地。1864 年 6 月 6 日，乔治·米德写道："截至目前，我们只是迫使南方邦联军回到了里士满，依然无法一举歼灭或击溃南方邦联军。"⑤

1864 年 5 月 4 日到 1864 年 6 月 12 日，在拉皮丹河到詹姆斯河的一系列战斗中，尤利西斯·S. 格兰特共折损五万四千九百二十六人，几乎是北方联邦军进军时罗伯特·E. 李军队的总人数⑥。南方邦联军的折损人数不明，但一定比北方联邦军少得多。数字并不能说明实际情况。在北方联邦军的所有折损人数中，波

---

① 1864 年 6 月 3 日的冷港战役常被称为第二次冷港战役，以区别 1862 年七日战役期间在其附近发生的一场战斗。——编者注
② 《北方联邦陆军和南方邦联陆军的官方记录》丛书一，第 36 卷，第 1 册，第 367 页。——原注
③ 1864 年的冷港战役中，北方联邦军的伤亡人数和战役时长存在争议。1864 年 6 月 1 日到 1864 年 6 月 3 日的战斗中，北方联邦军阵亡十万七千八百零七人，受伤一万两千人。1864 年 6 月 3 日的进攻中，北方联邦军伤亡人数为七千人。参见托马斯·L. 利弗莫尔：《南北战争中的人数与损失》，第 114 页到第 115 页。1864 年 6 月 3 日，北方联邦军阵亡一千人，受伤四千五百一十七人。参见安德鲁·A. 汉弗莱斯：《1864 年到 1865 年弗吉尼亚州的战役》，第 191 页。在 1864 年 6 月 3 日的战役中，南方邦联军折损一千二百人至一千五百人。参见道格拉斯·索撒尔·费里曼：《罗伯特·E. 李传》，第 3 卷，第 391 页。——编者注
④ 尤利西斯·S. 格兰特：《个人回忆录》，第 2 卷，第 276 页。——原注
⑤ 《乔治·米德传》，第 2 卷，第 201 页。——原注
⑥ 怀尔德尼斯战役开始时，罗伯特·E. 李的大军有六万一千人。托马斯·L. 利弗莫尔：《南北战争中的人数与损失》，第 2 卷，第 111 页。——编者注

冷港战役

联邦军用迫击
炮轰击邦联军

托马克军占比较大。在地理和战略方面，南方邦联军占据优势。交战时，北方联邦军英勇的军官一直战斗在最危险的地方，并且久经沙场的士兵总是冲锋在前，由此组成了一支敢死队。赏金骗子和雇佣兵一直躲在后方。北方联邦军士气锐减，远不及渡过拉皮丹河时情绪高涨。许多军官对尤利西斯·S.格兰特失去了信心。士兵说："一切都是徒劳。不管谁做我们的将军，都无法击败罗伯特·E.李。"乔治·米德写道："现在，我想尤利西斯·S.格兰特已睁开眼睛，愿意承认弗吉尼亚州不像田纳西州，罗伯特·E.李的大军也不像布拉克斯顿·布拉格的军队。"[1]

许多军事评论家认为，尤利西斯·S.格兰特没有抓住机会，也没有发挥好自己的优势，更没有取得与其损失相称的收获。乔治·B.麦克莱伦的朋友坚持认为，在折兵较少的情况下，乔治·B.麦克莱伦到达了里士满附近的同一个地方，因此，他指挥的战役更具价值。但他们忽略了重要的一点，即不断进攻罗伯特·E.李的军队是胜利的必然结果。他们认为，夺取南方邦联的首都里士满相当于征服南方，从而忽视了尤利西斯·S.格兰特将罗伯特·E.李作为首要目标，将里士满作为次要目标的重要性。尤利西斯·S.格兰特比乔治·B.麦克莱伦更高明，

冷港战役中阵亡士兵的骸骨

---

[1] 托马斯·L.利弗莫尔：《南北战争中的人数与损失》，第2卷，第201页。——原注

第9章 北方联邦军的反攻：尤利西斯·S.格兰特担任总指挥

因为他找准了作战目标。虽然惨遭失败，损失严重，但尤利西斯·S.格兰特从未绝望，仍毫不动摇地坚持自己的初衷。对尤利西斯·S.格兰特的批评是不合理的，除非证明如果没有遭到大规模杀戮，北弗吉尼亚军可以一直坚持战斗。如果我们拿尤利西斯·S.格兰特目前的行动与约翰·波普、安布罗斯·伯恩赛德和约瑟夫·胡克的行动进行比较，那么尤利西斯·S.格兰特肯定更胜一筹。乔治·米德的名字与葛底斯堡的巨大胜利联系在一起。因此，人们一般比较偏爱他，高度评价了他的功绩。不过，葛底斯堡战役后，他似乎再也没有独立指挥过战斗。在罗伯特·E.李的军队投降前，如果用最终结果对比尤利西斯·S.格兰特的损失和波托马克军其他指挥官的损失，那么我们会发现尤利西斯·S.格兰特的损失是最少的，因此，他的成就是卓著的。南方的军事文献直接或含蓄地赞扬了尤利西斯·S.格兰特的作战计划。然而，不能忘记的是，某种程度上，乔治·B.麦克莱伦和乔治·米德削弱了北弗吉尼亚军的抵抗力。

第4节 查塔努加-亚特兰大战役

威廉·特库姆塞·谢尔曼的司令部设在查塔努加。1864年5月6日，他开始率军前进。坎伯兰军、田纳西军和俄亥俄军分别由乔治·亨利·托马斯、詹姆斯·B.麦克弗森和约翰·斯科菲尔德指挥，共计九万九千人。约瑟夫·E.约翰斯顿率五万三千人固守在佐治亚州的多尔顿①。从查塔努加到亚特兰大的战役打响了。这场战役以勇猛的进攻和顽

约翰·斯科菲尔德
（1831—1906）

---

① 自1864年4月30日起，威廉·特库塞姆·谢尔曼大军的可用兵力有十一万零一百二十三人。参见《北方联邦陆军和南方邦联陆军的官方记录》丛书一，第38卷，第1册，第117页。1864年5月月初，由于援兵已到，再加上一些骑兵，南方邦联军人数超过六万。参见托马斯·L.利弗莫尔：《南北战争中的人数与损失》，第119页。——编者注

强的防守著称。威廉·特库姆塞·谢尔曼虽然拥有更多兵力，但任务艰巨。他奉命进军南方邦联军领土，但由于自己军队的补给线过长，因此，他必须派兵保护补给线。这样一来，他的主力军人数就会减少。然而，威廉·特库姆塞·谢尔曼的任务是消灭南方邦联军或迫使其投降。他如果要完成任务，就必须有一支比南方邦联军强两倍的军队。与威廉·特库姆塞·谢尔曼不同，约瑟夫·E.约翰斯顿没有得力的副官，也没有赢得副官的信任，更没有与北方联邦指挥官相匹敌的人选。此外，查塔努加-亚特兰大战役胜利后，北方联邦军热情高涨。综合考虑所有因素，双方势均力敌。后来，由于对手能力不足，威廉·特库姆塞·谢尔曼的任务变得容易了一些。但令人意想不到的是，约瑟夫·E.约翰斯顿会被一个能力平平的北方联邦将领——威廉·特库姆塞·谢尔曼一路击退南下。越了解这场战役，就越能意识到，双方阵营中都有一位擅长指挥军队和提供补给的将才。两人都接受过专业训练，拥有三年的实践经验，彼此之间的战斗令人敬佩，就像荷马时代的英雄决一死战一样。双方都将杀死另一方视为最高荣誉，但最终活下来的人也许会对着对方的尸体哀叹，就像马克·安东尼对着马库斯·尤利乌斯·布鲁图[①]的尸体哀叹一样。然而，1891年，当查塔努加-亚特兰大战役的胜利者威廉·特库姆塞·谢尔曼逝世时，宅心仁厚的约瑟夫·E.约翰斯顿虽然年迈体虚，但仍然从华盛顿赶到纽约护柩，在葬礼上诚心哀悼[②]。

经过一系列侧面进攻和战斗，威廉·特库姆塞·谢尔曼将约瑟夫·E.约翰斯顿击退到了卡斯维尔[③]。起初，南方邦联军决定在卡斯维尔作战，但两位团指挥官反对该计划。约瑟夫·E.约翰斯顿认为在得不到其他指挥官的一致同意和支持的情况下，冒险与一支人数比自己更多的军队开战是不明智的。因此，他率军撤回埃托瓦河以南。毫无疑问，约瑟夫·E.约翰斯顿选择在相对开阔的地方奋力一搏是明智的，因为在撤退时，他集结了散落军队，还得到了一部分兵力增援。与此同时，威廉·特库姆塞·谢尔曼虽然有增援部队，但由于需要派兵保护后方

[①] 公元前44年，在马库斯·尤利乌斯·布鲁图的策划下，一群元老刺杀了恺撒。马克·安东尼立即宣称，马库斯·尤利乌斯·布鲁图等叛国。于是，马库斯·尤利乌斯·布鲁图逃亡东方，在雅典组建了罗马团。公元前42年，他率军打回罗马，战败后自杀。——译者注

[②] 1891年2月14日，威廉·特库姆塞·谢尔曼逝世。约瑟夫·E.约翰斯顿因在威廉·特库姆塞·谢尔曼的葬礼上感染风寒，于五个星期后病逝。——原注

[③] 1864年5月19日，约瑟夫·E.约翰斯顿将卡斯维尔作为据点。——编者注

查塔努加－亚特兰大战役中的雷萨卡战役

唯一的补给线，军队人数依然较少。事实上，目前，两支军队实力相当。威廉·特库姆塞·谢尔曼一直渴望开战，而约瑟夫·E.约翰斯顿一直避而不战。南方邦联军似战非战的挑衅增加了北方联邦军取胜的信心。北方联邦军抱着必胜的信念，忍耐着行军途中的艰辛，一路前进。其间，两军得知了弗吉尼亚州的作战情况。威廉·特库姆塞·谢尔曼得知北方联邦军在怀尔德尼斯荒原和斯波齐尔韦尼亚获胜，而约瑟夫·E.约翰斯顿得知"罗伯特·E.李打败了尤利西斯·S.格兰特"。

1864年5月23日，在金斯顿，威廉·特库姆塞·谢尔曼写道："现在，我距亚特兰大五十英里，但铁路供给线增加了一百英里，每一英里都有可能受到南方邦联军骑兵的攻击。"他的信说明进军南方邦联军领土时，北方联邦军耗费了很大精力。将士不仅需要行军和作战，还需要忍受失去舒适的军队生活。威廉·特库姆塞·谢尔曼下令遗弃大部分行李和帐篷，旅团司令部只有一顶帐篷，但肉、面包、咖啡、糖等食物依然比较充足。北方联邦军的所有供给都是查塔努加到亚特兰大的铁路运来的。然而，南方邦联军撤退时拆毁了铁轨，烧毁了信号架。幸运的是，负责维修铁路的北方联邦工团技术精湛，精力充沛，奇迹般地修复了信号架，令南方邦联军震惊不已。南方邦联军原本以为铁路线遭到破坏后，会拖延北方联邦军的行军速度，却惊讶地听到了火车的汽笛声。通过铁路运输，北方联邦军得到了充足的供给。

第5节 威廉·特库姆塞·谢尔曼和乔治·亨利·托马斯

在金斯顿，威廉·特库姆塞·谢尔曼来到二十年前担任炮兵中尉时骑上马背的地方。想到约瑟夫·E.约翰斯顿防守森严的阿拉图纳阵地，他打算绕道而行。1864年5月25日，威廉·特库姆塞·谢尔曼率军离开铁路线，绕到南方邦联军右侧，打响了激烈的新希望教堂战役，并且顺利完成了任务。返回时，他攻占了可以看见肯纳索山的阿拉图纳与比格山蒂之间的铁路。随后，威廉·特库姆塞·谢尔曼改变以往做法，开始正面进攻约瑟夫·E.约翰斯顿的阵地[①]。威廉·特库姆塞·谢尔曼决定正面进攻的原因尚不清楚，但此次行动无疑是整场战役的一个污点。在

---

① 1864年6月27日，威廉·特库姆塞·谢尔曼发起进攻，损失惨重。——编者注

第 9 章 北方联邦军的反攻：尤利西斯·S.格兰特担任总指挥

坎伯兰军中，一直有一个传统，即决策易变，执行冲动。威廉·特库姆塞·谢尔曼如果确实存在冲动的行为，也并不妨碍他做好充分的进攻准备。1864 年 6 月 24 日，他下达了进攻命令。但事实上，直到 1864 年 6 月 27 日，北方联邦军的进攻才真正开始。经验丰富的士兵勇敢发起了进攻，然而，南方邦联军战壕里一支步枪的威力抵得上他们的五支。北方联邦军很清楚，想要攻克南方邦联军防御工事一定会牺牲很多人。因此，在征得各级指挥官同意后，北方联邦军放弃了进攻。威廉·特库姆塞·谢尔曼损失近三千人；约瑟夫·E.约翰斯顿损失八百人[①]。

通过肯纳索山战役，我们看到了威廉·特库姆塞·谢尔曼和乔治·亨利·托马斯在性格和作战方式方面的差异。威廉·特库姆塞·谢尔曼认为，乔治·亨利·托马斯过于保守，在战斗中需要北方联邦军进攻时，他总是一味防守。然而，大部分坎伯兰军的军官认为，威廉·特库姆塞·谢尔曼性格急躁，沉不住气，让军队在肯纳索山战役中身处险境；如果没有乔治·亨利·托马斯的谨小慎微，那么北方联邦军一定会再遭惨败。没有参加肯纳索山战役的人几乎不会贸然发表观点。但在一定程度上，肯纳索山战役是一次成功的进攻。因此，很多人认为，威廉·特库姆塞·谢尔曼和乔治·亨利·托马斯虽然禀性迥异，但能相互取长补短，即使时有分歧，也能在关键时刻团结一致，取得胜利[②]。

第 6 节 亚伯拉罕·林肯和萨蒙·P.蔡斯

战事正在如火如荼地进行，政治运动方兴未艾，北方必须提名并选举一位新总统。1863 年，面对亚伯拉罕·林肯是否应连任的问题，国会已无法置之不理。一定程度上，亚伯拉罕·林肯要为 1862 年的战事负责，也要为弗雷德里克斯堡和钱斯勒斯维尔的战败负责。因此，许多人质疑他是否具备担当大任的能力和决策力。但葛底斯堡战役和维克斯堡战役的胜利离不开他。此后，亚伯拉罕·林肯的政治地位逐渐得到巩固。然而，群众的不满表明，北方必须寻找一位新领袖。

[①] 1864 年 6 月 27 日的进攻中，北方联邦军损失两千零五十一人；南方邦联军损失四百四十二人。托马斯·L.利弗莫尔：《南北战争中的人数与损失》，第 120 页。——编者注

[②] 《北方联邦陆军和南方邦联陆军的官方记录》丛书一，第 38 卷，第 1 册，第 4 页。詹姆斯·福特·罗德斯：《美国史》，第 4 卷。——原注

肯纳索山战役（一）

肯纳索山战役（二）

人们将目光落在萨蒙·P.蔡斯身上。萨蒙·P.蔡斯对总统之位渴望已久。从理论上讲，萨蒙·P.蔡斯似乎是一位令人敬畏的总统候选人。他是激进的共和党人的代表，被视为与亚伯拉罕·林肯旗鼓相当的政治家。亚伯拉罕·林肯反奴隶制的进展太慢，令共和党人非常不满。现在，他复兴联邦的政策也遭到了共和党人的反对。萨蒙·P.蔡斯在财政部的工作非常出色，性格和能力也完全适合担任总统。

亚伯拉罕·林肯知道萨蒙·P.蔡斯觊觎总统之位，虽然有时会对此感到忧虑，但葛底斯堡战役和维克斯堡战役胜利后，他的态度发生了变化。1863年10月，亚伯拉罕·林肯对私人秘书说："我决定尽可能避免接触此类事情。萨蒙·P.蔡斯是一位优秀的财政部部长。我会让他留在原来的位置上。如果他当了总统，我希望他不是最糟糕的那一位。"①

国民大会召开前，北方联邦政府和共和党多次声明，支持重新提名亚伯拉罕·林肯为总统候选人②。虽然亚伯拉罕·林肯的对手煽动一些政府官员和政客极力反对他，但毫无疑问，北方人民支持亚伯拉罕·林肯。亚伯拉罕·林肯得到了平民、商人及许多优秀知识分子的支持。观察民心时，最令人愉快的莫过于发现农民、小商贩、销售员、文员、机械师与代表国家最高理想的知识分子观点一致。在《北美评论》中，詹姆斯·拉塞尔·洛厄尔写道："历史会将亚伯拉罕·林肯列入最睿智的政治家和最成功的统治者的行列。我们如果真心欣赏他，那么就必须想到，一旦一个无能或昏庸的人当选总统，美国必然陷入混乱。"在给查尔斯·达尔文的信中，阿萨·格雷写道："亚伯拉罕·林肯朴实、坦率、不求名利，可以代表美国。"③

第7节 尤利西斯·S.格兰特进军里士满

查塔努加战役结束后，尤利西斯·S.格兰特如果没有断然拒绝他的潜在支

---

① 约翰·尼古拉、海约翰：《林肯传》，第8卷，第316页。海约翰：《书信与日记》，第1卷，第108页。——原注
② 事实上，联邦党提名亚伯拉罕·林肯是为了将共和党人和"主战民主党人"联合起来。类似的举动有民主党人安德鲁·约翰逊被提名为副总统。但在国民大会中，共和党人仍占上风。——编者注
③ 詹姆斯·福特·罗德斯：《美国史》，第4卷，第461页。——原注

第 9 章 北方联邦军的反攻：尤利西斯·S.格兰特担任总指挥

阿萨·格雷
（1810—1888）

查尔斯·达尔文
（1809—1882）

持者使用他的名号，那么可能会成为一个难对付的总统候选人。在争取尤利西斯·S.格兰特支持的过程中，亚伯拉罕·林肯非常精明。他说："如果尤利西斯·S.格兰特能攻克里士满，那么就提名他为总统候选人。"①

1864 年 5 月 3 日，尤利西斯·S.格兰特渡过拉皮丹河。1864 年 6 月 7 日，联邦大会召开，全民振奋。萨蒙·P. 蔡斯写道："在上帝的庇护下，我们将希望寄托在了尤利西斯·S.格兰特及其士兵身上。"②北方人也将希望寄托在了尤利西斯·S.格兰特身上。激烈的弗吉尼亚的战斗仍在继续。在日记中，吉迪恩·韦尔斯如实记录了民意。他写道："1864 年 5 月 17 日，军事行动中的一个痛苦悬念……深深的焦虑让人难以忍受，几乎无法思考。"1864 年 6 月 2 日，"我们对尤利西斯·S.格兰特充满信心，但看着勇敢的士兵一个个倒下倍感失望"。

---

① 约翰·尼古拉、海约翰：《林肯传》，第 9 卷，第 59 页。——原注
② 罗伯特·沃登：《萨蒙·P. 蔡斯传》，第 684 页。——原注

1864年6月7日,"我军伤亡惨重。士兵有的战死,有的重残,但尤利西斯·S.格兰特依然固执己见"①。在怀尔德尼斯战役期间,亚伯拉罕·林肯非常焦虑和悲伤②。1864年5月7日,吉迪恩·韦尔斯写道:"大约13时,总统亚伯拉罕·林肯来到我的房间,说他昨晚一夜未眠。"③随着战事的推进,亚伯拉罕·林肯逐渐变得乐观起来。1864年6月15日,他意识到了冷港战役的影响,并且得知尤利西斯·S.格兰特打算渡过詹姆斯河前往其南岸。随后,亚伯拉罕·林肯立即发电报给尤利西斯·S.格兰特说:"我看到你们即将胜利。上帝保佑你们。"④

第8节 亚伯拉罕·林肯再次得到总统提名

威廉·特库姆塞·谢尔曼的成就并不明显,未能将公众的注意力从尤利西斯·S.格兰特和罗伯特·E.李的较量中吸引过来。虽然威廉·特库姆塞·谢尔曼的军队由西部各州的人民组成,但西部人并未过多关注威廉·特库姆塞·谢尔曼的战事。1864年6月7日,在日记中,吉迪恩·韦尔斯写道:"今天的大会十分有趣。"亚伯拉罕·林肯再次得到总统提名。除了密苏里州将票投给了尤利西斯·S.格兰特,其他州都将票投给了亚伯拉罕·林肯。亚伯拉罕·林肯解释道:"大会认为,过河时最好不要换马。"⑤

---

① 《海军部部长吉迪恩·韦尔斯的日记》,第2卷,第33页、第44页、第46页。——原注
② 弗朗西斯·斯卡彭特:《在白宫的六个月》,第30页。——原注
③ 《海军部部长吉迪恩·韦尔斯的日记》,第2卷,第25页。——原注
④ 约翰·尼古拉、海约翰:《林肯全集》,第2卷,第533页。——原注
⑤ 詹姆斯·福特·罗德斯:《在牛津大学发表的关于美国内战的讲稿》,第190页注释一。——原注
一部分激进的共和党人虽然支持亚伯拉罕·林肯,但在1864年5月31日的克利夫兰集会上,提名约翰·C.弗里蒙特为总统。然而,约翰·C.弗里蒙特后来退出了。1864年6月7日,在巴尔的摩举行的联邦大会上,亚伯拉罕·林肯被提名为总统候选人。——编者注

第10章　失望背后的胜利曙光：莫比尔湾战役

波托马克军留在了詹姆斯河。尤利西斯·S.格兰特原本希望消灭里士满以北的罗伯特·E.李的大军，或给他致命一击，但都失败了。现在，尤利西斯·S.格兰特决定将军队转移到詹姆斯河南岸，将南方邦联军围困在里士满。1864年6月12日，北方联邦军开始行动。1864年6月16日，北方联邦军顺利转移[1]。此次行军中，北方联邦军行动神速。工兵架桥技术熟练，并且士兵渡河时秩序井然。波托马克军就像一台精良的机器，即使出现故障，也能有效运行。罗伯特·E.李预料到了尤利西斯·S.格兰特的行动，但没有采取任何阻止措施[2]。尤利西斯·S.格兰特打算攻占彼得斯堡，一切都在他的掌控中。毫无疑问，北方联邦军很快就能攻克里士满。如果一切安排妥当，计划执行顺利，那么北方联邦军可能已占领里士满，抵达阿波马托克斯河。

机会稍纵即逝[3]。到达战场时，尤利西斯·S.格兰特和乔治·米德看到南方邦联的防御工事守卫森严。1864年6月17日到1864年6月19日，尤利西斯·S.格兰特下令发起连续进攻，但依然没有攻克彼得斯堡，损兵近一万人。尤利西斯·S.格兰特和查尔斯·A.达纳的通信，记录了彼得斯堡战役的结果。查尔斯·A.达

---

① 1864年6月12日，尤利西斯·S.格兰特率十一万五千人从冷港出发，前往詹姆斯河。1864年6月14日到1864年6月15日，北方联邦军通过桥梁和轮船渡河。罗伯特·E.李非常震惊。尤利西斯·S.格兰特：《个人回忆录》，第2卷，第288页到第290页。——编者注

② 《罗伯特·E.李致杰斐逊·戴维斯的密函（1862—1865）》，1915年，第227页。——原注

③ 1864年6月15日，由于指挥混乱，北方联邦军未能向彼得斯堡发动进攻。占据兵力优势的P.G.T.博勒加德防御森严。许多权威文献认为，北方联邦军应立即攻克彼得斯堡。尤利西斯·S.格兰特也深以为然。尤利西斯·S.格兰特：《个人回忆录》，第2卷，第293页到第294页。——编者注

纳写道："尤利西斯·S.格兰特已下令放弃进攻。他现在要考虑大局。"尤利西斯·S.格兰特写道："我命大军休整数日。将士急需休息。"①

波托马克军已疲惫不堪。将士连续战斗了四十五天，一直处在劣势，没有获得任何胜利。此外，频繁的夜间行军令士兵筋疲力尽，心情沮丧。许多英勇善战的将领倒下了；数以千计的士兵也倒下了。与冷港战役后相比，波托马克军军中士气明显低落了很多。虽然尤利西斯·S.格兰特陆续得到了支援，但大部分援兵是雇佣兵。其中，有许多患病、不守纪律或懦弱的人，根本无法保障战事顺利进行。至少需要数月的严格训练，新招募的援兵才能成为合格的士兵。北方联邦军亟须改编重组。与此同时，在彼得斯堡围攻的掩护下，1864年6月18日，北方联邦军开始改编。改编工作在不作战时进行。1865年春，北方联邦军改编结束。

第1节 亚伯拉罕·林肯和尤利西斯·S.格兰特

1864年6月20日到1864年6月23日，亚伯拉罕·林肯视察了尤利西斯·S.格兰特指挥的北方联邦军。尤利西斯·S.格兰特的作战行动失败了，代价惨重②。此时，北方联邦军士气低落。很多人认为亚伯拉罕·林肯会与尤利西斯·S.格兰特进行私下会谈，恳请他珍爱士兵的性命，提醒他国家的艰难处境。然而，亚伯拉罕·林肯从未提出类似的恳请或提醒，也不可能有类似的想法。1864年6月15日，他发给尤利西斯·S.格兰特的电报证明了这一点③。此后，除了进攻彼得斯堡失利，没有什么能使亚伯拉罕·林肯改变想法。虽然攻克彼得斯堡至关重要，但亚伯拉罕·林肯并没有谴责任何人。谈到预期的战斗结果时，亚伯拉罕·林肯提到了言语中显露出的是他的善良与仁慈。而不是对尤利西斯·S.格兰特的失望。亚伯拉罕·林肯说："我不能装腔作势地提出建议，但我真心希望士兵能少流一些血，尽快完成任务。"④

---

① 《北方联邦陆军和南方邦联陆军的官方记录》丛书一，第40卷，第1册，第25页。——原注
② 一些人因损失惨重责备尤利西斯·S.格兰特，但显而易见，与之前的战役相比，尤利西斯·S.格兰特一直紧逼并用策略击败了南方邦联军。北弗吉尼亚军是尤利乌斯·S.格兰特大军的坚实后盾，直到战争结束都一直如此。尤利西斯·S.格兰特的目标是打败并击垮罗伯特·E.李的军队。——编者注
③ 参见第九章。——原注
④ 霍勒斯·波特：《与尤利西斯·S.格兰特共进退》。——原注

第10章 失望背后的胜利曙光：莫比尔湾战役

霍勒斯·波特对亚伯拉罕·林肯的此次视察做了有趣的描述："波托马克军士气低落，很快影响了全国人民的情绪。但此时，有人一心想着视察。亚伯拉罕·林肯骑着马，头戴一顶高高的礼帽，身着一件双排扣大衣和一条黑色长裤，与尤利西斯·S.格兰特并肩而行。在一群穿着军装、戴着肩章的军官中，一位骑着马的平民的出现，显得很突兀。亚伯拉罕·林肯虽然是个好骑手，但骑马的样子有些笨拙。他风尘仆仆，就像一个穿着节日盛装的乡野村夫骑马进城一样。"但亚伯拉罕·林肯的和蔼可亲消除了士兵对他奇怪形象的印象。队伍中传出"亚伯大叔①和我们在一起"的欢呼。随后，士兵欢呼声和呐喊声响起。亚伯拉罕·林肯视察了一支黑人军队。进攻彼得斯堡时，黑人士兵表现英勇，

林肯视察军队，与军官的合影

荣获胸章。他们围着解放了自己的白人总统亚伯拉罕·林肯，亲吻他的双手，触摸他的衣服——他们认为亚伯拉罕·林肯的美德藏在衣服里，欢呼雀跃，喜笑颜开，唱着赞歌，高呼："上帝保佑亚伯拉罕·林肯！""好日子来了，神啊！"亚伯拉罕·林肯大脑一片空白，眼里充满泪水，泣不成声。即使在最感人的时刻，亚伯拉罕·林肯也没有忘记自己的幽默感。1864年6月20日晚，亚伯拉罕·林肯和一群副官坐在帐篷里。他滔滔不绝地讲着，认真分析当前的形势。副官的赞赏和笑颜令亚伯拉罕·林肯深受鼓舞。

据我所知，很少或根本没有证据表明，当尤利西斯·S.格兰特渡过拉皮丹河时，由于希望落空，他变得灰心丧气。尤利西斯·S.格兰特拥有刚毅的性格、坚强的意志和必胜的决心，从来不承认失败。此外，他坚定的眼神足以说明一切。尽管如此，失望带来的痛苦让他重新拿起了酒杯。见过尤利西斯·S.格兰特后，

---

① "亚伯大叔"是士兵对亚伯拉罕·林肯的一种称呼。——译者注

约翰·罗林斯告诉詹姆斯·威尔逊，必
须全力以赴"阻止尤利西斯·S.格兰特
堕落"①。围攻彼得斯堡的沉闷时光里，
作为精神领袖和坚定的爱国者，尤利西
斯·S.格兰特为国家做出了他人无法做
到的贡献。在写给妻子埃玛·赫尔伯特
的信中，约翰·罗林斯表达了自己对尤
利西斯·S.格兰特的担忧，以及自己对
尤利西斯·S.格兰特的积极影响。约
翰·罗林斯说，尤利西斯·S.格兰特两
次②"偏离正轨"③。然而，在最后一次
偏离"正轨"后，尤利西斯·S.格兰特
打起精神，坚定了自己的信念。他重新
对彼得斯堡发起围攻，攻克了彼得斯堡，迫使南方邦联军撤离，
最终挫败了罗伯特·E.李的大军，征服了南方邦联。

约翰·罗林斯
（1831—1869）

第 2 节 华盛顿岌岌可危

然而，目前，罗伯特·E.李正在奋力作战。打败尤利西斯·S.格兰特的几
次战役让他倍受鼓舞。罗伯特·E.李认为南方邦联军虽然兵力减弱，但足以对
抗受到重创的波托马克军。他派出朱巴尔·厄尔利和几个团，将北方联邦军赶出
了谢南多厄河谷。朱巴尔·厄尔利找到了一条从谢南多厄河谷通往马里兰州和华
盛顿后方的捷径。1864 年 7 月 9 日，他率军到达弗雷德里克，击败了当地的北
方联邦军④。1864 年 7 月 10 日，朱巴尔·厄尔利站在两万多名老兵面前，得意

---

① 詹姆斯·威尔逊：《老旗帜之下》，第 1 卷，第 137 页。——原注
② 指 1864 年 6 月 29 日和 1864 年 7 月月底的某一天。——原注
③ 詹姆斯·威尔逊：《约翰·罗林斯传》；威廉·F.史密斯：《从查塔努加到彼得斯堡》。——原注
④ 在马里兰州弗雷德里克以南发生的莫诺卡西河战役中，朱巴尔·厄尔利打败了卢·华莱士。但在
一定程度上，卢·华莱士拖延了南方邦联军，为华盛顿的守军提供了更多准备时间。——编者注

第10章 失望背后的胜利曙光：莫比尔湾战役

地看着缴获的战利品。随后，朱巴尔·厄尔利迅速向华盛顿进发。华盛顿及其防御工事中的军队都被派去增援尤利西斯·S. 格兰特了。现在，驻守华盛顿的只有退役兵、州民兵和哥伦比亚特区的志愿兵，共计两万零四百人，大都没有作战经验，无法保卫华盛顿。1864年7月11日上午，朱巴尔·厄尔利率步兵和炮兵来到华盛顿北边的第七大道。他的面前是华盛顿的防御工事，远处是国会大厦的圆顶。南方邦联军切断了华盛顿与北方城市的通信，令民众变得躁动、惊慌。亚伯拉罕·林肯并没有意识到自己面临的危险。1864年7月10日晚，他依旧骑马去了自己的夏天住所——士兵之家。士兵之家是南方邦联军行军的必经之地。在战争部部长埃德温·斯坦顿的一再坚持下，亚伯拉罕·林肯回到了华盛顿城内。此外，亚伯拉罕·林肯不知道的是，一旦华盛顿沦陷，海军部副部长古斯塔夫斯·福克斯就会将他送出城。朱巴尔·厄尔利如果抓住时机，利用华盛顿人民的惊慌，那么就能在1864年7月11日攻进华盛顿，缴获国库中的钱财及大批衣物、武器和弹药，破坏联邦政府的财产。他即使无法占领华盛顿，也能在北方联邦军赶来救援前，安然无恙地逃离，给联邦政府造成致命一击。

朱巴尔·厄尔利进军华盛顿
途中发生的纽马基特战役

波托马克军第六团和新奥尔良第十九团的老兵保卫了华盛顿。然而，尤利西斯·S.格兰特不相信华盛顿陷入了危险，而里士满安然无事①，更不相信保卫华盛顿的行动如此迟缓。当时，北方联邦军的指挥官显得不知所措。相关信函表明，尤利西斯·S.格兰特虽然非常勤勉，但一直没有意识到危险的存在。他已经不是在多纳尔森堡战役、维克斯堡战役和查塔努加战役中当机立断、目标明确的指挥官了，而是在夏洛战役中玩忽职守、萎靡不振的将军。当朱巴尔·厄尔利率军沿着谢南多厄河谷行军时，他不相信北方联邦军已离开彼得斯堡。直到1864年7月5日，他才认清了事实。不过，即便在那时，他也未能完全掌控局势。吉迪恩·韦尔斯写道："朱巴尔·厄尔利几乎没有采取什么应对之策。"②

朱巴尔·厄尔利迟迟未动，错失了良机。尤利西斯·S.格兰特及时采取行动，挽救了华盛顿。朱巴尔·厄尔利猜测北方联邦军已抵达华盛顿，因为南方邦联军一直没有攻克史蒂文斯堡。史蒂文斯堡是从第七大道进入华盛顿的关卡。朱巴尔·厄尔利本来可以轻易攻克史蒂文斯堡。1864年7月11日正午，由霍拉肖·赖特指挥的锡蒂波因特第六团的两个师抵达华盛顿码头。1864年7月11日16时左右，北方联邦军到达史蒂文斯堡附近。华盛顿化险为夷。1864年7月12日，华盛顿附近发生了一场激烈的小规模战斗。亚伯拉罕·林肯站在堡垒上观望战事，显然忘记了神枪手百步穿杨的子弹，直到他身边的一名军官中弹倒下。霍拉肖·赖特坚决要求亚伯拉罕·林肯退到安全的地方。1864年7月12日晚，

霍拉肖·赖特
（1820—1899）

---

① 尤利西斯·S.格兰特离里士满只有几英里，只要打败罗伯特·E.李的军队，里士满就会沦陷。——编者注
② 《海军部部长吉迪恩·韦尔斯的日记》，第2卷，第68页。——原注

南方邦联军撤退。古斯塔夫斯·福克斯写道:"南方邦联军落荒而逃,但其得到的战利品是开战以来最多的。南方邦联军的此次进攻意在打垮尤利西斯·S.格兰特。但尤利西斯·S.格兰特沉着冷静,没有被打垮。虽然华盛顿遭袭令人羞愧,但并未影响前线的战事。战争的结果是肯定的。"①然而,并不是所有人都对尤利西斯·S.格兰特充满信心。进攻彼得斯堡的战役伤亡惨重,令北方人民非常不满。南方邦联军进攻马里兰州,华盛顿四面楚歌,令北方人民的不满日益加重。按照惯例,一定会有人提议罢免尤利西斯·S.格兰特,但我没有找到相关资料。此外,我认为亚伯拉罕·林肯从未想过罢免尤利西斯·S.格兰特。事实上,没有人可以接替尤利西斯·S.格兰特。尤利西斯·S.格兰特不需要为自己的过失找借口,因为就目前的军事能力来说,他是所有将领中最适合指挥北方联邦军的人。显而易见,亚伯拉罕·林肯对他充满信心。1864年7月到1864年8月,当尤利西斯·S.格兰特战败时,有人向亚伯拉罕·林肯施压,要求让乔治·B.麦克莱伦重掌军队指挥权。认为亚伯拉罕·林肯会欣然罢免尤利西斯·S.格兰特,任命乔治·B.麦克莱伦,或更换主将会对北方联邦大业有好处的想法,都是无稽之谈②。

1864年7月18日,根据1864年7月4日通过的《国会法》③,亚伯拉罕·林肯发布公告,招募五十万名志愿兵。很大程度上,征兵公告的通过受到怀尔德尼斯战役、斯波齐尔韦尼亚战役和冷港战役的损失的影响。此外,亚伯拉罕·林肯下令,征兵工作从1864年9月5日开始,以便填补空缺的兵力。

第3节 北方人民对尤利西斯·S.格兰特感到失望

1864年7月,北方人民忧心忡忡。每个人都在问:"尤利西斯·S.格兰特开战时的希望之火即将熄灭,谁将重新点燃?"了解局势的人显得格外沮丧。

1864年7月2日通过的国会决议具有《旧约》中的希伯来人或英国内战中

---

① 萨拉·F.休斯:《约翰·默里·福布斯的书信回忆录》,第2卷,第99页。——原注
② 《北方联邦陆军和南方邦联陆军的官方记录》丛书一,第37卷。詹姆斯·福特·罗德斯:《美国史》,第4卷。《海军部部长吉迪恩·韦尔斯的日记》,第2卷。《乔治·米德传》,第2卷。朱巴尔·厄尔利:《自传简述》。——原注
③ 《国会法》废除了三百美元的豁免条款。豁免条款是引起纽约征兵暴乱的主要因素。《国会法》规定,只要在征兵名单中,就必须入伍或找人代替。——原注

的清教徒的典型特征。该决议要求亚伯拉罕·林肯"指定一天忏悔和祈祷",要求人们"在日常礼拜的场所集合",以便"承认并忏悔自己的各种罪恶,祈求万能之主的怜悯与宽恕,祈求上帝迅速平定眼下的乱局",并且"祈求上帝不要摧毁美国民族"。亚伯拉罕·林肯对该决议中"表达的忏悔和虔诚之情……产生了共鸣",规定1864年8月的第一个星期四"为举国忏悔和祈祷的日子"。

托马斯·A.斯科特随时准备为联邦政府效力。现在,他亲自来到华盛顿,交出了宾夕法尼亚铁路。托马斯·A.斯科特从费城发电报给埃德温·斯坦顿说:"公众冷漠得可怕。"① 人们非常怀疑联邦政府是否有足够的兵力和经费征服南方。黄金价格的波动可以衡量国家的财务状况。1864年1月2日,纽约的黄金价格是一百五十二美元每盎司。1864年4月,黄金价格达到一百七十五美元每盎司。财政部部长萨蒙·P.蔡斯试图通过出售约一千一百万美元黄金的方式,压低黄金价格,但只能解燃眉之急。黄金价格很快回升。1864年6月17日,黄金价格上升到一百九十七美元每盎司。亚伯拉罕·林肯批准了一项国会法案,旨在防止投机买卖黄金,结果该法案的效果与人类阻止洪水泛滥的效果类似。此项法案颁布后,投机活动愈演愈烈。由于战场上的失利,萨蒙·P.蔡斯辞去了财政部部长一职。1864年6月30日,黄金价格攀升至二百五十美元每盎司。1864年7月2日,控制黄金价格的法案被废除。1864年7月11日,朱巴尔·厄尔利兵临华盛顿。城内的通信被切断。与此同时,黄金价格达到了二百八十五美元每盎司,创下了战时以来的最高价。1864年7月12日,史蒂文斯堡附近发生了小规模冲突。关于华盛顿沦陷的谣言在费城兴起,黄金价格为二百八十二美元每盎司,这样的价格意味着,流通中的纸币价值不到四十美分。联邦政府以纸币形式出售债券,各州用黄金支付了百分之十五的贷款。此时,黄金价格为二百五十美元每盎司。在1864年7月和1864年8月的大部分时间里,黄金价格为二百五十美元每盎司或更高。尽管如此,财政部依然可以筹到钱。持续发行法定纸币导致了通货膨胀。商人的生意虽然不平稳,但依然有利可图。我们现在的财富大都源于1863年和1864年的商业活动。交易很容易达成,大多数人使用的是现金。从事贸易或制造业的人越来越富有。资产的价值主要依赖一个稳定的政府,因此,联邦政府只

---

① 《北方联邦陆军和南方邦联陆军的官方记录》丛书一,第37卷,第2册,第255页。——原注

有拥有大量储备资金,才能在危机时刻维系政府。目前,德意志人大量购买美国债券,增加了北方人的信心。

第4节 兵力问题

然而,兵力问题越来越突出。美国虽然移民人数众多,但劳动力稀缺。移民的生活费用很高,但收入非常可观。1861年和1862年,自愿入伍的人越来越少,因此,北方联邦军的补充兵力大多是雇佣兵。大多数雇佣兵是欧洲移民或加拿大壮汉,为了钱自愿参军。然而,联邦政府依然很难招募到足够的强健兵力。北方联邦军现有兵力包括退伍军人、威廉·特库姆塞·谢尔曼的军队和其他军官率领的军队,以及出身上层阶层的西部各州民兵。西部各州民兵本来都是家中护卫,现在积极投身保卫华盛顿的战事中。目前,北方联邦军的伤亡人数几乎让所有家庭悲伤不已,加剧了人们的失落感和沮丧感[1]。

第5节 约瑟夫·E.约翰斯顿和约翰·贝尔·胡德

威廉·特库姆塞·谢尔曼的行动未能驱散北方人的消沉情绪。他的军事行动虽然都成功了,但并没有引起人们的注意。此外,他的行动虽然有助于打败约瑟夫·E.约翰斯顿,攻克亚特兰大,但到目前为止,亚特兰大依然没有被攻克。1864年7月17日,威廉·特库姆塞·谢尔曼率军渡过查特胡奇河,直逼亚特兰大[2]。与此同时,杰斐逊·戴维斯下令罢免了约瑟夫·E.约翰斯顿[3]。罢免令中写道:"北方联邦军已抵达亚特兰大附近,你却未能阻止……无法相信你能打败或击退北方联邦军。"[4]实际上,杰斐逊·戴维斯的罢免令帮了威廉·特库姆塞·谢尔曼,正中威廉·特库姆塞·谢尔曼及其将士的下怀。约瑟夫·E.约翰斯顿的

---

[1] 《北方联邦陆军和南方邦联陆军的官方记录》丛书一,第37卷。詹姆斯·福特·罗德斯:《美国史》,第4卷。——原注

[2] 1864年7月7日,威廉·特库姆塞·谢尔曼率军渡过查特胡奇河,而非1864年7月17日。——编者注

[3] 1864年7月17日,杰斐逊·戴维斯下令罢免约瑟夫·E.约翰斯顿。——编者注

[4] 《约瑟夫·E.约翰斯顿记事》,第349页。——原注

撤退计划非常高明。南方邦联军的新任指挥官是约翰·贝尔·胡德。在西点军校时，詹姆斯·B.麦克弗森、约翰·斯科菲尔德和奥利弗·奥蒂斯·霍华德已与约翰·贝尔·胡德相识。他们与威廉·特库姆塞·谢尔曼都非常了解约翰·贝尔·胡德。"换人意味着要开战了。"① 罢免约瑟夫·E.约翰斯顿的必然结果是，南方邦联军必须进攻。约翰·贝尔·胡德毫不迟疑，顺应杰斐逊·戴维斯的意愿，发起了三次进攻②，并且发动了一场战役。三次进攻中，南方邦联军都被击退，伤亡惨重。约翰·贝尔·胡德发起的第二次进攻在亚特兰大，战场距亚特兰大城二点五英里。南方邦联军进攻猛烈，作战灵活，突袭了北方联邦军的后方，引起了北方联邦军的恐慌。但田纳西军越过南方邦联军的临时壁垒，从后面突袭了过来。不幸的是，田纳西军的指挥官詹姆斯·B.麦克弗森阵亡了。刚与威廉·特库姆塞·谢尔曼分开，詹姆斯·B.麦克弗森前去查看后方开

约翰·贝尔·胡德
（1831—1879）

火的原因，进而做出应战部署。下了几道命令后，詹姆斯·B.麦克弗森独自骑马进入一片树林，但遇到了一支南方邦联游击队。南方邦联兵要求他投降。他打算策马逃走，但南方邦联军子弹齐发，他最终坠马阵亡。威廉·特库姆塞·谢尔曼发电报说："詹姆斯·B.麦克弗森的突然离开对我打击很大。"③ 詹姆斯·B.麦克弗森的阵亡，再加上南方邦联军声称自己获胜，无疑在某种程度上引起了人们的质疑，即1864年7月到底发生了什么。人们似乎普遍认为，在亚特兰大战役前，威廉·特库姆塞·谢尔曼已经失败。实际上，约翰·贝尔·胡德的军队遭到了重创。第三次进攻结束后的一个多月里，他一直没有再次发动进攻。

---

① 《威廉·特库姆塞·谢尔曼将军回忆录》，第2卷，第72页。——原注
② 南方邦联军在亚特兰大附近的三次进攻分别是：1864年7月20日在皮奇特里溪，1864年7月22日在亚特兰大和1864年7月28日在以斯拉教堂。——编者注
③ 《北方联邦陆军和南方邦联陆军的官方记录》丛书一，第38卷，第5册，第240页。——原注

第6节 人们渴望和平

在一些渴望和平的地方,人们显得非常冷漠和沮丧。詹姆斯·拉塞尔·洛厄尔写道:"商人渴望和平"。1864年7月,霍勒斯·格里利认为应该进行和平谈判。在亚伯拉罕·林肯的委托下,霍勒斯·格里利为和平谈判四处奔走。亚伯拉罕·林肯愿意在"恢复联邦和废除奴隶制"的基础上,实现和平。两名希望停战的使者自发前往里士满,面见了杰斐逊·戴维斯。然而,他们的努力毫无结果[①]。

虽然战况令人窒息,但北方的不幸仍然没有结束。北方联邦军本来打算炸毁南方邦联军的部分防御工事,进而攻克彼得斯堡,但因一名无能的团指挥官和一名不称职的师长的失误[②],军队在爆炸成功后错失了良机[③],死伤惨重[④]。这次失误无可争辩,大大加重了波托马克军和北方人民的沮丧感。1864年8月1日,在写给查尔斯·艾略特诺顿的信中,詹姆斯·拉塞尔·洛厄尔写道:"近来,我的心情非常低落。战争带来的期待与焦虑压抑着我,令我无法思考。"[⑤]

第7节 人们对亚伯拉罕·林肯的不满

人们对亚伯拉罕·林肯的不满越来越明显,一定程度上体现了他们的沮丧。1864年8月9日,在写给亚伯拉罕·林肯的信中,霍勒斯·格里利说:"我恳求您即刻和平解决争端。如果不能达成和平协议,同意停战一年也可以。"在信中,霍勒斯·格里利表达了很多人的想法。1864年8月18日,他写道:"亚伯拉罕·林肯失败了,不能连任总统。我们必须重新起草一份总统候选人名单,避免联邦政府被彻底推翻。"纽约、波士顿和西部各州有影响力的政治人物坚持认为,亚伯拉罕·林肯应退出,让位给其他候选人。他们的观点影响了共和党全国

---

① 詹姆斯·福特·罗德斯:《美国史》,第4卷,第513页到第516页。——原注
② 此处的团指挥官是安布罗斯·伯恩赛德,师长是詹姆斯·H.莱德利。——编者注
③ 指1864年7月30日的"火山口"战役。——编者注
④ 两万北方联邦军折损三千七百九十三人。参见托马斯·L.利弗莫尔:《南北战争中的人数与损失》,第116页。南方邦联军折损一千五百人,包括爆炸时死亡或被俘的二百七十八人。参见《北方联邦陆军和南方邦联陆军的官方记录》丛书一,第40卷,第1册,第788页。——编者注
⑤ 《詹姆斯·拉塞尔·洛厄尔的书信》,第1卷,第339页。——原注

约瑟夫·胡克在皮奇特里溪附近视察

皮奇特里溪战役

詹姆斯·B. 麦克弗森在亚特兰大战役中阵亡

以斯拉教堂战役

委员会。1864 年 8 月 22 日，共和党全国委员会的主席亨利·贾维斯·雷蒙德写信给亚伯拉罕·林肯说："形势对我们很不利……只有政府采取最坚决果断的行动，才能使国家避免落入南方邦联军的手中……人民情绪激动是因为战场上的失利。"此外，只要亚伯拉罕·林肯以废除奴隶制为前提发动战争，就不会得到和平。共和党全国委员会的成员非常恐慌，前往华盛顿恳求亚伯拉罕·林肯。1864 年 8 月 25 日，在写给海约翰的一封私人信函中，约翰·尼古拉记录了此行的情况："纽约的政界人士蜂拥至华盛顿，似乎要淹没一切。亨利·贾维斯·雷蒙德和共和党全国委员会成员今天都在这里。亨利·贾维斯·雷蒙德认为，派委员去里士满大概是我们唯一的救命稻草。然而，亚伯拉罕·林肯认为这样做会坏事。此事正在商议中，软弱的傻瓜……正在争取一位新的候选人来取代亚伯拉罕·林肯。到处充斥着黑暗、怀疑和沮丧。"①亚伯拉罕·林肯认为自己"非常有可能"落选，但并不打算退出，并且声明会在坚持"重建联邦和废除奴隶制"的基础上，调整政策，争取和平。他确信奴隶制不会永远存在，逐渐解放奴隶势在必行②。

来到西部后，海约翰发现了一些令人欣慰的事。在伊利诺伊州，海约翰给约翰·尼古拉写了一份私人信函，详细描述了伊利诺伊州的民心。他写道："全国上下，我是指农村，人们都非常支持联邦，希望北方联邦军获胜。但在城市中，一些'铜头蛇'③欢欣鼓舞。我们的人民不是咆哮沮丧，就是默默懊悔。"④

约翰·尼古拉具有敏锐的洞察力，写道："在南方邦联军虚无缥缈的影子中，我们的士兵看到了巨人，准备不战而降。"⑤民主党人并没有提名总统候选人，因此，竞选并不激烈。海约翰写道："我们饶有兴趣地等待着，希望芝加哥能孵化出一条和平的'大蛇'。"⑥他的意思是希望即将召开的民主党大会能带来和平。1864 年 8 月 29 日，民主党大会提名乔治·B. 麦克莱伦为总统候选人，并且通过了一项致力于和平事业的决议。乔治·B. 麦克莱伦的提名激起了民主党人的热情，但令共和党人忐忑不安。亚伯拉罕·林肯用一个比喻句表达了对胜利的渴望。他

---

① 海伦·尼古拉：《林肯的个人特质》，第 306 页。——原注
② 詹姆斯·福特·罗德斯：《美国史》，第 4 卷，第 513 页到第 522 页。——原注
③ "铜头蛇"是民主党人的俗称。詹姆斯·福特·罗德斯：《美国史》，第 4 卷，第 224 页。——原注
④ 海约翰：《书信与日记》，第 1 卷，第 219 页。——原注
⑤ 海伦·尼古拉：《林肯的个人特质》，第 306 页。——原注
⑥ 海约翰：《书信与日记》，第 1 卷，第 219 页。——原注

第10章 失望背后的胜利曙光：莫比尔湾战役

给尤利西斯·S.格兰特发电报说："继续让斗牛犬抓住它①，撕咬它，让它窒息。"② 最终，亚伯拉罕·林肯的愿望实现了。北方联邦海军和陆军的两名指挥官——尤利西斯·S.格兰特和乔治·B.麦克莱伦比任何演说家都出色。

第8节 莫比尔湾战役

1864年8月5日，戴维·法拉格特打响了莫比尔湾战役。他打算进入莫比尔湾，但必须穿过一条据称埋着鱼雷的海峡，绕开火力充沛的摩根堡，然后与铁甲舰"田纳西"号交战。戴维·法拉格特的舰队前行时，一艘铁甲舰下的水雷爆炸了。该艘铁甲舰"瞬间消失在海浪里。海浪卷走了英勇的指挥官和几乎所有船员"③。戴维·法拉格特称其为"灭顶之灾"④。往前是水雷，往后是撤退。戴维·法拉格特祈祷道："赐予我们生命和理智的上帝啊，请告诉我怎么办。我应该继续前行吗？"他说："似乎有个声音在命令我'前进！'"⑤ 他命舰队继续前进，避开了水雷，绕过了摩根堡。"田纳西"号袭击了戴维·法拉格特的舰队。在一场"生死搏斗"后，"田纳西"号上的船员拔下军旗，投降了。戴维·法拉格特将莫比尔湾战役称为"我生命中赢的最辛苦的一场战役"。阿尔弗雷德·塞耶·马汉写道："这场无与伦比的胜仗让戴维·法拉格特成了莫比尔湾的英雄。"1864年8月8日到1864年8月23日，盖恩斯堡和摩根堡相继投降⑥。

此时，莫比尔港仍是南方邦联在墨西哥湾最重要的港口，但北方联邦军再无法封锁它了。不过，南方邦联通往外界的另一扇门关闭了。北方联邦海军不断封锁和占领南方邦联的各个港口。南方陷入孤立无援的境地。

---

① 指前文提到的"铜头蛇"。——译者注
② 约翰·尼古拉、海约翰：《林肯全集》，第2卷，第563页。——原注
③ 沉没的铁甲舰是"特库姆塞"号。摩根堡在莫比尔湾港口以东，盖恩斯堡在莫比尔湾港口以西。——编者注
④ 《北方联邦海军和南方邦联海军的官方记录》丛书一，第21卷，第415页、第417页。——原注
⑤ 阿尔弗雷德·塞耶·马汉：《戴维·法拉格特传》，第277页。——原注
⑥ 《北方联邦海军和南方邦联海军的官方记录》丛书一，第21卷，第397页等。阿尔弗雷德·塞耶·马汉：《戴维·法拉格特传》，第10章，第277页。——原注

莫比尔湾战役

莫比尔湾战役中联邦铁甲舰与邦联舰舰船交战

第9节 威廉·特库姆塞·谢尔曼攻占亚特兰大

北方人意志消沉,并没有意识到莫比尔湾战役的重要性。1864年9月3日,威廉·特库姆塞·谢尔曼攻占亚特兰大的消息传来[①],令戴维·法拉格特的胜利显得更加鼓舞人心。离开查塔努加后,占领亚特兰大是威廉·特库姆塞·谢尔曼最辉煌的一刻,因为"全师返回的胜利是双倍的胜利"。威廉·特库姆塞·谢尔曼率领进入亚特兰大的军队人数与离开查塔努加时的军队人数基本相同。

1864年9月3日,亚伯拉罕·林肯发布公告,要求下个星期天人们齐聚教堂时,"虔诚感谢至高无上的上帝",感谢上帝让北方联邦舰队获胜,让佐治亚州的北方联邦军取得辉煌成就。亚伯拉罕·林肯向戴维·法拉格特和威廉·特库姆塞·谢尔曼表达了感谢,命海军工厂和军火库鸣炮庆祝。在亚伯拉罕·林肯指定的那个星期天,人们齐聚教堂,感谢上帝,相互鼓励。

威廉·特库姆塞·谢尔曼指挥
联邦军围攻亚特兰大

---

① 1864年9月1日,约翰·贝尔·胡德撤出亚特兰大。——编者注

模仿警句简练的笔调,民主党纲领中的和平条款被简化成了:通过四年内战,恢复联邦大业的努力失败了。此刻,人们很高兴戴维·法拉格特和威廉·特库姆塞·谢尔曼摧毁了民主党纲领的基础①。1864年9月9日,尤利西斯·S.格兰特的一封信被公布。在信中,他说:"现在,叛军几乎无人可用……为补充军力,他们连小孩和老人都不放过。除了在一系列小规模冲突和战斗中失去的军力,他们每天至少会因逃亡或其他原因损失一个团。如果情况得不到改善,那么叛军的末日就不远了。"

1864年9月上旬,佛蒙特州和缅因州的选举表明,人民对联邦政府的不满已经消散。1864年11月的选举结果对亚伯拉罕·林肯十分有利。

第10节 菲利普·谢里登

1864年9月15日,尤利西斯·S.格兰特前去看望谢南多厄河谷的菲利普·谢里登,并且命令他发起"进攻"。不到一个星期,菲利普·谢里登两次大胜朱巴尔·厄尔利②。他的胜利让人们想起了1862年的托马斯·J.杰克逊。但现在,欢呼雀跃的是北方人,因为他们的指挥官勇猛谨慎,在谢南多厄河谷取得了胜利。谢南多厄河谷的胜利是北方人渴望已久却又意想不到的。曾经,谢南多厄河谷为南方邦联军打开了入侵门户,令北方人感到绝望。在信中,菲利普·谢里登讲述了南方邦联军的失败。他写道:"人们握手欢呼,彼此说着'获胜了!我们胜利了!'"不过,胜利的一方无意停战。

1864年10月11日,宾夕法尼亚州、俄亥俄州和印第安纳州举行了选举。俄亥俄州以五万四千七百五十一的多数票支持联邦政府。印第安纳州选举奥利弗·P.莫顿为州长。奥利弗·P.莫顿的票数比他的民主党对手多两万零八百八十三票。宾夕法尼亚州、俄亥俄州和印第安纳州都争取到了国会席位。选举结果表明,亚伯拉罕·林肯获得了人民的支持。局势已发生改变。现在,菲利普·谢里登的胜利加速了局势的改变。1864年10月19日,他再次取得了引人

---

① 詹姆斯·福特·罗德斯:《美国史》,第4卷,第527页。——原注
② 这两场胜战分别发生于1864年9月19日和1864年9月22日,地点在温切斯特和费希尔山。——编者注

温切斯特战役,联邦军的骑兵发起冲锋

温切斯特战役中
联邦军展开进攻

费希尔山战役

费希尔山战役中
被俘的邦联军士兵

注目的胜利，激发了人民支持亚伯拉罕·林肯的热情。托马斯·布坎南·里德写了《菲利普·谢里登之行》一诗。在许多集会场合，詹姆斯·爱德华·默多克朗诵了这首诗，不仅为亚伯拉罕·林肯赢得了选票，还给人们留下了深刻印象。亚伯拉罕·林肯给菲利普·谢里登发电报说："我很高兴代表全国人民向您和您勇敢的军队表示感谢，也以个人名义对你们在谢南多厄河谷作战表达钦佩和感激，尤其是1864年10月19日的战役①。"②

第11节 亚伯拉罕·林肯再次当选总统

1864年11月8日，总统选举开始。亚伯拉罕·林肯获得了二百一十二张选票；乔治·B.麦克莱伦只获得了来自新泽西州、特拉华州和肯塔基州的二十一张选票。在纽约州，两人票数接近。两次普选中，亚伯拉罕·林肯获得了四十九万四千五百六十七票的多数票。此外，支持亚伯拉罕·林肯的党派占据了众议院三分之二的席位。拉尔夫·沃尔多·爱默生写信告诉朋友："我给你带来了选举的好消息。迄今为止，很少有人获得这么多选票。我想，历史上可能从未出现过类似情况。"③尤利西斯·S.格兰特"深感此次选举意义重大。选举活动进行得平静、有序"。海约翰说："整个选举过程中，没有发生任何流血事件或骚乱。这证明了我们追求自由体制是值得的，以及我们有能力在不陷入无政府状态或专制的情况下维护自由体制。"④

在亚伯拉罕·林肯第一次当选总统时，北方人民明确表示反对奴隶制。北方人如果一直坚持自己的崇高理想，此刻就不能回头，必须笃定地前进。虽然赋税繁重，战事连连，百姓深受战乱之苦，但1864年大选的那天，北方人民决定坚持自己的理想。

---

① 1864年10月19日，在谢南多厄河谷米德尔顿附近的锡达克里克，朱巴尔·厄尔利袭击了菲利普·谢里登的军队。菲利普·谢里登迅速集结军队，打败了朱巴尔·厄尔利。——编者注
② 约翰·尼古拉、海约翰：《林肯全集》，第2卷，第589页。——原注
③ 詹姆斯·艾略特·卡伯特：《拉尔夫·沃尔多·爱默生回忆录》，第609页。——原注
④ 海约翰：《书信与日记》，第1卷，第249页。——原注

第 11 章　战场后方的北方人民

第 1 节　北方的生活

战争期间，北方人的生活与大多数欧洲文明社会相似：商业活动照常进行；各类院校学生满员；信徒按时参加礼拜；人们积极参加娱乐活动；机械工程和艺术不断发展。很多人为提高生活质量或获取知识而努力，名利的追逐并没有局限在军事和政治领域。然而，战争吸引了所有人的注意力，并且引发了人们的思考，尤其是战争爆发后的十八个月里。当时，爱国的志愿兵受到了同胞的热情支持，备受鼓舞。1861 年 5 月，菲利普斯·布鲁克斯感叹道："这是一场怎样的战争，难道不是一场大战吗？"直到 1862 年夏天，人们才注意到北方联邦军的优秀品质。1862 年 7 月 2 日，阿萨·格雷写道："我们的大部分士兵具有强烈的责任感，完全有能力在军中度过一年。"1862 年 8 月 15 日，在一封私人信函中，阿加西斯说："率先入伍的是我们最优秀的年轻人。如果人们对优秀的北方联邦军有意见，那么可能是军队带走了当地最优秀的人……乡村强壮的年轻人都参军了。"①

第 2 节　物资匮乏

战争初期，人们的日子过得很艰难，直到 1862 年秋天才有所好转。1861 年 6 月 29 日，在费城，菲利普斯·布鲁克斯写道："费城人越来越穷了"。1862 年 8 月 5 日，《纽约论坛报》上写道："我们的工业已陷入瘫痪，贸易停滞，财

---

① 詹姆斯·福特·罗德斯：《美国史》，第 5 卷，第 189 页。爱默生·菲特：《南北战争时期北方社会和工业》，第 5 页。——原注

美国内战史：1861—1865

菲利普斯·布鲁克斯
（1835—1893）

哈丽雅特·比彻·斯托
（1811—1896）

政状况堪忧，铁路运输混乱不堪。"但各类商铺仍在运营，咖啡和糖的价格大幅上涨。因此，一些人将咖啡和烘烤过的蒲公英根茎混在一起泡水喝；一些人用干玉米或黑麦当早餐，还有一些人用红糖代替了白糖。餐桌上的奢侈品逐渐消失，但几乎没有人因吃得不够丰盛而感到羞耻。穿便服成了一种时尚和美德。大部分北方人过着清贫的日子。剧院很少开放，偶尔有歌剧演出。娱乐活动逐渐平民化，如一场受欢迎的演讲或音乐会，用战役名猜词的教堂联谊活动等。有时，青年男女会聚在一起给伤员包扎伤口，或到附近营地参观志愿兵阅兵典礼。通过娱乐活动，人们暂时忘记了战争带来的痛苦。然而，个人的忧伤加剧了整个国家的焦虑。哈丽雅特·比彻·斯托写道："许多房间里，生命之光已经熄灭。"

第3节 邮资货币

国家财政状况堪忧，各种问题交织在一起。1862年1月，黄金开始溢价出售，并且逐渐从流通中消失。但这对广大民众来说并未造成太大影响,因为黄金并不是主要的货币,并且有各州的纸币和国家的法定货币作为替代品。然而,随着黄金价格的上涨,银价也随之上涨。银币成为一种投机商品。投资者高价买入银币,并且将大量银币运往加拿大。1862年7月1日,银币似乎也从流通中消失了。银币的突然消失催生了一些补救办法。与市政府或国家政府不同,个人迅速采取了行动,促进了社会的资金流通。个人支付给酒店、餐馆、商业公司和国家经销商的都是面额为五美分到五十美分的小额纸币。铜币和镍币曾在短时间内溢价,商人们发行了各种金属代币代替铜币和小银币。1862年7月14日,在写给众议院筹款委员会主席撒迪厄斯·史蒂文斯的信中,财政部部长萨蒙·P. 蔡斯说:"除非立即叫停纸币和金属代币的发行,让政府的小额银币继续流通或有其他替代品,否则会出现更严重的问题和困局。"他提出使面值为一美元的银币贬值,或使邮票和其他税票成为合法货币。根据1862年7月17日通过的法案,国会禁止私人公司或个人发行纸币,宣布向公众发放邮票和其他税票,并且规定在一定限制条件下,邮票和税票可以用来支付国家税捐,也可以兑现。与个人发行的纸币相比,公众自然更偏爱邮票。于是,很多人蜂拥到邮局领取邮票。但邮票很容易丢失,并且背面的黏性较强,质地易损,又小又轻,成了美国历史上最糟糕的流通媒介。另外,由于通用的三美分邮票①进入了实用的十进制面额体系,在小额交易过程中,找零成了一件麻烦事。当找零的数额较大时,两美分、三美分、五美分和十美分的邮票显得不太实用。因此,在出售各种票据的地方,根据不同的情况,小额邮票一般装在标有十美分、二十五美分和五十美分的信封里,在一定程度上避免了一些麻烦。谨慎的人常常会打开信封,查看信封里的邮票数额是否与封面上写的数额一致。因此,时间一长,邮票会变得残缺不全,无法继续充当邮资。事实证明,邮票是纸币的不良替代品。面对邮票和纸币引发的问题,财政部和市政府几乎都需要提供救济金。

然而,根据萨蒙·P. 蔡斯提议用邮票和其他税票充当流通货币,以及法规条款,政府都没有预料到最后需要提供救济金。根据1862年7月17日通过的法案,萨蒙·P. 蔡斯与邮政部部长蒙哥马利·布莱尔安排了供应邮票的相关事宜。

---

① 即邮票中最常用的面值,也是供应量最大的邮票。——原注

萨蒙·P.蔡斯"很快发现，用作邮资的邮票并不适合流通"，但依然随意阐释法律，并且发行了邮资货币。邮资货币票面较小，二十五美分和五十美分的票面是一美元钞票的四分之一，五美分和十美分的票面更小。五美分的邮资货币的票面和五美分邮票相同，都印有托马斯·杰斐逊的头像。在二十五美分的邮资货币的票面上，托马斯·杰斐逊的头像被放大了五倍。十美分和五十美分的邮资货币上也有类似设计。十美分的邮资货币上的图像是乔治·华盛顿的头像。五美分和二十五美分的邮资货币都是棕色的，而十美分和五十美分的邮资货币都是绿色的。崭新的邮票看起来并不丑。对用惯了纸币、弄脏或弄破过邮票和税票的人来说，邮资货币似乎是一种解脱。1862年8月21日，邮资货币开始发行。在纽约和其他城市的助理财务主管办公室，人们焦急地排着队，等着领取新货币。

第4节 辅 币

根据1863年3月3日通过的法案，国会决定发行辅币来代替邮资货币，并且将辅币和邮资货币的流通数量限制为五千万美元。虽然新货币的形状大小基本不变，背面的颜色起初是棕色、绿色、紫色和红色，但后来，三美分、五美分、十美分、十五美分、二十五美分和五十美分的货币背面都用了绿色。发行新币后，萨蒙·P.蔡斯不再继续使用邮资货币。除了海关税，辅币可以用来上缴国家五美元以下的所有税款，也可以兑现，逐渐取代了邮资货币。在流通中，辅币和邮资货币被称为临时辅币。一开始，临时辅币就像人们的救命稻草一样，但在流通过程中，其变得越来越破旧、肮脏，甚至引发了清洁和健康问题。人们开始反感临时辅币。临时辅币可以通过邮寄方式流通，也可以用来支付采矿和制造企业中劳动者工资的零头，因此，装进信封的薪金成了分配临时辅币的最好方式。但1876年，当临时辅币逐渐被银币取代，最终从流通中消失时，大多数人显得很高兴。

第5节 北方人的沮丧和绝望

1862年7月到1863年7月，北方人承受了战败带来的巨大痛苦。乔治·B.麦克莱伦在半岛会战中的失利；约翰·波普在第二次布尔河战役中战败；安布罗斯·伯恩赛德在弗雷德里克斯堡惨遭失败；约瑟夫·胡克在钱斯勒斯维尔战役中受到挫败，这一系列不幸事件让北方人倍感失望。虽然安蒂特姆和默夫里斯伯勒的局部胜利稍微缓解了人们的沮丧，但累积下来，军队遭遇的惨败足以在精神上击垮任何民族，除非该民族坚强不屈，相信自己的事业是正义的。1862年9月14日，在日记中，亨利·沃兹沃思·朗费罗写道："查尔斯·萨姆纳来吃饭的时候，愁眉不展，垂头丧气，不时地叹息道：'可怜的国家啊！可怜啊，真是可怜！'"在北方联邦军不幸战败后的这段黑暗的日子里，在街角，菲利普斯·布鲁克斯握着朋友的手说："这难道不可怕吗？"然后继续沮丧地前行。被恐惧打败的人愿意付出一切获得和平。当时，

亨利·沃兹沃思·朗费罗
（1807—1882）

联谊会停止了。听闻战败的消息时，人们取消了一切节日娱乐活动，不再在安静的夜晚打牌，也没有心思寻欢作乐，时刻关注着南方战场上的同胞。他们静静地坐着，想着刚刚结束的败仗。"打开晨报时，有思想的美国人都不愿看到自己热爱和拥护的国家已彻底失败。"[①]

第6节 商业活动

一个引人注目的事实是，1862年秋，商业活动开始复苏。从1862年秋天开始，一直到战争结束，北方的贸易活动十分活跃：工厂从未停止运转；人们可以很容易找到工作；失业人数极少。铁路股票大幅上涨。在纽约市场上，主要商品的价格以纸币计算稳步上涨。生铁通常被视为工业活动的晴雨表。1862年到1864

---

① 《詹姆斯·拉塞尔·洛厄尔的书信》。——原注

年，生铁产量有规律地增加，价格上涨幅度很大。费城的一号无烟煤铸造生铁在 1862 年、1863 年和 1864 年的平均价格分别为每吨 23.87 美元、35.25 美元和 59.25 美元。1862 年到 1864 年是赚钱和积累财富的时期。1863 年 5 月 7 日，奥古斯特·贝尔蒙特描述道："人们渴望金钱和财富。在过去的两个月里，所有阶层的人将钱投入政府发行的证券中。北方呈现出一片团结、繁荣的景象。"哈丽雅特·比彻·斯托说："与过去相比，现在的哈特福德看起来更昌盛、繁荣、安逸。股票价格再创新高，各行各业生意兴隆，一切显得非常祥和。"1863 年 11 月，威廉·特库姆塞·谢尔曼说："所有阶层的生活都得到了改善，尤其是劳动阶层。"

农业是美国发展繁荣的基础。北方稳定增长的农业是美国内战时期的显著特征之一。虽然参军人数很多，但农作物的收成依然很好。战争期间，小麦和玉米的产量很高，但 1863 年玉米歉收。爱默生·菲特写道："农业的丰收得益于三点：第一，节省劳动力的机器的广泛使用；第二，女性开始从事农业活动；第三，新人口不断涌入。"① 割草机、收割机、脱粒机和马拉耙的广泛使用将农场工人的工作效率提高了六倍。

女性对农业生产的贡献很大。在艾奥瓦州，一位传教士写道："我在路上遇到了很多赶着牲畜的妇女，在田间看到了许多耕耘劳作的妇女，人数比男性还

脱粒机

---

① 爱默生·菲特：《南北战争时期北方社会和工业》，第 6 页。——原注

多。她们似乎借最喜欢的歌对丈夫说：'拿起你的枪，出发吧！约翰，露丝我会赶牛，还会耕地。'"①

很多人搬到了西部，因为西部的土地更廉价，更容易获得②。《宅地法》促进了西部农业的发展，扩大了农作物种植面积。粮食产量的增加对军队和农民来说都很重要。当时，各州的粮食都有剩余。1860年到1862年，英国歉收，粮食紧缺。因此，各州剩余的粮食被运到了英国，促进了欧美之间的交流③。

第7节 肆意逮捕的政策

讲述内战时期北方发生的故事时，违反《宪法》的行为不容忽视。北方各州的法庭都是正常运转的，日常的司法工作没有受到战乱的丝毫影响，逮捕违法人员的工作照常进行。大部分逮捕令是威廉·H.苏厄德下达的，其他逮捕令是战争部部长埃德温·斯坦顿下达的。有时，官方文书只是一纸简单的电报，根本不是《宪法》规定的逮捕令④。被捕的人既没有受到任何指控，也没有经过地方法官的审查，直接被关押在了拉斐特堡或沃伦堡的监狱。参议院给出的逮捕理由是，以叛国罪逮捕违法人员有助于震慑南方邦联军。此外，为维护联邦的安全，监押违法人员非常有必要。然而，肆意逮捕遭到了一些官员的质疑。参议员莱曼·特朗布尔要求威廉·H.苏厄德提供逮捕信息，并且指出了相关逮捕程序的不公正和不合理。莱曼·特朗布尔问道："如果某位内阁部长一时兴起或心血来潮就抓人，那么我们该怎么办？"参议员约翰·P.黑尔问道："难道逮捕行动没有违反《宪法》中规定的原则吗？"没有人反驳他们提出的事实。

然而，联邦政府依然得到了人民的支持，只有参议院和国会中的少数人对肆意逮捕持有异议。但少数人提出的异议很有说服力，无可辩驳。反对的矛头指向了威廉·H.苏厄德。一些人认为，威廉·H.苏厄德仅凭怀疑缅因州、佛蒙特州、

---

① 爱默生·菲特：《南北战争时期北方社会和工业》，第8页。——原注
② 西进运动贯穿了整个内战。其间，最重要的一点是，骑兵和马车队都需要大量马匹。波托马克军曾经每天的马匹需求是五百匹。在中西部平原地区，饲养马匹的生意越来越兴旺。虽然战事仍频，但马匹生意一直在扩大。——编者注
③ 爱默生·菲特：《南北战争时期北方社会和工业》，第17页等。——原注
④ 战争期间，北方很多地区的人身保护令都暂停了。——编者注

约翰·P. 黑尔
（1806—1873）

康涅狄格州和纽约州北部的士兵叛敌，就逮捕了他们，丝毫没有理会各州的民意。他的做法与其说是对《宪法》治国的渴望，不如说是专制君主的喜怒无常。很快，肆意逮捕的危害性就显露了出来，为民主党反对派提供了可乘之机，很可能增强了民主党反对派的实力，为海外评论者提供了贬低联邦政府的机会。此外，令人担忧的是，人民可能会丧失一些自由，美国会走上从民主到专制的老路。幸运的是，预想的后果并没有出现。

　　实际上，除非亚伯拉罕·林肯否认，否则内阁部长的行为就是亚伯拉罕·林肯的行为。因此，亚伯拉罕·林肯必须对肆意逮捕负责。然而，肆意逮捕不可能是亚伯拉罕·林肯的意愿，因为他虽然存在不按《宪法》行事的行为，但在行事过程中十分尊重《宪法》。他赞成严格遵守国家基本法的规定和精神行事。每当行使或允许他人行使专断权时，亚伯拉罕·林肯都会懊悔不已。毫无疑问，亚伯拉罕·林肯不喜欢"美利坚合众国恺撒"的称号。听见参议员詹姆斯·W. 格兰姆斯将面见总统称为"靠近白宫最高统治者的脚凳"后，亚伯拉罕·林肯非常不快。1862年2月14日，战争部部长埃德温·斯坦顿下令假释政治犯，因为政治犯不足以震慑南方邦联军，并且规定只有得到军方命令，才能实施逮捕。

第8节 "铜头蛇"

1862年秋，"铜头蛇"一词出现了。很快，"铜头蛇"一词得到广泛使用。作为一个不雅的绰号，北方人用"铜头蛇"称呼坚决拥护民主组织、极力反对亚伯拉罕·林肯和国会采取的所有战争措施、认为北方不可能征服南方、一心倡导和平的人。1863年，投票给民主党的人并不都是"铜头蛇"。但对真心希望南方获胜、组织并加入秘密组织金环骑士团①的人来说，"铜头蛇"一词比一个片面性的词语更贴切。无论如何，1863年1月中旬过后，在西部各州，"民主党人"和"铜头蛇"几乎是同义词。曾含有谴责之意的绰号成了一个表示骄傲的词。与支持和平的人不同，选举时，"主战的民主党人"与共和党人一致投票支持联邦。大多数州开始使用"铜头蛇"一词指代民主党人。可以肯定的是，忠于并热爱民主党的人找到了代言人，即纽约的霍拉肖·西摩和俄亥俄州的克莱门特·瓦兰迪加姆。霍拉肖·西摩和克莱门特·瓦兰迪加姆都具有领导才能。东部民主党人倾向于支持霍拉肖·西摩，而西部民主党人更青睐克莱门特·瓦兰迪加姆的激进观点②。

第9节 霍拉肖·西摩和克莱门特·瓦兰迪加姆

立宪政府统治下的言论和新闻都是自由的。内战时期，政府即使陷入困境，也必须允许民众发表反对意见。为民主党人制定正确的政策并不困难。当时，正如大家承认的那样，联邦政府岌岌可危。国会中，民主党人应充分利用自己的权力，

---

① 金环骑士团是19世纪中期美国的一个秘密组织。美国内战期间，俄亥俄州、伊利诺伊州、印第安纳州、艾奥瓦州等北方州因同情南方邦联，被指控属于金环骑士团。——译者注
② 很难将民主党人的不同意见分门别类。主战的民主党人为了国家、为了打胜仗极力支持联邦政府；支持斯蒂芬·道格拉斯的人保留原则上反对政府的权力；"主和的民主党人"渴望为和平付出更大努力，甚至赞同认可南方邦联。真正的"铜头蛇"致力于南方邦联的胜利。西部的许多民主党人并不支持克莱门特·瓦兰迪加姆的观点。——编者注

霍拉肖·西摩
（1810—1886）

克莱门特·瓦兰迪加姆
（1820—1871）

与共和党合作，筹集人力、财力支持战争。无论是否反对，民主党人都应该用建议批评的口吻，而不是党派间的反对口吻，为完善必要的议案努力。在1863年3月4日结束的国会会议上，民主党人虽然没有做到这一点，但也没有阻碍正常的议事，否则后果可能会很麻烦。想要赢过撒迪厄斯·史蒂文斯代表的众议院中多数人组成的领导阶层，阻碍议事并不是明智的选择。但如果民主党人竭力阻挠，加上议事涉及的种种问题，那么就会使国家陷入恐慌状态。因此，国会必须承认民主党人是爱国的。在英国，正是由于盎格鲁－撒克逊人的爱国精神，才保住了英联邦。

第10节 民主党人

在众议院或参议院，民主党人任何公开行动都会遭到严厉批评。譬如，民主党领导人发表的演讲。著名的民主党刊物试图引导民意，从而影响政府的政策。民主党人忽略了一个事实，即除非南方邦联得到北方联邦政府承认，否则和平不可能实现。当时,北方联邦和南方邦联达成了一条分界线。民主党人认为,只要停战,并且召开全国代表大会,就能恢复联邦。他们的这种观点毫无根据。随后,民主党人开始反对亚伯拉罕·林肯的解放政策,将解放政策视为阻碍南北和解的绊脚石。不过,爱国胜过爱党的人显然意识到,南方各州不会同意任何条件,即使是对美国最有利的条件。迫于事态的发展,亚伯拉罕·林肯颁布了反奴隶制法令。多年来,民主党人一直是奴隶制的拥护者,认为奴隶制是社会必要的罪恶,因此,不可能真心实意地支持解放政策。但民主党人如果能理智一些,看到奴隶制道德层面的错误,那么一定会坚定地认为:《解放黑人奴隶宣言》是军令,一经颁布,必须执行。民主党人如果不再追求不可能实现的目标,不再妨碍亚伯拉罕·林肯和国会行使权力,那么就可以作为合理的反对派继续行使权力,也不会使"铜头蛇"带有谴责的含义。实际上,民主党人似乎受到了历史的垂青。他们提出了以经济和诚信为原则分配公共资金的议案,为社会做出了一定贡献。此外,他们支持萨蒙·P.蔡斯和埃德温·斯坦顿的相关政策,对政府暂停人身保护令特权、肆意逮捕、剥夺言论与写作自由提出批评,对立法工作产生了积极影响。民主党人如果只提出反对意见,其论点可能更具说服力,会引起受到民主党排挤或因侵犯他人自由行为感到困扰的人的关注。

第 11 节 亚伯拉罕·林肯对肆意逮捕的态度

考虑到我们的做法、法院的裁定、政治家和法学家的意见,以及英国两个世纪以来的先例,可以肯定的是,暂停人身保护令是《宪法》赋予国会的权力,政府无权暂停人身保护令。亚伯拉罕·林肯利用手中的权力,暂停了没有任何敌对行为的州的人身保护令。他滥用权力,使暂停人身保护令成为支持肆意逮捕政策必需的权力基础。随后,威廉·H.苏厄德开始效仿亚伯拉罕·林肯,而后是埃德温·斯坦顿。因此,提出异议是有必要的。先例被搁置一旁,因为此时美国面临着《宪法》通过以来最大的困境。

根据 1863 年 3 月 3 日通过的《征兵法案》,威廉·H.苏厄德和战争部部长埃德温·斯坦顿必须向国家法院的法官提供"重犯或政治犯"的名单。但我没有找到类似的名单。事实上,独裁政府的发展速度非常快。1863 年 9 月,萨蒙·P.

蔡斯惊讶地发现，除了自己，亚伯拉罕·林肯和内阁所有成员都不熟悉1863年3月3日通过的《征兵法案》。

经过认真思考，我毫不犹豫地谴责了在没有参战的州进行肆意逮捕和干涉新闻自由[①]的做法，更何况这些州的法院一直开着。做出判断前，我研究了克莱门特·瓦兰迪加姆在众议院发表的演讲，民主党刊物上的相关评论及民主党人在公共场所的谈话。在公共场所，民主党人似乎忘记了谨慎和克制。此外，我还注意到，人们的批评越来越尖锐；爱国人士一直在向政府局申诉对"宣泄叛国情绪"的不满。我坚信所有法外程序都是不合理、不必要、不正确的。因此，被逮捕的罪犯应该依法受到起诉。他们的行为如果不构成犯罪，就应该无罪释放。詹姆斯·布赖斯写道："从奥利弗·克伦威尔以来，亚伯拉罕·林肯行使的权力比任何一位英国独裁者都多。但应该补充的是，奥利弗·克伦威尔的独裁程度远超亚伯拉罕·林肯，严重违反了英国《宪法》。"我从读过的英国历史资料和做过的英美比较研究中，得出了相同结论。此外，亚伯拉罕·林肯本性善良仁慈，一定程度上调和了威廉·H.苏厄德和埃德温·斯坦顿粗暴的行事风格，对后人影响深远。历史和传言都证明，亚伯拉罕·林肯尊重《宪法》和法律，品格高尚，功绩卓著。因此，从内战中成长起来的一代人认为，威廉·H.苏厄德和战争部部

詹姆斯·布赖斯
（1838—1922）

奥利弗·克伦威尔
（1599—1658）

[①] 詹姆斯·福特·罗德斯：《美国史》，第4卷，第253页。——原注

第 11 章 战场后方的北方人民

长埃德温·斯坦顿下令实施的种种暴行并不是亚伯拉罕·林肯授权的。我没有发现亚伯拉罕·林肯亲自下达的逮捕令,但他默许了所有逮捕行为①。面对与路易十四的逮捕密令一样专断的逮捕命令,亚伯拉罕·林肯应负有责任②。

战争部和北方联邦军的技术专家没有为步兵配备后膛装弹枪,遭到了公众的批评。公众的批评是合理的。战争部一直拖延着,错过了配备后膛装弹枪的最佳时机。1859 年 12 月 1 日,在报告中,战争部部长埃德温·斯坦顿说明了后膛装弹步枪的实验结果。他说:"新武器近乎完美……一个会用后膛装弹步枪的士兵相当于两个或三个使用前膛装弹步枪的士兵。相关政策要求我们采取措施,将新武器逐步运用到战场上。"但 1864 年 10 月 22 日,军械负责人向埃德温·斯坦顿报告说:"除了极个别人,军中的后膛装弹步枪仅限骑兵使用。"1864 年 12 月 5 日,军械负责人重申道:"作战经验表明,对步兵和骑兵来说,后膛装弹步枪远胜滑膛枪。我们应立即采取措施,将国家兵工厂和私人工厂生产的滑膛枪换成后膛装弹步枪。"1862 年,本来应该有人意识到武器问题,向亚伯拉罕·林肯、战争部和国会强调配备后膛装弹枪的重要性。1848 年革命和 1864 年石勒苏益格战争中,普鲁士人早已使用后膛装弹步枪。在罗伯特·E.李投降前一年,北方联邦军中的步兵早就应该用后膛装弹步枪作战。少数几个拥有连发式后膛装弹枪的北方联邦团作战迅猛。持后膛装弹枪的军队和持前膛装弹枪的军队进行了一场与克尼格雷茨战役③类似的激战,这戏剧性的一幕本来预计会在 1864 年的弗吉尼亚州战场或佐治亚州山区上演。在战术方面,北方联邦军不及普鲁士人,但这并不是因为美国人没有创新才能。联邦政府已经拥有优良的武器,可以肯定地说,如果联邦政府的技术部门与宾夕法尼亚铁路公司或部分大型制造公司的技术部门能力相当,那么北方联邦军一定会拥有更先进的武器。

---

① 譬如,关于查尔斯·P.斯通的案件,亚伯拉罕·林肯声明:"是我授权将他逮捕并监禁的。"1861 年 7 月 21 日的布尔河战役后,查尔斯·P.斯通未经正式指控就被监禁了。在布尔河战役中,亚伯拉罕·林肯的朋友爱德华·贝尔战死了。据说,查尔斯·P.斯通与叛军厮混,在布尔河战役中协助南方邦联军打败了北方联邦军,但相关指控并没有充足的证据。历史学家认为,监禁查尔斯·P.斯通是不公正的。——编者注
② 詹姆斯·福特·罗德斯:《美国史》,第 4 卷,第 245 页。——原注
③ 1866 年 7 月 3 日,克尼格雷茨战役爆发,是普奥战争中的重要战役之一,也是普奥战争的转折点。——译者注

1864年石勒苏益格战争

克尼格雷茨战役

第 12 节 卫生义卖会

内战给人道主义精神注入了强大动力。美国人基本上都是宗教信徒,基督教教义早已深入人心。平民不仅通过个人力量,还通过积极组织相关机构的方式,尽力满足北方联邦军的需求,安抚受伤的士兵。女性很适合做援助工作。她们有精力,有奉献精神,听从指挥,配得上亚伯拉罕·林肯在一次卫生义卖会[①]上的称赞。亚伯拉罕·林肯说:"我们参与的这场战争非同寻常,影响着各个阶层,但影响最大的还是士兵。人会为了生命倾其所有。虽然很多人贡献了财物,但士兵以身涉险,甚至以身殉国。因此,士兵的功绩是最大的。这场战争呈现出与以往所有战争都不同的特征,其中,最显著的特征是为士兵及其家人举行的卫生义

卫生义卖会

[①] 詹姆斯·福特·罗德斯:《美国史》,第 5 卷,第 257 页。——原注
卫生义卖会是民间组织的义卖或展会,旨在以美国卫生委员会和其他慈善救济机构名义募集资金。内战期间,卫生义卖会是为联邦大业筹款的常用途径之一。——译者注

卖会。参与卫生义卖会的大多数人是女性。我一般不说赞扬的话，也从未研究过赞美女性的技巧，但自世界开始赞美女性起，演说家和诗人一直讴歌女性。即使将所有赞美之词都用在美国女性身上，也无法完全表述她们对战争做出的贡献。因此，我只能说：上帝保佑美国女性！"

第13节　北方与南方通商

虽然最高法院认为，"从战争本质来看，交战双方应停止通商"，但南方与北方之间的贸易规模依然很大。南方通过棉花换取金钱或急需品。华盛顿的联邦政府也曾鼓励南北贸易。通商的意图是好的。如果从国会法案、总统公告、财政部部长的指令及战争部部长与海军部部长的命令角度撰写南北通商的历史，可以肯定的是，一个棘手的问题已得到解决。在北方占领的南方邦联地区，财政部部长萨蒙·P. 蔡斯派专员去管理当地财产。财产应该属于忠于国家的人，为了国家利益拍卖。财政部派去的专员和其他官员向"忠诚人士"发放了许可证，允许他们与北方通商，但超出国民军战线以外的所有商业活动均被严格禁止。财政专员还受命与各军指挥官商议，财政专员和被授权的交易者在一定程度上对军事机关负责，但由财政部部长直接管理。财政部部长监督"总统许可的商业往来"。其他形式的南北贸易皆属于违法行为，一经发现，没收全部商品。

然而，1864年，由于贸易局势紧张，道德规范松弛，南北方的商业往来受到影响。1864年年初，波士顿的棉花价格为每磅八十一美分，后来一直稳步上涨。1864年8月月底，如果用国家流通纸币购买棉花，每磅棉花的价格为一点九美元。在南方邦联，用黄金购买棉花的价格是每磅十二美分至二十美分。两地的棉花价格差异悬殊，中间利润十分诱人。因此，很多人经不住诱惑，违反政府规定进行交易。相关数据表明，北方通过合法贸易获得的棉花比英国从美国走私商人那儿获得的棉花还要多。研究南北贸易的学者对此并不惊讶。美国的大部分棉花出自南方邦联管控的区域，而南方军民用棉花换取急需物资。棉花贸易使南方受益颇多。得到棉花后，新英格兰和中部各州的工厂会立即投入生产。与完全依赖进口商品的工厂相比，这种工厂的生产近乎全天生产。不过，即便是缩短工时，也不会给工人造成困扰，因为北方对劳动力的需求迅速增加了。

在其他行业，人们也很容易找到工作。在洛厄尔，1862 年的纺织业罢工事件影响深远。当时，储蓄银行的存款大幅增加。印度棉可以用来生产一些生活必需品，其他棉纺织品可以用羊毛代替。然而，通过棉花贸易，南方得到了盐、奎宁、弹药武器和其他军需品①。

第 14 节 联邦政府财务状况堪忧

1864 年夏，联邦政府的财政负担沉重。由于尤利西斯·S.格兰特在弗吉尼亚州战败，人们担心亚伯拉罕·林肯能否再次当选总统。局势动荡不安，很多人忧心忡忡，担心事态恶化。1864 年 3 月 14 日，俄亥俄州州长约翰·布拉夫写信

约翰·布拉夫
（1811—1865）

---

① 无法确定北方与南方之间非法贸易的程度，但通过调查个案，发现南方与北方之间的贸易很普遍。财政部和军事当局对此常常睁一只眼闭一只眼。新奥尔良和密西西比河流域是棉花交易的主要地区。——编者注

第 11 章 战场后方的北方人民

给埃德温·斯坦顿说："我们的财务状况堪忧。应征入伍的士兵人均花销为三百多美元。我们已负债累累，既无法偿还债务，也没有缩减用度。这样下去，我们很快会破产。"与此同时，有人问萨蒙·P. 蔡斯："我们现在负债多少？"萨蒙·P. 蔡斯回答："约二十五亿美元。"又问："国家还能承受多少？"萨蒙·P. 蔡斯回答："如果我们无法平息叛乱，当负债达到三十亿美元时，政府就会破产。"在挑起财政部重担[①]后不久，威廉·P. 费森登给友人詹姆斯·W. 格兰姆斯写信说："我发现局势非常糟糕。除了像我这样不顾一切的人，其他人都会被吓倒。因此，我只能扛下重担。"在一位英国朋友面前，瑟洛·威德坦率地说道："我们面临重重危机，首当其冲的是总统大选……士兵衣衫褴褛，筋疲力尽，身心受创。到处是躲躲藏藏、士气低落的士兵。"英国友人回复他说："我亲爱的老朋友，你

瑟洛·威德
（1797—1882）

---

① 1864 年 7 月 5 日，威廉·P. 费森登接替萨蒙·P. 蔡斯，担任财政部部长。——原注

必须在末日到来前恪尽职守。你的政府也许会渡过难关，但在一个充满激情的时代，它不会长久……如果能见到亚伯拉罕·林肯，我真的想去美国。但亚伯拉罕·林肯会不会很快流亡到拉斐特堡或英国呢？"在一封私人信函中，弗朗西斯·利伯写道："美国正在经历大规模内战，其间又逢总统选举。如果最终能安然渡过难关，那么无论遭受多少创伤，我都会在战争史上写下这最不可思议的奇迹。"1863年，持续了四天的纽约征兵暴乱依然历历在目。此刻，人们担心纽约州、宾夕法尼亚州、俄亥俄州、印第安纳州、伊利诺伊州和威斯康星州的征兵会遭到大力抵制。各州政府请求联邦政府出兵维持秩序。但尤利西斯·S.格兰特的军队由于战败，急需援兵。既要顾及军情紧急，又要满足各州州长的请求，联邦政府左右为难。

第15节 北方的州长

亚伯拉罕·林肯和战争部部长埃德温·斯坦顿必须重新审视联邦制。在作战方面，联邦制存在很多缺陷。大多数州长联系紧密，在一定程度上克服了联邦制的缺陷。除了极少数州长，北方各州州长和亚伯拉罕·林肯属于同一党派。许多州长精明能干，了解自己州的需求和能力。有人从官方记录中收集了几位名声显赫的州长的信息，如印第安纳州州长奥利弗·P.莫顿、马萨诸塞州州长约翰·阿尔比恩·安德鲁、宾夕法尼亚州州长安德鲁·格雷格·柯廷，以及俄亥俄州的两位州长戴维·托德和约翰·布拉夫①。与其他北方州州长处事时，他们显得耐心谨慎，捍卫了自己的威严。此外，他们都忠诚爱国，希望在自己能力范围内协助联邦政府，并且以自己的州为傲，竭力维护其利益。他们一直与战争部保持通信，密切关注征兵配额，总是能超额完成配额，并且建议将超额征召的军队用于下一次征兵。各州的算术专家非常精于计算，渴望将每个可以入伍的人计算在内。一次，正如亚伯拉罕·林肯说的那样，"所有州完成配额的总量大大超过了要求人数"。但令人苦恼的是，在战争中，亚伯拉罕·林肯获胜的一个重要条件是，得到各州州长积极主动的支持。他告诉罗得岛州立法委员会："征兵的目标是获得士兵，而不是调整多余的征兵人数。"这句话回答了埃德温·斯坦顿和宪兵总司

---

① 此处应该加上伊利诺伊州州长理查德·耶茨。——编者注

令提出的再次征召士兵的请求。尽管如此，亚伯拉罕·林肯并不想在争辩中占上风，而是想说服委员会与政府官员，让官员意识到，他必须得有兵。然而，如果不是形势所迫，亚伯拉罕·林肯依然打算通过公平方式征兵。各州州长提出了建议。大多数人认为，必须换一种方式解决征兵问题。马里兰州、宾夕法尼亚州、俄亥俄州、印第安纳州和伊利诺伊州接连面临南方邦联军入侵的危险。来自加拿大和其他英属殖民地的袭击事件使纽约州、佛蒙特州和缅因州陷入了恐慌。面对重重困局，战争部要求为各州提供救助和保护。埃德温·斯坦顿耐心回复了州长的请求和不满，一反易怒易燥的常态。他的耐心体现了他意志坚定的一面。在过去的战争岁月里，埃德温·斯坦顿有序管理着军需部门，妥善安排了军队和物资运输，磨炼了自己的意志。继亚伯拉罕·林肯之后，是埃德温·斯坦顿为北方各州州长铺平了道路，让各州协助战争部处理各种细节事务，以大力支持联邦政府。

第16节 埃德温·斯坦顿和亚伯拉罕·林肯

据说，埃德温·斯坦顿是一个严苛的人。他经常站在高高的桌子旁，显得忙碌、疲惫。他时而抱怨，时而发火，时而咒骂。除了高层官员，每个下属都很怕接近他，靠近他时都会忐忑不安。失职者见他时总是畏畏缩缩。但官方记录中的埃德温·斯坦顿不仅耐心、睿智、谦逊，还身负重任，处事果断，深谙时局，灵活变通。了解相关情况的人如果读了埃德温·斯坦顿1864年夏天写的信，那么都会赞叹他的执行力。他对一些人非常耐心、体贴，但如果相信自己是对的，就会义无反顾地坚持自己的观点。他行事英明。内战期间，他和亚伯拉罕·林肯都没有被1864年5月到1864年9月的失望和沮丧打败[1]。

从亚伯拉罕·林肯身上，我们能明显感觉到战争的重担。海约翰写道："亚伯拉罕·林肯的笑声逐年减少，总是忧心忡忡，眼神黯然无光。面对周围事物，他越来越沉默，似乎老得很快。"制作于1860年和1865年春的两尊面部雕塑充

---

[1] 毫无疑问，埃德温·斯坦顿是林肯政府中最受争议的人物。有人怀疑他实际上居心叵测，反对亚伯拉罕·林肯，反对战争。埃德温·斯坦顿因战时的许多军事和政治事件而遭到责备。据说，他甚至密谋刺杀亚伯拉罕·林肯。然而，大多数历史学家认为，埃德温·斯坦顿为内战胜利和林肯政府付出颇多。——编者注

分体现了亚伯拉罕·林肯的变化。海约翰还写道:"1860年制作的雕塑中,亚伯拉罕·林肯看起来强壮健康,精力充沛,斗志昂扬。但1865年春制作的雕塑中,他看起来忧伤、平静,似乎睡着了。奥古斯塔斯·圣高登斯第一次看见1865年春制作的雕塑时,坚持认为这是一尊死人的面部雕塑。雕塑的脸部线条显得很生硬,仿佛活人的脸和雕塑一样,都是青铜色的。亚伯拉罕·林肯消瘦的脸颊让鼻子看起来很长,嘴巴像古老的雕像一样死板,脸上的忧虑一览无余,似乎在诉说着无以言表的哀愁。整尊雕塑看上去毫无活力。"

北方人认为,在萨姆特堡受到攻击后,内战已不可避免。但1864年夏天,人们意识到,联邦政府体制中,国家与各州的权力处在分离状态,唯一的联系是华盛顿。各州选举频繁,人民享有充分的自由。显而易见,我们并未做好打仗的准备[①]。和平才是联邦精神所在。

[①] 应该尊重詹姆斯·福特·罗德斯的观点。联邦政府虽然作战方式独特,但最后还是成功了。——编者注

第 12 章　南方邦联的处境：物资极度短缺

南方邦联的情况比较特殊，因为遭到封锁，与外部世界的交往都被切断了。北方联邦海军实力强大[①]，其封锁线很难被突破。在萨姆特堡遭到攻击一个星期后，亚伯拉罕·林肯宣布封锁海岸线。起初，封锁并不彻底，但封锁效率逐渐提高，甚至成为决定战争成败的重要因素之一。亚伯拉罕·林肯和尤利西斯·S.格兰特很清楚，只有南方邦联军战败或投降，和平才能实现。为此，北方联邦海军严密封锁了南部港口，协助尤利西斯·S.格兰特和威廉·特库姆塞·谢尔曼的行动。然而，如果罗伯特·E.李和约瑟夫·E.约翰斯顿的军队没有被打败，一直驻扎在黑人劳作的肥沃土地上，得到充盈的棉花供给和有限的羊毛供应，那么封锁可能会一直持续下去。内战期间，北方联邦陆军与海军的关系与 1914 年英国陆军和海军的关系相似。1914 年，英国舰队封锁了德意志帝国的港口。德意志舰队被迫停泊在安全港内。《伦敦时报》评论道："海军是我们的盾，陆军是我们的矛。"[②]

第 1 节　南方的不安

封锁切断了南方获取奢侈品和生活必需品的途径，令南方人感到非常不安。盐、咖啡、茶、肥皂、蜡烛、火柴、胶水等商品极度稀缺，价格大幅上涨。封锁教会了南方人节俭。查尔斯顿的年轻贵族女性开始穿家纺衣裙；里士满的绅士穿

[①] 内战伊始，南方邦联根本没有海军，后来发展起来的海军都是临时召集的。值得注意的是，在薄弱的海军工业潜力基础上，南方邦联海军的发展状况良好。——编者注

[②] 《观察者》，1914 年 9 月 12 日，第 366 页。——原注
许多历史学家认为，北方联邦海军的封锁比詹姆斯·福特·罗德斯提到的更重要。南方没有大型铸铁厂，重工业更是寥寥无几。在没有进口的情况下，南方必须自给自足，被迫大力发展工业，但明显不能满足战时需要。——编者注

着过时的衣服。扫帚、椅子、篮子、刷子、提桶、浴盆、酒桶、石笔和针织品都很稀缺。人们开始通过原始工艺制作墨水。《查尔斯顿信使》的新闻专栏报道称，北卡罗来纳州卡斯韦尔县的一名男子正在生产墨水，可以按购买者的瓶子大小提供等量墨水。里士满的一位药剂师声明，买药者必须自带药瓶，否则不予开药。但许多常见的药物依然很难买到。里士满的医药供应商呼吁弗吉尼亚州的女性种植罂粟，从罂粟中提取麻醉剂，供军中伤员使用。人们建议用其他药物代替奎宁等。军医处处长塞缪尔·P.摩尔以官方名义发放了一种由干山茱萸、杨树皮和柳树皮及威士忌合成的复合酊剂，"作为奎宁水和退烧药替代了奎宁"。与北方的贸易中，奎宁和吗啡是最紧缺的商品。为了获得奎宁、吗啡和其他药物，南方人尝试了所有方法。在辛辛那提，致力于南方邦联大业的人们开始从事走私活动。1862年10月，在威廉·特库姆塞·谢尔曼掌管孟菲斯时，一支浩浩荡荡的送葬队通过了北方联邦防线。送葬队最前面是一辆精心装扮的灵车。实际上，灵车上的棺材里装着大批稀缺药物。一个人从新奥尔良买了一个装满奎宁的洋娃娃，藏在自己的皮箱里。筛查时，他泪流满面地说洋娃娃是送给一个可怜的残疾女孩的。他的把戏成功了：洋娃娃里的珍贵药物并未被发现。

第2节 茶叶和咖啡的匮乏

南方人最稀缺的商品是茶叶和咖啡。1862年4月，《查尔斯顿信使》报道："除了最富有的人，茶叶已成为所有人的奢望。"1864年2月4日，在日记中，约翰·B.琼斯写道："我已经一年多没有喝过咖啡或茶了。"为了将仅有的茶留给病患，富人也不再喝茶。医院暂时还能提供咖啡。但1863年12月2日，军医处处长塞缪尔·P.摩尔下令停止为病人提供咖啡，还说："由于咖啡供应非常有限，咖啡只能当作兴奋剂药用。"人们找到了咖啡的各种替代品，如干黑麦、小麦、玉米、甘薯、栗子、花生、菊苣和棉花种子等，但很多人认为，"咖啡就是咖啡，无可替代"。此外，人们用葡萄干、黑莓和鼠尾草叶煮水喝，或用黄樟根和花煮水喝。一些人努力让自己相信，替代品和中国茶叶一样好。1863年4月6日到1863年6月17日，在南方旅行期间，阿瑟·弗里曼特尔从没喝过茶，只在杰斐逊·戴维斯的家中喝到了"上品"的茶。

第 12 章 南方邦联的处境：物资极度短缺

第 3 节 盐荒和纸张的匮乏

1862 年，人们逐渐注意到了盐的稀缺，非常担心盐的供给。对军队来说，盐的供给至关重要，因为咸肉是军队的主要口粮。密西西比州州长约翰·J. 佩图斯写信给杰斐逊·戴维斯说："盐的匮乏令人担忧。"在给邦联战争部部长詹姆斯·塞登的一封信中，亚拉巴马州州长约翰·吉尔·肖特说："我们国家的盐荒已非常严重""熏制咸肉的厨房中被油脂浸透的地面都被挖下来煮了"。人们没有放过任何含盐的东西，甚至用海水弥补盐的匮乏。弗吉尼亚州西南部的盐水泉是盐最重要的供应源。弗吉尼亚州州政府开始生产盐，并且制定了向公众分发盐的规定。其他州随之效仿，逐渐缓解了盐荒。

纸张的稀缺也成了问题。报纸的尺寸逐渐缩小，常用的印刷纸是牛皮纸或墙纸，以及非常粗糙的珍贵白纸，并且一般情况下多用半张纸印刷。劣质纸张的使用使报纸成为南方邦联财富日渐减少的标识。《里士满检查者》报道说："期刊的社评大多写在牛皮纸、废纸、旧信函和拒稿文章的背面，以及未付票据、从年轻人的字帖和商人的分类账本中撕下来的大页纸上。"亚拉巴马州的一个编辑将社评写在一块墙板上，社评过期后擦了再写另一篇。另一位编辑以类似的方式，用上学时的小黑板发表社评。《查尔斯顿信使》上的一则广告写道："如果买不到四十张或五十张印刷纸，1863 年米勒年鉴的订单就完不成了。"麦圭尔夫人没有本子记日记，只能在包装纸上记录自己的日常生活。普特南夫人说："家人和朋友的信都写在包装纸上。战争爆发前，人们几乎从来不用包装纸写信。回信经常写在来信的背面。"杰贝兹·拉马尔·门罗·柯里说："在亚拉巴马州，我的农产品税收收据是用棕色纸写的，看起来又脏又旧。"群众的慷慨"成为新闻界、公众及政府的福音"。政

杰贝兹·拉马尔·门罗·柯里
（1825—1903）

府劝说人们将不需要的旧衣物送到造纸厂。此外，很多金属制品供不应求，尤其是铁制品。查尔斯顿兵工厂听说许多爱国公民愿意将家里的铅窗捐给政府，以备战需。炮团将领提出用铁替换铅窗。《查尔斯顿信使》的编辑将住所的铅水管"捐给危在旦夕的国家"。类似的捐赠很多，甚至连教堂的铃铛都被拿来制造大炮了。

第4节 面包和肉的匮乏

面对面包和肉的匮乏，很多人怨声载道。巴兹尔·兰诺·吉尔德斯利夫教授写道："饥饿是南方邦联生活的主旋律。"弗吉尼亚州的情况确实如此。因为弗吉尼亚州一边要为罗伯特·E.李的军队提供粮草，一边还要遭受北方联邦军的侵扰。但整体上来看，其余各邦联州食物充足。虽然1862年的大旱导致许多州歉收，但如果铁路运行状态良好，顺利完成分配任务，那么邦联各地都能得到足够的食物。1862年，得克萨斯州丰收，为毗邻的邦联地区提供了谷物和牛羊肉。1863年，由于尤利西斯·S.格兰特攻占了维克斯堡，控制了密西西比河，南方各州的商业往来就此中断。当弗吉尼亚人因物资匮乏忍饥挨饿时，1863年1月，威廉·特库姆塞·谢尔曼报告说密西西比州物资充裕。他写道："在密西西比州，家畜静静地进食，到处是谷物。"众所周知，1863年5月，尤利西斯·S.格兰特切断了与补给点的联系，由国家供给军队物资。1864年秋，在佐治亚州，威廉·特库姆塞·谢尔曼的军队纵酒欢歌。与此同时，在弗吉尼亚州，罗伯特·E.李的军队忍饥挨饿。南方邦联面临的最大难题是交通问题。

巴兹尔·兰诺·吉尔德斯利夫（1831—1924）

第 5 节 交通困难

1861 年，南方的铁路状况越来越糟糕。铁路"磨损"严重，很多设施需要检修和更换。但由于战争，改善铁路交通是不可能的。和平时期，南方的铁路设备都是从北方购买的。虽然货车车厢是在南方建造的，但"螺栓、杆、车轮、车轴、短钉、长钉、螺丝钉、锡、焊料、燃料和油漆"等都出自北方工厂。大多数客车车厢和车头也来自北方。南方如果想自己生产客车车厢和车头，那么需要花很多钱获得特许权。特许权不仅是南方爱国情怀的体现，还给当地带来了很多便利。铁路运输衰败的同时，贸易却越来越活跃，原因之一是军队和各城市之间的食物运输。1862 年，佐治亚州和佛罗里达州南部的玉米丰收，但路易斯安那州东部歉收。为平衡各地区的粮食供应，火车是最重要的运输工具。铁路将大量食物和其他货物运送到各地。但 1862 年及随后的几年里，铁路根本无法满足邦联政府和公众的需求。1863 年 4 月，南方邦联铁路线共计六千三百英里，不包括北方联邦军占领的铁路。邦联政府认为，如果能充分利用所有铁路线[①]，那么就能在一定程度上解决交通问题，为人民提供服务。但铁路状况越来越差，再加上缺乏设备，运行的火车很少。与同时期的北方铁路运营状况相比，南方火车的负载很轻。于是，各城市需要食物，但铁路无法运送，人们怨声载道。1864 年 1 月，据说，在佐治亚州西南部，玉米的售价是每蒲式耳[②]一美元或两美元，但在弗吉尼亚州，每蒲式耳玉米的价格是十二美元或十五美元。1864 年年底，里士满的一位当权者认为，只要分配合理，每个人都能有足够的食物。北方联邦军行军时，占领了南方邦联的一些铁路，扰乱了南方的运输计划。在 1863 年和 1864 年的铁路指南上，一些铁路线的下方写着"北方联邦军暂时占领了该部分铁路"或"整条铁路已被北方联邦军占领"等字样。1864 年，类似现象明显比 1863 年多。

政府事务频繁干扰着铁路系统的正常运输，人民和军队深受其害。譬如，邮件寄送不及时；收到的报纸都是很久以前的；游客在途中遇险遇难，但铁路指南并未提到这些事。1863 年，旅客如果参考了铁路指南，也许会计划以每小时

---

① 在南方腹地，许多铁路在南北方向线路上运行，而不是在物资匮乏东西线上。很快，因军事行动，为数不多的几条东西线路也中断了。因此，轨道线路和设备方面都出现了不同程度的问题。——编者注
② 谷物和水果的容量单位。1 蒲式耳约合 36 升。——译者注

十四英里到十八英里的速度①旅行。1864 年，铁路运行速度比 1863 年更慢一些。但铁路指南的参考信息并不准确。如果旅客乘坐的火车以每小时五英里到八英里的速度前进，那么说明他很幸运。火车总是晚点，错过转车。道路老化、设备短缺等不稳定因素导致事故多发，很多事故造成了人员伤亡。1862 年 11 月，约瑟夫·E. 约翰斯顿从里士满出发，前往查塔努加接管分给他的新队伍，但因"几次铁路事故"延迟了。1863 年 6 月，阿瑟·弗里曼特尔记录了自己从查尔斯顿到里士满的经历。在佛罗伦萨，由于一列火车出现故障，阿瑟·弗里曼特尔不得不耐心等待。当火车终于可以出发时，他拼命"挤进了拥挤不堪的车厢"。乘船转到威尔明顿后，他在"水泄不通"的火车上度过了燥热压抑的一天，写道："在威尔明顿转车时，为了一个座位，我与别人打了一架。最后我赢了，因为我对处理这类事很有经验。"阿瑟·弗里曼特尔尽可能让旅程变得快一点，但从查尔斯顿到里士满用了四十一个小时，而现在只需要十个小时②。一个英国人提到了一个流传很广的笑话："从威尔明顿到里士满的旅程几乎与北方联邦军交战一样危险。"根据客流量和时间预计，官方每天会发出一两列客运列车。但有时政府会强制暂停所有客运服务，以运输军需物资和士兵。1864 年 4 月，因军情需要，邦联政府暂停了从奥古斯塔到里士满的铁路运输。一位牧师本来打算前往奥古斯塔，在长老会周年纪念日的开幕式上布道，但现在他无法守约。1864 年 5 月，南方邦联副总统亚历山大·H. 史蒂芬斯从佐治亚州前往里士满，对旅程做了有趣的描述："我坐在一节客运车厢里，而车厢挂在一列装满咸肉的火车上。火车从夏洛特出发，朝北开。"在一个漆黑的雨夜，他确定自己乘坐的火车后面有一辆火车正在驶来，可能会在五分钟后追尾，唯一的补救措施是在客运车厢的后置平台上放一盏灯。只见火车慢慢爬上斜坡，又猛地冲下山坡。爬上一个陡坡时，车厢与车头脱节，滑下了山坡。车厢速度越来越快，滑行两英里后到达了山脚。随后，车厢爬上了另一个斜坡，最后及时停了下来，避免了与后面的火车相撞。过了一会儿，车头回来了。亚历山大·H. 史蒂芬斯继续坐火车前行。随后，他停在了丹维尔，因为前方发生了严重事故。得知北方联邦军切断了丹维尔和里士满之间的铁路交通后，亚历山大·H. 史蒂芬斯觉得自己不可能到达里士满了，

---

① 包括停站时间。——原注
② 从查尔斯顿到里士满用十个小时，是指詹姆斯·福特·罗德斯写此书时的交通状况。——编者注

决定返回佐治亚州。亚历山大·H.史蒂芬斯的行程一再延误，原因不明。其间，他乘坐的火车载着许多"怀尔德尼斯战役中的北方战俘和南方伤员"。他坐在一节单独的客运车厢里，其他货运车厢里都是"北方战俘"。能与南方邦联士兵一起遣返已经是对战俘的优待了。南方邦联军曾发誓说："每一个北方联邦士兵都该杀。"但现在，联邦士兵比保卫家园的伤员更受优待。1864年9月，在梅肯，托马斯·达布尼写道："在佐治亚州中部，铁路由政府掌控。个人出行均被拒绝，除非乘坐货运列车。"佐治亚州州长约瑟夫·E.布朗的妻子伊丽莎白·格里沙姆享受特别待遇，坐在一节"密闭"的专属车厢里。托马斯·达布尼希望将家人、仆人及家具从梅肯运到密西西比州的杰克逊。他花费几千美元租了两节车厢，与家人乘货运列车出发。列车在晚上停车，有时会停一整天。两个星期后，托马斯·达布尼一家才到达杰克逊。现在，从梅肯到杰克逊只需要不到二十个小时。

第 6 节　铁资源匮乏

由于交通运输不便，邦联政府和人民饱受痛苦。政府官员和铁路公司负责人提出了各种补救措施，但其中大多数措施涉及发展制造业或扩展商业，无法执行。改善交通运输面临的最主要困难是缺铁。铁如果供应充足，那么就能改善铁路状况。一些人建议政府征用一条不盈利的铁路线上的铁轨，将其交给另一家公司来扩展铁路线。铁的确非常稀缺。事实上，邦联政府采纳了征用铁路线的权宜之计。军官经常征用车厢和车头，下令将一条铁路上运行的火车转到另一条铁路线上，并且常常有借无还。此外，邦联政府拨款完善了一些铁路线。

研究南方邦联的处境时，现代文明对铁的依赖不容忽视。令人惊讶的是，南方的许多州蕴藏着丰富的铁矿石和炼焦煤，但一直无人开采。由于缺铁，南方各地苦不堪言。在里士满召开铁路会议前，有人在一篇文章中建议说，政府应呼吁人们将农场、家里的所有生铁和熟铁贡献出来，并且建立相关体制，在全国范围内收集"破旧的犁头、锄头、铁锹、斧头、破损的炉灶、厨房用具"等，承诺给予人民一定补偿。在里士满，街道铁路上的铁轨被用来生产炮艇的装甲。亚拉巴马州一些地区蕴藏着大量铁矿石，但当地人没有足够的铁"制造或修补农具"。《查尔斯顿信使》愤怒地指出："邦联政府连一把剑也做不了。"占领维克斯堡后，在维克斯堡法院的铁楼梯上，一名邦联官员注意到，楼梯上刻着辛辛那提制造商的名字。他感叹道："我们连楼梯都做不了，还想着击垮联邦，真是痴人说梦。"他的言论虽然冒犯了南方邦联，却是对其片面发展观的中肯评价。战争促使南方邦联生产铁，但在相同的刺激下，南方的冶铁工业仍相对落后。与欧洲相比，北方的冶铁工业虽然原料利用率较低，技术不够先进，但能满足当下的紧急需求，奠定了当代先进生产系统的基础。南方的熔铁炉体积小，构造陈旧过时，使用的燃料是木炭，从未尝试用焦炭或原煤作为燃料。在弗吉尼亚最古老的铁矿区，由于多年的乱砍滥伐，木材"非常稀缺"，矿石也几乎被采空了。许多地方的矿石"供应不稳定"，需要用马车从数英里外运输矿石。"有的矿石是从十英里外运来的。"有时，虽然矿石充足，但燃料太少；有时情况又恰好相反。即使矿石和燃料都充足，每天的生产量也不会超过十吨，根本无法养活工人。工人只能就近获取面包和肉，因为从远处运来食物是不可能的。亚拉巴马州的情况稍微好一些。亚拉巴马州有一个新矿区，矿石丰富，食物充足。政府"改良"的大型熔炉平均日产量为十三吨，可以连续生产一个月。此外，佐治亚州和田纳西州也能冶铁。然而，北方联邦军逐渐占领了南方很多地区，阻碍了冶铁工业的生产。截至1864年10月1日，北方联邦军烧毁或毁坏了很多熔炉，包括弗吉尼亚州的十个熔炉、佐治亚州的所有熔炉、亚拉巴马州的四个熔炉、田纳西州仅存的三个熔炉。然而，1864年11月20日的一份报告显示，弗吉尼亚州的十八个熔炉虽然运转不规律，但一直在生产。为回报邦联政府授予的特权和给予的援助，生产者将一半铁以略高于成本的价格、另一半铁以优惠价卖给了政府。在硝石矿业局[1]收到的报告中，冶铁产量低得惊人。虽然数字无法准确记录产量，但与北方相比，南方的冶铁产量显得微不足道。

第7节 战时军需品

虽然南方生产条件简陋，但战时军需品并不紧缺[2]。南方人通过自己生产和

---

[1] 硝石矿业局是南方邦联一个民间政府组织机构，旨在为邦联各州提供铜、铁等金属材料。——译者注
[2] 实际上，南方邦联的战时军需品虽然不像其他物资那样短缺，但很多地方极缺小型武器、弹药、子弹头和雷管，尤其是弗吉尼亚州。——编者注

走私获得了足够的小型武器与大炮。小型武器主要来自国外,而战场上、围攻中和海岸附近的大炮主要是在邦联的兵工厂和作坊中制造的。南方邦联军的步枪和北方联邦军的一样好用。里士满为骑兵配备了后膛装弹的卡宾枪。在内战的最后两年,北方联邦炮兵可能优于南方邦联炮兵。1861年和1862年,南方邦联军从北方联邦军手中缴获了很多武器。但1863年,情况发生了逆转,南方邦联军在葛底斯堡、维克斯堡和哈得孙港失去了七万五千件小型武器和大量大炮。

第8节 走私船偷过封锁线

英国和法兰西帝国都想要棉花和烟草。南方市场上,棉花和烟草很多,但缺少武器、军火和铁。英国可以为南方提供大量武器、军火和铁。因此,南方与英国试图进行贸易,但被封锁阻碍了。于是,偷过封锁线成了南方进行进出口贸易的主要途径。只要能成功越过封锁线,就能获得高额利润。1861年,走私贸易开始兴盛。南方沿海轮船不再进行正常贸易,只做走私贸易。一些小型船虽然速度慢,但能轻易避开封锁,到达封锁线附近的中立港口。装满武器、军火和其他商品的船从英国出发,前往西印度群岛的某个港口,但其真正目的地是南方邦联。走私船的航行成功了,返回时满载南方的棉花和烟草。英国和南方邦联的商人已习惯战争状态。因此,看到英国紧缺棉花,棉花价格高昂,而南方邦联的棉花供过于求,价格低廉,以及英国可以为南方提供战时必需品和其他物资,商人发现了一个难得的赚钱机会。与此同时,北方的封锁变得越来越严密。一开始,避开封锁线并没有什么特定的方法。后来,商人逐渐掌握了规律。武器、弹药、毛毯、军服、鞋子、茶叶、肥皂、信纸信封、棉织物、亚麻、羊毛、丝绸、药品、酒类等商品先从英国运到百慕大、拿骚或哈瓦那,然后转运到走私船上。随后,走私船前往威尔明顿、查尔斯顿、萨凡纳、莫比尔或加尔维斯顿,将货物投放到市场上。走私利润十分丰厚。返回时,走私船装上棉花、烟草或松脂,带回拿骚、百慕大或哈瓦那,然后转运到英国。偷过封锁线的船是专门为走私贸易设计的。1863年到1864年,最典型的一款走私船是又矮、又长、又窄的弦侧明轮船,速度快,吃水浅,承载量为四百吨至六百吨。船体颜色是暗灰色或铅色,便于隐蔽,除非在短距离内,否则很难发现。

为了避免产生烟，走私船上烧的一般是宾夕法尼亚无烟煤，或威尔士半烟煤。拿骚是最重要的中立港口，而查尔斯顿和威尔明顿是走私贸易中最重要的邦联港口。离开拿骚一小时后，走私船可以在夜间靠近查尔斯顿或威尔明顿。走私船一般在没有月亮的夜间越过封锁线。靠近封锁舰队时，走私船会熄灭船上所有灯，将发动机舱天窗和罗盘箱用油布遮起来，在一片漆黑中前行，没有一丝声音。发出必要指令和报告周边情况时，船员必须压低音量，就连蒸汽都在水下释放。很多走私船能轻易越过封锁线，但有时候会遭到追捕。一些船能侥幸逃脱，但如果封锁舰队追得太紧，就不得不靠岸被捕。这是一场偷渡者和封锁者的激烈较量，只有勇敢者才能参与。

关于偷过封锁线，有很多充满冒险色彩的故事。为降低风险，走私船都是特制的，在超载情况下克服重重困难，摸索着绕过封锁舰队，在黑夜中抵达港口。一旦被追捕，走私船只能通过各种手段躲开追兵。勇敢的走私商人喜欢大雾、黑暗和神秘。他们的故事非常浪漫，不像封锁者的故事那么可怕。偷过封锁线的人不定期出航，大胆一搏。封锁者必须不间断巡视，时刻保持警惕，密切关注海上动静，因为紧急状况一般在几分钟内发生，并且不易察觉。沿海大部分地区有很多水湾，并且封锁船在靠近敌对海岸的地方停泊时需要遭受大风的考验。由于没有先例可循，加上逃避封锁的走私船拥有蒸汽动力，封锁变得异常困难。由于英国渴望获得棉花，友好的中立港口离南方很近，因此，走私商人常常冒险偷过封锁线。捕获的船的数量和躲过封锁线的难度是衡量北方联邦海军能力的标准。一个个港口陆续被封锁，只剩下查尔斯顿和威尔明顿。因为威尔明顿处在开普菲尔河入口处的岛屿上，所在海岸地形特殊，所以是最难封锁的港口。1863 年和 1864 年，威尔明顿与拿骚和百慕大的贸易量很大。1863 年 6 月 16 日，经过威尔明顿时，阿瑟·弗里曼特尔看到"八艘铅色的大型轮船，外形雅观，贸易往来十分频繁"。1865 年 1 月，北方联邦军攻占了费希尔堡，制止了往返于费希尔港的走私贸易。在费希尔港的走私贸易停止前的六个月里，走私船被捕的可能性很大。查尔斯顿一直保持开放，直到威廉·特库姆塞·谢尔曼北进逼退南方邦联军[①]。

[①] 查尔斯顿确实一直保持开放，直到驻军撤离。但 1863 年后，查尔斯顿并不像威尔明顿那么好接近。查尔斯顿的北方联邦舰队很集中，并且北方联邦军占领了海岸线。因此，从查尔斯顿偷过封锁线很难。此外，查尔斯顿港地形复杂，不具备优势。——编者注

第 12 章 南方邦联的处境：物资极度短缺

费希尔堡的走私贸易

但在此前的很长一段时间内，只有建造最精良的轮船才有可能偷过封锁线，并且成功的可能性很小。封锁期间，北方联邦海军需要极大的耐心，不能奢望成就丰功伟绩。执行封锁任务时，不需要做好随时开战的准备，只需要严格遵守纪律，有耐心。不过，封锁对联邦政府至关重要，并且对内战结果起着重要作用。

第 9 节 黑人奴隶

黑人奴隶是棉花种植的主要劳动力。在风谲云诡的历史中，关于黑人奴隶的奇事很多。譬如，在美洲，三百五十万名黑人奴隶默默地在南方劳作着，后来，却成了战争的起因，但从 1862 年 9 月开始，北方联邦军为了他们的自由浴血沙场。事实证明了人们重复多次的一个观点，即黑人无意反抗。亨利·W. 格雷迪说："一千把火炬就能让南方邦联军溃散，但可悲的是，南方从未出现一把火炬。"黑人奴隶没有反抗，对主人忠心耿耿，通过辛勤劳作为南方邦联军提供食物，协助南方邦联军继续为奴隶制而战。没有黑人奴隶，就没有棉花，南方就只能从欧洲和北方获得棉花。一位南方邦联陆军参谋官说："黑人奴隶是我们的强大力量，因为八百万名黑人奴隶生产的战斗物资相当于北方两千万人生产的战斗物资。"

拥有或监管二十名奴隶的人可以不用服兵役，以"维护当地治安"。但相关研究表明，这一规定并非一种限制，而是有意引导。实际上，除了少数人，身体健全的黑人一直留在人口稀疏的南方种植园。种植园附近的白人也都是老人、病患、女人和孩子。南方的这一现象非比寻常，不仅体现了南方黑人的美德，还突出了驯服黑人奴隶的文明社会的特点。

黑人奴隶逐渐理解了亚伯拉罕·林肯的《解放黑人奴隶宣言》，意识到北方获胜对自己的意义。随着北方联邦军进入南方，许多明白自由价值的黑人常跟在军队后面，给指挥官带来了许多不便。黑人奴隶对北方联邦军很友好，为逃出邦联监狱的俘虏提供食物，将他们从一家转移到另一家，指引他们前往北方联邦军营。此外，一些黑人奴隶会将女主人的贵重物品藏起来，以免被北方联邦军中的流民或掉队者偷走。他们的藏匿技巧很高明。许多南方邦联军官的贴身仆人对他们很忠诚，将他们从生死线或牢里解救出来。不过，并不是所有黑人奴隶都忠心不二。在一些重要的战役中，其他黑人常给北方联邦将军当向导。

第10节 南方征兵

南方征兵比北方早。南方邦联军节节败退，重要据点多纳尔森堡失守。因此，1862年4月16日，邦联政府通过了征兵法案。征兵法案规定：所有十八岁至三十五岁的白人男子必须参军。1862年9月27日通过的法案将征兵范围扩大到所有十八岁至四十五岁的白人男子。起初，只有四十岁或四十岁以下的白人男子入伍。葛底斯堡战役和维克斯堡战役后，杰斐逊·戴维斯下令，所有四十岁至四十五岁的白人男子必须入伍。1864年2月17日，南方邦联国会通过了一项法案，规定所有十七岁至五十岁的白人男子必须参军[①]。尤利西斯·S.格兰特说："他们连老人和小孩都不放过。"

人们逐渐厌倦了战争，逃亡在所难免。许多人不喜欢强制服兵役，只要有机会就会逃走。乡愁和难以下咽的饭菜成为士兵逃离的原因。葛底斯堡战役和维克斯堡战役的失败使逃兵数量激增。詹姆斯·塞登[②]的一位朋友写道："亲爱的

---

① 十七岁到十八岁和四十岁到五十岁的士兵是州防的后备力量，不应该上前线。——原注
② 詹姆斯·塞登（James A.Seddon, 1815—1880），南方邦联战争部部长。——原注

关于《解放黑人奴隶宣言》的漫画：奴隶自由

詹姆斯·塞登，毫无疑问，我们大势已去。"截至1863年7月24日，逃跑的士兵已达数百人，甚至有整个团离开的。逃兵几乎都带着枪。请假离开军队时，他们"会拍拍自己的枪并挑衅地说：'我要休假。'"在南卡罗来纳州的一个逃兵据点，大胆的逃兵联合起来，一起在农场劳作，用可以移动的脱粒机打粮食，在安静的院子里聚会喝酒，起誓要向抓捕他们的人复仇。1863年9月7日，南方邦联战争部副部长约翰·阿奇博尔德·坎贝尔法官总结了呈给邦联战争部的相关证据，写道："目前，北卡罗来纳州、南卡罗来纳州、佐治亚州和亚拉巴马州山区的形势威胁到了南方邦联的存亡，与北方联邦军一样致命。"

1864年的官方文件中，极少提到逃兵的相关信息。1864年4月28日，在做报告时，詹姆斯·塞登的语气中透露出几分满足。罗伯特·E.李和约瑟夫·E.约翰斯顿的军队纪律严明；士兵英勇作战。这表明通过公众情绪的影响和政府采取的一系列严厉措施，逃跑行为已大大减少。然而，1864年秋天的军事行动给南方邦联带来了灾难。与此同时，亚伯拉罕·林肯的连任表明，北方联邦军会继续勇往直前。有人强烈建议停止强制征兵，重新招募志愿兵。当时，南方邦联逃兵的实际人数已有十万人。逃兵人数并不能成为谴责征兵政策的理由，但暗示南方已经失败。

第11节 法定货币的狂欢

就严格界定的金融运作来说，邦联政府发行了纸币，债券收益以纸币形式支付，为政府提供资金。债券持有人通过购买债券获得收益。由于封锁严密，棉花出口税和进口税的收益微不足道。国内税收也没有筹集到大笔资金。邦联政府试图维持铸币支付的做法是徒劳的。一些人估计，1861年到1865年，邦联政府的铸币收入约为两千七百万美元。截至1863年年底，邦联财政部发行的流通中的纸币有七亿美元。1864年，流通中的纸币额增加到十亿美元。虽然纸币发行额很大，但具体数额一直没有公开。可能邦联财政部也不知道具体数额。不过，发行的纸币额并没有达到通货膨胀的程度。邦联各州还发行了州纸币，银行扩大了州纸币的流通范围。里士满、查尔斯顿和其他城市发行了市政国库券。铁路、收费公路、保险公司、工厂和储蓄银行也发行了大量纸币。市政和公司的纸币大部分以低于一美元的面额发行,解决了因小额银币消失引起的找零问题。在北卡罗来纳州,三英寸的钉子按每个五美分的价格流通。有时,邮票也会成为辅币。烟草商、杂货商、酒馆老板和牛奶经销商也推出了纸币。1862年,南方邦联政府开始发行一美元和两美元的钞票,以及一美元以下的小额钞票。这简直是法定货币的狂欢。

1864年,很多南方人认为必须采取措施减少货币。1864年2月17日,美国独立战争和法国大革命时期混乱的金融局面在美国重演。邦联政府规定:必须用纸币兑换百分之四的债券。如果不兑换,那么所有面额低于一百美元的纸币应换成新币,比例为三美元的旧币换成两美元的新币。如果两种兑换方式都不用,那么旧币将被征收淘汰。该规定表明,南方邦联国会和总统杰斐逊·戴维斯承认破产。除非独立,否则邦联政府的财政状况毫无转机。

在交易中,南方人乐意接受北方纸币,承认北方拥有丰富的资源。在里士满,有人用北方纸币报价。经纪人的办公室里也能看到北方纸币。南方邦联货币贬值的另一个表现是,以物易物现象的出现。在报纸上,厂商和店主打广告说,愿意用自己的产品换取农副产品。1864年3月29日,詹姆斯·塞登给罗伯特·E.李写信说:"为了获得补给,我们绝不能采取发行多余货币的措施,因为这一措施代价太大、麻烦太多……我打算大范围启用以物易物的交易方式。"

詹姆斯·塞登
(1815—1880)

第12节 南方物价飞涨

与通货膨胀相伴而生的是物价飞涨。当时和后来的一些作品中都在谈论这一话题，指出了日常生活的舒适和便利影响了人们的思想。瓦里纳·戴维斯夫人的家庭生活和个人日记生动记录了很多事实。1862年7月，黄金价格是一点五美元每盎司；里士满的牛肉和羊肉的价格是每磅三十七点五美分；土豆的价格是每蒲式耳六美元；茶叶每磅五美元；靴子每双二十五美元。1864年年初，一美元黄金兑换二十二美元的邦联货币。根据瓦里纳·戴维斯夫人的记录，当时，一只火鸡的价格是六十美元；面粉每桶三百美元。1864年7月，鞋子每双一百五十美元。

黄金的价格稳步上升，大多数商品的价格也随之上涨。在南方邦联最后的日子里，商品价格飞涨。两位英国人的经历表明，不是商品贵，而是钱不值钱了。1863年6月，在查尔斯顿，阿瑟·弗里曼特尔写道："查尔斯顿酒店收费合理，每天八美元，相当于一美元黄金多一点。"1864年1月，一个住在里士满最好的酒店里的英国人说："这是我住过最便宜的酒店。"确实，他每天的住宿费用是二十美元，相当于英国的三先令。

第13节　强制征税势在必行

南方邦联政府最担心的是军队补给问题。1863年，由于财政体系瘫痪，邦联政府采取了以农产品抵十分之一税的措施，通过强制征收农产品代替税收。人们逐渐认识到，仅凭购买粮食供养军队是不可能的。强制征收农产品的法案开创了"私有财产公用"的体制，影响深远。在一定限度内，军官可以为了储备物资或"作战"征用邦联任何地方的财产。

南方人对强制征收农产品的法案提出了强烈抗议。抗议活动波及范围广，持续时间长。邦联战争部意识到了强制征收农产品的危害，试图纠正错误，但一切补救措施都是徒劳。强制征收农产品的法案不仅很难执行，而且极不公平，遭人厌恶。但局面已不可逆转，邦联政府必须继续执行相关政策。

有人提议用高税收、贷款和以市场价购买农产品等方式代替强制征收农产品的法案，但不切实际。1863年，税收所得货币一直在贬值。1864年，市场上的货币数量虽然很少，但价值比1863年还低。邦联政府尝试发行了各种债券及市场可以容纳的贷款。与国库券数量相称的债券数量比人们预期的少，原因不是财政管理不善，而是南方没有足够的可用资金作为永久性投资。众所周知，南方将剩余资本用在了土地和黑人上。1863年1月1日，现代商业运作机制被原始商业取代。实际上，南方没有铸币，即没有现代财政体系的基础。现代财政体系由可兑现的货币和债券构成。战争爆发时，南方邦联不仅没有存款，还欠了北方和欧洲很多债。由于封锁，邦联港口也关闭了。邦联政府失去了从国外借钱的机会。从走私船的货物明细中可以看到，南方通过走私贸易获得的商品并不多。走私贸易和与北方的交易为南方邦联带来了军备物资，也将南方的棉花带了出去，但依然不能为邦联政府提供足够的钱或引进铸币。因此，采用什一税和强制征收农产品势在必行。

在这种情况下，什一税是最合适的征税方法。虽然什一税损害了农民的利益，引发了人们的怨言，但大部分证据表明，什一税制度运作良好。与其他治国政策一样，无论是北方还是南方，由于人们并不清楚战争规模及其持续时间，政府迟迟没有采用什一税。早在1862年，邦联政府就应该采取强制征收农产品的措施，以便减轻后来的征税负担。1863年，事态持续恶化，强制征收农产品势在必行。强制征收农产品的法案没有问题，但实施过程出了问题。人们的怨气说明，由于疏忽、缺乏统一性和执行方式过于严苛，一项合理的法案变得令人憎恶。在南方人口稀少的地区，强制征收农产品的法案遇到了很多障碍。和平时期农业社会使用的方法已不再有用。训练有素的官员需要制定一套管理体系，应对战争带来的许多难题。设计一套管理体系需要独创性，但南方的独创性远不及北方。

然而，南方虽然没有铸币，没有存款，也没有畅通无阻的贸易，但有土地和劳动力。通过一种不太完美的方式，邦联政府为军队和民众分配了食物，坚持作战四年。

第14节 南方女性

里士满离战场很近。战斗结束后，大批伤员被送到里士满。伤员需要精心照顾。1862年，里士满的公立医院和私立医院共有三十五家。教堂也成为伤员的临时疗养地。南方女性的奉献热情高涨。很多贵族女性来到医院照顾遍体鳞伤的伤员。由于没有麻醉剂和吗啡，伤员疼痛难忍，就连医生也无力缓解他们的痛苦。当时的情景可以用一句诗描述："当痛苦和烦恼爬上眉梢，你就是救死扶伤的天使！"①

虽然这句诗由来已久，但热爱自己事业的人总能从中找到新的灵感。南方邦联的很多文学作品充满对女性的感激之情，尤其是里士满的文学作品。

第 15 节 焦虑与物资匮乏

战争让北方女性痛苦不堪，也让南方女性苦不堪言。在北方，较多家庭可能没有近亲参军。但在南方，没有上战场的男性寥寥无几，几乎每一个家庭都在为家人祈祷。此外，焦虑一直萦绕在南方人的心头。与北方相比，南方受战争影响的人更多。里士满收到战报的速度相对较快。经常响起的警报表明危险正在靠近里士满，人们非常不安。由于经常看不到报纸，收不到邮件，一些偏远地区的人表示，自己宁愿整天活在警报声中，也不愿因得不到消息一直焦虑。

物资的匮乏加重了南方人精神上的痛苦。南方邦联女性先是缺奢侈品，后是缺生活必需品，日子越来越艰难。日常生活中，她们面对的贫困和我们熟悉的一样。战前和战后，南方人的生活方式截然不同。战前，很多人家里的粮食储备充足，浪费现象司空见惯，食物压得桌子吱吱响。曾经的南方人生活奢侈，待人慷慨，仆人众多。贵妇从不考虑食物从何而来，也从未屈尊干过任何体力活。现在，由于北方联邦军逼近，贵妇离开豪宅，前往里士满避难。在里士满，她们排队站在物价最便宜的商店前，等着用微薄的工资买面粉或培根。她们的工资是"干针线活"、誊抄文件或在政府部门任文职赚来的。文职工作一般不会给女性，除非她很有能力。财政部的一个职位能引来一百名女性申请者，其中，很多人出自书香世家，以前的家境很不错。过惯了奢华生活的贵妇也开始干一些仆人的工作。南方女性非常厌恶仆人的工作，但依然得笑着忍耐。此外，她们还要面对缺乏干净食物的处境，心里盼着南方能够独立，奴隶制得以维持。很多南方女性认为，北方在改革社会结构，但她们和母亲一直生活在这一社会结构下；此外，迫使她

---

① 引自英国小说家和诗人沃尔特·司各特描写女性的诗。——译者注

们遭受苦难的战争逐渐逼近南方，南方正在捍卫自己应有的权利。看到乡村荒废，城镇遭到肆意破坏，品行不端的北方联邦军四处劫掠，女性怒不可遏，口出恶语以发泄心中的愤怒。在日记中，佐治亚州的一位年轻女士写道："即使将所有语言中表达仇恨的话语合成一个表达憎恶的词语，也无法诉说我对北方联邦士兵的憎恨。"

第16节 充满宗教色彩的南方

与北方一样，南方邦联的士兵和人民也有着深厚的宗教情感。一名传教士谈到了南方邦联军中盛行的"虔诚行为"。在1864年4月28日的报告中，詹姆斯·塞登证实了"宗教的巨大影响和人们的虔诚之心"。乔治·卡里·埃格尔斯顿记叙道："在战争的最后一年，罗伯特·E.李的军中进行了一场复兴布道会。每个帐篷都举行了祷告会，士兵手中拿着《圣经》，整个军队为宗教而狂迷。"令人欣慰的是，圣公会的史册中记录的一件事减轻了战争带给人们的痛苦。南方的主教和神职人员请求北方的同事送来两三千本祈祷书，以及南方邦联军使用的教堂手册。联邦政府允许北方神职人员通过北方联邦军的防线，为南方送去祈祷书和教堂手册。

第17节 南北对比

总的来说，南北双方的一些观念差异不言而喻。南方邦联国会多次拒绝将财政部发行的纸币定为法定货币，并且详细阐释了《宪法》中的相关条款[①]。在多次讨论中，虽然将纸币定为法定货币的立法受到了罗伯特·E.李等的支持，但关于《宪法》的争论阻碍了该立法的通过。

《宪法》规定："除非在反叛或入侵的情况下，公共安全受到威胁，否则人身保护令特权不得中止。"南方邦联政府非常关注个人自由，但南方人更倾向行使强权。一开始，亚伯拉罕·林肯就有权通过行政法令暂停人身保护令。杰斐

---

① 南方邦联和北方联邦关于法定货币的条款相似。——原注

逊·戴维斯从未声称自己拥有类似的权力。南方人普遍认为，只有国会拥有暂停人身保护令的权力，除了明确的法规限制，南方邦联公民可享有人身保护令特权。在 1864 年 2 月 15 日通过的法案中，南方邦联国会大胆主张自己的权力，即"暂停人身保护令的权力……完全属于国会，只有国会有权判断是否有必要暂停人身保护令"。在四年内战中，南方邦联暂停人身保护令的时间总计为一年五个月零两天，不到战争持续时间的一半。在北方，只要行政部门或其授权的人认为有必要，人身保护令可以随时随地暂停。反对征兵的人、政治犯和涉嫌"参与不忠行动"的人无权享有人身保护令特权。北方行政部门下令暂停人身保护令的时间为一年十个月二十一天，其余时间由国会批准暂停。

总体上，关于行使强权的争议焦点是：北方联邦和南方邦联是否平等。在北方，"不忠的"秘密组织逐渐扩大，威胁到了联邦政府。公众对联邦政府的批评也越来越多，越来越犀利。此外，一个有组织的政党成为反对派的领导者，支持克莱门特·瓦兰迪加姆。南方没有与克莱门特·瓦兰迪加姆对抗的人，然而，南方的时局打消了北方的这些顾虑。内战的战场在南方[①]，因为短时间内，南方邦联军从未北进越过梅森－狄克逊线[②]和俄亥俄河。1862 年 10 月，约翰·阿奇博尔德·坎贝尔法官写道："民政管理非常松懈，尽管政府耗费了很多精力，但整个邦联就像一个处于围困中的城市，与外国的一切联系都被切断了，凡是易受攻击的地方都遭到了一支强大部队的袭击。"有北方联邦军的地方，一旦南方邦联军中出现不忠的行为，就会使北方联邦军获益，继而大胆发动战争。与前线不同的是，不忠的行为会在呐喊、危机和秘密的午夜誓言中消散。实际上，密西西比河以东的地方并不重要，也从未受到北方联邦军的入侵或威胁。南方的法院一直是正常运转的。由于社会动荡，贸易中断，各州通过了留置法。法院审判的商业案件越来越少，主要处理刑事案件和附议国会法案，或帮想逃避兵役的人签发人身保护令。

[①] 南方邦联的每个州几乎都有支持北方的区域。譬如，在田纳西州东部，支持联邦的人烧桥掠夺，给南方邦联军带来了很大麻烦，尤其是阻挠了铁路的正常运输。——编者注
[②] 梅森－狄克逊线是美国宾夕法尼亚州和马里兰州的分界线，也是内战爆发前美国的南北分界线。——译者注

第 12 章 南方邦联的处境：物资极度短缺

第 18 节 北方：独裁

北方的媒体基本上是自由的，但一些期刊会遭到压制。南方的媒体完全自由，没有受到任何压制。因为南方报纸极少进行新闻采访，大部分新闻都参考了北方报纸，所以不会让南方邦联将领感到不快。北方报纸经常会估计军队兵力，猜测军队动向，让联邦将领很恼火。有时，根据罗伯特·E.李或詹姆斯·塞登的要求，里士满的期刊会删除可能对北方联邦军有利的新闻，但政府并不强制期刊删除新闻。南方人和北方人都可以参加公开集会，但北方人可以随意发表自由言论。

南方人认为，北方联邦政府已沦为一个军事独裁体。与此同时，北方人认为，南方邦联政府的政权是镇压一切反对声音的暴政。两种观点的依据显而易见。理论上，南方比北方更自由，但实际情况恰好相反。无论是北方联邦还是南方邦联，真正需要人身保护令特权的人很少。但南方所有健康的年轻人和中年人都被强制要求服兵役。邦联政府按照规定的垄断价格强行征用了有钱人的财产。联邦政府也许是一个独裁者，因为国会和人民将一部分权力交给了一个值得信赖的人。

第 19 节 社会化国家的南方邦联

南方邦联是一个社会化国家，邦联政府需要处理的事务很多。譬如，邦联政府直接征收农产品税，并且规定商品价格，管理铁路运营，经营制造业，进行对外贸易等。邦联政府做的一切需要征得民众的一致同意，但人们希望政府做得更多。从当时的报纸、公开和私人的信函中可以看到，南方人经常要求扩大邦联政府、各州政府和各市政府的职责范围。一些人认为，扩大政府的职责范围似乎不可能。于是，州主权被提了出来。

南方一直存在一个有趣的问题，即军事部门以外的政务能否得到妥善处理？邦联政府的下级部门没有妥善处理相应的事务，财政部部长克里斯托弗·梅明杰也没有表现出应对困难的能力。此外，邮局经营不善，但没有人探究导致这一结果的原因是情形太复杂还是邮政部部长约翰·亨宁格·里根没有能力。国会和海军部及时抓住了机会。国务卿犹大·本杰明不仅负责国外事务，还是杰斐逊·戴维斯的好友和秘密顾问，但他涉嫌贪污，被指控从事棉花投机买卖，在英国的账户上有一大笔钱。一些谣言没有根据,因为犹大·本杰明到达英国后,有一段时间几乎身无分文。因此,他即使有非法所得,也已经花完了。实际上,内战期间,犹大·本杰明的生活条件很不错。

第20节 杰斐逊·戴维斯与亚伯拉罕·林肯

杰斐逊·戴维斯将注意力都放在了战争部。据说,战争部部长詹姆斯·塞登只是他的首席文员。除了杰斐逊·戴维斯和詹姆斯·塞登之间不重要的、存在争议的信函,研究杰斐逊·戴维斯、詹姆斯·塞登和约翰·阿奇博尔德·坎贝尔法官的文件时,我们会清楚看到他们的行政能力。事实上,任何政府都会对他们的能力感到自豪。我们如果单独考虑一些事实,那么可能会问北方联邦军征服南方邦联军的可能性有多大。如果没有联邦领导人出众的政治能力和北方人对亚伯拉罕·林肯的坚定支持,那么北方一定不可能征服南方。

与杰斐逊·戴维斯相比,亚伯拉罕·林肯的能力更强,但杰斐逊·戴维斯是一个可敬的对手。杰斐逊·戴维斯的身体状况一直不太好,国外对此议论纷纷。人们甚至猜测如果他去世了,那么南方邦联政府该如何维持下去。1864年12月,由于杰斐逊·戴维斯患有脑部疾病,人们都以为他命不久矣。杰斐逊·戴维斯身体消瘦,面容憔悴,看起来比实际年龄老很多,忧心邦联的命运使他不堪重负。但他的家庭生活甜蜜幸福,聪颖贤惠的妻子瓦里纳·戴维斯夫人深爱着他。喜欢对比的人会发现,战争期间,亚伯拉罕·林肯和杰斐逊·戴维斯都失去了一个儿子。威廉·华莱士·亚伯拉罕·林肯于1862年病逝,年仅十二岁。约瑟夫·埃文·戴维斯还是个调皮的小男孩时,从门廊上跌落下来,不治身亡。

然而,杰斐逊·戴维斯如果赢了,那么一定会残酷对待被征服者。1864年10月,他问道:"有没有人想过,我们撤退就能战胜北方联邦军吗?你们不知道驯服猎犬的唯一方式是鞭打吗?"亚伯拉罕·林肯第二次就职演说的达到的道德高度是他无法企及的。北方胜利的原因可以用威廉·莎士比亚的《亨利五世》中的话概括:"当一个国王处事轻率、残忍时,温顺的赌徒就是最后的赢家。"

第13章　战争尾声：威廉·特库姆塞·谢尔曼的战略布局

第1节　威廉·特库姆塞·谢尔曼和乔治·亨利·托马斯

1864年9月，威廉·特库姆塞·谢尔曼在亚特兰大安营扎寨。当时，他四十四岁，正值盛年，身强体健。三年丰富的作战经验夯实了他的军事理论知识。同时，他和尤利西斯·S.格兰特友谊深厚，共同致力于联邦大业。此刻，威廉·特库姆塞·谢尔曼"大脑高速运转"，谋划着一次非比寻常的行动，率军朝海边进发。他提议让乔治·亨利·托马斯迎战约翰·贝尔·胡德，而自己前往佐治亚州。但亚伯拉罕·林肯非常担心留在后方的约翰·贝尔·胡德，认为"一次失误对北方联邦军来说可能是致命的"。与此同时，约翰·贝尔·胡德渡过田纳西河，进入了田纳西州①。尤利西斯·S.格兰特怀疑威廉·特库姆塞·谢尔曼的计划是否明智，问威廉·特库姆塞·谢尔曼，在开始南下前，能否先打败约翰·贝尔·胡德的军队。但威廉·特库姆塞·谢尔曼预料到了尤利西斯·S.格兰特的疑虑，已经发急件给他，以打消他的疑虑。尤利西斯·S.格兰特回复道："按你的计划进行吧！"

威廉·特库姆塞·谢尔曼率军朝海边进发，从萨凡纳北上。与此同时，在田纳西州，乔治·亨利·托马斯采取了行动。查塔努加－亚特兰大战役后，这一

---

① 在佐治亚州的帕尔梅托，与杰斐逊·戴维斯商议后，约翰·贝尔·胡德率军南下。1864年10月1日，约翰·贝尔·胡德渡过了查特胡奇河，试图引诱威廉·特库姆塞·谢尔曼离开亚特兰大。之后，约翰·贝尔·胡德率军突袭了北方联邦军从查塔努加到亚特兰大的铁路补给线。威廉·特库姆塞·谢尔曼一路追赶南方邦联军，随后停了下来，将注意力转移到了佐治亚州的行军计划上。此时，约翰·贝尔·胡德的军队出现在了田纳西河河畔的迪凯特。1864年11月2日，尤利西斯·S.格兰特批准了威廉·特库姆塞·谢尔曼继续进军佐治亚州的计划。——编者注

系列作战行动可能是北方联邦军唯一一次大胆有效的战略部署,也是查塔努加-亚特兰大战役的后续。如果许多人计划进军,那么只有真正的将军才能预见对手可能采取的行动,想好防范计策,预估分裂南方邦联军会带来的物质和精神方面的后果。威廉·特库姆塞·谢尔曼小心谨慎,充分考虑了此次冒险计划中的困难。当其他人都反对他时,他像维克斯堡战役中的尤利西斯·S.格兰特一样,表现出英勇无畏、不屈不挠的品质。在约翰·贝尔·胡德渡过田纳西河后,只有勇敢坚定的将军才会毅然进军佐治亚州[①],尤其是在尤利西斯·S.格兰特还质疑他的行动是否明智的情况下。威廉·特库姆塞·谢尔曼是指挥官,了解自己的将士,也清楚当下的形势,明白除非乔治·亨利·托马斯打败约翰·贝尔·胡德,否则北方联邦军胜利无望。威廉·特库姆塞·谢尔曼很清楚计划中存在的风险,也非常了解乔治·亨利·托马斯。威廉·特库姆塞·谢尔曼和乔治·亨利·托马斯是西点军校的同学,友谊深厚。虽然两人性情不和,意见相左,但在内战中关系越来越亲密。威廉·特库姆塞·谢尔曼对乔治·亨利·托马斯充满信心,为他配备了足以应付所有突发状况的兵力,希望他守住田纳西州。乔治·亨利·托马斯发电报说:"我如果有约翰·斯科菲尔德的协助,一定会更有信心。"[②]威廉·特库姆塞·谢尔曼将约翰·斯科菲尔德的军队从自己的军中派了出去,命其北上支援乔治·亨利·托马斯。1864年11月10日,威廉·特库姆塞·谢尔曼启程向海边进发[③]。乔治·亨利·托马斯写信告诉他:"我不担心P.G.T.博勒加德[④]或约翰·贝尔·胡德对我们不利。如果他们想追上你,那么我会尽快追上他们;如果他们不追你,那么我会彻底整顿自己的军队。我相信自己有足够的兵力打败他们,除非他们迅速撤离。"[⑤]

---

① 在威廉·特库姆塞·谢尔曼做好决定时,约翰·贝尔·胡德仍在田纳西河河边,并未过河。——编者注
② 《北方联邦陆军和南方邦联陆军的官方记录》丛书一,第34卷,第3册,第582页。——原注
③ 实际上,威廉·特库姆塞·谢尔曼向海边进发并非始于亚特兰大,而是始于北佐治亚。在北佐治亚,他追击约翰·贝尔·胡德,北方联邦军在追击途中集结。《威廉·特库姆塞·谢尔曼将军回忆录》,第2卷,第169页。——编者注
④ P.G.T.博勒加德曾负责掌管邦联战争部,是约翰·贝尔·胡德的上级。——原注
⑤ 《北方联邦陆军和南方邦联陆军的官方记录》丛书一,第34卷,第3册,第756页。——原注

第 2 节 威廉·特库姆塞·谢尔曼向海边进军

与此同时,北方联邦指挥官并不确定约翰·贝尔·胡德是否会追上威廉·特库姆塞·谢尔曼,或北上前往纳什维尔。实际上,前往海边的军队并不需要那么多人。如果再给约翰·斯科菲尔德一万援军,那么就可以免去一些后顾之忧,并且一旦出现问题,威廉·特库姆塞·谢尔曼有足够的兵力打败约翰·贝尔·胡德,并且击退前来支援的散兵。此外,由于威廉·特库姆塞·谢尔曼的最终目标是"增援弗吉尼亚的北方联邦军",因此,在尤利西斯·S.格兰特到来前,威廉·特库姆塞·谢尔曼本该有足够的兵力对抗罗伯特·E.李。威廉·特库姆塞·谢尔曼以为田纳西州的北方联邦军比约翰·贝尔·胡德的军队人数"多"[1]。根据1864年11月1日至1864年11月12日发生的一切,威廉·特库姆塞·谢尔曼和乔治·亨利·托马斯平分队伍不存在什么争议。

威廉·特库姆塞·谢尔曼谨慎地考虑了自己的决定。出发前的六天里,他已做好准备。他如果要配合乔治·亨利·托马斯追上约翰·贝尔·胡德,那么就必须兵分两路,一路直逼南方邦联军,另一路负责切断南方邦联军的退路。威廉·特库姆塞·谢尔曼认为,"首要目标应该是消灭约翰·贝尔·胡德的军队"[2]。但日子一天天过去,威廉·特库姆塞·谢尔曼开始相信,向海边进军是最有利的计划,于是下定决心执行自己的计划。1864年11月12日,在卡特斯维尔停留时,威廉·特库姆塞·谢尔曼收到了乔治·亨利·托马斯的最后一封信。他回复乔治·亨利·托马斯说:"好的。"[3] 南方邦联军烧毁了一座桥,切断了乔治·亨利·托马斯与华盛顿的所有通信。乔治·亨利·托马斯像"朱利安进入马西安森林或黑森林的深处[4]"一样,前途未卜。威廉·特库姆塞·谢尔曼也失去了联系[5]。1864年11月12日到1864年12月14日,华盛顿没有收到任何来自威廉·特

---

[1] 《北方联邦陆军和南方邦联陆军的官方记录》丛书一,第34卷,第3册,第659页、第660页。——原注
[2] 《北方联邦陆军和南方邦联陆军的官方记录》丛书一,第34卷,第3册,第659页。——原注
[3] 《北方联邦陆军和南方邦联陆军的官方记录》丛书一,第34卷,第3册,第657页。——原注
[4] 在《罗马帝国的衰落》中,爱德华·吉本提到罗马帝国皇帝朱利安进入黑森林深处后,数天内杳无音讯。——译者注
[5] 《约翰·吉本传》,第22章。——原注

库姆塞·谢尔曼的消息。威廉·特库姆塞·谢尔曼写信给尤利西斯·S.格兰特说:"我不会派信使回去,但会通过里士满的报刊让你了解情况。"① 接下来的三十二天里,亚伯拉罕·林肯和尤利西斯·S.格兰特只能通过南方报刊得知威廉·特库姆塞·谢尔曼的消息。

威廉·特库姆塞·谢尔曼对当时的局势印象深刻,说:"敌对双方的行军方向正好相反,并且都胸有成竹,认为自己定会取得最后的胜利。"② 他的话常常前后不一。此次行军从侧面反映出,威廉·特库姆塞·谢尔曼不太关注他人的想法。他主意多,说话快,想到什么说什么,不管考虑得周不周全。几乎和所有实干家一样,他今天的想法可能会取代昨天的想法,明天的新想法又会取代今天的想法,但不妨碍他做出正确决定,不会影响他执行计划的坚定立场。尤利西斯·S.格兰特沉默寡言,不是一个健谈的人,不会因为威廉·特库姆塞·谢尔曼书信中的前后不一致谴责他。尤利西斯·S.格兰特很少表现出焦虑,也不会想没有发生的事。威廉·特库姆塞·谢尔曼的一句话形象描述了自己和尤利西斯·S.格兰特的不同性情:"尤利西斯·S.格兰特并不在乎视线以外的南方邦联军,但我会为此坐立不安。"

在亚特兰大集结时,北方联邦军毁了城里能用的火车站、机械厂和其他建筑物。北方联邦军的右翼和左翼派出部分军队提前出发了。1864年11月16日,威廉·特库姆塞·谢尔曼率第十四团从亚特兰大出发。他拥有六万两千名"身体强健、经验丰富的士兵。军队装备精良,供给充裕,生活、劳作、打仗所需的物资应有尽有"③。一支乐队正在演奏《约翰·布朗之歌》。士兵合唱道:"光荣,哈利路亚,他的英魂在前行。"一股激荡人心的力量油然而生,士兵想起了1859年12月以来发生的所有事。1859年12月2日,人们心中的圣人约翰·布朗英勇就义④。北方联邦军继续向海边进发。天气晴朗,空气宜人,士兵兴奋不已。许多普通士兵向威廉·特库姆塞·谢尔曼喊话:"比利大叔⑤,我想尤利西

---

① 《北方联邦陆军和南方邦联陆军的官方记录》丛书一,第34卷,第3册,第661页。——原注
② 《威廉·特库姆塞·谢尔曼将军回忆录》,第2卷,第170页。——原注
③ 《威廉·特库姆塞·谢尔曼将军回忆录》,第2卷,第172页。——原注
④ 北方联邦军并不认为内战是解放奴隶的改革运动,许多人厌恶这种观点。士兵的言语中没有表现出任何针对奴隶制的情绪,只表现出了对守卫联邦的热情。——编者注
⑤ 比利大叔是威廉·特库姆塞·谢尔曼的昵称。——译者注

亚特兰大被毁坏的民居

亚特兰大被毁坏的工厂

斯·S.格兰特正在里士满等我们。"威廉·特库姆塞·谢尔曼叙述道："将士'不顾一切'，令我感到责任重大。"① 此次行军并非战斗，就像查塔努加－亚特兰大的战役一样，作战计划一步步展开。到达萨凡纳后，威廉·特库姆塞·谢尔曼写道："前行途中，我们一直没有遇到那头'狮子'②。"③ 将士将此次行军视为一次"野餐""一场盛大的节日聚会"④。压力都在负责指挥的将军身上。在南方邦联军的领地，威廉·特库姆塞·谢尔曼必须竭尽所能，保证军队的供给。军队出发时，威廉·特库姆塞·谢尔曼命人准备了约二十天的面包和四十天的糖、咖啡和盐，以及三天的草料、充足的弹药。所有物资由两千五百辆马车拉运，一辆马车配有六匹骡子。此外还有成群的家畜，可以为军队提供一个多月的鲜肉。救护车有六百辆，大炮只带了六十五门。由于有很多河要过，配合船运班次载运船客的火车也随时待命。北方联邦军的右翼由第十五团和第十七团组成，左翼由第十四和第二十团组成。每个团分到了三百辆货运列车，分头行进，通过列车行进了五英里多。与军队先锋和后卫部队随行的大炮、列车走大道，士兵走旁边的小道。黎明时分，北方联邦军开始日常行军，正午过后扎营，每天一般行军十英里到十五英里。七天内，北方联邦军的左翼穿过佐治亚州的中心地带，到达佐治亚州的首府米利奇维尔。南方邦联军非常恐慌，担心梅肯或奥古斯塔会遭遇袭击，因此分散了兵力。当南方邦联军意识到萨凡纳才是北方联邦军的目的地时，已无法集结军队进行防御了⑤。1864年12月10日，北方联邦军逼近萨凡纳，结束了三百英里的行军，开始围攻南方邦联军。

第3节 就地觅食

1864年11月9日，北方联邦军中一份特殊的战场命令称："行军途中，军

---

① 《威廉·特库姆塞·谢尔曼将军回忆录》，第2卷，第179页。——原注
② 指约翰·贝尔·胡德。——译者注
③ 《北方联邦陆军和南方邦联陆军的官方记录》丛书一，第44卷，第793页。——原注
④ 雅各布·多尔森·考克斯：《向海边进军》，第42页。——原注
⑤ 南方邦联军未能及时集结兵力的主要原因是没有兵源。此外，北方联邦军的主力军人数很多，还有一些小分队。约翰·贝尔·胡德除非留在佐治亚州，否则根本没有足够兵力对抗威廉·特库姆塞·谢尔曼。——编者注

威廉·特库姆塞·谢尔曼向海边进军，一路烧毁房屋，拆毁铁路

队可以就地觅食。"①佐治亚州人烟稀少，从当地权贵手中征用物资的计划显然不切实际。因此，就地觅食成了为军队提供补给的唯一可行方式。做出寻找食物的相应部署后，士兵立即行动起来。每个旅派出约五十人徒步搜寻食物。回来时，士兵骑着马，赶着牛和骡子，拉着装满新鲜羊肉、熏肉、火鸡、鸡、鸭、玉米面、糖蜜罐和番薯的货运马车与家用马车。佐治亚州的农作物刚刚丰收，人们本来打算留着食物过冬。因为佐治亚州从未遇到过北方联邦军入侵，所以粮食和草料都很充裕。虽然威廉·特库姆塞·谢尔曼和其他将领竭力维持军队秩序，但士兵搜寻食物时常常不受约束。威廉·特库姆塞·谢尔曼写道："一名士兵从我面前经过，枪上挂着一根火腿，腋下夹着一罐高粱饴，手里拿着一大块蜂蜜。他正吃着蜂蜜时看到了我，低声对同伴说：'就地觅食'。"②威廉·特库姆塞·谢尔曼责备了这名士兵。看到其他士兵违反纪律时，威廉·特库姆塞·谢尔曼也会进行责备，并且指明"必须选出合格的士兵寻找食物"。威廉·特库姆塞·谢尔曼以军队为傲，并且士兵也对他充满信心，这令他很欣喜。抵达萨凡纳后，他并没有严厉责备士兵，只写道："寻找食物时，他们的行为略显散漫。他们本不应该这样的。"③北方联邦军中一片欢声笑语，欢乐的聚会正在进行，尤其是一些将领在米利奇维尔众议院的集会。联邦将领组建了佐治亚州的立法机构，并且选举了一位发言人，经过正式讨论后举行了公平投票，废除了"脱离联邦法案"。

第4节 北方联邦军对佐治亚州的破坏

行军过程中，北方联邦军对沿途的破坏也是行军的一部分，尤其因为罗伯特·E.李军队的大部分补给源自佐治亚州。在奥古斯塔的一次演讲中，杰斐逊·戴维斯说："佐治亚州的粮食产量不仅可以满足本州人民和军队的需要，还可以补给弗吉尼亚军。"威廉·特库姆塞·谢尔曼注意到，切断海湾各州④和里士满

---

① 《北方联邦陆军和南方邦联陆军的官方记录》丛书一，第34卷，第3册，第713页。——原注
② 《威廉·特库姆塞·谢尔曼将军回忆录》，第2卷，第181页。——原注
③ 《北方联邦陆军和南方邦联陆军的官方记录》丛书一，第44卷，第14页。——原注
④ 指美国濒临墨西哥湾的五个州，即佛罗里达州、亚拉巴马州、密西西比州、路易斯安那州和得克萨斯州。——译者注

第13章 战争尾声：威廉·特库姆塞·谢尔曼的战略布局

之间的铁路交通至关重要。因此，他命人烧毁了很多桥梁和栈桥，炸毁了石砌涵洞桥。在破坏铁轨方面，北方联邦军的工程兵和佐治亚州的精工巧匠展开了一场较量。北方联邦军的总工程师设计了一种通过燃烧轨枕加热轨道的机器，使轨道扭曲变形。密歇根州和密苏里州的工程师用同样的机器破坏了轨道。北方联邦军中有很多破坏欲很强的步兵，他们也参与了铁路破坏。士兵将烧到赤热的铁轨抬到附近的大树旁，绕着树干将其扭曲得面目全非。被破坏了的轨道除了当旧铁，别无他用，甚至连工厂也不愿用。大约二百六十五英里的铁路就这样被破坏了。威廉·特库姆塞·谢尔曼说，这些铁路位于'戴维斯帝国'的核心区域，使其遭受了无法弥补的损失，因为南方很少有可以生产替换轨道的工厂，并且很多港口被封锁了，无法进口轨道。佐治亚州沿线的车站和机械厂都被烧毁了，数千包棉花及大批轧棉机和打包机被付之一炬。在米利奇维尔，威廉·特库姆塞·谢尔曼报告说："我烧毁了佐治亚州的铁路和兵工厂，但保留了州政府和州长的住所。"[①] 在北方联邦军到来前，囚犯烧毁了监狱。威廉·特库姆塞·谢尔曼向一个黑人询问北方联邦军右翼的动向。黑人描述说："先来

囚犯烧毁监狱

---

① 《北方联邦陆军和南方邦联陆军的官方记录》丛书一，第44卷，第789页。——原注

了一些骑兵，烧了车站；又来了一些步兵，拆毁了轨道。我离开前，他们将楼点着了。"① 总的来说，威廉·特库姆塞·谢尔曼不愿破坏私人财产，但到达海边后，他写的所有信函几乎都表现出一种幸灾乐祸的情绪。在萨凡纳，他写道："亚特兰大到萨凡纳周边三十英里的地区，我们得到了谷物和饲料，还有番薯、牛、猪、羊和家禽，并且带走了一万多匹马和骡子及无数奴隶。据我估计，我军对佐治亚州及其军事资源造成的损失有一亿美元，其中，至少有两千万美元为我们所用，其余的是浪费和破坏所致。虽然这场战争似乎很艰难，但让那些直接或间接将我们卷入这场灾难的人清楚意识到，战争是多么残忍。"② 也许正如威廉·特库姆塞·谢尔曼后来说的："战场就是炼狱。"③

威廉·特库姆塞·谢尔曼下达的各种命令表明，士兵不仅在寻找食物时不受约束，在烧毁建筑物时更是随心所欲。有人对西部北方联邦军的一项严厉指控就是掠夺。威廉·特库姆塞·谢尔曼没有否认，并且雅各布·多尔森·考克斯承认了士兵的不法行为。战争结束后，威廉·特库姆塞·谢尔曼听说很多女士的珠宝被抢了，但认为罪魁祸首是被称为"无赖"的抢劫者。雅各布·多尔森·考克斯称抢劫者为"惯犯"，将大部分不法行为都归在这些人身上。士兵掠夺他人财物的部分原因，可能是想留下一些纪念重大事件发生地的东西。此外，虽然北方联邦军建立了一支强大的作战队伍，但因为没有严明的军纪，所以很多士兵认为，在敌方领地掠夺他人财物是合理的。然而，联邦将领都拥有崇高的品质，非常想让士兵遵纪守法，并且违反纪律的士兵会受到严厉惩罚。不应忽视的一点是，北方联邦军受到指控的掠夺行为中，许多实际上是南方邦联军所为。概括描述联邦将领时，值得一提的是，北方联邦骑兵指挥官休·贾德森·基尔帕特里克因不道德行为和贪婪而臭名昭著。他常以军情紧急为由，无视威廉·特

---

① 《威廉·特库姆塞·谢尔曼将军回忆录》，第2卷，第191页。——原注
② 这些估计有夸大的成分。1860年，佐治亚州的地产和个人财产的评估总价为六亿一千八百二十三万两千三百八十七美元。《北方联邦陆军和南方邦联陆军的官方记录》丛书一，第44卷，第13页。——原注
③ 这句话出自1880年8月12日哥伦布的《俄亥俄州日报》。该报报道了威廉·特库姆塞·谢尔曼在1880年8月11日的演讲，引用了他说的话："很多士兵将战争视为无上的荣耀，但战场就是炼狱。"后来，他写下一句描述战争的话："战争是残酷的，无法修饰。"认为"战场就是炼狱"是对他所写内容的曲解。参见劳埃德·L.路易：《威廉·特库姆塞·谢尔曼：好战的预言家》，第635页到第636页。——编者注

第 13 章 战争尾声：威廉·特库姆塞·谢尔曼的战略布局

休·贾德森·基尔帕特里克
（1836—1881）

库姆塞·谢尔曼的命令。当时，休·贾德森·基尔帕特里克的越轨行为使军队士气低落，自此背上了坏名声。然而，威廉·特库姆塞·谢尔曼曾写道："我从未听闻有人四处杀戮或奸淫。"①

第 5 节 黑 人

威廉·特库姆塞·谢尔曼的行动重创了南方奴隶制。北方联邦军所到之地，受到了黑人的热烈欢迎。在卡温顿附近，一个白发苍苍的黑人对威廉·特库姆塞·谢尔曼说："从很小的时候起，我就一直在寻找上帝的天使。"他认为北方联邦军的胜利会给黑人带来自由。一个黑人奴隶的代言人对威廉·特库姆塞·谢尔曼的副官说："希望上帝保佑你们胜利。我和所有黑人都觉得你们是为我们而来。"在米利奇维尔，黑人欣喜若狂，高呼："上帝保佑！感谢万能的主，北方

---

① 《威廉·特库姆塞·谢尔曼将军回忆录》，第 2 卷，第 183 页。——原注

联邦军来啦！好日子来了！"①北方联邦军的左翼指挥官说："行军途中，每一英里都有很多黑人加入我们。"黑人想要立刻得到解放的愿望很强烈。如果不是威廉·特库姆塞·谢尔曼反对黑人跟随军队，那么加入北方联邦军的黑人可能会更多。威廉·特库姆塞·谢尔曼允许身强力壮的年轻黑人参军，但引发了大麻烦，因为军队需要养活的人数增加了。令人担忧的是，与南方邦联军大规模交战时，黑人会妨碍军队的行动。但亚伯拉罕·林肯宣布解放黑人奴隶的消息传播甚广。

　　北方联邦军的军事行动对南方人影响很大。杰斐逊·戴维斯写道："威廉·特库姆塞·谢尔曼的行动对我们的人民产生了消极影响。"②起初，南方人普遍认为，北方联邦军的此次行动相当于自投罗网，很可能被击退或被彻底消灭。南方人低估了北方联邦军的兵力，高估了南方邦联的防御措施。此外，南方当时的军事部署毫无杀伤力。行军途中，北方联邦军几乎没有遇到阻力。威廉·特库姆塞·谢尔曼称其为"现代阿提拉③"的胜利之行。显然，许多南方人已厌倦战争。

第6节　北方联邦军攻占萨凡纳

　　在威廉·特库姆塞·谢尔曼与华盛顿失去联系的三十二天里，北方人只能从里士满的报纸和其他南方期刊上得到他的消息。北方的日报节选印刷了南方的报刊。亚伯拉罕·林肯非常担忧威廉·特库姆塞·谢尔曼的安全。根据尤利西斯·S.格兰特的回忆，当时，北方人很挂念军中的丈夫、儿子或兄弟。1864年12月14日晚，华盛顿第一次收到了威廉·特库姆塞·谢尔曼的消息。1864年12月18日，威廉·特库姆塞·谢尔曼来信说自己已开始与舰队联系。1864年12月20日晚，南方邦联军撤离萨凡纳。威廉·特库姆塞·谢尔曼占领了萨凡纳，并且给亚伯拉罕·林肯发了急件。圣诞节晚上，亚伯拉罕·林肯收到了他的信。在信中，威廉·特库姆塞·谢尔曼说："我渴望将萨凡纳作为圣诞礼物奉上。萨凡纳城中有一百五十支重型枪、大量弹药及约两万五千包棉花。"

---

① 乔治·W.尼古拉：《大行军记》，第56页、第60页。——原注
② 《北方联邦陆军和南方邦联陆军的官方记录》丛书一，第45卷，第2册，第778页。——原注
③ 阿提拉（Attila，406—453），古代亚欧大陆匈人的领袖，曾使匈人帝国的版图达到盛极一时的地步。——译者注

第13章 战争尾声：威廉·特库姆塞·谢尔曼的战略布局

各种迹象表明，约翰·贝尔·胡德打算进攻田纳西州。威廉·特库姆塞·谢尔曼派雅各布·多尔森·考克斯北上，并且对他说："如果有硬仗要打，你就打吧。"①事实确实如此。北方联邦军分散了兵力。约翰·贝尔·胡德认为"打乱威廉·特库姆塞·谢尔曼进军佐治亚州的计划"②的时机已成熟。于是，1864年11月21日，约翰·贝尔·胡德发动了进攻，开始向纳什维尔挺进③。约翰·贝尔·胡德的兵力比约翰·斯科菲尔德的多，并且他精力旺盛，机智敏捷，充分发挥了自己的优势。约翰·斯科菲尔德竭力拖住南方邦联军，以便协助乔治·亨利·托马斯的军队。后来，约翰·斯科菲尔德意识到自己的兵力不及对手，明智地选择了撤退④，安全撤到了富兰克林。在富兰克林，冲动的约翰·贝尔·胡德逼迫约翰·斯科菲尔德背水一战。南方邦联军展开了猛烈的正面攻击，但被击退，伤亡惨重⑤。雅各布·多尔森·考克斯与约翰·斯科菲尔德平分了"辉煌胜利的荣耀"⑥。乔治·亨利·托马斯命北方联邦军前往纳什维尔。

约翰·贝尔·胡德追击约翰·斯科菲尔德来到纳什维尔，并且停在纳什维尔城前。此时，他的军队只有两万六千人。南方邦联军的末日即将来临⑦。1864年12月11日，在报告中，约翰·贝尔·胡德解释了继续北上的原因，即"迫使北方联邦军主动进攻"⑧。在纳什维尔，乔治·亨利·托马斯的军队有四万九千人。

---

① 雅各布·多尔森·考克斯：《向海边进军》，第21页。雅各布·多尔森·考克斯：《军事回忆录》，第2卷，第326页。——原注
② 《北方联邦陆军和南方邦联陆军的官方记录》丛书一，第45卷，第1册，第1215页。——原注
③ 此次战役发生在佛罗伦萨和迪凯特附近。——编者注
④ 约翰·贝尔·胡德本来有两次机会困住约翰·斯科菲尔德的军队，但因指挥失误而失败。内森·B.福里斯特差点成功攻占达克河上的哥伦比亚桥。1864年11月29日晚，在斯普林斯山以北几英里处，约翰·斯科菲尔德从约翰·贝尔·胡德大军的不远处经过。约翰·贝尔·胡德本来可以阻断主干道，围攻北方联邦军。虽然约翰·斯科菲尔德带兵有方，但确实是由于约翰·贝尔·胡德的失误，北方联邦军才撤到了富兰克林，最后撤到纳什维尔。——编者注
⑤ 1864年11月30日的富兰克林战役是内战中最残酷的战役之一。当时，北方联邦军参战两万七千九百三十九人，伤亡两千三百二十六人，阵亡一百八十九人。南方邦联军参战两万九千八百九十七人，伤亡六千两百五十二人，阵亡一千七百五十人。托马斯·L.利弗莫尔：《南北战争中的人数与损失》，第131页。——编者注
⑥ 《北方联邦陆军和南方邦联陆军的官方记录》丛书一，第45卷，第1册，第343页。——原注
⑦ 万·霍姆：《乔治·亨利·托马斯传》，第316页。——原注
⑧ 《北方联邦陆军和南方邦联陆军的官方记录》丛书一，第45卷，第1册，第658页。——原注

第7节 尤利西斯·S.格兰特和乔治·亨利·托马斯

乔治·亨利·托马斯清楚当前的局势，知道自己应该进攻约翰·贝尔·胡德。他坚信约翰·贝尔·胡德不会前往俄亥俄河，或向南撤退，于是准备进攻，打算一举击溃南方邦联军。与此同时，尤利西斯·S.格兰特越来越不耐烦，似乎不赞成乔治·亨利·托马斯的行动。两人互不理解，对军事行动的看法截然不同。尤利西斯·S.格兰特很喜欢威廉·特库姆塞·谢尔曼和菲利普·谢里登，总是忽略他们的缺点，但1864年12月，他对乔治·亨利·托马斯一直很挑剔。如果要确保威廉·特库姆塞·谢尔曼的作战计划成功，那么必须打败约翰·贝尔·胡德。因此，尤利西斯·S.格兰特对乔治·亨利·托马斯的延误十分恼火[1]。1864年12月6日，尤利西斯·S.格兰特下令"即刻进攻约翰·贝尔·胡德"。但乔治·亨利·托马斯依然按兵不动。尤利西斯·S.格兰特打算撤去乔治·亨利·托马斯的职务，由约翰·斯科菲尔德接替，但他暂时没有发出撤职令。1864年12月11日，尤利西斯·S.格兰特发电报给乔治·亨利·托马斯说："不要再拖延了。"与此同时，一场雨夹雪将纳什维尔周围的山丘变成了冰坡。军队无法采取任何行动，只能等冰雪融化。乔治·亨利·托马斯将情况上报给了尤利西斯·S.格兰特。尤利西斯·S.格兰特以为乔治·亨利·托马斯又在找借口拖延，一气之下，派约翰·A.洛根前往纳什维尔接替乔治·亨利·托马斯[2]。随后，尤利西斯·S.格兰特越来越焦虑，决定亲自前往纳什维尔。但在途中，他得到了乔治·亨利·托马斯发动进攻的消息。

尤利西斯·S.格兰特对乔治·亨利·托马斯存在偏见，只看到了他性格的一面。虽然乔治·亨利·托马斯行动迟缓，但富兰克林战役后，他已完全掌控局势，非常适合对付冲动的约翰·贝尔·胡德。威廉·特库姆塞·谢尔曼将重任交给乔治·亨利·托马斯时，就发现了这一点。此外，乔治·亨利·托马斯深受士兵的信赖和爱戴。不管怎样，都没有理由让约翰·斯科菲尔德或约翰·A.洛根取代乔治·亨利·托马斯。结果表明，乔治·亨利·托马斯完全担得起肩上的重任。

---

[1] 尤利西斯·S.格兰特说，所有人都担心"约翰·贝尔·胡德会战胜北方联邦军"。尤利西斯·S.格兰特：《个人回忆录》，第2卷，第380页。——编者注
[2] 乔治·亨利·托马斯率领的是坎伯兰军和俄亥俄军。——原注

第 13 章 战争尾声：威廉·特库姆塞·谢尔曼的战略布局

第 8 节 纳什维尔战役

　　1864 年 12 月 15 日，乔治·亨利·托马斯袭击了约翰·贝尔·胡德的军队，并且发起第二次进攻，重创南方邦联军[①]。1864 年春，尤利西斯·S.格兰特接管了联邦所有军队。他的主要计划是消灭或俘虏罗伯特·E.李的军队，打败西南部的南方邦联军。1864 年年底，他的计划已完成一半。约翰·贝尔·胡德的军队溃败了。1864 年 5 月，约瑟夫·E.约翰斯顿率五万三千名精兵强将阻止威廉·特库姆塞·谢尔曼的行军。可以确定的是，约瑟夫·E.约翰斯顿的军队并没有全军覆没，但大多数士兵死的死，伤的伤，逃的逃，休假的休假，能继续战斗的已无一人。虽然幸存的两支小分队的遭遇会让人们想起约瑟夫·E.约翰斯顿军队的悲惨命运，但战争史册上再无此军。约瑟夫·E.约翰斯顿率领九千名装备不全、垂头丧气的士兵来到了北卡罗来纳州，其他一千六百九十二名士兵去了莫比尔。

　　杰斐逊·戴维斯解除了约瑟夫·E.约翰斯顿的职务，将军队交给了约翰·贝尔·胡德接管，不知不觉加快了西南地区南方邦联军的灭亡。在亚特兰大附近，威廉·特库姆塞·谢尔曼试图消灭约翰·贝尔·胡德的军队。在富兰克林，约翰·斯科菲尔德重创了约翰·贝尔·胡德的军队。在纳什维尔，乔治·亨利·托马斯完全击溃了约翰·贝尔·胡德的军队。联邦将领富有谋略，并且士兵英勇忠诚、精力充沛。当然，如果没有乔治·亨利·托马斯在纳什维尔的胜利，那么威廉·特库姆塞·谢尔曼进军佐治亚州可能会让北方人倍感失望。但两人的行动共同构成了击溃南方邦联军的作战计划。俘获罗伯特·E.李的军队也是一项巨大的成就。当人们为威廉·特库姆塞·谢尔曼和乔治·亨利·托马斯的胜利欢欣鼓舞时，亚伯拉罕·林肯、尤利西斯·S.格兰特和威廉·特库姆塞·谢尔曼正在制订结束内战的计划。

[①] 1864 年 12 月 15 日到 1864 年 12 月 16 日，在纳什维尔战役中，约翰·贝尔·胡德的军队几乎全军覆灭，标志着西部地区的南方邦联军气数已尽。北方联邦军参战四万九千七百七十三人，伤亡三千零六十一人；南方邦联军参战两万三千二百零七人。参见托马斯·L.利弗莫尔：《南北战争中的人数与损失》，第 132 页到 133 页。南方邦联军估计伤亡一千五百人，但大军溃败，失踪人数不计其数。参见斯坦利·霍恩：《田纳西军》，第 417 页。——编者注

富兰克林战役

约翰·A. 洛根
(1826—1886)

纳什维尔战役

纳什维尔战役中西尔维斯特·G.希尔上校被波邦联军炮火击毙

第 9 节 第十三条修正案

亚伯拉罕·林肯非常希望通过一项宪法修正案,彻底废除美国的奴隶制。1864 年 4 月的会议中,参议院通过了废除奴隶制的修正案,但众议院未能获得规定的三分之二投票。现在,众议院并没有发生任何变动。不过,亚伯拉罕·林肯指出,大选表明人民是支持废除奴隶制的,1865 年 3 月 4 日组建的众议院一定会通过废除奴隶制的修正案,然后各州会对该修正案投票,"难道我们不应该提前同意吗?"他建议众议院重新考虑并通过废除奴隶制的修正案①。1865 年 1 月 31 日,亚伯拉罕·林肯的愿望实现了。众议院宣布,按照《宪法》规定的三分之二多数票,废除奴隶制的修正案获得通过。人们热情高涨。"为纪念这一神圣事件",众议院休会②。现在,废除奴隶制的修正案被称为第十三条修正案,并且得到了四分之三的州的认可③。对比 1861 年 3 月通过的编号为十三的修正案和 1865 年通过的第十三条修正案,我们会发现美国四年间的巨大变化。1861 年的修正案写道:"不得对《宪法》做出任何修正。《宪法》授权或赋予国会权力。在任何州的范围内,国会有权根据该州法律废除或干涉其扣留他人进行劳动或服务的内部制度。"1865 年通过的修正案是当代《宪法》的一部分,其中写道:"美国境内或受其管辖的任何地方都不应存在奴隶制和强制劳役制度。"

第 10 节 南方邦联的困境

南方已无力回天。威廉·特库姆塞·谢尔曼率大军穿过了佐治亚州。在纳什维尔,约翰·贝尔·胡德指挥的军队溃不成军。南方邦联军中处处弥漫着消沉的情绪。罗伯特·E.李注意到,军中的"逃兵越来越多",这主要是因为"粮饷不足"④。虽然南方邦联纸币已失去价值,但罗伯特·E.李连纸币也没有。购买一美元黄金需要六十美元的邦联纸币,牛肉售价为每磅六美元,面粉每桶一千

---

① 约翰·尼古拉、海约翰:《林肯全集》,第 2 卷,第 613 页。——原注
② 《美国国会议事录》,第 531 页。——原注
③ 1865 年 12 月 18 日,第十三条修正案正式通过。——编者注
④ 《北方联邦陆军和南方邦联陆军的官方记录》丛书一,第 46 卷,第 2 册,第 1143 页。——原注

美元。天气寒冷,军队几乎没有取暖的柴火。约翰·B.琼斯记录当时的温度为零摄氏度,一根柴的价格是五美元①。1865年1月16日,费希尔堡沦陷的消息传来②。这意味着南方邦联的最后一个开放港口——北卡罗来纳州的威尔明顿也被封锁了。南方商人的走私贸易就此终结。与欧洲的贸易为南方提供了生活和作战物资,但现在,海外贸易彻底中断了。南方邦联的存亡取决于罗伯特·E.李的军队,但雪上加霜的是,罗伯特·E.李的军队没有食物果腹。虽然威廉·特库姆塞·谢尔曼的行军切断了佐治亚州对南方邦联军的补给,但南方邦联军可以从弗吉尼亚州西南部和南北卡罗来纳州获得补给。然而,从里士满到丹维尔的铁路线已无法使用,车头、车厢和机件年久失修,很难保证运行安全。罗伯特·E.李上报说,军队所到之处,所有食物被"一扫而光"。南方邦联军的总军需官卢修斯·B.诺斯罗普写道:"几个月来,北弗吉尼亚军衣不蔽体,食不果腹。"③军队面临的最大难题是缺钱。在北卡罗来纳州,商人担心南方邦联军不付钱,拒绝出售任何商品。在波托马克河沿岸一些弗吉尼亚州的县区,人们以前认为,热爱邦联就应该用邦联纸币,拒绝使用联邦纸币。但现在,人们卖掉了牛和猪,只为换取联邦纸币、棉花或黄金。在弗吉尼亚州,通常要用黄金或联邦纸币才能获得马。一个国家的纸币价值标志着社会稳定与否。人们虽然有邦联货币,但逐渐意识到邦联政府的金融体系已经崩溃,联邦货币似乎更受欢迎。因此,南方人对邦联大业失去了信心。北方联邦军控制区域内的交通网是罗伯特·E.李军队的重要补给线,关系着棉花交易,之前由南方邦联政府机构管理。

　　南方人的心中充满沮丧和不满。杰斐逊·戴维斯对国会感到不满。国会也对他不满,并且很多人对杰斐逊·戴维斯和国会都不满。弗吉尼亚州大会投票决定,任命罗伯特·E.李为邦联所有军队的指挥官,以此"提高效率","鼓舞"士兵和人民。大会委员谦恭自信地向杰斐逊·戴维斯表达了弗吉尼亚州的观点。杰斐逊·戴维斯表示赞同,回复道完全同意弗吉尼亚州大会的意见。不久,杰

---

① 约翰·B.琼斯:《一名邦联战士的日记》,第383页、第384页、第386页、第400页。——原注
② 1865年1月15日,威尔明顿附近的费希尔堡沦陷。——编者注
③ 《北方联邦陆军和南方邦联陆军的官方记录》丛书一,第46卷,第2册,第1035页、第1211页。——原注

斐逊·戴维斯任命罗伯特·E.李为总司令①。重要的是，人们无论在其他方面是否意见相左，都一致认为罗伯特·E.李是救世主。当时的局势体现了罗伯特·E.李的个人影响力。大雨破坏了里士满到丹维尔的部分铁路，也破坏了罗伯特·E.李军队的主要补给线。因此，罗伯特·E.李的军队已经几天没有得到粮食了。根据邦联战争部的建议，罗伯特·E.李以个人名义请求农民、磨坊主和其他公民，希望他们为南方邦联军提供食物。虽然罗伯特·E.李没有采取任何强制措施，但人们心甘情愿上交了很多物资，试图帮南方邦联军渡过难关。

第11节 罗伯特·E.李和杰斐逊·戴维斯

虽然在南方人心目中，杰斐逊·戴维斯的地位远低于罗伯特·E.李，但在困难时期，他是仅次于罗伯特·E.李的最有影响力的人物。杰斐逊·戴维斯根据自己的职务行使权力，再加上他的对手缺乏领导者，这些使人难以辨别民意偏向哪一方。人们渴望和平。如果北方允许南方邦联独立，那么每个南方人都愿意与北方和平相处。杰斐逊·戴维斯赞同这种观点，但"没有意识到南方已人心涣散"②。他满怀希望，战胜疾病和衰弱站了起来。但显然，他已手脚不便，才竭智疲。批评的声音不绝于耳，各种建议层出不穷，但毫无疑问，南方人还没有认清现实，即北方凭借优势资源和有效的管理打败了南方。然而，说不清楚有多少南方人看清了历史发展的必然趋势，即除非废除奴隶制，重建联邦，否则没有和平可言。也不知道有多少南方人愿意接受废除奴隶制的条件。当然，南方也许还有转机。从军事角度看，唯一可行的办法是解放所有捍卫南方邦联的奴隶。

第12节 汉普顿锚地会议

1864年，南方邦联提出允许奴隶入伍。1865年1月11日，允许奴隶入伍

---

① 《北方联邦陆军和南方邦联陆军的官方记录》丛书一，第46卷，第2册，第1084页、第1091页。——原注

南方邦联国会设了总司令一职。1865年，杰斐逊·戴维斯任命罗伯特·E.李为总司令。——编者注

② 弗兰克·H.阿尔弗林德：《杰斐逊·戴维斯传》，第697页。——原注

第13章 战争尾声：威廉·特库姆塞·谢尔曼的战略布局

的政策得到罗伯特·E.李的认可。罗伯特·E.李建议立即解放所有入伍的奴隶，同时提出了"一个容易被接受的、渐进式的解放计划"①。但邦联国会并没有立即采纳他的建议。即使罗伯特·E.李的建议有益，也为时已晚，无济于事了。关于奴隶入伍的建议遭到了邦联国会的强烈反对。内战伊始，豪厄尔·科布拥有一千名黑人奴隶，强烈反对奴隶入伍。他写道："你们让奴隶入伍的一刻，就是结束革命的一刻。如果奴隶都能当好士兵，那么只能说明奴隶制是错误的。"②事实上，也许有人问过："我们如果愿意解放奴隶，那么为什么还要分裂，还要

豪厄尔·科布
（1815—1868）

---

① 《北方联邦陆军和南方邦联陆军的官方记录》丛书四，第3卷，第1013页。——原注
② 《北方联邦陆军和南方邦联陆军的官方记录》丛书四，第3卷，第1009页。——原注

开战呢？"然而，如果在 1865 年 1 月问南方人："你为何而战？"那么所有南方人几乎都会回答："为了独立，为了反抗北方联邦的压迫。"①

在蒙哥马利·布莱尔的斡旋下，南方与北方召开了一次会议。会议一方是亚伯拉罕·林肯和威廉·H.苏厄德，另一方是邦联副总统亚历山大·H.史蒂芬斯、约翰·阿奇博尔德·坎贝尔法官和参议员戴维·亨特。这次会议被称为汉普顿锚地会议。1865 年 2 月 3 日，在门罗堡附近停泊的一艘美国轮船上，汉普顿锚地会议召开。双方先进行了礼貌的问候，随后，亚伯拉罕·林肯和亚历山大·H.史蒂芬斯开始谈论辉格党。亚历山大·H.史蒂芬斯问道："亚伯拉罕·林肯先生，难道没有办法结束目前的困局吗？"亚伯拉罕·林肯回答道："我知道的办法只有一个，即让抵制联邦法律的人停止抵制……对我来说，恢复联邦是必需的。"约翰·阿奇博尔德·坎贝尔法官问道："如果邦联各州同意恢复联邦，那么您将如何恢复呢？"亚伯拉罕·林肯回答道："解散南方邦联的军队，让国家机构恢复正常。"谈到奴隶制时，亚伯拉罕·林肯说："任何情况下，我都不会改变或调整《解放黑人奴隶宣言》规定的条款。"威廉·H.苏厄德告诉南方代表，联邦国会刚刚通过了废除奴隶制的第十三条修正案。

亚历山大·H.史蒂芬斯问道："如果南方邦联各州停止反抗，是否能列席国会？"亚伯拉罕·林肯回答道："我认为可以，但我不能对这一问题做出任何承诺。"当亚历山大·H.史蒂芬斯强调应签订协议时，亚伯拉罕·林肯说自己不能"与武装对抗政府的政党"签订协议。戴维·亨特说："这种事经常发生。譬如，英国内战期间，查理一世与英国议会签订了协议。"亚伯拉罕·林肯回答道："我对历史知道的不多。关于历史方面的问题，我委托威廉·H.苏厄德回答您。但在我的印象里，查理一世最终失去了理智。"经过进一步讨论，亚伯拉罕·林肯突然说道："亚历山大·H.史蒂芬斯，我如果现在在佐治亚州，那么一定会告诉你如果我是你，会怎么做。我会回到南方，让各州州长召集立法机构，召回参战的所有军队，然后选举参议员和国会议员，期待议会认可并执行第十三条修正案……无论战争爆发前的南方人怎么想，但现在，他们一定相信奴隶制气数已尽。任何情况下，奴隶制都无法长期存在。我认为，你们的人民要走的正确道路

---

① 1865 年 3 月 4 日，南方邦联国会批准黑人奴隶入伍，但只有里士满的少数人入伍。——编者注

是认可第十三条修正案，尽可能避免直接解放奴隶带来的消极影响。我如果是您，就会这样做。"

戴维·亨特总结此次对话时说："除了无条件臣服于仁慈的征服者，我们别无他法。"威廉·H.苏厄德礼貌地否认了戴维·亨特的观点。亚伯拉罕·林肯说："我全权负责《充公法案》和其他刑事法，很乐意做出清晰的解释。南方人可以完全相信我的保证。我应该享有行使行政权力的最大自由。"他接着说："我愿意通过减税补偿南方人失去奴隶的损失。北方人和南方人一样，都应该对奴隶制负责。如果战争结束，各州自愿废除奴隶制，那么我会支持联邦政府向奴隶主支付一定的补偿金。在北方，我的这种想法很普遍。一些人甚至赞成为此拨款四亿美元……但在废除奴隶制的问题上，我并不能保证什么，也不能做出任何规定。我只表达自己的感受和看法，以及我认为的别人对奴隶制问题的看法。"在提交给众议院的报告中，亚伯拉罕·林肯说："汉普顿锚地会议无果而终。"①

罗伯特·E.李和杰斐逊·戴维斯如果共同掌权，那么一定可以更好地领导邦联国会和南方各州。罗伯特·E.李心思缜密，尊重上级，但讨厌承担不属于自己的责任，因此，他不会劝杰斐逊·戴维斯进行和平谈判。如果关于私人谈话的记录可以相信，那么我们就会发现，罗伯特·E.李已经对胜利不抱希望。但杰斐逊·戴维斯将自己的意愿强加给了所有下属，强烈反对在重建联邦的过程中，为南方争取更多的有利条件。

第13节 宽宏大量的亚伯拉罕·林肯

如果杰斐逊·戴维斯、罗伯特·E.李和南方邦联国会能够下定决心求和，那么在华盛顿时，亚伯拉罕·林肯一定会以宽容的态度对待南方代表。

1865年2月5日晚，亚伯拉罕·林肯召集内阁，就一则即将发布的公告征求内阁成员的意见。公告提议国会授权总统，向武装反抗联邦的十一个南方邦联蓄奴州和五个联邦蓄奴州支付四亿美元补偿金，条件是所有反抗联邦政府的蓄奴州必须在1865年4月1日前停止反抗。内阁一致反对亚伯拉罕·林肯的提议。

---

① 詹姆斯·福特·罗德斯：《美国史》，第5卷，第68页到第71页。——原注

亚伯拉罕·林肯深深叹了口气说："如果你们都反对我，那么我就不发公告了。"对摇摇欲坠的南方邦联来说，亚伯拉罕·林肯的提议体现了他的宽宏大量。1865年4月9日，罗伯特·E. 李向尤利西斯·S. 格兰特投降。如果南方邦联接受了亚伯拉罕·林肯的提议，内战结束后，一定会立即出现一个兄弟联盟；如果南方邦联拒绝了，那么亚伯拉罕·林肯和国会就会在史册上留下高尚的一笔。然而，亚伯拉罕·林肯的提议过于明智和慷慨，无法得到广大人民的支持。亚伯拉罕·林肯的道德达到了崇高境界，因此，他只能形单影只，被迫妥协。然而，当人们回想1865年至1877年发生的事时，也许希望亚伯拉罕·林肯当时的提议能够通过。

1865年4月，亚伯拉罕·林肯按照之前提出的补偿性解放精神，发表了第二次就职演说。他的演说掷地有声，是最著名的总统就职演说，也是最值得铭记的政府文件之一。

第14章　南方投降及亚伯拉罕·林肯遇刺

第1节　威廉·特库姆塞·谢尔曼行军北上

　　威廉·特库姆塞·谢尔曼拥有六万兵力。从亚特兰大出发，抵达萨凡纳后，他的军队人数与出发前大致相同。1865年2月1日，威廉·特库姆塞·谢尔曼率军离开萨凡纳，开始执行之前制订的作战计划。1865年3月23日，他到达北卡罗来纳州的戈尔兹伯勒，五十天内行军四百二十五英里。威廉·特库姆塞·谢尔曼进军佐治亚州是明智的，但率军北上是与大自然展开的一场漫长斗争。行军刚开始，威廉·特库姆塞·谢尔曼军队的第一师就遇到了暴雨。萨凡纳河水迅速上涨，堤坝决口。河水淹没了道路，淹死了很多士兵。等洪水消退后，北方联邦军成功克服了萨凡纳附近的重重困难，但又走进了卡姆比河和埃迪斯托河的沼泽地。随后，军队挣扎着通过了皮迪河和开普菲尔河流域的泥潭，渡过了五条运河。冬季连绵不断的降雨让运河变成了湖泊。有时，士兵在及腰深的冰水中行进。威廉·特库姆塞·谢尔曼讲述道："一天，士兵正在渡一条河。河两岸数英里内都是沼泽。在水中走了约一个小时，我们还看不到对岸。"一个士兵向伙伴大声抱怨道："哎，汤米，如果不是想着我们一定能过河，那么我早就气晕了！"[①]没有被水淹没的地方是厚厚的淤泥。连续不断的暴雨使路面泥泞不堪，将湿软的道路变成了深深的泥潭。雅各布·多尔森·考克斯写道："又是一片混乱。"[②]但勇敢坚韧的北方联邦军士兵在泥泞的道路上行进了数百英里。即使在路上铺了干

---

① 霍勒斯·波特：《与尤利西斯·S.格兰特共进退》，《世纪杂志》，1897年9月，第739页。——原注
② 雅各布·多尔森·考克斯：《向海边进军》，第172页。——原注

约瑟夫·惠勒
（1836—1906）

草，军队也很难通过此地。此外，在约瑟夫·惠勒的骑兵的带领下，许多黑人"伐树、烧桥，为威廉·特库姆塞·谢尔曼的军队设置了重重障碍"①。想要占领通过沼泽的长堤，就必须打败南方邦联军。因此，几乎每天都有小规模冲突发生。但北方联邦军依然以日均十英里的速度行进。在彼得斯堡，罗伯特·E.李写道："威廉·特库姆塞·谢尔曼似乎能掌控一切。"②约瑟夫·E.约翰斯顿说："自恺撒以来，再没有出现过这样优秀的军队。"③

第 2 节 南卡罗来纳州

威廉·特库姆塞·谢尔曼军队的两千五百辆马车装满充足的弹药和大量补给。最初，军队的粮食供给刚够度日，士兵只能就地觅食。从亚特兰大到海边的行军中，就地觅食非常实用。北方联邦军从南卡罗来纳州出发，直接穿过其中心

---

① 《北方联邦陆军和南方邦联陆军的官方记录》丛书一，第 47 卷，第 1 册，第 19 页。——原注
② 《北方联邦陆军和南方邦联陆军的官方记录》丛书一，第 47 卷，第 1 册，第 1044 页。——原注
③ 雅各布·多尔森·考克斯：《向海边进军》，第 168 页。《军事回忆录》，第 2 卷，第 531 页。——原注

第14章 南方投降及亚伯拉罕·林肯遇刺

地带,所到之处都是熊熊燃烧的房屋和棉花。北方联邦军拆毁了沿途的铁路,点燃了轨枕,弄弯了铁轨,破坏了所有列车的水箱、发动机和机械装置。南方邦联军放火焚烧了棉花,防止其落入北方联邦军的手中。北方联邦军途经无法占领的地区时,烧毁了南方邦联军留下的一切。四年战乱让北方联邦军的将领对南卡罗来纳州深恶痛绝。威廉·特库姆塞·谢尔曼写道:"将士非常厌恶南卡罗来纳州,想要在此报仇雪恨。我很担心南卡罗来纳州的命运,但又觉得其是咎由自取。"①威廉·特库姆塞·谢尔曼的想法尚且如此,更何况普通士兵,他们自然觉得烧杀抢掠南方人是理所应当的,但许多非法行为都是掉队的士兵干的。从军事角度来看,威廉·特库姆塞·谢尔曼的命令虽然合理,但给士兵的肆意破坏提供了借口。也许是迫于形势和肩负的重担,面对士兵的不法行为,威廉·特库姆塞·谢尔曼只能置若罔闻。然而,有证据表明,许多联邦将领曾竭力阻止士兵的掠夺行为,惩戒抢劫者。必须声明的是,由于休·贾德森·基尔帕特里克不听指挥,助长了士兵的破坏和掠夺行为。

此次行军中最著名的事件是,南卡罗来纳州首府哥伦比亚的大火造成的局部破坏。但这件事不能归咎于威廉·特库姆塞·谢尔曼、韦德·汉普顿三世或其他任何将领②。

韦德·汉普顿三世
(1818—1902)

---

① 《北方联邦陆军和南方邦联陆军的官方记录》丛书一,第44卷,第741页。——原注
② 詹姆斯·福特·罗德斯:《美国史》,第5卷,第90页等;詹姆斯·福特·罗德斯:《史论》。——原注
也许我们永远无法知道哥伦比亚大火的真相。1865年2月17日,威廉·特库姆塞·谢尔曼攻占哥伦比亚城,当晚,城中大火弥漫。大量研究的说法不同,主要的观点是,威廉·特库姆塞·谢尔曼下令烧城;其他联邦官员下的命令或纵容的;或南方邦联军的韦德·汉普顿三世离开哥伦比亚时,下令点燃棉花包;大胆的联邦士兵、黑人、犯人首先点了火;南方邦联军为了毁了棉花在棉包上放的小火肆意蔓延。在论文《谁烧了哥伦比亚》中,詹姆斯·福特·罗德斯分析了当时的情况,将责任归咎于罪犯、暴民、出逃的联邦犯人、掉队的士兵和喝醉的"无赖"、黑人,以及一心想报复南卡罗来纳州的联邦兵。——编者注

威廉·特库姆塞·谢尔曼占领了哥伦比亚,迫使南方邦联军于 1865 年 2 月 18 日放弃了查尔斯顿。南方邦联试图召集一支能够抵抗北方联邦军的军队,但从北方联邦军的行军态势来看,任何努力都是徒劳。听说必须放弃查尔斯顿时,杰斐逊·戴维斯写道:"我曾希望听到一些好消息。现在,我失望至极。"[1]

查尔斯顿的很多财产遭到破坏。南方邦联军通过各种方式实施了破坏计划。当北方联邦军进入查尔斯顿时,其发现城内的公共建筑、商店、仓库、铁路桥、私人住宅和棉花正燃着大火。为报复导致南北分裂的查尔斯顿,北方联邦军洗劫了该城。当时,大多数北方人对查尔斯顿的苦难并没有任何感触,只觉得是查尔斯顿咎由自取。查尔斯顿原本是一个富庶之地,但现在城内的居民饱受战乱之苦,衣衫褴褛,食不果腹,不禁唤起了我们的同情。

想要了解北方联邦军在南卡罗来纳州的行军,我们必须牢记的是,内战期间,北方联邦军对南卡罗来纳州的仇视起了主导作用。这种仇视给掉队的士兵提供了抢劫施暴的好借口。在佐治亚州,北方联邦军并没有做出类似的事;在北卡罗来纳州,其的行为也并不出格。1865 年 3 月 7 日,在报告中,蒙哥马利·布莱尔说:

燃烧的哥伦比亚

---

[1] 《北方联邦陆军和南方邦联陆军的官方记录》丛书一,第 47 卷,第 2 册,第 1201 页。——原注

第14章 南方投降及亚伯拉罕·林肯遇刺

"今天,沿途我看到的所有房屋都遭到了洗劫。屋里的箱子被砸开了,珠宝、银子等都被抢走了。"①战后,雅各布·多尔森·考克斯提供的相关证据表明,一些暴徒甚至强迫别人说出藏匿贵重物品的地方。"掉队者、逃兵、盗匪、无赖、流浪汉、黑人和白人都对当地居民实施了暴行。""有三起强奸案和一起谋杀案"被报道②。一些人的不法行为受到了惩戒。奥利弗·奥蒂斯·霍华德下令将一名抢走居民手表的士兵剃成光头,然后开除军籍。针对一起强奸案,按照军事法庭的规定,指挥第二十三团的雅各布·多尔森·考克斯判处施暴者死刑。雅各布·多尔森·考克斯回忆说,犯了强奸罪的罪犯是为了骗取赏金入伍的。一名北方联邦兵谋杀了一个北卡罗来纳州居民。特别军事法庭判处该名士兵死刑,两天后"击毙"③。威廉·特库姆塞·谢尔曼下令,任何盗窃行为都必须受罚。然而,参考相关证据时,人们注意到,北方联邦军罪行累累,但对他们的处罚寥寥无几。现在,虽然我们会经常看到一些暴力行径,但对妇女的暴行很少见。威廉·特库姆塞·谢尔曼宣誓作证说,整个行军过程中,他只听说了两起强奸案。

除了当代的相关记载,联邦官员一直尽量忽视北方联邦军的破坏行为;许多北方作家也一直在掩盖事实真相。因此,即使列举出所有证据,北方联邦军也不会因真相而受到惩罚。南方记录的大部分证据都不具体。此外,由于南方所有证据具有强烈的主观色彩,我更倾向于依据北方的记载研究北方联邦军的破坏行为,做出客观的推论。如果列举出所有证据,那么对威廉·特库姆塞·谢尔曼军队的不利证据会多一些④。总体来看,与内战爆发前的所有欧洲军队相比,威廉·特库姆塞·谢尔曼军队的行为更人道。但在战争中,遭到入侵的敌方领地总会遭到破坏。

第3节 威廉·特库姆塞·谢尔曼的军队

1865年3月11日,威廉·特库姆塞·谢尔曼率军抵达北卡罗来纳州的费耶

---

① 《北方联邦陆军和南方邦联陆军的官方记录》丛书一,第47卷,第2册,第714页。——原注
② 《北方联邦陆军和南方邦联陆军的官方记录》丛书一,第47卷,第3册,第79页。——原注
③ 怀特洛·里德:《战时的俄亥俄州》,第1卷。——原注
④ 怀特洛·里德:《战时的俄亥俄州》,第1卷。——原注

特维尔,随后乘一艘蒸汽拖船从威尔明顿①出发,奉命前往开普菲尔河与约翰·斯科菲尔德谈话②,然后与尤利西斯·S.格兰特和埃德温·斯坦顿谈话。1865年2月22日前,通过里士满的报纸,尤利西斯·S.格兰特了解了威廉·特库姆塞·谢尔曼军队的进展。与此同时,南方邦联政府下令,里士满的报纸不得发布与南卡罗来纳州和北卡罗来纳州的军事行动有关的任何新闻。因此,后来,尤利西斯·S.格兰特能得到的仅是一些不重要的消息。在写给尤利西斯·S.格兰特的信中,威廉·特库姆塞·谢尔曼说:"虽然天气恶劣,道路泥泞,军队可能无法前进,但将士不仅身强体健,状态良好,而且斗志昂扬。"③

1865年3月21日,约翰·斯科菲尔德抵达北卡罗来纳州的戈尔兹伯勒。1865年3月23日,威廉·特库姆塞·谢尔曼与约翰·斯科菲尔德会合④,并且写道:"如果要评价进军佐治亚州和从萨凡纳行军北上的重要性,那么我认为前者排第一,后者最多排第十。"⑤用拿破仑·波拿巴在奥地利战役期间的话说,威廉·特库姆塞·谢尔曼"仅凭行军就打败了南方邦联军"⑥。

第4节 尤利西斯·S.格兰特和威廉·特库姆塞·谢尔曼

威廉·特库姆塞·谢尔曼亲自前往锡蒂波因特,打算与尤利西斯·S.格兰特进行协商。在锡蒂波因特,他见到了亚伯拉罕·林肯。三人进行了两次会谈,一次是1865年3月27日下午,另一次是1865年3月28日。他们讨论了之前的行动和即将到来的胜利,以及即将结束的战争。亚伯拉罕·林肯和威廉·特库姆

---

① 1865年2月22日,北卡罗来纳州的威尔明顿归北方联邦军所有。——编者注
② 约翰·斯科菲尔德乘船和火车,从田纳西州乔治·亨利·托马斯的军中前往华盛顿,然后从华盛顿坐船抵达北卡罗来纳州威尔明顿附近。——原注
③ 《北方联邦陆军和南方邦联陆军的官方记录》丛书一,第47卷,第2册,第794页。——原注
④ 1865年3月19日至1865年3月21日,北方联邦军在北卡罗来纳州的行军过程中,发生了唯一一次大战即本顿维尔战役。当时,约瑟夫·E.约翰斯顿率残余部队试图进攻威廉·特库姆塞·谢尔曼的一些小分队,但均以失败告终。——编者注
⑤ 《威廉·特库姆塞·谢尔曼将军回忆录》,第2卷,第221页。——原注
⑥ 威廉·M.斯隆:《拿破仑传·波拿巴》,第2卷,第235页。《北方联邦陆军和南方邦联陆军的官方记录》丛书一,第47卷。詹姆斯·福特·罗德斯:《美国史》,第5卷。威廉·E.谢尔曼:《威廉·特库姆塞·谢尔曼将军回忆录》。雅各布·多尔森·考克斯:《军事回忆录》。——原注

第14章 南方投降及亚伯拉罕·林肯遇刺

塞·谢尔曼说得比较多。尤利西斯·S.格兰特边听边思考。根据威廉·特库姆塞·谢尔曼后来的回忆,他和尤利西斯·S.格兰特都同意"再次血战沙场,打最后一仗"。亚伯拉罕·林肯认为士兵流的血已经够多了,问"能否避免开战"。威廉·特库姆塞·谢尔曼回答道:"我们无法控制事态发展,一切取决于杰斐逊·戴维斯和罗伯特·E.李的想法,不知他们是否认为应决一死战。"①

事实上,人们希望亚伯拉罕·林肯、威廉·特库姆塞·谢尔曼和尤利西斯·S.格兰特能尽快结束战争,然后欣然地回顾过去一年的军事行动,展望未来。但他们更看中眼前所得,只顾沾沾自喜。1864年5月,尤利西斯·S.格兰特与罗伯特·E.李展开对峙;威廉·特库姆塞·谢尔曼对抗约瑟夫·E.约翰斯顿②。尤利西斯·S.格兰特率军从拉皮丹河出发,一路打到了詹姆斯河和阿波马托克斯河。威廉·特库姆塞·谢尔曼从多尔顿出发,一路战斗到了亚特兰大,然后继续向佐治亚州进军,但在途中遇到了最强的对手——大自然。威廉·特库姆塞·谢尔曼完成了行军任务。在北卡罗来纳州的戈尔兹伯勒,他率八万人准备向约瑟夫·E.约翰斯顿发起进攻。与此同时,约瑟夫·E.约翰斯顿率领三万三千人,驻扎在威廉·特库姆塞·谢尔曼军队和北卡罗来纳州首府罗利之间③。其他作战区内,大批装备精良的北方联邦兵整装待发,在尤利西斯·S.格兰特的指挥下,决心一举歼灭南方邦联军。可以肯定的是,如果罗伯特·E.李和约瑟夫·E.约翰斯顿主动投降,那么其余负隅顽抗的南方邦联军会随之瓦解。

在决战中,敌对双方的将军才能相当,但北方联邦军拥有物资优势。不过,历史证明,只要领导有方,充分挖掘士兵的作战潜力,使士兵相信自己在为反对镇压人民的力量而战,军队的战斗力就会很高。了解南方邦联军的人都知道,北方联邦军只有派出最优秀的将领,才能确保决战胜利。显然,命运之神更青睐北方。在战争的最后两年,虽然双方都有作战良将,但北方拥有一位杰出的统治者。

---

① 《威廉·特库姆塞·谢尔曼将军回忆录》,第2卷,第326页。霍勒斯·波特:《与尤利西斯·S.格兰特共进退》,第739页。——原注
② 罗伯特·E.李任命约瑟夫·E.约翰斯顿为指挥官。——原注
③ 《北方联邦陆军和南方邦联陆军的官方记录》丛书一,第47卷,第3册,第731页。截至1865年3月31日,约瑟夫·E.约翰斯顿军队的可用兵力为一万六千零一十四人,总兵力为两万两千两百七十八人。可用骑兵兵力为六千五百八十七人,骑兵总人数为七千零四十二人。因此,约瑟夫·E.约翰斯顿的总兵力约为两万九千人,可用兵力约为两万两千六百人。——编者注

虽然在出生、教养、学习和经验等方面，杰斐逊·戴维斯明显优于亚伯拉罕·林肯，但在赢得民心方面，他远不及亚伯拉罕·林肯。亚伯拉罕·林肯遭遇过很多挫折，经历了一段阴暗的时光，但他的谦逊令人惊叹。他会虚心听取他人的建议、警告甚至责备。其他拥有至高无上权力的人很少像他一样谦逊。担任总统期间，亚伯拉罕·林肯维护了自己的尊严，克服了重重困难，逐渐变得强大、令人钦佩。

战争后期，尤利西斯·S.格兰特的状态越来越好。通过多纳尔森堡战役、维克斯堡战役和查塔努加战役的磨炼，他变得越来越精明果敢。通过军事报告和私人信函，我们了解了尤利西斯·S.格兰特的作战计划和过程。他深入研究了战场，与驻扎在各地的军队保持密切联系，亲自率军完成了很多重要的作战任务。他虽然自信满满，但不乏小心谨慎，没有低估南方邦联军的实力，更没有因取得的胜利而得意忘形，忘记真正的目标。与此同时，尤利西斯·S.格兰特没有畏首畏尾，止步不前。他非常信赖威廉·特库姆塞·谢尔曼和菲利普·谢里登，就像信赖自己一样。威廉·特库姆塞·谢尔曼和菲利普·谢里登意见一致，完全支持尤利西斯·S.格兰特。他们能迅速领会尤利西斯·S.格兰特命令中的意思和精神，并且积极执行命令，而其他将领做不到这一点。威廉·特库姆塞·谢尔曼的行军和作战已结束，但菲利普·谢里登依然是尤利西斯·S.格兰特的得力干将，就像早期战役中的托马斯·J.杰克逊对罗伯特·E.李一样。在尤利西斯·S.格兰特直接领导的军队中，除了菲利普·谢里登，还有乔治·米德、古夫尼尔·沃伦、安德鲁·A.汉弗莱斯、爱德华·奥德、霍拉肖·赖特和约翰·帕克等优秀的团指挥官。阿波马托克斯战役打响时，尤利西斯·S.格兰特的可用兵力有十一万六千人，但罗伯特·E.李只有五万两千人①。

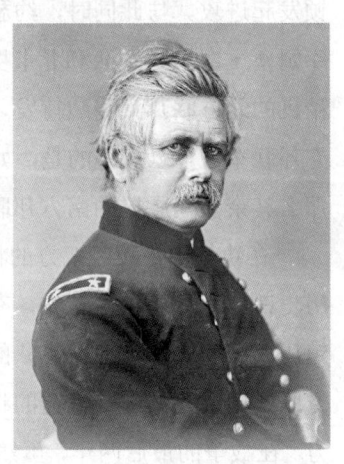

爱德华·奥德
（1818—1883）

---

① 托马斯·L.利弗莫尔：《马萨诸塞州军事历史学会文献》，第6卷，第451页。——原注
一般认为，阿波马托克斯战役发生在1865年3月29日至1865年4月9日。其间，尤利西斯·S.格兰特军队参战人数为十一万两千八百九十二人；南方邦联军参战人数仅有四万九千四百九十六人。参见托马斯·L.利弗莫尔：《南北战争中的人数与损失》，第135页到第136页。——编者注

第 5 节 尤利西斯·S.格兰特和罗伯特·E.李

自1864年夏天以来,尤利西斯·S.格兰特一直在围攻里士满和彼得斯堡①。围攻进展缓慢,用时较长。1865年2月中下旬,罗伯特·E.李开始考虑放弃里士满和彼得斯堡。在私人谈话中,罗伯特·E.李可能绝望地表达了自己的观点,但在一些信函中,他依然相信还有胜利的希望。此外,他明确表示,只要有能力抵抗,一定会抵抗到底,除非邦联政府命令他投降。1865年3月25日,罗伯特·E.李奋力突围。虽然突围失败了,但表明他的军队依旧战斗力十足②。北方联邦军没有完全包围里士满和彼得斯堡,在西侧和西南侧留下了缺口。里士满和彼得斯堡的补给线运营正常,包括里士满和丹维尔之间的铁路线、彼得斯堡的交通线、绍斯赛德的铁路线和林奇堡的铁路线。尤利西斯·S.格兰特"几天来忧心忡忡",担心罗伯特·E.李会放弃里士满和彼得斯堡,然后与约瑟夫·E.约翰斯顿会合,或从林奇堡撤退,进入弗吉尼亚山区的据点后突袭田纳西州的东部。如果罗伯特·E.李和约瑟夫·E.约翰斯顿团结起来,那么北方联邦军在1864年"夏天的大部分时间会耗在一场漫长、乏味、代价高昂的战役上"③。罗伯特·E.李考虑到了上述两种可能,更倾向与约瑟夫·E.约翰斯顿联手。杰斐逊·戴维斯后来回忆说,罗伯特·E.李"从未打算投降",而是打算按照尤利西斯·S.格兰特计划的,万不得已时撤退到弗吉尼亚山区,继续战斗二十年④。综合考虑,双方的较量势均力敌,各有用兵之道。

---

① 1864年7月30日的火山口战役后,彼得斯堡的围攻战线拉长。北方联邦军发起了几次小规模进攻,目的是切断南方联军的通信和供给,给罗伯特·E.李和彼得斯堡施压。1864年6月22日到1864年6月23日,北方联邦军未能占领韦尔顿铁路。1864年8月18日到1864年8月21日,北方联邦军占领韦尔顿铁路。1864年9月29日到1864年9月30日,皮布尔斯农场战役爆发,北方联邦军被迫西退。1864年10月27日的伯吉斯磨坊战役中,北方联邦军向绍斯赛德铁路进军,但被击退。1865年2月5日到1865年2月7日,北方联邦军切断了博伊顿栈道,将战线扩展到了彼得斯堡西南部的哈彻尔溪。——编者注
② 1865年3月25日,南方邦联军的进攻点在围攻线东侧的斯特德曼堡。——编者注
③ 《北方联邦陆军和南方邦联军的官方记录》丛书一,第46卷,第1册,第47页、第50页、第52页。——原注
④ 杰斐逊·戴维斯:《南方邦联政府的兴衰史》,第2卷,第656页。——原注

第二次彼得斯堡战役联邦军进攻彼得斯堡右边的堡垒

第三次彼得斯堡战役

联邦军进入彼得斯堡

邦联士兵修筑的防御工事

第6节 南方邦联军撤离里士满

1865年3月29日,尤利西斯·S.格兰特军队的左翼军开始行动。1865年3月29日晚,在阿波马托克斯河和丁威迪法院之间,北方联邦军设了一条严密的防线。在战地司令部,尤利西斯·S.格兰特写信给菲利普·谢里登说:"如果不回去能结束这一切,那么我现在就想要结束。"大雨下了一天两夜,阻断了北方联邦军的行动。1865年3月31日,北方联邦军继续前行。与此同时,罗伯特·E.李袭击了北方联邦军的第五团和骑兵,取得了暂时性胜利。尤利西斯·S.格兰特写道:"在撤退中,菲利普·谢里登展现出了杰出的指挥才能。"1865年4月1日,菲利普·谢里登指挥五岔口战役,重创了南方邦联军。尤利西斯·S.格兰特描述五岔口战役时说:"菲利普·谢里登胸有成竹。"1865年4月1日21时,收到了五岔口战役的捷报后,尤利西斯·S.格兰特随即下令进攻南方邦联军防线。1865年4月2日凌晨,北方联邦军的进攻开始,取得了决定性胜利[1]。1865年4月2日晚,罗伯特·E.李命军队撤出里士满和彼得斯堡,在阿梅利亚法院集结,然后前往丹维尔与约瑟夫·E.约翰斯顿会合。1865年4月3日早晨,北方联邦军开始追击南方邦联军。

1865年4月1日前,杰斐逊·戴维斯认为没有必要立即放弃里士满。1865年4月2日早晨,在圣保罗教堂,杰斐逊·戴维斯聆听圣公会的祷告文。这是牧师最后一次为南方邦联总统朗诵祈祷文。在圣保罗教堂,战争部的一名信使禀报说军情紧急。杰斐逊·戴维斯静静地离开了座位,威严地走出教堂,接过了罗伯特·E.李发来的电报。在电报中,罗伯特·E.李说军队受到重创,建议放弃里士满。消息迅速传播开来,里士满陷入一片混乱和骚动中,大部分官员准备逃走。1865年4月2日23时,除了詹姆斯·塞登,杰斐逊·戴维斯、内阁所有成员及一些工作人员和其他官员乘里士满到丹维尔的一列火车,于1865年4月3日下午安全抵达了丹维尔。根据罗伯特·E.李的命令,负责指挥里士满守军的理查德·S.尤厄尔下令焚烧城内所有烟草,破坏所有无法搬走的店铺。随后,熊熊大火在里士满上空燃起。可以肯定的是,1865年4月3日凌晨,一群黑人和白人组成的

---

[1] 《北方联邦陆军和南方邦联陆军的官方记录》丛书一,第46卷,第1册,第53页、第54页;第3册,第394页。——原注

第14章 南方投降及亚伯拉罕·林肯遇刺

乌合之众点燃了城内的建筑物,"开始洗劫里士满"。在报告中,理查德·S.尤厄尔说,天亮后,暴乱平息了。约翰·B.琼斯写道,1865年4月3日7时,士兵前往各家卖酒的店铺,奉命将酒洒在街上。排水沟里全是酒,市民争先用罐子和桶装酒。与此同时,南方邦联军全部撤出里士满。

北方联邦军谨慎穿过了南方邦联军的第一道防御工事,但没有遭到任何阻拦,于是迅速穿过了后面的防线。在里士满的最高点,北方联邦军升起了一面国旗,"围绕旗帜团结起来"①。在街头胜利游行时,北方联邦军的欢呼声此起彼伏。但很快,他们发现城内大火蔓延,抢劫和骚乱四处可见。1865年4月3日8时15分,在里士满的市政厅,北方联邦军指挥官戈弗雷·韦策尔接受了里士满的投降。1865年4月3日14时,北方联邦军平息了城内的骚乱,扑灭了大火,但城中大部分建筑已面目全非。

里士满的居民热烈欢迎北方联邦军的到来。1865年4月4日,亚伯拉罕·林肯从锡蒂波因特出发,前往里士满。他的此次出行简单、低调,但意义重大②。行程和护送人员已安排妥当,但由于两次意外,亚伯拉罕·林肯乘一艘十二桨的驳船,通过水路抵达了里士满。在戴维·狄克逊·波特与其他三名军官的陪同和十名带枪海员的保护下,亚伯拉罕·林肯在里士满的街道上行走了约一英里半。黑人兴高采烈地欢迎亚伯拉罕·林肯。虽然城中到处是喝醉的居民,但亚伯拉罕·林肯既没有遇到骚扰也没有遭到人们的侮辱。杰斐逊·戴维斯曾经居住的地方现在成了戈弗雷·韦策尔的司令部。根据一些个人回忆录的记载,环视了司令部后,亚伯拉罕·林肯坐在杰斐逊·戴维斯曾坐过的椅子上,脸上露出了孩子般的笑容。1865年4月5日,亚伯拉罕·林肯返回了

戈弗雷·韦策尔
(1835—1884)

---

① 这句歌词出自乔治·弗雷德里克·鲁特的内战歌曲《为自由而呐喊》。——译者注
② 1865年4月4日,亚伯拉罕·林肯抵达里士满。——编者注

五岔口战役

菲利普·谢里登一马当先,冲破敌阵

锡蒂波因特。随后，约翰·B.琼斯汇报说里士满城中秩序井然。查尔斯·A.达纳从里士满发来电报说："1865年4月4日，共和党人上了联邦报纸……里士满的剧院今晚开演。"①

第7节 罗伯特·E.李投降

1865年4月2日夜晚至1865年4月3日凌晨，北弗吉尼亚军撤离里士满和彼得斯堡。尤利西斯·S.格兰特没有在里士满逗留，打算乘胜追击。在追了八十英里后，他率军包围了南方邦联军，迫使其投降②。罗伯特·E.李知道抵抗毫无意义，说道："此时我束手无策，只能去见尤利西斯·S.格兰特。我宁愿去死。"罗伯特·E.李下令军队升起白旗，写信请求对方停战，并且希望与尤利西斯·S.格兰特见一面。在阿波马托克斯县的小村庄麦克莱恩，尤利西斯·S.格兰特和罗伯特·E.李会面。罗伯特·E.李穿着一身崭新的灰色军装，"纽扣一直系到了喉咙处"，佩戴着一把宝剑，剑柄上"镶着宝石"。尤利西斯·S.格兰特穿着"一件深蓝色法兰绒衬衫，前面的扣子没有系，也没有佩剑"③。尤利西斯·S.格兰特写道："我穿了一套佩着中将肩章的列兵制服，与身高六英尺、体型健硕、穿着讲究的罗伯特·E.李形成了鲜明对比。"④尤利西斯·S.格兰特虽然胜利了，

---

① 《北方联邦陆军和南方邦联陆军的官方记录》丛书一，第3册，第46页、第575页。——原注
② 1906年1月8日，托马斯·L.利弗莫尔写道："在1865年3月29日到1865年4月9日的阿波马托克斯战役期间，尤利西斯·S.格兰特率领大约十一万六千人，将约五万两千名南方邦联兵赶出了战壕。随后，他率七万两千人追击剩余的三万七千名南方邦联兵，追了八十英里。途中俘获、打散的南方邦联军约有九千人，投降的有两万八千二百三十一人。"《马萨诸塞州军事历史学会文献》，第6卷，第451页。——原注
撤退时，罗伯特·E.李命军队在彼得斯堡以西四十英里的梅利亚法院集结，但没有将军队补给送到梅利亚法院。拖了一天后，南方邦联军继续撤退。尤利西斯·S.格兰特试图阻断南方邦联军的退路。在梅利亚西南部的杰特斯维尔，菲利普·谢里登成功阻截了罗伯特·E.李。罗伯特·E.李向西前往法姆维尔。1865年4月6日，在法姆维尔以东十英里处的塞勒溪，理查德·S.尤厄尔和罗伯特·安德森的军队被菲利普·谢里登打败，大部分士兵投降。北弗吉尼亚军的残余部队继续撤退，于1865年4月8日抵达阿波马托克斯县。北方联邦军紧随其后。1865年4月9日早晨，阿波马托克斯县附近爆发了一场战斗。——编者注
③ 霍勒斯·波特：《与尤利西斯·S.格兰特共进退》，第883页。——原注
④ 尤利西斯·S.格兰特：《个人回忆录》，第2卷，第490页。尤利西斯·S.格兰特身高五英尺八英寸，肩膀略垮，年近四十三岁。罗伯特·E.李当时五十八岁。——原注

但与罗伯特·E.李会面时,"感觉一点儿也没有体会到打败强大对手的喜悦感"。尤利西斯·S.格兰特心胸宽广,而罗伯特·E.李英勇无畏。于是,双方签订了停战协议。协议条款并不苛刻[①]。

两万八千二百三十一人的南方邦联军投降[②]。"过去几天,降军的主要食物是干玉米",急需粮食。尤利西斯·S.格兰特为降军提供了军粮。北方联邦军听到南方邦联军投降的消息后,开始鸣枪庆贺。尤利西斯·S.格兰特下令禁止此类做法,说道:"战争已经结束,南方邦联兵已成为我们的同胞,庆祝胜利的最好方式是不要在战场上鸣枪。"[③]

罗伯特·E.李悲伤地骑马回到营地,热泪盈眶地对士兵说:"我们一起并肩作战。我已经尽我所能为你们做了一切。我有一肚子话要说,但不知从何说起。"[④]1865年4月4日,罗伯特·E.李向北弗吉尼亚军发表了告别演讲,然后骑马前往里士满。南方邦联军解散了,士兵纷纷回家[⑤]。

1865年4月9日21时,华盛顿收到了罗伯特·E.李投降的消息。随后,北方其他城市也得知了南方投降的消息。北方人虽然因占领里士满高兴,但也意识到战争尚未结束。现在,人人都说"叛军的将领已经投降",这意味着奴隶制已经灭亡,国家开始复苏了。北方联邦胜利的消息很快传到了欧洲。1865年4月10日,英曼航海公司[⑥]专门派出一艘轮船,将消息带到了大西洋的另一边。1865年4月9日夜晚至1865年4月10日,北方人一直在欢庆,好像自己从未如此高兴过,好像此后再也不会欢呼雀跃一样。各种贸易暂停,法院休庭。炮声隆隆,钟声咚咚,彩旗飘扬,房屋和店铺用各种颜色装点起来,看上去一片喜庆。各个城镇的街上灯火通明,人声鼎沸。人们高兴地握手、拥抱、欢呼,完全沉浸在喜

---

① 条款中包含允许南方邦联军保留私人马匹、假释邦联士兵等内容。尤利西斯·S.格兰特还为罗伯特·E.李的军队提供了粮食。——编者注
② 关于投降人数的争议颇多。托马斯·L.利弗莫尔将《南北战争中的人数与损失》第137页记录的数据修订为两万六千七百六十五人。在《回忆录》第2卷第500页,尤利西斯·S.格兰特提到投降人数为两万八千三百五十六人。——编者注
③ 霍勒斯·波特:《与尤利西斯·S.格兰特共进退》,第886页、第887页。——原注
④ 约翰·E.库克:《罗伯特·E.李将军传》,第463页。——原注
⑤ 詹姆斯·福特·罗德斯:《美国史》,第5卷。——原注
⑥ 英曼航海公司是19世纪北大西洋英国三大航海客运公司之一,另外两家公司是白星航海公司和库纳德航海公司。——译者注

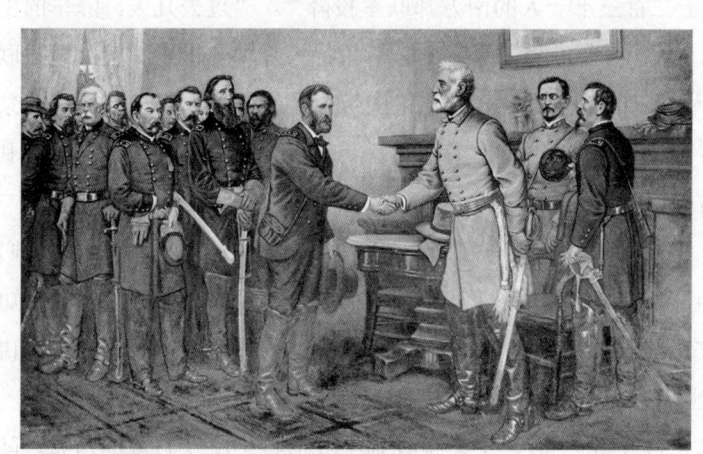

尤利西斯·S.格兰特
与罗伯特·E.李会面

尤利西斯·S.格兰特与罗
伯特·E.李签署停战协议

罗伯特·E.李率部队放下武器

悦的海洋中。酒吧和酒铺提供了大量的酒水饮料，街上到处是游行队伍、怪诞表演和一些愚蠢行为。年长庄重的绅士忘记了自己的年龄和身份，玩起了学生时代的恶作剧。但无论人们的行为有多么愚蠢，酒喝得多么过头，耳畔回响的都是欢乐的爱国和宗教音符。街头、商铺和证券交易所里的人们传唱着《万福之源歌》。一位作家记录说，在华盛顿威拉德酒店的酒吧里，当南方投降的消息传来时，一位年长的绅士跳上了吧台，带着众人激动地唱起了颂歌。华尔街上聚集了两万人，人们脱帽唱着《万福之源歌》。1865 年 4 月 11 日，人们齐聚在纽约的三一教堂，参加了一次特别的礼拜。合唱团吟唱了《赞美颂》。在牧师的要求下，会众站了起来，跟着大风琴和合唱团唱起了圣歌《荣归主颂》。歌曲开头是"愿荣耀归于上帝，和平和善良归于凡人"。对北方人来说，这句歌词意义特殊。与此同时，大部分北方人对南方人都很宽容。《约翰·布朗之歌》《为你，我的国家》《集合到国旗下面来》《星条旗之歌》表达了人们的爱国主义情怀。詹姆斯·拉塞尔·洛厄尔用文字表达了北方人心中所想："亲爱的查尔斯·埃利奥·诺顿，这是一个从天而降的好消息。我欣喜若狂、百感交集，想笑又想哭，最后归于平静，心怀感恩。有一个所有人都热爱的国家是多么美好！"[1]

在罗伯特·E. 李投降后，约瑟夫·E. 约翰斯顿也向威廉·特库姆塞·谢尔曼投降了[2]。至此，美国内战结束。

第 8 节 亚伯拉罕·林肯遇刺

在罗伯特·E. 李和约瑟夫·E. 约翰斯顿投降期间，美国遭遇了有史以来最大的不幸——亚伯拉罕·林肯遇刺身亡[3]。沃尔特·惠特曼写了以下内容。

---

[1] 詹姆斯·拉塞尔·洛厄尔：《致查尔斯·埃利奥特·诺顿的信》，第 1 卷，第 344 页。——原注

[2] 1865 年 4 月 18 日，在北卡罗来纳州的达勒姆附近，约瑟夫·E. 约翰斯顿和威廉·特库姆塞·谢尔曼签署了和平协议。但由于联邦政府对条款存在争议，直到 1865 年 4 月 26 日，约瑟夫·E. 约翰斯顿才宣布投降。1865 年 4 月 4 日，其他南方邦联军在莫比尔投降。1865 年 5 月 26 日，跨越密西西比河的队伍投降。1865 年 5 月 10 日，在佐治亚州的欧文维尔，杰斐逊·戴维斯被俘。——编者注

[3] 1865 年 4 月 14 日，亚伯拉罕·林肯在福特剧院遭到刺杀，于 1865 年 4 月 15 日早晨离世。——编者注

约瑟夫·E.约翰斯顿向威廉·特库姆塞·谢尔曼投降

亚伯拉罕·林肯遇刺

亚伯拉罕·林肯身亡

> 啊，船长！我的船长！可怕的航程已完成；
> 船历尽风险，企求的目标已达成。
> ……
> 啊，船长！我的船长！起来吧，听听钟声；
> 起来吧，旌旗为您高悬，号角为您长鸣；
> ……
> 我的船长不作声，嘴唇惨白，一动不动。

北方人虽然为亚伯拉罕·林肯的遇刺愤愤不平[1]，但同时因尤利西斯·S.格兰特在阿波马托克斯的壮举而备受鼓舞。没有一位南方人因政治罪被判绞刑[2]，南方的土地也没有被没收。乔治·梅瑞狄斯写道："自美国人以最高尚的方式结束内战以来，我将他们视为我们文明的希望。"[3]

亚伯拉罕·林肯是内战时期最伟大的人。没有他，北方可能会放弃与南方的较量。他热爱国家，克己奉公，是一位可敬的领袖。其他掌权者都冷酷打压了阻挡自己的人，但亚伯拉罕·林肯说："我不喜欢打压任何人。每个人都应该得到机会。"

亚伯拉罕·林肯不像特奥多尔·莫姆森笔下的恺撒，不是一位"完人"，"但所作所为都是史无前例的"。恺撒为世界创造了恺撒主义，即君主专制。但人们更愿意接受专制还是自由呢？效仿恺撒和给每个人一个机会，哪个更能有效约束他人呢？恺撒和亚伯拉罕·林肯的智慧没有可比性。我们会说强大的恺撒，但不会说强大的亚伯拉罕·林肯。没有人说正直的恺撒，但正直的老亚伯会永传于世。

---

[1] 北方人对亚伯拉罕·林肯的遇刺不仅愤愤不平，甚至一直怀恨南方，将亚伯拉罕·林肯的死归咎于南方。——编者注

[2] "人们力证道，草很快会盖住战场上的血，但永远盖不住绞刑台上的血。"詹姆斯·弗鲁德：《伊丽莎白时代》，第4卷，第368页。——原注

[3] 詹姆斯·福特·罗德斯：《在牛津大学发表的关于美国内战的讲稿》，第193页，注释一。詹姆斯·福特·罗德斯：《美国史》，第5卷。——原注

译名对照表

A.P. Hill	A.P. 希尔
Aaron Burr	阿龙·伯尔
Abraham Lincoln	亚伯拉罕·林肯
Agassiz	阿加西斯
Albert Sidney Johnston	艾伯特·西德尼·约翰斯顿
Alexander Cockburn	亚历山大·科伯恩
Alexander H. Stephens	亚历山大·H. 史蒂芬斯
Alexander McClure	亚历山大·麦克卢尔
Alfred Thayer Mahan	阿尔弗雷德·塞耶·马汉
Allan Pinderton	艾伦·平克顿
Allatoona	阿拉图纳
Alleghenies	阿勒格尼山脉
Ambrose Burnside	安布罗斯·伯恩赛德
Amelia Court-House	阿梅利亚法院
American Historical Association	美国历史协会
American Notes	《美国纪行》
Andrew A. Humphreys	安德鲁·A. 汉弗莱斯
Andrew Gregg Curtin	安德鲁·格雷格 柯廷
Andrew Hull Foote	安德鲁·赫尔·富特
Annapolis	安纳波利斯
Anthony Trollope	安东尼·特罗洛普
Anti-Corn Law League	反谷物法同盟
Anti-Slavery Society	反奴隶制协会
Appomattox River	阿波马托克斯河
Aquia Creek	阿奎亚溪

Artemus Ward	阿蒂默思·沃德
Arthur Grote	阿瑟·格罗特
Asa Gray	阿萨·格雷
Attila	阿提拉
Attorney-General	司法部部长
August Belmont	奥古斯特·贝尔蒙特
Augusta	奥古斯塔
Auguste Mercier	奥古斯特·梅西耶
Augustus Saint-Gaudens	奥古斯塔斯·圣高登斯
Austen Henry Layard	奥斯汀·亨利·莱亚德
Austerlitz	奥斯特利茨
Azores	亚速尔群岛
Baltic	"波罗的海"号
Baltimore	巴尔的摩
Barnard Elliott Bee Jr.	小巴纳德·埃利奥特·毕
Baron Houghton	霍顿爵士
Basil Lanneau Gildersleeve	巴兹尔·兰诺·吉尔德斯利夫
Bath	巴斯
Battle of Agincourt	阿金库尔战役
Battle of Antietam	安蒂特姆战役
Battle of Chancellorsville	战役钱斯勒斯维尔
Battle of Cold Harbor	冷港战役
Battle of Fairoaks	费尔奥克斯战役
Battle of Five Forks	五岔口战役
Battle of Gaines' Mill	盖恩斯磨坊战役
Battle of Gettysburg	葛底斯堡战役
Battle of Königgrätz	克尼格雷茨战役
Battle of Missionary Ridge	传教士岭战役
Battle of Mobile Bay	莫比尔湾战役
Battle of New Hope Church	新希望教堂战役
Battle of South Mountain	南山战役
Bellaire	贝莱尔
Benedict Arnold	贝内迪克特·阿诺德

译名对照表

Benjamin Butler	本杰明·巴特勒
Benjamin Disraeli	本杰明·迪斯雷利
Benjamin Wade	本杰明·韦德
Bermuda	百慕大
Big Shanty	比格山蒂
Birkenhead	伯肯黑德
Birmingham	伯明翰
Boston Athenaeum	波士顿图书馆
Bradford	布拉德福德
Braxton Bragg	布拉克斯顿·布拉格
Bridgeport	布里奇波特
Bristol	布里斯托尔
Bruinsburg	布鲁斯堡
Bull Run	布尔河
Cairo	开罗
Cambridge	剑桥
Cape Fear River	开普菲尔河
Capitol	国会大厦
Carlisle	卡莱尔
Cartersville	卡特斯维尔
Cassville	卡斯维尔
Caswell County	卡斯韦尔县
Cemetery Ridge	墓园山脊
Centerville	森特维尔
Chalmette batteries	沙尔梅特炮台
Chambersburg	钱伯斯堡
Charles Darwin	查尔斯·达尔文
Charles Eliot Norton	查尔斯·埃利奥特·诺顿
Charles Ferguson Smith	查尔斯·弗格森·史密斯
Charles Francis Adams	查尔斯·弗朗西斯·亚当斯
Charles I	查理一世
Charles K. Bolton	查尔斯·K.博尔顿
Charles Mackay	查尔斯·麦凯

Charles S. Peyton	查尔斯·S. 佩顿
Charles Spurgeon	查尔斯·斯珀吉翁
Charles Sumner	查尔斯·萨姆纳
Charles Wilkes	查尔斯·威尔克斯
Charleston	查尔斯顿
Charleston Courier	《查尔斯顿信使》
Charlotte	夏洛特
Chattahoochee River	查特胡奇河
Chattanooga	查塔努加市
Chesapeake Bay	切萨皮克湾
Chicago Public Library	芝加哥公共图书馆
Chicago Tribune	《芝加哥论坛报》
Chickahominy River	奇克哈默尼河
Christopher Newman Hall	克里斯托弗·纽曼·霍尔
Cincinnati	辛辛那提
Cincinnati Gazette	《辛辛那提公报》
City Point	锡蒂波因特
Clement Vallandigham	克莱门特·瓦兰迪加姆
Cleveland	克利夫兰
Columbia Bridge	哥伦比亚桥
Columbus	哥伦布
Combahee River	卡姆比河
Committee on Finance	财政委员会
Committee on the Conduct of the War	作战委员会
Commonwealth of Kentucky	肯塔基州
Commonwealth of Massachusetts	马萨诸塞州
Confiscation Acts	《充公法案》
Cooper Institute	库珀学院
Corinth	科林斯
Corn Exchange	谷物交易所
Covington	卡温顿
Crimea	克里米亚
Crimean War	克里米亚战争

译名对照表

Crump's Landing	克伦普栈桥
Cumberland Valley	坎伯兰山谷
Cummings Point	卡明斯角
Dahlgren guns	达尔格伦大炮
Dalton	多尔顿
Daniel H. Hill	丹尼尔·哈维·希尔
Daniel P. Rhodes	丹尼尔·P. 罗德斯
Daniel Sickles	丹尼尔·西克尔斯
Daniel Webster	丹尼尔·韦伯斯特
Danville	丹维尔
Darius N. Couch	达赖厄斯·N. 库奇
Dartmouth College	达特茅斯学院
David	大卫
David Dixon Porter	戴维·狄克逊·波特
David Farragut	戴维·法拉格特
David Hunter	戴维·亨特
David Tod	戴维·托德
Dinwiddie Court-House	丁威迪法院
Dr. Allan Nevins	艾伦·内文斯博士
Duchess of Argyll	阿盖尔公爵夫人
Duke of Argyll	阿盖尔公爵
Duke of Somerset	萨默塞特公爵
Edinburgh	爱丁堡
Edisto River	埃迪斯托河
Edmund Kirby Smith	埃德蒙·柯比·史密斯
Edward Dicey	爱德华·戴西
Edward Everett	爱德华·埃弗里特
Edward Gibbon	爱德华·吉本
Edward Ord	爱德华·奥德
Edward Porter Alexander	爱德华·波特·亚历山大
Edward Seymour	爱德华·西摩
Edwin Booth	埃德温·布思
Edwin Stanton	埃德温·斯坦顿

Edwin Vose Sumner	埃德温·沃斯·萨姆纳
Elihu B. Washburne	伊莱休·B. 沃什伯恩
Elizabeth Campbell	伊丽莎白·坎贝尔
Emancipation Society	解放协会
Enfield rifles	恩菲尔德式步枪
Enrollment Act	《征兵法案》
Episcopal Church	圣公会
Etowah river	埃托瓦河
Everette Beach Long	埃弗里特·比奇·朗
Exeter Hall	埃克塞特大厅
Fairfax Court-House	费尔法克斯郡法院
Father of Waters	百川之父
Fayetteville	费耶特维尔
Fitz John Porter	菲茨·约翰·波特
Fitzhugh Lee	菲茨休·李
Florence	佛罗伦萨
Fort Donelson	多纳尔森堡
Fort Fisher	费希尔堡
Fort Henry	亨利堡
Fort Jackson	杰克逊堡
Fort Johnson	约翰逊堡
Fort Lafayette	拉斐特堡
Fort Monroe	门罗堡
Fort Morgan	摩根堡
Fort Moultrie	莫尔特里堡
Fort Pillow	皮洛堡
Fort St.Philip	圣菲利普堡
Fort Stevens	史蒂文斯堡
Fort Sumter	萨姆特堡
Francis Lieber	弗朗西斯·利伯
Francis Lieber	弗朗西斯·利伯
Francis Preston Blair Jr.	小弗朗西斯·普雷斯顿·布莱尔
Francis Winthrop Palfrey	弗朗西斯·温斯罗普·帕尔弗里

译名对照表

Franklin J. Meine	富兰克林·J. 迈因
Frayser's Farm	费拉泽农场
Frederick	弗雷德里克
Frederick the Great	腓特烈大帝
Fredericksburg	弗雷德里克斯堡
Front Royal	弗兰特罗亚尔
Galusha A. Grow	加卢沙·A. 格罗
Galveston	加尔维斯顿
Geneva Tribunal	日内瓦法庭
George B. McClellan	乔治·B. 麦克莱伦
George Campbell	乔治·坎贝尔
George Cary Eggleston	乔治·卡里·埃格尔斯顿
George Cary Eggleston	乔治·卡里·埃格尔斯顿
George Cornwall Lewis	乔治·康沃尔·路易
George Grey	乔治·格雷
George H. Covode	乔治·H. 科沃德
George Henry Thomas	乔治·亨利·托马斯
George P. Buell	乔治·P. 比尔
George Pickett	乔治·皮克特
George Ticknor	乔治·蒂克纳
George William Curtis	乔治·威廉·柯蒂斯
Glasgow	格拉斯哥
Glendale	格伦代尔
Gloire	"光荣"号
Gloria in Excelsis	《荣归主颂》
Gloucestershire Countg	格洛斯特郡
Godfrey Weitzel	戈弗雷·韦策尔
Goldsborough	戈尔兹伯勒
Goliath	歌利亚
Gosport	戈斯波特
Grand Gulf	大海湾
Gulf of Mexico	墨西哥湾
Habeas corpus	人身保护令

Hagerstown	黑格斯敦
Halifax	哈利法克斯
Hampton Roads	汉普顿锚地
Hampton Roads Conference	汉普顿锚地会议
Hannibal	汉尼拔
Harpers Ferry	哈珀斯费里
Harpers Ferry	哈珀斯费里
Harriet Beecher Stowe	哈丽雅特·比彻·斯托
Harrisburg	哈里斯堡
Harrison's Landing	哈里森栈桥
Hartford	"哈特福德"号
Harvard	哈佛
Hatteras Inlet	哈特勒斯湾
Havana	哈瓦那
Haynes's Bluff	海恩斯海崖
Helen Nicolay	海伦·尼古拉
Helmuth von Moltke	赫尔穆特·冯·毛奇
Henry Adams	亨利·亚当斯
Henry Clay	亨利·克莱
Henry Halleck	亨利·哈勒克
Henry House	亨利豪斯
Henry Jackson Hunt	亨利·杰克逊·亨特
Henry Jarvis Raymond	亨利·贾维斯·雷蒙德
Henry Temple	亨利·坦普尔
Henry V	亨利五世
Henry W.Grady	亨利·W.格雷迪
Henry Wadsworth Longfellow	亨利·沃兹沃思·朗费罗
Henry Ward Beecher	亨利·沃德·比彻
Herodotus	希罗多德
History of the United States	《美国史》
Horace Greeley	霍勒斯·格里利
Horatio Seymour	霍拉肖·西摩
Horatio Wright	霍拉肖·赖特

译名对照表

House Committee no Ways and Means	众议院筹款委员会
Howell Cobb	豪厄尔·科布
Hugh Judson Kilpatrick	休·贾德森·基尔帕特里克
Hunter McGuire	亨特·麦圭尔
Huntington Library	亨廷顿图书馆
Ilias Americana in Nuce	《简述美国的伊利亚特》
Indianapolis	印第安纳波利斯
Irvin McDowell	欧文·麦克道尔
Jabez Lamar Monroe Curry	杰贝兹·拉马尔·门罗·柯里
Jacob Dolson Cox	雅各布·多尔森·考克斯
Jacobin	雅各宾派
James A. Garfield	詹姆斯·A.加菲尔德
James B. McPherson	詹姆斯·B.麦克弗森
James Bryce	詹姆斯·布赖斯
James Dunwoody Bulloch	詹姆斯·邓伍迪·布洛克
James Edward Murdoch	詹姆斯·爱德华·默多克
James Ford Rhodes	詹姆斯·福特·罗德斯
James L. Kemper	詹姆斯·L.肯珀
James Longstreet	詹姆斯·朗斯特里特
James Murray Mason	詹姆斯·默里·梅森
James Russell Lowell	詹姆斯·拉塞尔·洛厄尔
James Seddon	詹姆斯·塞登
James W. Grimes	詹姆斯·W.格兰姆斯
Jefferson Davis	杰斐逊·戴维斯
John A. Logan	约翰·A.洛根
John Albion Andrew	约翰·阿尔比恩·安德鲁
John Alexander McClernand	约翰·亚历山大·麦克莱恩德
John Archibald Campbell	约翰·阿奇博尔德·坎贝尔
John B. Floyd	约翰·B.弗洛伊德
John Barleycorn	大麦约翰
John Bell	约翰·贝尔
John Bell Hood	约翰·贝尔·胡德
John Bigelow Jr.	小约翰·比奇洛

John Bright	约翰·布赖特
John Brough	约翰·布拉夫
John C. Fremont	约翰·C. 弗里蒙特
John C. Pemberton	约翰·C. 彭伯顿
John C. Ropes	约翰·C. 罗普斯
John Elliott Cairnes	约翰·埃利奥特·凯恩斯
John Ericsson	约翰·埃里克森
John F. Reynolds	约翰·F. 雷诺兹
John Falstaff	约翰·福斯塔夫
John Fiske	约翰·菲斯克
John G. Barnard	约翰·G. 巴纳德
John Gibbon	约翰·吉本
John Harding	约翰·哈丁
John J. Crittenden	约翰·J. 克里滕登
John Lorimer Worden	约翰·洛里默·沃登
John Lothrop Motley	约翰·洛斯罗普·莫特利
John P. Hale	约翰·P. 黑尔
John Parke	约翰·帕克
John Pope	约翰·波普
John Schofield	约翰·斯科菲尔德
John Sedgwick	约翰·塞奇威克
John Sherman	约翰·谢尔曼
John Slidell	约翰·斯莱德尔
John Stuart Mill	约翰·斯图亚特·米尔
John Torrey Morse	约翰·托里·莫尔斯
Joseph E. Brown	约瑟夫·E. 布朗
Joseph E. Johnston	约瑟夫·E. 约翰斯顿
Joseph Hooker	约瑟夫·胡克
Joseph Story	约瑟夫·斯托里
Joseph Wheeler	约瑟夫·惠勒
Jubai Earig	朱巴尔·厄尔利
Judah P. Benjamin	朱达·P. 本杰明
Julian	朱利安

译名对照表

Kennesaw Mountain	肯纳索山
Kingston	金斯顿
Knights of the Golden Circle	金环骑士团
Knoxville	诺克斯维尔
Leeds	利兹
Letters and Diaries	《书信和日记》
letters of marque	私掠特许证
Lew Wallace	卢·华莱士
Lexington	列克星敦
Life of John Rawlins	《约翰·罗林斯传》
Life of John T. Delane	《约翰·T. 德莱恩传》
Liverpool	利物浦
Lorenzo Thomas	洛伦佐·托马斯
Louisville	路易斯维尔
Lyman Trumbull	莱曼·特朗布尔
Lynchburg	林奇堡
Macon	梅肯
Malvern Hill	莫尔文山
Manassas	马纳萨斯
Manchester	曼彻斯特
Marcus Julius Brutus	马库斯·尤利乌斯·布鲁图斯
Mark Antony	马克·安东尼
Martin Chuzzlewit	《马丁·朱述尔维特》
Martinsburg	马丁斯堡
Mason and Dixon's line	梅森－狄克逊线
McLean	麦克莱恩
Meikleour	梅克卢尔
Memphis	孟菲斯
Merrimac	"梅里马克"号
Merthyr Tydvil	梅瑟蒂德菲尔
Milledgeville	米利奇维尔
Miller's Almanac	米勒年鉴
Milliken's Bend	米利肯湾

Minnesota	"明尼苏达"号
Miss Cattanach	卡塔纳克女士
Miss Wildman	怀尔德曼女士
Miss Wyman	怀曼女士
Mississippi River	密西西比河
Missouri River	密苏里河
Monitor	"监视"号
Monterey	蒙特雷
Montgomery Blair	蒙哥马利·布莱尔
Montgomery C. Meigs	蒙哥马利·C. 梅格斯
Morrill Tariff	莫勒尔关税
Mrs. MacGuire	麦圭尔夫人
Mrs. Putnam	帕特南夫人
Murfreesborough	默夫里斯伯勒
My Country, 'Tis of Thee	《为你，我的国家》
Napoléon III	拿破仑三世
Napoleon's Maxims of War	《拿破仑·波拿巴战争箴言集》
Nassau	拿骚
Nathaniel P. Banks	纳撒尼尔·P. 班克斯
National Army	国民军
National Banks	国家银行
National Committee	全国委员会
New Carthage	新迦太基
New Hampshire	新罕布什尔
New Orleans	新奥尔良
New York National Guard	纽约国民警卫队
Newberry Library	纽贝里图书馆
Newcastle	纽卡斯尔
Newport News	纽波特纽斯
New-York Tribune	《纽约论坛报》
Nitre and Mining Bureau	硝石矿业局
Norfolk	诺福克
North American Review	《北美评论》

译名对照表

Oak Park	奥克帕克
Old Abe	老亚伯
Old Testament	《旧约》
Oliver Cromwell	奥利弗·克伦威尔
Oliver Otis Howard	奥利弗·奥蒂斯·霍华德
Oliver P. Morton	奥利弗·P. 莫顿
Oliver Wendell Holmes	奥利弗·温德尔·霍姆斯
Onesimus	阿尼西母
Ormsby M. Mitchel	奥姆斯比·M. 米切尔
Orville Browning	奥维尔·布朗宁
Otto von Bismarck	奥托·冯·俾斯麦
P.G.T.Beauregard	P.G.T. 博勒加德
Paisley	佩斯利
Pee Dee River	皮迪河
Pericles	伯里克利
Perryville	佩里维尔
Personal Traits of Lincoln	《林肯的个人特质》
Petersburg	彼得斯堡
Philip Sheridan	菲利普·谢里登
Phillips Brooks	菲利普斯·布鲁克斯
Pittsburg Landing	匹兹堡栈桥
Port Gibson	吉布森港
Port Hudson	哈得孙港
Port Royal	罗亚尔港
Portsmouth	朴次茅斯
Potomac River	波托马克河
Powhatan	"波瓦坦"号
Prayer of Twenty Millions	《两千万人的祈祷》
Presbyterian Anniversary	长老会周年纪念日
Preston	普雷斯顿
Provincetown	普罗温斯敦
Pulitzer Prize for History	普利策历史奖
Raleigh	罗利

美国内战史：1861—1865

Ralph Newman	拉尔夫·纽曼
Ralph Waldo Emerson	拉尔夫·沃尔多·爱默生
Rapidan River	拉皮丹河
Rappahannock River	拉帕汉诺克河
Republican National Committee	共和党全国委员会
Republican Party	共和党
Rhode Island	罗得岛州
Richard B. Garnett	理查德·B. 加尼特
Richard Cobden	理查德·科布登
Richard Henry Dana	理查德·亨利·达纳
Richard Hildreth	理查德·希尔德雷斯
Richard Lyons	理查德·莱昂斯
Richard Monckton Milnes	理查德·蒙克顿·米尔恩斯
Richard S. Ewell	理查德·S. 尤厄尔
Richard Smith	理查德·史密斯
Richmond	里士满
Richmond Examiner	《里士满检查者》
rite of confirmation	坚信礼
Roanoke Island	罗阿诺克岛
Robert Collier	罗伯特·科利尔
Robert Anderson	罗伯特·安德森
Robert E. Lee	罗伯特·E. 李
Robert Patterson	罗伯特·帕特森
Rock of Chickamauga	奇克莫加之岩
Rocky Mountains	落基山脉
Roger Atkinson Pryor	罗杰·阿特金森·普赖尔
Roger B.Taney	罗杰·B. 托尼
Roger Jones	罗杰·琼斯
Salient	萨利安特
Salmon P. Chase	萨蒙·P. 蔡斯
San Jacinto	"圣哈辛托"号
San Marino	圣马力诺
Sanitary Fairs	卫生义卖会

译名对照表

Satartia	萨塔希亚
Savage's Station	萨维奇车站
Savannah	萨凡纳
Schleswig-Holstein War	石勒苏益格－荷尔斯泰因战争
Second Battle of Bull Run	第二次布尔河战役
Secretary of State	国务卿
Seminary Ridge	神学院山脊
Seven Days Battles	七日战役
Sewell's Point	苏埃尔岬角
Sharpsburg	夏普斯堡
Sheffield	谢菲尔德
Shenandoah Valley	谢南多厄河谷
Sheridan's Ride	《菲利普·谢里登之行》
Shiloh	夏洛
Ship Island	船岛
Simon Bolivar Buckner	西蒙·玻利瓦尔·巴克纳
Simon Cameron	西蒙·卡梅伦
Southampton	南安普敦
Southside	绍斯赛德
Spottssylvania Court House	斯波齐尔韦尼亚法院
Springfield	斯普林菲尔德
St. Louis	圣路易斯
St. Petersburg	圣彼得堡
St.Paul's Church	圣保罗教堂
St.Thomas	圣托马斯
Star-spangled Banner	《星条旗之歌》
State of Arkansas	阿肯色州
State of Indiana	印第安纳州
State of Iowa	艾奥瓦州
State of Maryland	马里兰州
State of North Carolina	北卡罗来纳州
State of Tennessee	田纳西州
State of Connecticut	康涅狄格州

State of Kansas	堪萨斯州
State of Maine	缅因州
State of Michigan	密歇根州
State of New Jersey	新泽西州
State of Ohio	俄亥俄州
State of Oregon	俄勒冈州
State of South Carolina	南卡罗来纳州
State of Vermont	佛蒙特州
State of Wisconsin	威斯康星州
Stephen Lushington	史蒂芬·勒欣顿
Stevenson	史蒂文森
Stock Exchange	证券交易所
Story of the Civil War	《内战故事》
Strasburg	斯特拉斯堡
Sullivan's Island	沙利文岛
Susquehanna River	萨斯奎汉纳河
Tacitus	塔西佗
Te Deum	《赞美颂》
Teh American Historical Review	《美国历史评论》
Thaddeus Stevens	撒迪厄斯·史蒂文斯
The Campaign of Chancellorsville	《钱斯勒斯维尔战役》
The New York Times	《纽约时报》
The Reminiscences of Carl Schurz	《卡尔·舒尔茨回忆录》
The Spectator	《观察家》
The Times	《泰晤士报》
Theodore Roosevelt	西奥多·罗斯福
Thomas A. Scott	托马斯·A. 斯科特
Thomas Babington Macaulay	托马斯·巴宾顿·麦考利
Thomas Buchanan Read	托马斯·布坎南·里德
Thomas Carlyle	托马斯·卡莱尔
Thomas Carlyle	托马斯·卡莱尔
Thomas Dabney	托马斯·达布尼
Thomas Haines Dudley	托马斯·海恩斯·达德利

译名对照表

Thomas Jefferson	托马斯·杰斐逊
Thomas Milner Gibson	托马斯·米尔纳·吉布森
Thucydides	修昔底德
Thurlow Weed	瑟洛·威德
Tow-path	曳船路
Treaty of Washington	《华盛顿条约》
Trent	"特伦特"号
Trinity Church	三一教堂
Ulysses S. Grant	尤利西斯·S. 格兰特
Uncle Billy	比利大叔
United States Department of the Treasury	美国财政部
Veteran Reserve Corps	退伍军人预备役
Vicksburg	维克斯堡
Viscount Palmerston	帕默斯顿勋爵
Voltaire	伏尔泰
Wade Hampton III	韦德·汉普顿三世
Wall Street	华尔街
Warrenton	沃伦顿
Warrenton Turnpike	沃伦顿关卡
Warrior	"勇士"号
Weldon	韦尔顿
West Point	西点军校
Wilderness	怀尔德尼斯荒原
Willard Hotel	威拉德酒店
William B. Franklin	威廉·B. 富兰克林
William Edward Forster	威廉·爱德华·福斯特
William Ewart Gladstone	威廉·尤尔特·格拉德斯通
William H. Seward	威廉·H. 苏厄德
William Herndon	威廉·赫恩登
William J. Worth	威廉·J. 沃思
William P. Fessenden	威廉·P. 费森登
William Pitt	威廉·皮特
William R. Aylett	威廉·R. 艾利特

美国内战史：1861—1865

William Roscoe Livermore	威廉·罗斯科·利弗莫尔
William Rosecrans	威廉·罗斯克兰斯
William Scott	威廉·斯科特
William Tecumseh Sherman	威廉·特库姆塞·谢尔曼
Williamsburg	威廉斯堡
Wilmington	威尔明顿
Winchester	温切斯特
Winfield Scott	温菲尔德·斯科特
Winfield Scott Hancock	温菲尔德·斯科特·汉考克
YazooRiver	亚祖河
Yorkshire	约克郡
Zachariah Chandler	扎卡赖亚·钱德勒